王明珠——著

身心靈整合的
全人生命

賞析一部難得的好書

一、本書的高度、寬度與眼界

這不是一本冀求名聞利養的書，不是為求商業利潤掛帥為著眼的暢銷書，不是絞盡腦汁企圖著作升等或為了配合學術框架競求科舉榮榜的碩博士論文，也不是為了討好企業主或普羅大眾的特殊慾望及恣意翻覽的書。

這是一部通貫專業知識與通識涵養的鉅著，它立足於生命的原生根脈，猶如一柱擎天的生命樹，向上伸展與六合宇宙相呼應，向下植探和大地萬有同命相守，這是一部與作者的生命同步成長，和師友相濡以沫，和全體蒼生的慧命銜續護持的醒世寶筏，作者的慧見與心量由這一部著作的高度望遠和寬度放達得窺一斑。

如果，有緣如您，有覺知如您，有一絲毫渴望生機如您，那麼，這一部生命的樂章，將能為您開啟慧眼，一睹生命的麗采。

二、篇章連結的脈絡和內涵

本書以「身心靈整合的全人生命」為名，著作結構含括概念性的緒論，通論共有四個篇章十二章節，前三個篇章探討「身、心、靈」三大生命結構，第一篇章：「身體篇」：「回歸自然的排毒養生」，內容著重在免疫系統與排毒機能的生理功能介紹，兼含了正確的飲食型態和生活習慣，表達出人的身體與生活實際相密合的互動關係。

第二篇章：「心智篇」：「開發潛能的信念改變」，演述觀念、思想、信念、思維等與心理意念相連貫的心力內涵，並與以生活現實同呼吸、同滋養的運作脈絡。

第三篇章：「心靈篇」：「信任生命的藍圖設計」，這一個篇章是整部著作的重心所在，它突顯了生命意義與價值源繫於「人」必須在整體生涯過程中建構一己的生命信仰，藉由心靈的探索、破除我執的覺察與修持，進而在御繁簡約的人際關係中，塑造健康的婚姻生活，且在身心傳承的安養過程裡，接受生命的波瀾、淬煉，體會業報因果與輪迴的多重變貌和承擔意涵，至終得以愛的真諦來圓滿生命的全象。

第四篇章：「生死篇」：「活在當下的生命覺醒」，是這本著作的核心眼目，作者將生命的整體脈絡做了有系統、有條理的解構，為本書的思想主軸做了最貼切的注腳。該一篇章以開放的態度、全方位的思維來揭示「生死」議題，為「人」的「生命源頭、盡頭與從頭」統理出活化的觀點及實務面向，並且具體劃下了生命的圓點。

三、用生命寫生命的愛智行誼

這不是一本侷限專業或泛論符號玄想的書，這一部著作的原創者在篇章結構、觀念詮釋、意涵演義的字裏行間泊入了生命的經驗足跡、生涯印痕和心境慧解，這是一部用生命寫生命的行者印記。誠如作者所言：「本書內容不僅是知識的分享」，更是她「經歷生命不同階段與不同人生樣貌的實修體驗」。

和本書作者明珠結緣是近五年的事，初識階段即對她勇於任事、認真進學的態度所吸引，繼而領受其嫻熟會計、管理財務與人際練達的專業素養。當然，最能夠受人肯定激賞之處，是她擁有一腔終身學習的熱忱和懷抱一顆關懷蒼生的慈情俠骨，這正是與我相契感通之所在。

明珠的生涯歷練較諸一般學人多一份荊棘、多一重山水，她奮袂崛起的動力來自困知勉行的意志決心。不自棄於寒微躓踣，不妄求非份榮寵，她竟在數十年間，從一位生命探索者和基層行政工作人員的身份幡然騰躍成立命創命的進學達人，這一份擇善堅忍、恆毅尋光的心志，最是令人動容。

參學問道、解夢探源、積累智識，需要投入長時間的心血、體力和資源，猶如千百年來的愛智者，走過一條條千迴百轉、攀頂登峰的尋道之旅，她用寂寞、耐苦絞絆著汗水和堅貞不渝的卓識信念，一步一步穩穩邁上了生命學問的殿堂，她看見了生命樹的繁茂神采，翻閱生命豐碑之金玉典藏，她站在人類愛智者的蹊徑指標下，感動得潸然淚下。然而，她不能就此駐足止步，不得自滿於一條河、一山巒、一窗櫺的視野和長度，她得再度超越，超越既有、超越自己的影子，因此，一部著作於斯誕生，一部生命的樂章為人們提供了可資驗證的行旅階梯與生命內在。

　　明珠的努力和成就值得現代學人效法典型，她從學中做，從做中學，在這塵海滔天的末世紀裡，仍能信守愛智者的生命信仰且謙懷如斯者，鮮矣，多年以來與之相惜、相勉、相期，故樂予序，願與諸君分享她尋光得寶的喜悅和心靈盛宴。

劉易齋

（中華生死學會理事長）

合十推薦2012年9月3日

身心靈整合的全人生命

　　人類面對什麼生存障礙，就會往什麼解決問題的方向研究，研究身心靈的趨勢愈來愈成為時代主流，因為大家看出人類身心靈分裂以及瘋狂的趨勢愈來愈明顯。

　　現在全世界的很多問題都牽涉到身心靈領域，例如基督教世界和阿拉伯世界價值觀衝突，引發國際局勢變化，戰爭爆發，經濟景氣，甚至國際旅行和郵政業務的安檢嚴密，也影響了一般人的日常生活。

　　又如對邪教或新興宗教的監視，各國都有愈來愈嚴密的趨勢，也引發了爭論，例如日本奧姆真理教於地鐵施放毒氣，或者印度政府對印度合一教派的監視，中國大陸對法輪功的監視，或者很多國家對山達基的監視，這些有政治意義的監控活動，不但影響一般人的宗教生活，當然也造成了很大的爭議。

　　另外一個毒品氾濫問題，以及精神科用藥問題，這個問題跟身心靈研究更是密切相關，而一般人的家裡如有人染毒或使用精神科藥物，相信衍生出來的教育問題，婚姻問題，治安問題，社區問題，原生家庭問題，人際相處問題更是枚不勝數，實際上嚴重的影響人類日常生活運作。而毒品和藥物的問題都超越身體醫學範疇而牽涉到心智和靈魂問題。

　　身心靈的研究未來必定是顯學，而兩岸三地目前民間身心靈成長風氣頗為高漲，但主流上可以看出是往有形有相，見神見鬼，見光見影，怪力亂神。急功近利，故弄玄虛的方向前進，甚至台灣社會因為劣幣驅逐良幣的作用，可看出譯書多，本土作者少，談感覺與異象的多，講智慧的少。王明珠老師的大作我覺得在此時代是很難得的，因為這是一本全面的，整合的非常有體系的介紹身心靈提升人類的思惟與方法，我會

把此書定位為講智慧的，講正道的，不譁眾取寵的，不怪力亂神的，負責的，誠信的，有益人類的一本好書。

尤其我要介紹一下王明珠老師的家庭背景是擁有兩位母親，二十個同父異母兄弟姊妹的大家庭，其父親堅毅不拔，努力上進，反對節育，最欣羨唐朝郭子儀七子八婿。其母親有童養媳與繼母身分，自幼命運坎坷且不向現實低頭，有這種家庭背景的人寫出的身心靈著作，必是經過生命考驗之智慧。

全書從頭到尾，多次強調一個生命藍圖的概念，這也是我本人一直力推的一個觀念，也就是我們和父母的原生家庭，我們結婚生子的創生家庭，這兩個家庭對人的成長和圓滿息息相關，其中三個關係就是親子關係，夫妻關係與父母關係密切互動，指引我們做人處世，衍生出三對夫妻六個人（父母，祖父母，外祖父母）影響一個人的一生。

所以我們自己要成為解決問題的方案，不要讓毒性教條代代相傳，一個人能把祖先脈絡這條線清理一番，再把親密關係這條線好好圓滿，相信此人的社會動力，人類動力，生態系動力，宇宙動力和靈魂動力都會以較平安和均衡的方式呈現。

生命藍圖的階段是01. 受孕02. 胎教03. 出生04. 三歲前教育05. 牙牙學語信念形成期以及06. 原生家庭內需求愛的角色扮演和爭奪愛惡性競爭，以至於07. 成長後的親密關係和08. 家庭親子關係，這八個階段對人的一生而言都有很多改過，反省和成長，學習之空間，不懂這個道理的人，生命一定處理不好。這才是一個適合全人類的正道系統。 以上簡單介紹一下，詳細內容請看本書有更豐富的內容和嚴密的系統論述。

另外本書介紹了很多新時代運動對身心靈整合之觀點，這是新時代運動好的一面，但多年來我們也看到台灣新時代運動者為人詬病批評的另一面：不結婚，不生子，不工作，經濟困難，到處流浪，滿嘴神話，兩手發功，裝神弄鬼，到處借錢，負債累累。和父母相處惡劣，孤家寡人，我見我執，孤獨自我，另類邊緣人！事實上往拜神，祈求，感覺，異象，發功，通靈的方向有時和智慧剛好相反，其弊雖一時難察終究誤人慧命！

多年來我累積觀察新時代課程老師的經驗，說道容易行道難，真的要去觀察這個老師愛情，婚姻，家庭，親子，態度，相處，模式，狀況，然後才比較能定位他所教課程，也很恭喜王明珠老師有好的夫婿，很棒的兩位下一代，很好的家庭。這也是另外一個評價本書的觀察點。

　　我很樂於推薦這位和我理念一致的作者，也相信此書能為大家帶來身心靈通透的智慧。

王中和

（「生命之眼」身心靈中心執行長）

2012年8月16日

我用生命寫生命

　　本書是有關全人生命教育的知識與體驗，內容計有四篇十二章，都26餘言。其中身體篇的理論基礎係以自然療法（或稱生物醫學）為依循；心智篇、心靈篇與生死篇的理論基礎大多來自新時代思想與「賽斯資料」。

　　筆者在教學與工作之餘，致力於撰寫文章，曾在輔仁大學學術研討會中發表過四篇論文，也投稿於有嚴格審查機制的學術期刊，並幸獲通過刊載於：空大學訊、空大社科系學報、空大生科系學報，再將這些學術性的論文加以修改，編著成書。這是筆者多年來一步一腳印的學習與心得。不可思議的是，在編著此書時，若碰到讓我困惑的議題，以致文章無法順利進行時，生活中就會出現相同的難題，來考驗我該如何面對、解決與因應。在經過自己實際去面對、處理，也經由自己的反省、琢磨、沉澱，終於領悟出生命的智慧，這段期間也圓滿了自己的一些人生課題。因此，本書的內容不僅是知識的分享，更是筆者經歷生命不同階段與不同人生樣貌的實修體驗。筆者將之彙整編著成書，願意分享有緣人，若能引發讀者的興趣與共鳴，除了感到榮幸開心之外，就姑且當作是這一路上辛苦的回饋吧！

　　筆者自1985年起，從事稅務會計工作迄今已邁入第27個年頭。常言道人生不如意事十有八九，生命中始終藏有無法解套的難題。有感於身心困頓生命陷入膠著，無力自我調適與突破，遂利用閒暇往外充電學習、轉移生活焦點，以尋求自力救濟，因而踏上終身學習之路。筆者於1997年參加台灣師範大學成教中心的說故事種子老師培訓班受訓，有三年的時間在小學與圖書館說故事給小朋友聽，這是自我成長的起點；

1999年間進入士林社區大學學習，接觸身心靈課程長達三年半；2004年9月考取玄奘宗教學研究所碩士班進修；2007年獲得碩士學位後，有一年的時間在士林社大授課；2008年3月份開始迄今，任教於空大北二中心與基隆中心，擔任生命教育與生死學等課程的面授教師，並於2011年取得教育部頒發的大學講師證書。也於2009年迄今，擔任體內環保協會臺北北區中心主任兼講師，親自帶領學員，並講授近三、四十場次的二天一夜養生排毒營課程。

　　筆者來自一個特殊的原生家庭：擁有二十位同父異母的兄弟姐妹（二個母親，各生十個）；有位堅毅不拔、努力上進，反對節育，最欣羨唐朝郭子儀的七子八婿，且一生為多子女所苦的父親；還有位童養媳與繼母身分、自幼命運坎坷，且不向現實低頭的母親，這樣的組合構成我生命畫布的內容，在此背景下揭開我人生的序幕。2009年間在么妹淑娟的策劃下，兄弟姐妹共同出版了《盈豐行：煤炭雜貨之家，20個孩子的大家族》一書，內容敘述一個充滿苦難悲情與奮鬥過程的家庭故事。回憶年少時，我曾經是那麼的無助與無奈，常哀怨感嘆為何出生在如此複雜的家庭，讓我身心飽受折磨，那無法呼吸的靈魂，是那麼痛苦的苟活在人間，卻也只能無語問蒼天。但人終究是要學習成長的，經由「生命藍圖」理念的薰習與感化，內心漸漸地轉念，我的生命也開始起了變化，一掃過去自怨自艾、怨天尤人的個性。昨日的我猶如在睡夢裡，今日的我彷彿大夢初醒，赫然發現：這些紛紛擾擾、悲歡離合的人生戲碼，如夢幻泡影般已不復存在了。而這生命畫布裡的一切人物，曾經被我認為是我生命的絆腳石，如今卻變為成就我生命藍圖的貴人。人生若沒有苦到極點，哪有機會往內探索，探究生命的真相；若非出生在這卑微的環境，也無強烈的動機去深入研究「生命藍圖」，成就我生命的志業。生命從此豁然開朗，感恩父母與所有的家人，您們是我生命成長最大的助力，也是我這輩子最佳的護身符。就因為自己的生命得到解套而成長，方能將能量轉移到自我實現上，因而鞭策自己深入探討身心靈課題，希望建構一套實用的人生觀，幫助有需要的人。這是筆者編著此書最主要的動機與目的。

為了要解開心頭的鬱結與尋求心靈的安頓，而走上這條漫長而遙遠的終身學習道路；又為了自我實現生命的理想，毅然決然投入研究安身立命的生命學問與修行法門。因此，這十三年來，從家庭主婦、職業婦女到社會講師，生活中一直扮演多重的角色，必須時刻凝聚心神迎接不同領域的冒險挑戰，工作職場也須如數盡責付出，更要兼顧家庭的現實生活品質，數十年如一日。當然也曾有過倦怠萌生退意的時候，更有那不足與外人道的艱辛歷程，如人飲水點滴感受在心頭，所幸一切都踏實地經歷過了。曾參與過的學習團體有：士林社大經絡理療課程、蘆荻社大、生命重建養生學會、王邦雄教授的「老莊經典研習」班、傅佩榮教授的「哲學入門」班、新時代賽斯讀書會、「亞洲行」的成長課程、玄奘宗教學碩士班、佛陀教育基金會熊琬老師講授的佛學班，還有體內環保協會等課程的知識吸收與實務經驗。無論是擔任學生、心理輔導員或講師的身分，都未曾停止過學習的腳步，也沒有改變過學習的心態，終究讓我創造出奇蹟般的際遇，開創出另一條人生志業與道路。我相當珍惜這些生活的體驗，與從中所得到的生命碩果，是今生此世所獲得的寶貴資產，代表自己曾經如此用心活過，也享受過每個當下的美好過程，即使此刻我人生已走到盡頭，也是了無遺憾不虛此生了。

我相信願意將金錢花在預防疾病和心靈成長上的人並不多，我自己則選擇將大半的收入花在這兩件事情上。值得一提的是，除了在心性上的修養改變之外，能夠讓我維持較佳體能，應付每日千頭萬緒的事物的有效方法，就是借助經絡理療的推拿疏通，讓我維持左腦右腦的平衡以及情緒能量的穩定；還有大腸水療機（俗稱啞巴醫生）的輔助，不僅可使身體、心靈得到淨化，也讓自己思緒清醒，念念分明處在當下。這兩者對我十多年身心健康的維護，功不可沒；也由於身心長期處於緊張、疲憊，體力透支的狀態，竟然十多年來也沒有用過藥，也讓筆者見證到這兩者的功效。

我對人生的諸多體驗，最後竟讓我茅塞頓開的是，所有經由生命學習所萃取的智慧結晶，無非是在印證古賢所言：「學問之道無他，求

其放心而已矣。」那就是人生諸多面向所產生的困惑與難題，能夠幫助釐清問題真相，或突破現況的究竟途徑，無非是往內覺醒，回到內心加以修持，找回失去的本心，讓身心靈呈現平衡的狀態。就像有許多的父母，其本身內在有非常多的自卑跟不快樂，又如何會有良好的親子互動？又怎能教育出好的下一代？因此為人父母者，當然也要有所成長，最終都要回到內在自我反省，勇敢地去面對與處理自己的問題。此即新時代賽斯所主張的，生命輪迴轉世的目是在於平衡人格的養成與生命價值的完成，最終讓靈性得以提昇與成長。這也就是我們生而為人一輩子所要努力的修行過程。

這本書的編成，要感謝許多我生命中的貴人。首先要感謝中華生死學會的現任理事長劉易齋教授，他不僅學識淵博，心性修養高深內斂，在生命教育的領域上扮演領航者的角色，且在推動生命教育的改革工程中貢獻良多，感謝劉教授在百忙之中抽空寫序推薦本書，如此提攜後進，讓人由衷地敬重；王中和老師是文化大學教育推廣部的教授，專研命理數十年，多年前曾聆聽王老師演講的「生命藍圖」，對其內容頗感興趣與推崇，經過多年的深入探究，遂演變成本書心靈篇的主要架構理念，感謝王老師爽快答應寫推薦序，一圓平凡如我不平凡的夢想；鄭志明教授是筆者碩士論文的指導老師，感謝鄭老師在我人生邁向學術殿堂的階段，適時拉我一把，讓我有機緣歷練人生的另一領域，創造生命的另一個可能性；還有筆者最先接觸到「生命藍圖」訊息的啟蒙恩師－黃法華老師，感激黃老師的獨具慧眼與知遇之恩，一直引導與勉勵學生，讓駑鈍之材終有甦醒成長的時日；感謝中華新時代協會的王季慶女士與新時代賽斯教育基金會的許添盛醫師，兩位是推廣新時代賽斯思想的巨擘，長期以來引導新時代人，跳脫舊時代的窠臼與束縛，幫助許多生命獲得重生，當然筆者也是其中的受益者，不禁讓人脫口而出：「活在這個年代真好！就因為有您們！」；還要感謝中華體內環保協會蔡榮盛理事長賢伉儷的支持與照顧，看著他們長期以來為社會大眾的健康，大力推廣體內環保的理念，默默耕耘與用心付出的情景，讓人打從心底地佩服。

我每日必健走於堤防步道，這已成為生活的一部分，常會在石椅上休憩片刻，喜作沉思與反省；在欣賞夕陽滿霞與陶醉涼風吹拂之際，心中盡是無限的感恩與歡喜。縱然生命也經歷過許多苦難與挫敗，也領悟出「見山還是山，見水還是水」的境地，在將它視為生命的磨練與考驗之餘，也因為自己擺脫過往的觀念與模式，學會感恩老天爺所賜予的一切，也更懂得知足珍惜。感謝外子金池在人生路上，亦師亦友的扶持鼓勵；開心吾兒奕樵與奕愷，也因為自己的成長改變，也允許孩子做自己，選擇自己喜歡的工作，學有所長奉獻人群；還有乖巧善解人意的兒媳心宏，感恩她來到我的生命裡；尤其是剛滿三個月的小孫女朱俐安，那天真無邪的可人模樣，感謝寶貝帶給家人歡樂與希望。感謝姊姊明霞的一路相挺，無論是校外教學或排毒養生課程，一直擔任助理老師的任務，雖然位居銀行　經理職位，但她的身段柔軟、態度謙和，用心投入，一直是我學習的對象；還有我的工作夥伴慧貞，長期以來事務所的工作繁雜，都竭盡所能的幫我分憂解勞，讓我有更多的精力投入教學與寫作，此段情誼讓人感激在心頭。回顧年輕時的辛苦與付出，雖是知命之年，卻愈來愈發感受到往後的歲月不是滄桑、也不是落寞，而是看到希望，看到遠景，愈活愈開心，愈活愈有活力。在即將年華老去的歲月，卻能像倒吃甘蔗一般，越老越發享受人生的樂趣，而內心這股祥和平靜的力量不就是我們生命最終所要追求的嗎？生命至此，夫復何求？

寫於臺北士林寓所　2012年8月6日

| 目次 |

身心靈整合的全人生命觀

　　根據世界衛生組織（WHO）自1948年以來，對健康所下的定義：
「健康不只是沒有疾病而已，而是指身體、心理、社會的和諧，以及道
德良知的平衡。」意即健康包括三個方面：一個是身體，一個是精神，
一個是社會交往，就是和別人相處得怎麼樣，三者具備才是健康的正常
狀態（曲黎敏，2009c：342）。依筆者的見解，一個完整的生命不僅要
生理健康，還要心智正常，且要精神愉悅，將身體、心智與心靈三者統
整為一，並取得協調與平衡，此即所謂的「全人生命」。

　　全人的生命觀應是滿足人們生存的整體需求，是身體、心智與心靈三
者並重，且視生死為生命自然現象的一套生命理念。茲分述如下：

壹、身體是一個平衡系統[1]，應順應養生保健的自然法則

　　完整的全人生命是一個大系統，包括身體、心智、潛意識和靈
魂，都是生命大系統中的一個系統。而物質性的身體系統，有其身體
意識及生理組織，包括了器官組織、經絡和穴位等，皆是身體系統的
次級系統。每個次級系統之間存在著緊密的關係，形成一個更大的系
統，彼此連結、不可分離，且相互調節，發揮互助互制的功能。

　　身體內部運作的機制是一個系統化的過程，且身體系統的每個部
分皆有其完整的次級運作系統。譬如身體的經絡次級系統，它是由若干
條的經絡首尾相連組成的，如果其中一條不通，就會影響其他的經絡運

---

[1]　所謂「系統」，是由若干處於相互聯繫並與環境發生相互作用的要素或部分所構成的整體。

作，使其他的經絡也慢慢的變差。又如，膽囊雖然被割除了，但膽經還在，膽的次級系統仍然在運作。因此膽囊割除的人顯然膽經本來就不通了，以後更需要敲膽經來保養，以免其他的經絡也跟著變差。又以消化系統為例，參與消化作用的器官彼此之間也是牽一髮而動全身，環環相扣，無法分割。如果消化管道的肝、膽、胰臟、大腸、小腸，其中任一部位出了狀況，就代表這整個消化系統出了問題，以致各器官無法充分合作發揮功能。所以，治病應有系統性的思維，不能用「頭痛醫頭，腳痛醫腳」的局部「對抗療法」方式治療症狀。例如，胃酸過多就吃胃乳來中和胃酸；頭痛就吃止痛劑；水腫就吃利尿劑；膽固醇過高，就吃降膽固醇藥；膽囊結石時，就切除膽囊……等，這種對抗的方法只是把毒素壓回到體內而已，這又稱為「鋸箭法」的方式處理症狀，是治標不治本的，是無法根治疾病的。

再舉一例，從身體是一個平衡系統的觀點而言，糖尿病是屬於胰臟消化系統的障礙，是由於長期過食與不當攝食所形成的失衡結果。由於身體上幫助分解食物的酵素多半由胰臟來供給，但胰臟這個器官，卻因為人類長期吃大魚大肉，少嚼快吞，造成胰臟分泌消化酵素的負荷過重，工作量過重而腫大，逐漸入不敷出，再也消化不了太多吃進來的脂肪、澱粉和醣類了。如果以體重的比例來衡量，人類將是地球上胰臟最大的物種（楊月蓀譯，2005：112）。也就是說，由於長期負荷消化工作過度，使胰臟衰弱。既然瞭解胰臟器官「積勞成疾」的病因，就應努力消除其疲勞，也就是要減少食量、少食高脂肪高熱量的油膩食物，減少胰臟分泌胰液分解食物的工作量，讓消化系統深度休息，方能有利胰臟適度休養生息自然治癒，唯有如此才能完全恢復整個消化系統的運作。因此根治糖尿病，應視為整體系統上的代謝紊亂，糖尿病只是併發症的一種（陳奕蒼，2008：24）。醫療糖尿病方式並非服用降血糖的藥可根治，那是治標而不是治本。

從上述糖尿病的病因可知，「病只是病徵」，而病徵是因身體失去平衡所致。病是不能醫治的，醫治的只是病徵。要徹底的消除病症，必

須消除「病因」，這才是根本（徐德志等著，2008：40）。古希臘醫學之父希波克拉底（Hippocrates）亦認為：「疾病是因體液酸毒化，生化紊亂引起的整體觀念（陳奕蒼，2008：313）。」因此，許達夫說（許達夫，2006：6-7）：

> 愈來愈多的科學家認為癌症是由於代謝問題所引發的複雜病因。它是隱伏性的疾病，與整個身體機能從神經系統、消化道、胰臟、肺臟、分泌器官、內分泌系統到整個免疫系統有關。病人在接受了主流醫學的手術、放療及化療後復發，是因為最根本的（身心）代謝病因從沒有受到重視，以致於沒有獲得改正或治療的緣故。

　　準此，一旦發生疾病，不可完全迷信藥物，要知道身體不是因為缺乏藥物才生病的，藥品並不能解決人的全部問題。所以，養生可說是一種思考方式，身體出現了症狀，不要立即判定身體生病了，應該先思考身體在做什麼，再用正確的方式處理每一個症狀（吳清忠，2008:封面）。此並非教大家不要去看病，不要忘了，我們的目標是在根治疾病，不是控制疾病，所以先要靜下心去瞭解這些都是身上的警訊。這些警訊在告訴我們：「身體有問題了，身心該好好調整了，在心裡頭要好好反省，修心養性，要吃得對，要生活得對，不讓身體器官過度負擔。」因此，對於身體不舒適的現象，必須作全面性的調理，才能將體內毒素疏導出來和將阻礙生命能量打通，將失衡的身心調到原先平衡和諧的狀態，從而有效地根治症狀和預防疾病，這就是自然療法的系統性思維。

　　自然療法認為，身體因為內在或外在原因，新陳代謝失常，廢物毒素沉積血液和組織中無法排出體外，因而普遍造成「酸毒症」，血液化學酸鹼跟著累積失衡，新陳代謝機能緩慢，這就是所有疾病的根源（陳奕蒼，2008：7）。也就是當毒素不斷侵入人體，而人體的自我防衛、

淨化排毒把關失敗，毒素就會加速累積，進一步損害臟腑器官，形成疾病。酸性中毒，意指所有的慢性病與癌症都是酸性體質。肉類與蛋白質是很營養，但吃到身體裡不能被消化轉化成營養，全部變成垃圾，會更增加酸性體質，造成身體的負擔。癌症身體的能量已經很低了，化療時會把細胞腐蝕掉，必須作人造血管。所以癌症不是死於癌細胞的分裂太快，而是死於免疫系統的下降。

　　自然療法的基本思想之一就是「預防勝於治療」。我們的身體也是一個環境，要懂得在自己的身體裡淨化做環保。從淨化的觀點，我們的身體不但要有進也要有出，不要將毒素囤積在體內，危害身體的組織與器官，造成身體的自體中毒。這是一個很重要的觀念，保持身體的乾淨，進而提升心靈的淨化，讓人的健康反璞歸真，重拾當年身體未被污染的健康狀態。無論接受任何良好的治療，一旦沒有使體內的毒素完全排出體外，那麼任何的治療都是沒有意義的。因此，排除體內毒素淨化身體是一項預防勝於治療的工作，是「上醫治未病」的「上醫」所做的工作，也就是預防醫學，提昇免疫力，防病於未然。《黃帝內經‧素問‧四氣調神大論》有云：「是故聖人不治已病，治未病，不治已亂，治未亂，此之謂也。夫病已成而後藥之，亂已成而後治之，譬猶渴而穿井，鬥而鑄錐，不亦晚乎。」這是預防醫學的最好註解（許達夫，2006：31）。

　　由於人類的身體裡面雖然應有盡有，但是資源卻有限，用完了不能再生，所以要活得長久，就要好好珍惜身體裡的每一種器官、每一種組織、甚至每一個細胞。要避免各個細胞、組織、器官、系統的損害，保持一個乾淨的環境，讓身體裡面的每一個部門，能夠好好地新陳代謝，發揮它正常的功能，維持其正常運作，所以人體內部的環境維護是非常重要的課題。身體若沒有乾淨暢通，再多的營養品也無法吸收。根本之計是要從身體的淨化開始，正如石原結實所說：「代謝力、淨化力愈高，身體愈健康（劉姿君譯，2009：封面）。」又據梅襄陽所言：身為人類必須理解，我們不僅只是這個肉體，還有許多精細的能量體。自然

醫學的「排毒、滋養、再生」就是幫助大家從不平衡到平衡，將廢物排出去。

　　目前治療疾病的方法可以概分為兩種（阿部智浩，2001：37-38），一種是以外力加諸於身體的方法，即利用投藥、注射、手術及高營養劑等處理的方法，稱為正面療法，或稱加法療法[2]。此種加法療法的每一種方式幾乎都具有侵略性，具有破壞性的副作用，尤其藥劑或營養劑在體內很可能會製造新的毒素，其副作用十分可怕。其次，治療疾病的另一種方法是「防止毒素進入體內」、「避免體內製造毒素」、「去除體內毒素」的療法，它能抑制活性氧的發生，此稱為負面療法，或稱減法療法。其具體方式有採用「洗腸療法[3]」（林承箕，2007：72-73）、「喝水整腸療法」、「斷食療法」、「少食療法」、「淨食療法」、「細食療法[4]」等去除毒素的療法。此種療法不是光依賴藥物或注射，而是要瞭解生病的真相與事實，透過自然的方式去除真正的病因，所以是屬於自然的療法，也是養生保健的有效方法。根據世界衛生組織估計，75%的現代人處於亞健康狀態，身體有疾病的人約佔20%，真正的健康的人只佔5%（陳俊旭，2007：32）。綜上，對一個身體已有疾病的人而言，採用投藥、注射或手術等加法療法治療疾病，是無可奈何的最後辦法；但對大多數處於亞健康狀態的人而言，應採用減法療法或自然療法，透過自然的養生保健方式，及時去除真正的病因，才能預防疾病的發生，達到真正的健康狀態。

---

[2]　西醫對於癌症的治療方式不外乎：外科手術、放射線療法、化學療法、荷爾蒙療法或生物製劑療法等。

[3]　所謂「自我洗腸」，基本做法是將約5000cc左右的水袋掛在距離地面約兩公尺的牆壁上，接上洗腸管，用相當於體溫的溫水，藉著重力，經由橡皮管流入腸道。洗腸的訣竅在於「忍」，先憋住排泄的衝動，等到實在忍不住時，才予以排出，一天可自我洗腸1～2次。但要注意的是，並非所有人都適合大腸水療。包括：孕婦、小孩、腸子開過刀、明顯腸阻塞以及心血管疾病的患者，未經醫師諮詢，不宜擅自實施灌腸療法。

[4]　整腸療法其中一項作法就是咀嚼，不僅效果極佳，而且不需要花錢。沒有充分咀嚼的人，是生理學的犯罪者，生病就是給他們的懲罰。充分咀嚼食物是遵循生命法則，反之，則是違反生命法則，充分咀嚼能混入數倍的唾液，連唾液量加入食量中，則東西就會吃得比較少，就能提高胃腸功能，防止腸內腐敗。

總之，真正的預防醫學，應該是要擁有不會罹患疾病的創造免疫力的方法[5]，而預防及治療疾病的秘訣，就在於體內不要蓄積毒素。每個生命要從「有病才就醫」的層次，提昇到促進健康、長保健康，「做自己及家人健康管理師」的境界。意即要對「非藥性生活型態做調整」，也就是要做好一分教育勝過十分治療的衛教工作（林承箕，2007：8-18）。現在已到了追求身心靈的真正健康之時代，這意味著從身、心、靈徹底排出毒素，才可以說是真正的健康體（新谷弘實，2007：206-207）。所以成功有效的排除體內毒素，促進身心的淨化，預防疾病的產生，是邁向健康之路的首要工作。

因此，本書第一篇身體篇的立論基礎，就是視身體為一個平衡的系統，並相信身體具有自我療癒的能力，只要我們能夠順應養生保健的自然法則，就能預防疾病的發生。第一篇擬分三章分別闡述：身體有自我療癒的能力、體內排毒與疾病預防，以及養生保健的自然法則。

貳、心智可創造生命實相，應自我檢視與反省核心信念

心智是全人生命的一部分，心智主要指涉人們的思想、觀念或信念等方面的心理作用。心智的心理作用與身體的生理作用不同，但二者皆是構成健康的要素之一，缺一不可，且二者關係密切。

由德特雷福仁及達爾可兩位醫生所合著的《疾病的希望》說：「身體本身並沒有健康或生病的問題，只是反映出相對應的意識狀態。」所有在身體上所出現的病徵，都是來自意識所發出的訊息。身體的狀態，顯示我們意識的狀態，因此生病的用意並不在治療，而是在於意識的轉化。因此，每一個尚未解決的問題都是一個等著發生的不適或疾病。又根據新時代賽斯的「你創造你自己實相」理念[6]認為：疾病並非單純由外

---

[5] 免疫是機體的一種自衛機制，是保障機體生存的必要條件之一。當外來抗原侵入機體後，機體為了維護內環境的穩定，而發生一系列變化，變化結果是將抗原物質排除，使機體內環境穩定得以恢復。

[6] 此在本書的第二篇心智篇有詳細的闡述。

來的病毒，或無由來的病變所造成，其實是由你內在的負面心念所「創造」出來的。例如，根據露易絲‧賀的調查發現，幾乎很多罹患乳癌的女性都有相當一致的負面思考模式，這些女性不敢說「不」已到了驚人的地步，她們認為要拒絕別人是很困難的。這樣的人在成長過程中，她們的父母通常會用罪惡感和操縱來管束她們。長大成人之後，她們變成了取悅者，圍繞在她們身邊的人，會不斷要求她們做些令她們覺得不舒服的事。這些婦女為了別人而持續扭曲自己，她們會說「是」來答應這些請求，而事實上內心並非如此（蕭順涵譯，1999：89-92）。

　　由此可知，人體是一個小宇宙，身體的健康須由內而外的裡外合一，身體、情感與心理狀態之間須取得平衡。所以，健康代表身心內外的協調平衡，包括酸鹼平衡、氣血調合、陰陽協調，以及情緒的平和。根據中國的養生哲學說法：「養身之道在於動，養心之道在於靜。」但一般人只知身有動靜，不知心也有動靜。身體的動靜，就是指工作是動、休息是靜。而心的動靜，是指有思想為動、無分別心為靜。所謂的分別心就是執著好壞對錯，當一個人內心存有自己是好的，別人是壞的分別心時，其內心已無法平靜下來。此如歐林所說：「內心平靜是與你更深的自己的連繫，它有治癒力，而享有內心平靜是指肯放掉自我批評懷疑，以及和對任何事的執著（王季慶譯，2002：132-136）。」凡是心靈越寧靜的人，智慧就越高；智慧越高，就越能瞭解命運和果報，其預知能力也就越強、越精確。而大多數人皆是身的靜多於動，心的動多於靜，以致動靜不平衡，靈肉不協調。是故，想要健康又長壽，以身體的動與靜而言，除身體適當的運動和放鬆休閒外，尚須落實「修心」的課題，亦即改變觀念調整心態、破除分別執著心。

　　內在的修心，除能讓身心和諧平衡、增進健康外，尚可以改變和創造個人生命的其他實相。此生命實相意指與個人有關的任何人生際遇，包括身體健康、金錢財富、人際關係或家庭婚姻等外在現實的狀況。因為依據來自自然法則的因果論言，可將我們內在的想法、信念等心智活動視為因，而將外在的人生際遇視為果。而且，個人內在的心智活動與

其外在的生命實相之間，具有緊密的因果關係。因此，一個健康的全人生命，應隨時檢視其內在的心智活動。

　　古希臘聖哲蘇格拉底有云：「沒有經過檢查的人生，是不值得活的（傅佩榮，2003：1）。」意指生命的力量在內不在外，人生應時時向內反省，傾聽每個生命本自具足的內在聲音。亦即，修行毋需往外求，應是往內探索，透過自我觀照與覺醒，靠自己的力量改變信念，即能扭轉命運、開發生命的潛力，改變人生的際遇。因此，每個成熟的成年人，該為自己的存在與想法負責[7]，該對生命有所覺醒與突破，應理解個人生命實相的本質，是可以透過信念的改變去創造的。具體言之，人們應自我全面檢視既有的信念，且深切檢討反省這些信念的內容，並藉由負面信念的改變及正面信念的強化，才能創造出美好的生命實相。

　　從理論上言，一個完整的全人生命，包括身體、心智與心靈三部分，而心智部分居三者之中，扮演身體與心靈之間的溝通橋樑。意即人們有意識的心智，不僅接收對外在事物所見的資訊，同時也感受來自內在心靈的訊息。因此，人們可透過意識心的作用，調和對外在實相的信念與對內在心靈實相的感受。然而，負面的信念也會阻礙與內在心靈的溝通。如果自我能隨時檢視與反省既有的核心信念，看是否與自我內在的直覺聲音契合，意即檢討頭腦能否與心靈協調、理性能否與感性平衡，則我們的生命實相將會朝身心和諧、表裡如一的方向發展。

　　因此，本書第二篇（心智篇）擬探討開發潛能的信念改變，將分兩章介紹信念創造實相的運作原理，以及說明信念創造實相的生活應用。

---

[7] 這裡所謂的負責絲毫沒有怪罪或批判的意思，非指「是我自己造成的我活該」的消極心態。不需要拿自己不夠好這個理由來鞭打自己，你已經盡力了。而是指積極地覺察、了解、承認，接受自己是命運的創始者而直下承擔，停止相信自己是受害者，開始改變自己的信念。

參、心靈是生命的本體，應信任心靈所設計的生命藍圖

以人類的生命而言，生命不止只有肉體，還有靈魂，幾乎所有宗教都肯定靈魂的存在，認為人類的生命是由肉體和靈魂所合成（何啟元，1994：103）。學者劉易齋（2008：330）說：「近半個多世紀以來，西方宗教家、靈學研究者和心理學家，逐漸經由親證體驗方式，和東方古老的靈修領域銜接，證明了人的生命結構中最具有無限性者就是心靈，而靈魂的存有則是很平常的宗教常識。」大川隆法也如是說（簡瑞宏譯，2006：12-19）：

> 人是因為有靈魂，才能使我們的人生有所轉變。生物學家所說的
> 與靈魂本質類似的東西，其實就是遺傳基因。……再怎麼樣深入
> 研究肉體，充其量不過是對一種「道具」的解析而已。也就是
> 說，光從肉體的分析研究，就想探求生命的原始意義與使命的
> 話，那就真的有點困難。

宇宙的生命中何以有人類？人是怎麼生成？為何會死去？死去以後有無靈魂？生前心靈的功能和精神作用，究竟有多大力量？我們為何來到這時空？對於人活在世上的意義是什麼？我們的使命為何？這些都是人類一直在窮研不懈的問題。累積古今中外幾千年的文化，由宗教到哲學，由哲學到科學，人類知識的範疇，可以遠上太空，細入無間，仍然還不能明白切身生命的奧秘，並未尋求到宇宙生命奧秘的結論（何啟元，1994：33-35）。本書為描述與解釋身心靈整合的全人生命，經由文獻探討結果，立了兩個基本的假定（assumption）：一是假定宇宙與人類精神體[8]皆是多次元的存在；二是假定人的精神體是依據業力輪迴法則在進化。

---

[8] 此處所指人的「精神體」，與「靈魂」和「心靈」等概念相通。

首先，本書對全人生命的第一個假定是：「宇宙與人類精神體皆是多次元的存在」。所謂「次元」，是指某個世界的構成要素。譬如長、寬、高三個要素，即可構成三次元的空間。至於在四次元以上的多次元空間，每一個空間則代表一種精神的層次，是代表不同「意識」空間的存在。人類生命包含有肉體和精神體兩大部分，且以精神體為人的本體。肉體只不過是一個輪迴機制下的載具，肉體的死亡並不會影響靈魂的永恆存在。又根據大川隆法的看法，人的肉體雖生存在三次元的世界，但精神體卻神遊在第四到第十次元之間（宗教法人幸福的科學譯，1999: 13-19）。

　　其次，本書對全人生命的第二個假定是：「人的精神體是依據業力輪迴法則進化」。所謂「輪迴」，依據佛教的說法是指靈魂與肉體結合，因各種功過而生業，死後按其業而投胎，且積善業者得善生，積惡業者得惡生。筆者相信我們的靈魂與肉體是依據輪迴機制，來三次元的物質世界演出一齣宇宙大戲，並從中學習生命的智慧，使靈魂得以不斷地進化。

　　因此，我們可說是正處在一段永恆無止盡的生命旅程上，為了心靈的進化，生前與一群生命約定來到這個星球，透過輪迴轉世的機制，相約來人世間合力演出一齣宇宙生命教育劇，在戲碼中含藏業力功課的生命藍圖要完成。其方式是：每個人生前都為自己量身訂製一個，屬於自己的一塊生命畫布，是這輩子修行的特定範圍，以便讓自己能在這個場域內創造個人的經驗，完成生前所設計人生藍圖的選項。每個人這輩子都有要面對及處理的業力，小至個人的人生自業課題，大至處理不同時代背景的重要主題，皆會選擇以不同的方式來體驗生命。而所有人生的問題都代表著靈魂偉大的挑戰，當一個人具備的能力愈強大，他面臨的責任和挑戰也愈巨大。因此，無論是帝王將相，或是販夫走卒，重要的不是角色的高低或好壞，而是盡力扮演好自己的角色。因為每個生靈皆是獨一無二，神聖超然，所以每一個人的生命自有其特定的生命藍圖。因此，我們要信任生命內在本體的指引，接受生命藍圖的設計，並抱持終生學習的精神，為達成生命藍圖的目標而努力。

綜上，本書第三篇（心靈篇）擬探討生命的藍圖設計，將分五章分別闡述生命藍圖的核心信念與意涵、以生命藍圖為中心的個人修持、以生命藍圖為中心的人我關係，以及以生命藍圖為中心的人生觀。

肆、生死是自然變化的現象，應活在當下從容面對死亡

釋迦牟尼佛曾說：「世上有不死之人嗎？在哪裡？」哲學家海德格也說：「當人活在世界中，他同時也是在死亡裡。」所以，人是奔向死亡的存有者（傅佩榮，2003：163-164）。在《莊子·大宗師》中，莊子對生死的看法，曾云：「死生，命也，其有夜旦之常，天也。」也就是說，人的生死好像白晝和夜晚交替的常規，是一種自然的現象。

新時代思想的生死觀認為，死亡是銜接今生與來世的中途站，是邁向永恆生命的必經過程。所謂「死亡」，只是單指肉體生命的結束，並不代表精神生命的終了。新時代思想進一步言，「死亡並非一個結束，而是意識的一個轉換（王季慶譯，1994a: 154）。」永恆的生命精神體，不斷地面對學習和接受挑戰，就算肉體死亡後，生命意識轉換到精神體靈魂層次時，生命亦不曾停止學習。總之，新時代思想認為：靈魂是處在一個變為（becoming）的過程，無論在生前或死後，靈魂始終保持學習與變化的狀態。

因此，可藉由對新時代思想生死真相的瞭解，建構適合自己、能夠安頓身心的生死信念。當明白自己從何而來，將往哪裡去，關於死亡的疑惑與恐懼，終將豁然開朗（簡瑞宏譯，2006：116）。相信對於死亡的體會越是深刻，生活態度就會越是豁達。因此，培養生死智慧，既不靠天啟，也不依任何傳統，專靠自己的洞見慧識，與內省功夫之實踐（傅偉勳，1993：163-164），這是超越死亡恐懼的最佳具體實踐。總之，死亡不足懼，最可怕的是對死亡的一無所知（長安譯，1991：封面）。

綜上所述新時代思想的生死觀認為，生死既然是生命自然變化的一種現象，是生命意識的轉換過程，所了人們不需要恐懼死亡，應從容面

對死亡。此外，亦應及時把握有限的肉體生命，將意識聚焦於每個當下的人生。

因此，本書第四篇（生死篇）擬強調活在當下的生命覺醒，將分兩章分別介紹新時代思想生死觀的內涵，以及新時代思想生死觀的實踐，包括培養生死智慧，建立人生信念；勤於回顧人生，同理他人處境；以及體驗生死無常，及時保握當下等具體的生命實踐。

綜合上述，本書的架構，是將全人生命的身體、心智、心靈及生死等四部分分篇作深入的探討。此四篇的篇名分別是：第一篇、身體篇：回歸自然的排毒養生；第二篇、心智篇：開發潛能的信念改變；第三篇、心靈篇：信任生命的藍圖設計；第四篇、生死篇：活在當下的生命覺醒。這四篇之間的理論基礎互有連結，筆者建議，閱讀者無論是從頭至尾依序閱讀，或任意從身體、心智、心靈、生死等有興趣的議題切入，皆無損對整體全人生命原貌的認識與瞭解。

第一篇

身體篇：回歸自然的排毒養生

　　身體是一個有意識的小宇宙，其生理組織有一套完整的運作系統，也有身心靈三位一體的連結。俗話說得好：一個人的身體健康是1，而財富、感情、事業、家庭……，都是1後面的0，只有依附於這個基本的1，0的存在才會有意義，如果沒有這個1，那麼一切都將不存在。雖然身體之養生保健，理應身心靈三者保持平衡，但當肉體健康不存在時，再多的零又有什麼意義。因此，對於生命的尊重，始於對自己身體的尊重。因此，本書首篇先就身體的養身保健揭開序幕。

　　有關健康的正確觀念，有些是醫學界早就知道的事實，可是我們卻很少人知道。譬如說，身體本來就有自我療癒的能力，因為它有堅強的免疫系統與自癒功能，若不是人類的無知與人為的干擾，像是暴食暴飲、熬夜酗酒、作息不規律，或是負面的觀念與情緒等因素的擾亂，否則人類天生就自然可以擁有健康。本篇所述的內容並非在疾病上談健康，因為那是醫生的分內工作，而對於如何促進健康與預防疾病的產生，這才是每個生命要為自己所努力的課題。排毒是一種全面維護身體

健康與平衡的新觀念，它能有效預防疾病、淨化身心，由內而外造就強健體魄的有效方法。本篇所要宣導的是：喚醒大家，身體有免疫功能與自癒能力，並非藥物讓我們獲得健康，事實上藥物會產生副作用，甚至會有毒素殘留在體內摧毀身體。即使有朝一日地球的醫藥資源沒有了，我們依舊可以靠自己就能自然地擁有健康。發明家愛迪生曾說過：「未來的醫生不需要開藥」（黃文玲譯，2010：27），也就是未來的醫師不應該只會開藥，還應該教導病人注意身體的結構和營養的補給，若能做到養生防病就能節醫減藥。這應該是人類未來的遠景吧！

　　因此，現代人要如何運用知識與科技，具備一套正確自然養生知識與簡易保健方法，並選擇適當的保養工具，以杜絕身體毒素並預防疾病的產生，聰明地使自己抗老化、保健康，這才是正確的自然養身保健觀念。本書第一篇身體篇：回歸自然的排毒養生，擬分三章敘述，分別是：第一章身體有自我療癒能力；第二章體內排毒與疾病預防；第三章養生保健的自然法則。

第一章　身體有自我療癒能力

　　即使現代醫學進步神速，人類的身體卻是大小病痛不斷，這是因為自體免疫系統受到傷害，導致對疾病的抵抗力降低。我們理應建立身體有自癒力的信念，因為我們的身體有一個相當靈活且有效的自我防禦系統，那就是免疫系統與自癒系統。若能提昇此能力，每個人就是自己最好的醫生。本章擬分三點說明：1、免疫與自癒系統；2、身體有自然的排毒機制；3、提升免疫與自癒力等。敘述如下：

壹、免疫與自癒系統

　　我們的身體天生就具有保護自身免於外敵傷害的作用，就是使人「免」於「疫」情，能免除疫病的侵害，稱之為「免疫」。當病原菌或病毒入侵時，在血管內巡邏的免疫細胞會聚集起來、合力將其殲滅，守護身體，此即免疫的作用。這個作用，由分佈全身的淋巴組織來分擔，以淋巴球、漿細胞、巨噬細胞這數種細胞擔任主要工作（光岡知足，2007：43）。此種人體免疫系統的防禦能力，稱為「免疫力」，就是俗稱的「抵抗力」。例如，當細菌和病毒入侵體內時，淋巴液中淋巴球便會感測出來，並開始製造抗體來加以防禦。此時淋巴球會記憶這些細菌和病毒所釋放出來的毒素性質，然後傳達給新誕生的淋巴球。因此，就算日後有相同的細菌或病毒入侵體內，淋巴球也會立即發現，在病發前將其擊退。換言之，這個系統能記憶異物的毒素，迅速加以因應，讓人免於疫病的侵害。例如只要得過一次麻疹，便不會再得第二次，這也是免疫的功勞（淺野伍朗，2009：274）。唯有在病毒發生突變，也就是表面蛋白質分子結構有變化時，人體免疫系統認不出它來，所以沒有

抗體可以對抗它，必須重新製造抗體。這時身體為了抵抗病毒就會發動攻擊，人就會生病。感冒就是最好的例子。流感病毒很容易突變，今年得到流感，明年還是會得，就是因為流感病毒已經和去年不一樣了，身體辨識不出來，沒有抗體對抗它，所以會感冒生病（陳俊旭，2010：136）。而最常見的免疫系統疾病有：愛滋病、氣喘、支氣管炎與肺炎、癌症、（慢性）念珠菌病、白內障、慢性倦怠症候群、一般感冒、心臟病、單純性皰疹、帶狀皰疹、流行性感冒、多發性硬化症、類風性關節炎、全身性紅斑狼瘡等（邱紫穎譯，2000：38-52）。

　　這一副完整的防衛武器－免疫系統，是人體的自我防禦機制，保護正常細胞、組織，排除異常、癌化，建立起一種免疫狀態來對抗感染，會將外侵的細菌、病毒、黴菌等，經以阻擋、消滅，這個作用包括防止異物侵入體內，加以阻擋消滅，使得在體內發生的異常變化恢復正常，並排出異物（新谷弘實，2007：118）；而精密的自癒系統則能修補和治癒一切病痛。例如：「割傷」是病，後續的「紅腫、疼痛、發癢、結痂」是身體修復傷口時產生的症狀。最後掉下來的痂，則是修復過程中產生的垃圾。在傷口修復的過程中，醫生只能在表面上塗上消炎藥，所有生肌長肉的修復作用全是身體自己做到的。就這個例子看來，很明顯的身體存在著強大的自癒能力。這種自癒能力不但發生在皮膚上，同樣的在其他器官裡也必定存在著（吳清忠，2008：36）。雖然現代醫學在理論上認同身體有自癒的能力，但是在實際診斷和治療的過程中，卻完全否定人體的自癒能力。例如，當身體出現異常或不舒服的時候，現代醫學認為是生病了，這是一種對身體完全不信任的態度，認定我們的身體沒有太高的智慧，生病就是身體出現了錯誤的現象。例如：從來沒有人在身體不舒服時，被醫生診斷為：「你的身體正在修復某個器官。」醫生總是說他的某個器官出了問題，「器官異常反應就是疾病」是現代醫學的標準邏輯（吳清忠，2008：35）。

　　如果身體的免疫系統強壯，身體自然健康，對疾病抵抗力加強，癌細胞也不容易在體內增殖。譬如感冒時，吃下感冒藥雖然會將入侵的感冒細

菌消滅，讓免疫系統不用全體動員就打贏勝仗，但如此一來，免疫系統的軍隊就無法得到完整的作戰經驗，將使細菌有機可乘，輕易的越過防線，入侵我們的身體。所以說習慣長期服用感冒藥物的人，身體本身的自癒系統的修補能力會因此逐漸降低，得到感冒的機率，反而比一般人高出很多。相反的，感冒時不吃藥，多喝淨水，吃對食物並且多休息，雖然會感到不適，但是免疫系統能全體動員抵抗細菌，獲得充分的作戰經驗，同時傳遞訊息給自癒系統，修補因作戰而被破壞的細胞，使損壞細胞得到充分醫治。如此建立了良好的機制，反而能讓我們減少得到感冒的機會。

因此，不要小看我們每個人與生俱來的免疫系統和自癒系統，應避免過度依賴醫生或藥物，例如，發燒是身體本身的免疫系統與病毒在作戰，提高溫度要把病毒殺死，結果用藥把它壓下去，結果免疫系統的功能也壓下去。所以，如果是事出有因的狀況，千萬別想尋求快速方法來痊癒，不要將淨化身體所需的能量強迫轉移它處，而干擾身體免疫系統的自我療癒過程。假如我們自身，沒有形成一系列相當靈活且有效的防禦系統，那麼感染因子就會在人體寄生，並且利用人體的營養或材料，大量繁殖，並又傳播出去，這將是人類的大災禍。

免疫與自癒系統是如此盡忠職守地在守護著我們的健康，消化系統中有著豐富的免疫組織，尤其腸道是產生淋巴球的母體，是重要的免疫器官（孫安迪，2010：18），有百分之七十的淋巴組織分佈在此，猶如萬裡長城般在保護我們的身體。因此，腸就是我們的根，腸道的健康是各消化器官健康的重要關鍵，腸道的問題更是成為免疫力和自癒力減退的根源（健康資訊研究社，2008：87）。只要腸道乾淨，要生病很困難，因為細菌病毒不在乾淨的腸道中生存，若能管理好腸道的健康，強化腸道，就能夠提高全身的免疫力及解毒能力（新谷弘實，2007：118、176），那麼就能掌握身體百分之七十的健康了。又據研究有些嚴重的心理上的長期焦慮，能損害細胞免疫功能（劉易齋等著，2008：222）。以身心一體的角度而言，身體有偉大的自我療癒力，當我肯定、面對自己的細胞意識，就能發動身體的自我療癒力。

現代醫學基本上是以抑制做為治病手段，因此，許多病並不是被治療好，只是被抑制而已。而自然療法講求的是爆發，也就是將毒素或疾病逼出人體。而人的身體本來自備自癒能力，只要給予足夠的酵素與營養元素即可發揮自癒功能。尤其，當身體進行調養、修復的過程中，會出現一些不適的症狀，稱之為「好轉反應」，或是「瞑眩反應」。例如：咳嗽、有痰、流鼻涕、心悸、心律不整、短期失眠、頻尿、喉嚨痛、頭痛、經絡痛、腰酸背痛、臉部浮腫、濕疹等症狀。有這些好轉反應的現象產生時，是值得慶幸的，因為身體已經啟動復原的機制。有的人不明究理，以為是生病的症狀。據陳俊旭所述的疾病演化過程與好轉反應，此係自然醫學的寶貴發現。他說（陳俊旭，2010：55-56）：

> 大部分疾病都可用這個公式，那就是健康→干擾→急性發炎→慢性發炎→退化性發炎→死亡。此疾病的演化過程，是採西藥醫治所產生的結果，但如果採用自然醫學的方法來治療會用各種方法，讓身體一步一步回復到先前的狀態，「逆轉」疾病的演變。

也就是說，當用對了天然藥物或自然療法時，疾病的症狀會往回走，換句話說，會回到疾病的上一個階段。所以如果自體免疫疾病的患者經過自然醫學的妥善治療，而有急性過敏的現象時，有時是疾病逆轉的好現象，不必過於擔心，這是俗稱的「好轉反應」，這是身體欲將免疫力引導出來的一個自然過程。

中醫對治病有一個觀點，那就是「三分病七分養」，要好好養元氣，不要太依賴藥。人體疾病是可以透過自癒力來慢慢協調過來的。因為藥不過是發揮激發元氣（免疫力）的作用，而幫助身體達到治病的目的。如果元氣沒有了，再好的藥也不起作用。養元氣就是好好修正自己，改變不好的習慣，疾病就能去掉大半。因此說「人體是有自癒能力的，求人不如求自己（曲黎敏，2009a：352）。」岡本裕在《90％的病自己會好》書中：將疾病分為喜劇疾病和悲劇疾病，他將高血壓、糖

尿病、高血脂、肥胖、痛風、便秘、腰痛、失眠、自律神經失調等，歸類為喜劇疾病，認為這些疾病都不會馬上對生命造成威脅，但又無法根治，主張這類疾病不需吃藥是可以靠自己的力量治癒，只要調整飲食，生活習性就能得到「體內平衡」而自癒。吃藥反而會破壞體內平衡、抑制腸內淋巴系統的正常免疫功能，進而阻礙自癒力（黃文玲譯，2010：15、33-34）。

依筆者的體驗心得，生病絕大部分是自己造成的，生病時剛好可以藉機會提醒我們是否要調整飲食、生活習慣；或者是引導自己省思，這絕對是懺悔改變的時候；而不是一味地進出醫院，吃一大把藥，以為就可以放心了。基於身心靈一體的法則，為徹底明瞭疾病背後的真相，不妨去察覺自己的生活型態是否偏離正常的軌道？如飲食不當、過度操勞、作息不定讓身體免疫力降低等原因，或者去挖掘深層的自己。大多時候，生病是在叮嚀我們需要放下手邊的工作好好休息，如此自然就有時間好好瞭解許久未曾碰觸的內心狀況。例如，這段時間是有什麼讓我內心煩惱和不舒服之處？是不是自己的想法偏頗了？我有同時顧慮到自己和別人的感受嗎？我是不是應該試著去改變想法或觀念？等等這些問題，如果能往內自我反省檢討，逐步抽絲剝繭，大概都可一目瞭然地觀察出生病的原因了，因此，我們的身體都有免於疫情與自我療癒的能力。正如姜淑惠醫師所說：大家開始有了承擔自己病痛的勇氣與康復的決心，發現病情體驗到「痊癒」的原動力，竟然來自於自己，因此不再迷信藥物，不再依賴醫師，抱怨護士（姜淑惠，2001：2），筆者甚是認同這樣的保健理念。

貳、身體有自然的排毒機制

人類的身體是有高度的智慧，整條食道，從口腔到肛門，都藏有大量的神經與免疫細胞，對於如何吃及吃進體內的食物，都會立刻做出反應。如果是對身體不良的食物，一定會想辦法透過疼痛、吐瀉等方式離

開體內，避免對身體造成不良影響；如果是對身體有益的食物，就會透過消化系統完成消化、吸收的任務（陳立川，2009：254）。例如：口渴時，會大量喝水解渴；身體過熱時，會流汗降溫；喝可樂會打嗝，就因為人體不需要二氧化碳；飲酒過量後會嘔吐，是因為酒精有害；化療後也會嘔吐，是因為化療是毒素。又吃到腐敗食物，會上吐下瀉，是身體將腐敗毒素排出體外的作用，吐光瀉完後，身體自然康復（陳立川，2009：10、71-72）。

要知道我們的身體需要的不只是營養的「進」而已，更要有排泄物的「出」，若有進無出，再多的營養進不來，自然營養也無法被吸收。若以消化系統為例：當吃進一堆食物，經過身體的新陳代謝之後，會產生廢氣、廢物必須順利排出。因此，每個身體都應該減少或排除體內毒素，讓工作過度的免疫細胞和器官恢復生機。又為什麼有些慢性疾病在運用自然療法的練氣功之後，會臭汗直流、大量吐痰？這些自然的生理現象，都是人體排毒的自然機制在幫助我們復癒的現象。或許是這些自然機制太過稀鬆平常，反而容易被人們忽略它的存在，甚至經常還以反自然方式破壞上天賦予的排毒機制（陳立川，2009：66-74），譬如有些人很怕汗淋淋及汗臭味，所以猛吹冷氣求涼快，反而阻礙了藉由汗腺排出毒素的自然功能。或者，有人將人體排毒的自然機制，視為一種不舒服的症狀，以疾病的方式來處理，一旦人體的自然排毒機制被壓抑，毒素反而會深藏體內，根本排不出來。總之，我們吃進腸胃、吸進肺臟的毒素已經夠多，如果自然排毒機制又出了問題，難怪身體的病痛會層出不窮。接著擬介紹我們身體的七大排毒系統，以及四大排毒器官。詳述如下：

一、七大排毒系統

由於身體無法避免受到毒素的侵害，因此智慧的身體自有一套自我防衛機制，它每時每刻都在工作著，在正常情況下，會以體內轉化或以直接排出體外的方式，排去大部分的廢物和毒素，發揮其保護作用。根

據陳立川博士的說法，我們的身體有七大排毒管道，且各有所長。那就是（陳立川，2009：69）：

（一）皮膚：是以流汗方式排毒

皮膚具有對人體代謝、體溫調節的重要功能。人已經有兩個腎臟排除廢物，皮膚又被稱為第三個腎臟，皮膚上的汗腺和皮脂腺，能夠透過出汗等方式排除其他器官無法解決的毒素，雖然尿也會排出重金屬，但是排出功能卻遠不及汗。經由汗水可以排出體內的約3%的老廢物質，它的排毒表面積最大，只要是健康的流汗方式，就能成為達到有效排毒的好方法，是人體最大的排毒器官。汗水裡面含有身體多餘的水分及脂肪、老廢物質，藉由出汗，能夠排出大量的重金屬廢棄物，尿酸結晶，及酸性物質以減輕腎臟負擔。但時至今日，因為冷氣空調，汗水變少了。現代文明社會裡，冷暖空調的普及，造成許多人擁有虛冷的體質，影響所及是血液循環不好，細胞組織的代謝功能低下，體內廢棄排泄物質無法順利排出體外，自然對健康有不良的影響。因此，「遠紅外線研究會」建議大家，借助遠紅外線可以幫助我們輕鬆排汗，自然能擁有健康（林裕恭譯，2003：封面）。

（二）大腸：是人體垃圾的處理廠，以糞便方式排毒

大腸屬消化道，與居家的下水道類似，是廢物、殘渣等排泄物的主要管道，食物的殘渣由肛門排出。這個廣大的腸子是體內的毒素累積最多的部位，它負責排出佔全身體75%的廢棄物，如果將腸的表面比喻為地磚，那麼將它全部攤開來就會有一座網球場面積的大小。

人體一旦出現便秘、腹瀉、排便障礙，無法順利排出時，很容易有腸中毒的問題。腸中毒是食物經咀嚼消化成為食糜，在腸道發酵分解代謝後所產生的各種有毒物質，包括氨、酮類、過氧化物，這些物質如果不能即時排出，又會重新被大腸吸收，並引起多種疾病。如果超過24小時才排便就是便秘，也就是中毒了。這就是為什麼美國的另類癌症療法

會將大腸水療與咖啡灌腸列為基本療法的原因了，其目的就是讓腸道與肝臟中的毒素盡快排除，以避免產生自體中毒。

因此，凡是常有便秘、腹瀉、痔瘡的人，建議除了皮膚排毒外，還要進行大腸排毒，主要是以排便排毒。推腸排毒可平穩情緒，它是一種腹腔按摩法，簡單的說就是按摩大腸，可以活化整個腹腔機能，排除宿便、幫助淋巴排毒，紓解情緒，平衡自主神經。歐美自然醫學在一百多年前，就認為大便不能在腸內逗留太久，如果有必要，必須藉由器具幫助腸道排便，達到中國古人說的「腸道常清」的目的。已逝的蔣宋美齡夫人，是自然醫學的受益者，她從16歲開始就讀美國衛斯理女子學院，就見識到當時一些奇特的養身習慣，並且開始施行大腸水療的方法來維繫健康，一直到106歲去世為止。而她的皮膚與精神比實際年齡年輕很多，這和健康飲食與大腸水療有很密切的關係；還有英國已經逝世的戴安娜王妃，也將其當成美容法來實行。腸內腐敗的消除法，無副作用且實行簡單的是洗腸療法（阿部智浩，2001：96-97），自古以來，這個方法就一直被採用。施行大腸水療可以把體內的殘渣清出，避免這些廢棄物，在睡眠中分解產生毒素（陳俊旭，2009：248-249），因此千萬在睡前不要抱著大便睡覺。目前流行的大腸水療可以清理腸道，是清除宿便的一種最佳選擇。

（三）肝臟：是排毒的要角，以製造膽汁方式排毒

肝臟是體內最大的臟器，分左肝與右肝，位於右胸的橫隔膜下方，從右上腹，延伸至左上腹。成人的肝臟約重1.5公斤，它是身體裡面可以再生的細胞，萬一肝臟有病變就可切除掉，會慢慢再長出來，但是腦細胞死掉就沒有能力再生。一般人都以「不會說話的臟器」、「沉默的臟器」來形容肝臟，這是因為肝臟的神經比較少，通常即使肝臟功能已經惡化，人體也不會出現自覺症狀。

肝臟是人體內最大的器官，也是人體最大的消化腺、解毒的核心，血液淨化的中心。它動用了500種以上的酵素發揮驚人的工作

能力，處理1000種以上的消化和分解工作，其中最大的作用，就是「解毒」的功能，每天過濾大約1500L血液，去除血液中有害物質的功能，故可以讓血液維持清澈的狀態；過濾分解大約400億個細菌、病毒、寄生蟲卵；處理人體內新陳代謝產生的大約400多種的化學廢物。肝是人體最大的解毒器官，肝硬化時，此種解毒功能受到影響，原本要在肝解毒的一些毒素，就跑到全身去了，嚴重時就會造成肝昏迷，又稱「肝性腦病變」。對於肝的功能，大概簡述如下：

1、對有害物質進行解毒

　　　　身體最大的解毒器官是肝臟，因為聚集了大量來自胃、腸、胰臟、脾臟的血液所以呈現褐色，脾臟負責收集血液，而這些血液中所含的養分和毒素，都要循環到肝臟來做解毒，解毒以後，會將乾淨的血液送到心臟去，心臟再送到全身，再將有害物質轉換為易溶於水的型態，並藉由膽汁或尿液排出體外。陳俊旭說：「不管是什麼毒素，我們可以粗分為水溶性和脂溶性的毒素。水溶性的毒素可以藉由多喝水的方式，由腎臟排出，但是脂溶性的毒素不溶於水，無法透過腎臟排出，所以這些毒素便會被血液帶到肝臟，藉由肝臟的解毒功能，將這些脂溶性的毒素變成水溶性毒素。不過原本脂溶性毒素的毒性可能還沒有很強，一旦轉變為水溶性之後，毒性會大大增強，這就是肝臟解毒的第一階段。肝臟解毒的第二階段是將有毒的水溶性毒素再轉化成無毒的水溶性毒素，最後以糞便的形式從腸道排出（陳俊旭，2010：156-157）。」這也就是林承箕說的：「肝臟是人體最重要的營養製造中心，也是人體最大的垃圾處理場」。它分兩大階段將原來只溶於脂肪不利排除的毒素轉換成可溶於水的成分後，經由大、小便順利排出體外，而達成肝臟將體內毒素分解、轉換及排除的功能（林承箕，2007：90）。

　　　　我們所攝取的食物，主要是在小腸消化吸收，然後透過「靜門脈」運送到肝臟。因此，每一個送到的地方都能獲得營

養，就能獲得健康；肝臟功能如果比較差的話，代表血液混濁，循環較差。所以肝膽排毒，幾乎就是全身的排毒。肝臟是處理全身毒素和老廢物的大工廠，對許多物質進行解毒。解毒的內容物含有：

（1）藥品：將藥物中所含的有害無質，轉化為無害物質的功能。若服用過量的藥物，對肝臟而言都是額外的負擔，超出肝的負荷而無法解毒，就會演變成「藥物毒性肝病」。因此，最好的方法就是少吃藥。

（2）乙醇：以酵素的作用來分解酒精，將它轉化為乙醛，再分解為醋酸，最後轉化為二氧化碳和水，與呼吸和尿液一起排出體外。當酒精含量過多，或是喝酒太猛，會使得肝臟來不及分解，這些無法處理的酒精便會遊走全身，導致酒醉。或突然攝取大量的酒精，使體內酒精含量遠超過肝臟的分解能力，這是造成酒精中毒的原因。應該避免酒精的過度攝取，方為上策。

（3）食品添加物、色素等。

（4）肝臟除了吸收食物的營養物之外，它有一根重要的血管通往腸道，將不易吸收的代謝物質帶回肝臟進行「解毒」，就是處理由腸害菌製造出來，經由腸壁吸收、進入血液中的許多毒素或老廢物，例如硫化氫、糞臭素、引朵、氨、組織胺、甲烷等。

2、對養分進行化學處理，以生產能源。

3、製造糖分補給身體：將腸子所吸收過多的葡萄糖轉化成肝醣加以儲存，以備不時之需，當身體需要時再轉化為葡萄糖送到血液中（山本珠美，2007：95）。

4、製造助消化的膽汁：以老舊紅血球為材料，以製造膽汁。

肝臟幫助我們把吃進的食物，像膽固醇、卵磷脂、礦物質等，把這些營養素合成膽汁，濃縮並儲存在膽囊裡，膽囊像個袋子一樣大概有

8公分長。肝臟製造膽汁最主要是幫助我們進行脂肪的代謝，儲存在膽囊內，當有脂肪的食物到達小腸時，膽汁會進入小腸幫助消化。如果膽汁製造不足，或這個地方管道有垃圾卡住的時候，就會出現消化不良或五臟六腑代謝會出現狀況，所以肝臟每天過濾大約1500L血液，肝臟不僅是解毒，還是倉庫，肝臟是身體重要的藏血湖泊，如果身體的血液不足，肝臟會釋放出來，將血液做個補充。每天很多的細菌病毒都會經過肝臟作過濾，如果把肝臟垃圾拿掉，過濾就會比較好，製造膽汁的功能就會恢復。

　　有一種「咖啡灌腸法」，對排肝毒的效果很好，它不是用「喝」的，而是用「灌」的。因為咖啡如果用喝的，會興奮大腦，但如果從肛門灌進去，進到大腸與小腸，大部分的咖啡會透過「肝門靜脈」，回流到肝臟，會振奮肝臟，讓膽囊收縮，排出膽汁，更厲害的是，會活化谷光甘肽達到6。5倍之多，而達到強化肝臟解毒的效果。在台灣很多人都可以清楚見證咖啡灌腸的好處，使人體力提升、精神集中、睡眠品質變佳、延緩老化，這些都是因為咖啡灌腸的排毒效果（陳俊旭，2009：246）。

（四）腎臟：是人體的淨水廠，以排尿的方式排毒

　　腎臟是排毒的重要器官，透過尿液可以排掉廢水、廢物及重金屬。如果大腸是身體的大型垃圾處理廠，腎臟就是淨水廠。腎臟是由腎元所構成，約有100萬個，腎臟就靠這些小小的過濾清除血液中的汙穢物。腎臟一天大約可以過濾120到150公升的血液，血液裡新陳代謝的廢物透過腎臟過濾變成尿，排出體外。人體透過肝臟與腎臟的解毒，不分白天和夜晚，以驚人的速度和效率，過濾出血液中沒有用的物質像尿酸、尿素等廢棄物、多餘的水分，和毒素變成尿液，送到膀胱，儲存到一定分量時，就排出體外。腎臟是以尿液進行排毒，它的作用是清洗掉身上多餘的鹽分和老廢物，並由血液中新陳代謝的廢物轉換成尿液排出體外。血液經腎臟過濾，把有用的養分像葡萄糖、維生素等吸收，重新讓

它們加入血液循環，送到全身。此外，還能把酸性和鹼性的物質都變成弱鹼性，來保持體內一定的PH值。

　　總之，腎臟是身體的過濾工廠，像個廢水處理場，任何進入身體的飲料、食物、空氣和情緒壓力所產生的毒素都會經過腎臟。如果污染物質太多，造成腎臟負擔太重，短期也許會出現阻塞，發炎現象，長期則有結石、功能衰退、血液不乾淨等各種毛病，嚴重時要靠人工洗腎清除血液污染，否則會有生命危險。

（五）肺：是人體的空氣清淨機，以呼吸的方式排毒

　　肺是身體內外氣體的交換站，它位於人的胸腔裏，分為左肺和右肺，呼吸時，肺部擴大，氣體在這裡交換，吸進的氧氣經肺泡進入微血管，再送到全身，微血管的二氧化碳也經由肺泡排出體外。肺的主要功能是吸入空氣，將氧氣運送至血液中，並將二氧化碳排出體外。我們的身體並沒有充分的氧，在任何時候我們都需要吸收大量的氧，來幫助體內的養分變成熱能，產生體力。當養分變成能量，會產生二氧化碳，並且會隨著血液回到肺裏，由肺部排出體外，就是這樣一呼一吸，將二氧化碳呼出體外，再吸進氧氣，送到體內工作，我們才能活下去。對身體來說，肺就相當於空氣清淨機。

　　如果希望肺部可以永遠保持正常運作，我們可以先檢視自身的生活環境，視需要戴上口罩避免空氣污染；如果是因為香菸及建材使用的甲醛使得室內空氣遭污染時，就要擺設空氣清淨機等，只要我們多費點功夫就可以避免增加肺部的負擔；也不要因為個人的煙癮習慣，讓自己的健康陷入無可挽回的地步，更不要危害到親友、同事、孩童的健康，更要呼籲大眾多費一分心力，勸導煙槍們戒掉抽菸的壞習慣。平常勤運動、練瑜珈、氣功、打坐、冥想都是不錯的鬆弛方法，有助於身心平衡；或利用住家旁的公園或校園散散步也是不錯的運動。以上這些對肺部的功能有強化的作用。

（六）淋巴：以循環方式排毒

人體全身都佈滿著一種細細的透明管，名為淋巴管，裡頭流有一種無色透明的液體，名為淋巴液。淋巴液是從微血管中滲出的血漿進入淋巴管所形成。淋巴管最後會匯成一根，在上腔靜脈與鎖骨下靜脈分歧的部位，與血管匯流。流入血管中的淋巴液會通過心臟和動脈，從微血管滲出，再次進入淋巴管中，就以這樣的路線進行循環。淋巴收集細胞的毒素而且將毒素棄置血液。所謂的淋巴系統，就是淋巴管所形成的網路（淺野伍朗，2009：268）。淋巴系統不是一般人可以感受得到，它不是臟器，是循環系統，與居家的走道、水電系統相類似，淋巴行經遍佈全身，與血管並行，其作用與下水道作用的大腸一般，運送廢物以利排泄，因此淋巴系統是在排除循環毒素。因此，陳俊旭認為，淋巴系統無法將毒素排出體外，頂多只是把毒素排放到靜脈系統裡面，這些毒素經由循環系統，再到肝腎去解毒，透過排毒臟器解毒，充其量我們只能說淋巴是個幫忙排毒的器官（陳俊旭，2009：19）。

淋巴液及淋巴結（又稱淋巴腺體），是人體極為重要的排毒管道。回收老舊廢物和毒素的淋巴液，會因壓力或疲勞而使得流動減緩，而變得混濁，如果淋巴結或淋巴管充滿混濁的淋巴液，免疫力當然就會變低，就會出現一些症狀，例如：水腫、鬆垮、黑眼圈、皮膚粗乾或過敏、肩膀僵硬、便秘、生理痛、大腿鬆垮、小腿肚水腫、腳踝腫大、四肢末端冰冷等現象（山本珠美，2007：86）。而淋巴結是淋巴液的過濾裝置，是位於淋巴管會流處的球狀物體。小如豆粒，大如蠶豆，大小不一，形狀也會隨著部位而不同。全身有800多個淋巴結，主要分佈於頸部、腋下、鼠蹊部的周邊。當細菌和病毒入侵時，淋巴球和白血球便會迅速展開反應，將細菌和病毒予以擊退，但若是病原菌的攻勢太強，便會通過此防禦系統，入侵淋巴管，不久便到達淋巴結。當手臂和腳部的淋巴管呈現紅筋浮現，或是感到耳朵下方腫脹疼痛，這就是淋巴結與病原菌在相互對抗的證據。若是淋巴結戰敗，病原菌便會遍佈全身，引發

敗血症等疾病。淋巴結，可說是阻止毒素或細菌等有害物質進入人體的過濾器，是守護人體的最後一道防線。又，來自微血管的淋巴球也會進入淋巴液中，當有害人體的微生物入侵時，淋巴球能加以辨別，製造抗體來加以擊退（淺野伍朗，2009：270、268）。淋巴系統可生成淋巴細胞和產生抗體，參與身體的免疫功能。

我們的身體有兩個最大的淋巴收集場所，那就是位於結腸入口的闌尾以及位於喉嚨入口的扁桃腺。有些人認為扁桃腺和闌尾是人體無用的器官，甚至會「引發疾病」，因此他們選擇去醫院摘除。事實上，當身體充斥過多的毒素，會堵塞得有如淤塞不通的下水道，會讓這兩個淋巴腺體紅腫發炎，以致要進行切除手術。若切除扁桃腺，就會讓收集頸部與頭部毒素的重要垃圾場也不復存在了；若切除闌尾，細菌毒素會四溢到骨盆腔內。所以倘若摘除兩個最大的淋巴收集場，會使別處的淋巴系統如果發生堵塞，導致淋巴血管腫大，也會削弱細胞吸收營養的能力，降低整個免疫系統的效率，可能會使罹患慢性病的機率大大增加。

淋巴系統不像血液循環，心臟這個幫浦會規律地送出血液，但流經體內的淋巴液因為沒有心臟這種收縮和舒張的幫浦器官，所以必須藉由運動使肌肉活動，才能將淋巴管中的淋巴液壓出。淋巴液的有效流動，主要是靠氧氣及輕度運動達成，可使用乾刷皮膚、做跳床、淋巴引流按摩來達到功效。雖然不運動，心臟也能跳動，但我們多數人仍需靠運動保持健康，而且運動有助淋巴運行。這意味坐著不動的人可能因淋巴沒有正常運行，無法充份排毒（王映月譯，2000：34-35）。如果我們一直維持相同的姿勢、沒有使用肌肉的話，淋巴液就會滯留體內而無法排出。一旦缺乏運動，就會造成淋巴液滯留，那麼多餘的水分及老舊物質將無法排出體外，這不僅會成為疲倦、水腫、肥胖的原因，也會導致身體的免疫力下降（陳玉華譯，2008：159-160）。想要改善淋巴液的流動狀況，只要做一點小運動即可，但如果可以費些工夫多按摩這些大淋巴結，那麼將可以加速淋巴液的流動，而增加排毒效果。像全身抖動的外丹功、游泳都是最佳的淋巴排毒，全身都能運動到，還可以促進淋巴

液的循環。淋巴掃毒：跳繩或原地跳、踮腳走路、乾刷皮膚、拉筋：利用瑜珈、太極、氣功（林承箕，2007：86）。尤其，淋巴液是一種膠質物，高溫會幫助流動，經常進行蒸氣浴、桑拿浴、藥澡、泡溫泉等高溫療法，不僅有助於皮膚排毒，更有助淋巴排毒。總之，理想的淋巴排毒系統得有完整且活躍的淋巴結以及能暢行無阻、循環全身的淋巴液。如果各淋巴循環都像水勢湍急的河流般循環不止，那麼身體也就不容易產生毛病了（山本珠美，2007：89）。

（七）血液：以循環方式排毒

將血液運往全身的管路，連接的管路稱之為血管，大致可分為動脈、微血管、靜脈。所謂的動脈是深厚且富彈性的，是靠自身的力量，將含有心臟左心室送出的氧氣和養分之動脈血運往全身的血管，以肌肉的收縮和舒張來輸送血液的動脈，動脈有自行送出血液的作用。另將血液送回心臟的血管，稱之為靜脈，是薄而缺乏彈性的，乃藉由腿肚和手臂運動時所產生的肌肉收縮、放鬆將血液送往心臟。手腳若是不常運動，靜脈血的流通會不順暢（淺野伍朗，2009：254-256）。因此，血液也是以循環方式排毒。

我們的身體內，有相當於體重13分之1的血液量，以心臟為起點，持續不斷地循環於身體內部。血液包含有運送氧氣和二氧化碳的紅血球、負責消滅入侵異物毒白血球、能使血液凝固的血小板等。因此，血液的主要功能是將身體所需的氧氣和養分運往全身，並帶走新陳代謝所產生的二氧化碳和廢棄物，還有驅逐病原菌的白血球以及停止出血的血小板（淺野伍朗，2009：260）。

另，女性的月經也是一種排毒，月經是淘汰新陳代謝副產品、死細胞及其他廢物有效的方式。長久以來，人類的平均壽命都是女性高於男性，從排毒的觀點來看，這或許是因為女性擁有一個老天爺特別賜予的專屬禮物－生理期。藉由經期作為定期宣洩體內毒素的管道，這可以視為一種重要的掃毒途徑，正因為有定期的經期管道掃除體內毒素，女

性身上少了很多疾病。有些女性將生理期的來臨視為一種困惱，因為身體不舒服影響了生活作息、心理情緒和職場表現。事實上，身體不舒服正代表著身體某些部份的不平衡，包括體內毒素的堆積。至於男性們沒有月經，少了一種掃毒的管道，該怎麼辦呢？捐血是不錯的方式，每兩個月捐一次血，就像女性月經一樣，藉人工排血，即可刺激骨髓造血功能，又間接等於減少體內積存鐵質的毒害，真是助人又利己（林承箕，2007：87-89）。

又據研究指出，當血液呈酸性時，即意味著身體機能已開始變得衰弱，血液循環不良，導致細胞膜機能低下，鈉或鉀等電解質或老舊廢棄物質變得較難通過細胞膜，因此不能順暢地進行新陳代謝。而清淨的空氣中，含有許多的負離子，它可讓偏酸性的血液，因為負電荷的關係而回復到正常的弱鹼性。血液是弱鹼性後，就能有效改善汗垢血質、淨化血液的輸送作用，使得細胞充份攝取必須的營養，又能不斷地將老舊廢棄物排出體外。因此，負離子能淨化血質，強化人體的免疫力，提升自然治癒力，使得身體健康不容易生病（林裕恭譯，2003：85-86）。又有專家極力推薦利用遠紅外線來促進血液循環（石井宏子等著，2005：78），因遠紅外線其滲透性能使身體內部產生某種程度的熱，如此一來多麼沉重的血液，也能開始流動，這就是促進血液循環的原理。總之，藉著血液的循環，就能吸收營養，排除廢物，進行新陳代謝的作用。

二、身體有四大排毒器官

雖然身體有七大排毒管道，但能將體內毒素直接排出者只有皮膚、大腸、肺臟及腎臟等四大器官（陳立川，2009：96-97）。亦即大腸排出固體、腎臟排出液體、肺臟排出氣體，皮膚借液體轉氣體排出廢物。那究竟該如何善用身體四大排毒器官排毒？那就是天天要有二～三次排便；解尿要舒服，不可憋尿；正常呼吸外，更要多做氣功是吐納深呼吸；皮膚要保持濕潤、乾淨，有適度曬日光和流汗等。若要維持自然

排毒，就要接近自然，自然的起居、自然的環境，自然的飲食、自然的飲食、自然的心境。自然之下，沒有壓力、飲食乾淨、生活規律、心情愉快……。要獲得健康，原來就是這麼簡單。人只要維持原本的排毒功能，身體就不會輕易生病，但是大家都把自己污染了，罹癌後又接受醫院的的治療，不僅破壞身體排毒能力，又讓更多的化療毒素進來，這就是為什麼醫師治不好癌症的原因，因為只有破壞、摧毀，沒有建設、保護（陳立川，2009：10-11）。

　　既然，人體具有如此多管道的排毒管道，為什麼還會產生毒素堆積的問題呢？這是因為，一方面人體的自我排毒能力是有限的，當人體攝入毒素的毒性以及數量超過了身體自身的排解能力範圍，毒素就不能及時有效的排出，就會發生毒素囤積；另一方面，身體排毒系統的功能也會逐漸老化，過度的勞累和精神壓力、飲食不當、運動不足以及醫療化學物質等也會影響人體的代謝系統功能，致使體內新陳代謝紊亂、內分泌失調，毒素堆積的問題也就自然發生了。

　　總之，人類的身體是有高度的智慧，始終致力於讓體內所有系統皆保持平衡，會自動選擇身體所需要的，營養進來，毒素排出，有一套自我防衛機制，以直接排出或體內轉化的方式，透過呼吸道、泌尿道、皮膚、淋巴、大腸、肝臟等器官組織排去大部分的毒，讓身體無法受到毒的侵害。一旦攝入毒素過量或曝露於毒素當中，超過免疫和排泄系統的負擔時，病魔就會肆虐。因此，人體天生擁有自然排毒的機制，只要我們不去干擾身體的自然運作，以人為的力量去破壞它，那麼我們的身體會自行調整，以維持解毒與排泄的平衡狀態。為維護免疫系統與自癒功能，就該善用身體的自然排毒系統與器官。

參、提升免疫與自癒力

　　據許達夫的說法：人會死於癌症是因為自身免疫力降低之故，而免役力降低是來自於恐懼、沮喪、失眠、營養失調，以及治療力的併

發症等（許達夫，2006：42）。我們知道有一般所謂的自然法療[1]（陳奕蒼，2008：5-6、許達夫，2006：15），是融合了中藥、針灸、氣功、營養食品等的治療法。目的是為了引出個人與天俱來就有的「自癒力」。現代人只要一不舒服就會找藥吃，加上廣告的作用，動不動大把大把吃藥，而忽視人體的自癒能力。把健康寄託給醫生是軟弱的，真正的健康源自於自我對本性的覺悟（曲黎敏，2009b：29）。事實上，預防勝於治療，應該要將能提升免疫力和自癒力的「替代療法[2]」納入醫療中。那我們又該如何提升身體的免疫與自癒力呢？所謂的免疫力就是指「元氣」，而自癒力就是指「修護」，這兩者就是中醫所說的「去邪扶正」。「去邪」就是消除疾病原因和症狀，也就是排除身體的毒素；「扶正」就是補充不足部分，也就是補充元氣，恢復免疫與自癒力。

　　基於身心靈一體的觀念，物質性的身體務必要補充一些有形的營養素，例如：酵素、微量元素、微生素、胺基酸，以及保持腸道的暢通、能量層的經絡通、氣血通等；還有無形生命體的充電補給，那就是觀念通、好心情，這些要素才能提供給身心靈全方位的養分，身體的運作機制才能發揮作用，恢復身體的本能，提升身體的免疫系統與自癒功能。除了飲食均衡、心態健康、規律生活等必要的自然養身原則[3]之外，依筆者之見，有以下的方式可以提昇自己的免疫能力，那就是：1、順應生理時鐘；2、斷食療法；3、經絡理療；4、觀念的暢通等四種方式。分述如下：

---

[1]　所謂自然療法（或稱生物醫學），顧名思義就是不依賴醫藥，應用生物體與生俱來的本能治病，或稱「自然治癒力」與「自然修護力」。它並非新興醫療科學，它繼承了中斷200多年之久，由2000多年前古希臘之父希波克拉底（Hippocrates）建立的正統醫學，它涵蓋中外一切有效而無害療法，使用斷食、營養學、現代免疫療法治病，更向印地土著學習發熱療法治癌。是一項人人醫學、家庭醫學、它不僅預防百病，而且從根本改善體質。它才是名符其實的「正統醫學」；是現代病的剋星，更是人類的希望和救星。又，許達夫醫師認為「自然療法講究的是遵從自然法則，注重身心靈之修練，讓病人從內心穩定起，發揮出無窮的潛力，而達到自然的療效。自然療法注重的是如何提高人體的免疫力，如何發揮自癒力，所以有破壞人體免疫力或自癒力的治療都要被拋棄。」
[2]　所謂的替代醫療，就如同利用芳香療法、按摩等治療，促進血液循環，藉著全身的順勢療法得到自癒力的方法。
[3]　這些自然養生原則將在本書第三章再作詳述。

一、順應生理時鐘：身體內在的羅盤

依據生物學家透過對生態的觀察，發現植物與動物都具有「生物（理）時鐘[4]（張謨瑞，2009：82-83、91-94）」，即是生物體內存有類似時鐘的規律，並指揮其生理產生週期性變化以適應環境。此即華陀所說的「以其自然之道養自然之身[5]」的道理，故生物鐘與環境和諧是養生的根本。天地是一個小宇宙，人身也是一個小宇宙，且整個宇宙是遵循著常道常德在運作，身體欲提升免疫與自癒功能的第一個自然法則是：我們必須學會依照自己內在的羅盤航行，那就是順應生理時鐘而活。一天24小時器官作息有規律，但人體的每個器官卻不是24小時工作的，只有適應各器官的"上班"時間，身體才不會出問題。所謂的人體生理時鐘，可區分成三個階段（吳永志，2008：43-53）：

（一）中午12點～晚上8點：為身體在吸收營養的時間。因此有養生專家認為午餐是一天中的最大餐的說法。

（二）晚上8點～凌晨4點：為營養分配給身體的時間。是身體的自我修護，將吸收到的營養化為身體原料的時間。想要消除疲勞，得到身體的健康，千萬不可支用身體的修補時間。在這段時間內，人們需要藉由暗房、熟睡和空腹的方式，讓身體得到充分的休息和調理。細述如下：

1、暗房

在修補時間內，人的眼睛要閉起來，要完全靜止，並保持黑暗8～9小時的睡眠，免疫系統才能充分充電讓能量加倍，好執行任務打敗敵人和修補創傷。當在夜間就寢時，戶外變暗，眼睛不再看到亮光，睡覺時

---

[4] 鑽研養生之道者根據歷代百歲壽星的養生經驗，將規律作息與良好的生活方式結合，制定了一套「十二時辰養生法」，明代石室道人稱為「二六功課」，清代養生學家稱為「十二時辰無病法」。要遵照十二時辰養生法，這就是要求我們該睡的時候睡覺，該起床的時候起床，該吃飯的時候吃飯，該休息的時候休息，生活起居要有規律。

[5] 這是二十世紀最偉大的發現之一，其中包括人體的一百多個生理節律，如行為、覺醒、睡眠、吃飯、娛樂、思考、運動等，都要順應生物鐘的運轉規律，如能順應「生物鐘」就可以健康養生，生物鐘紊亂人就容易疲勞、生病、虛弱和早衰，成為疾病的先兆。

腦的松果體分泌褪黑激素[6]（林承箕，2007：162-163），但當開燈、看電視，或白天睡醒就停止分泌。褪黑激素具有主宰睡眠與甦醒週期的功能，若缺乏它人就會無法正常運作，會產生憂鬱，負面思考等想法。尤其是晚上10點～凌晨2點，為褪黑激素指揮自癒系統修補的顛峰時間，也就是免疫和自癒系統在全身上下進行修補的時間。根據一項研究顯示，深夜開燈將抑制人體分泌褪黑激素，會降低人體免疫功能，因此，在黑暗的環境裡就寢是使褪黑激素大量分泌的重要條件。

2、熟睡

晚上9點～11點，體溫開始下降，人體準備休息，細胞修護工作開始。此時適合聽音樂等放鬆心情，以利免疫系統有效運作。睡眠不居時間長短，睡得越香甜，元神離體的距離越長，提取和傳送宇宙能的功能越強，一覺醒來，全身像充電一樣，精力充沛、臉色紅潤、四肢靈活、百脈暢通。一般人都不明白睡眠的重要性，他們認為滋養身體的各種能源，都來自食物或藥物，只要日常吃些食物和服用藥物，就可維持身體的健壯。果真如此，我們就可以用食物和藥物取代睡眠了嗎？但事實並非如此，睡的飽比吃得好更重要，近代生理衛生學家，曾經針對這個問題進行廣泛的科學查證，結果發現一個鐵的事實：身患重病的人吃得越多，病況越嚴重，因為食物和藥物都是屬於物質的，物質的吸收只能增加建造軀體的材料，卻不能取代支配和生理和心理機能的能源活力，唯有睡眠才使生命的電瓶充電，睡眠是免疫系統最好的屏障。

---

[6] 褪黑激素（Melatonin ）的功用是維持人體生理時鐘的動力。在晚上睡眠時分泌的褪黑激素，是大腦松果體所分泌出來的荷爾蒙。褪黑激素可以把皮膚的色素細胞中的黑色素顆粒，凝聚在細胞核附近，整體膚色看起來比較淡，所以叫做褪黑激素，別名「聚黑激素」。想要這些荷爾蒙正常，晚上一定要有好的睡眠，才能分泌足夠。一個人一生中，褪黑激素在1-20歲這段時間最高。對成人來說，20歲是最高點，到了60歲，濃度只剩下20歲的50%。褪黑激素在晚上10點到半夜2點之間分泌，正常人晚上的濃度是白天的10倍。白天低、晚上高，對身體健康比較有幫忙。褪黑激素的功效，褪黑激素是由松果體所分泌的，在正常情況下夜晚11:00到凌晨2:00為分泌最旺盛的時段，人們會因而想睡覺，之後分泌量慢慢降低，直到約清晨8:00當一睜開眼睛，松果體就停止分泌了。松果體的分泌非常的非常規律，只要有一天熬夜，次日褪黑激素分泌量就會減少，約要11天才會恢復正常，因此在這段時間中會出現失眠、白天想睡、哈欠連連的不正常情況。

晚上11點就要熟睡，因為身體有很多的工作必須在熟睡狀態才能完成。人體的最好睡眠時間是晚上11點前入睡，因為晚上11點～凌晨3點，正是身體肝膽經進行排毒最旺盛的時間。肝臟會腫脹充血二至三倍，目的是大量、快速解毒，這時躺下來，肋骨就不會壓迫到肝臟，但如果此時還熬夜坐著，肝臟就無法放鬆充血，會影響排毒功能，如果白天所產生的毒素來不及解決，未解決的毒素又帶到隔天，隔天身體就會覺得酸痛、不舒服，如此不斷累積，身體就越來越疲累，越來越酸化，這就是所謂的過勞（陳俊旭，2008a：93）。

要獲得更多時間好準時睡覺的一個好方法，就是簡化生活或調整生活型態。可以從非常浪費時間的事情開始，比如看電視和上網，這通常是指閱讀不必要的電子郵件，和報章雜誌。所有這些資訊和多餘的刺激，都會讓你的心神負擔過重而難以放鬆和入眠。如果晚上多出來幾分鐘，別去瀏覽網路，到外頭走走，看看樹木，欣賞星星，或者在屋內走走；可藉機清除心裡垃圾，或清理屋內，順便把過去半年來沒有用到的物品丟掉。這些東西都會佔據心裡的空間，讓它阻礙而無法放鬆（吳茵茵譯，2009：90）。

3、空腹

中國古代養生強調「過午不食」。尤其夜晚要少吃東西，因為不容易消化，會對人體造成傷害。晚飯吃得過飽，因為元氣和所有氣血都要用來消化食物，必然造成胃腸、肝、膽、胰臟在睡眠時仍不斷工作且傳訊息給大腦，使大腦處於興奮狀態中，造成多夢、失眠等。長期下來還會引發神經衰弱等疾病，同時身體無法修補細胞，讓自癒系統功能降低。又，就寢時如果胃中仍殘留有食物，睡眠中容易因逆流引起肺炎、睡眠呼吸中止症候群等。即使沒有出現如此嚴重的狀況，也會因消化而影響睡眠品質，無法靠睡眠來消除身體的疲勞，結果反導致慢性疲勞。誠如陳奕蒼所說：「空腹睡覺者，早餐成了一天的活化劑，反之，飽腹睡覺後隔天早餐再好的營養也會成了身體的毒化劑了（陳奕蒼，2008：125）。」

因此，想要夜裡的睡眠好，晚飯就要少吃，吃的清淡一點，盡量不要吃肉類，因為肉類的胺基酸會影響睡眠，在睡前的4～5小時就要忌口，晚餐應盡可能在下午六點以前，最晚也應該在七點鐘結束（劉滌昭譯，2007b：197-198），就不再進食。所以，晚上吃宵夜是最不健康的飲食方式，吃宵夜就等於是吃進毒素。若真的很想吃點東西，則建議吃少量的水果，水果中含有食物酵素，容易消化。總之，晚上對食物的消化能力是最弱的，會導致腸胃道充滿未消化、發酵以及腐敗的食物。細菌會去分解未消化的食物，因而產生毒物，不僅影響了腸道的健康，同時也是形成淋巴阻塞的主要原因。

（三）凌晨4點～中午12點：為排毒、排泄時間。黃金睡眠時間在晚上11點～3點，此時經絡走到肝膽經，能培育生命能量，清除廢物毒素，促進新陳代謝，加強免疫功能，是現代人養生的最重要器官。而身體的廢棄物一般都於夜間在直腸和膀胱中累積，然後在上午5點～7點大腸經當令的清晨時分排出體外。

每天食用三餐，最好也能保持三次排便量。因此飲食要能配合人體生理時鐘，早餐時段多吃新鮮蔬菜水果，讓蔬果纖維來幫助消化器官和各細胞組織，排除體內多餘的毒素。否則原本應供給腎臟、大腸等排毒排泄器官的血液，被轉用於消化吸收去了，而老廢物質和毒素便在體內囤積，故有「吸收妨礙排泄」是人體運作法則之說法（劉姿君譯，2009：33）。蔬菜、水果都是很好的清潔劑，也是最好的早餐，很容易吸收消化，是悅性的食物，能夠保障一天都非常清醒。

總之，早餐一定要吃，不讓消化器官空轉，代謝才能平衡。早餐不要晚於上午八點，要在正午時吃一天的最大餐，晚餐也不要晚於晚上七點；在早餐時要吃富有高纖維的蔬菜水果，午餐吃得營養豐富，晚餐則應早吃且不宜過飽，如此才是正確的飲食原則。自古以來，中醫十分注重飲食養生，也有「早上吃得好，中午吃得飽，晚上吃得少（巧）」或「早餐足量，午餐適量，晚餐少量（陳俊旭，2008b：75）」的類似說法不謀而合。反觀現代人恰好相反，早餐隨便吃甚至不吃，中

午也隨便，晚餐才豐盛，甚至宵夜也不放過，難怪現代人身體狀況百出。

綜合上述，身體都有生理時鐘，不同時間有不同工作，養生保健應該配合生理時鐘與食物互動，在對的時間用對的方法吃對的食物。如此才是自然養生之道。若不遵照生理時鐘運轉，廢物累積體內無法排除，器官就會慢慢失去平衡，人就會開始生病。但難免會過一些不規律的生活，偶而過量，只要第二天攝取健康的飲食，或在連續加班後，利用休假日好好的休息一番，要懂得自我調節身心（健康資訊研究社，2008：167-172）。現代人所有的問題，其實都出自於與自然相悖的生活態度。

二、斷食療法：身體由內而外的潔淨

廣義的斷食是指斷絕一切於身、心、靈有毒的東西。意思就是讓全身度個假，遠離緊張、污染物、食物和壓力源，讓免疫系統恢復活力。斷食期間有充裕時間無阻礙地清除血液和淋巴液中的毒素，所有細胞也可藉此機會「大掃除」，提高日後工作效率。我們常說，休息是為了走更長遠的路，但對生理層面而言所謂的休息就是「斷食」。在中醫典籍，是不用斷食兩字，而是用「辟穀[7]」，中醫或道教則認為斷食是一種主動的養生保健法。同時也是許多宗教採用，不僅可以恢復健康，更可以洗滌心靈，是全身徹底排毒的好方法。歷史上很多大思想家、大哲學家、宗教家、藝術家、文學家如蘇格拉底、柏拉圖……，當他們經歷思想上的瓶頸時，總是會透過斷食，所以斷食絕對不是只有治身體的病而已，它還能夠突破我們思想的病或思想的瓶頸，跨越身體、心理以及高層次的靈性（姜淑惠，1999b：199）。因此，斷食被稱為是身心靈全方位的操練（陳俊旭，2009：277）。又據生物學家的觀察，動物生病時，牠們也都有一個共同的方法，不論獅子、老虎或鳥類，生病的時候

---

[7] 「辟穀」是避開五穀食糧的意思，五穀在消化後，身體會得到很好的能源，相對地，身體也會因此囤積各種食物的殘渣、毒素，讓身體日漸衰敗，所以實施斷食療法，才會避開它們。

總是要到很遠的地方，把自己放鬆下來，並躺在有一點陽光的地方，曬曬太陽，不吃不喝，這就是動物在進行斷食的實例。

斷食係指停止進食以清淨身體並有利於心靈成長，由於停止進食，身體即開始由本身供養所需並排除多餘的脂肪。就是在正確的步驟下，偶爾不吃，讓腸道休息一段時間，同時將原來積存來不及排除的骯髒毒素、廢物，趁機全部清出體外。經由斷食，改善腸內環境就能產生各種效果，這是宗教家們體驗得知的結果。若以今日醫學對腸內叢菌的探討來看，斷食的確是具有科學上的意義。其理論依據是，當我們飢餓或不吃時，沒有外來的熱量及養分的時候，身體的新陳代謝還是會持續運轉。此時有機人體有一種神奇力量，身體內部會展開一個「保命」的動作－「自體溶解」。也就是從身體下層垃圾開始大掃除，其順序是，首先會先消耗掉最下等、最不需要用到的物質消耗掉，像是將癌細胞、廢物毒素當成燃料，這個步驟等於是替身體處理垃圾、焚燒垃圾（林承箕，2007：117-118）。這種純粹內部汰舊換新的再造工程，讓身體最不健康、最弱的部份先開始自體溶解，讓這些不健康的成分被代謝掉。因此，斷食的定義不全在於不吃東西，而是停止消化，要知道消化與排毒是互相排斥的，當消化功能停止時，排泄功能便大幅提高（陳奕蒼，2008：214）。斷食會發臭，這個臭就是毒，斷食一段時間後，去蕪存菁，反而使人覺得精神煥發、充滿活力。

就如李丹（Daniel Reid）所說：斷食最大的益處，就是身體的整體酵素能量都全用在清滌工作上，消化並消除死的與受損的細胞以及腐化的蛋白質，還幫助建構新細胞功能（楊月蓀譯，2005：114、197）。斷食是清除身體的廢物，讓器官以更嶄新的狀態運作，可說是世間最古老最自然的治療機制，是最佳預防疾病的養生方法，是遠離疾病的常見自然選擇。帕拉塞爾蘇斯（Paracelsus），是以煉金術著稱的瑞士哲人，他說（許妍飛譯，2010：70）：

斷食是最好的藥物，是體內的醫生。斷食排毒是一種保健方法，甚至能治癒疾病。

陳立川也認為（陳立川，2010a：81；2009：234）：

> 斷食的療癒力很強，對身體健康很有幫助。斷食不僅能清除身體
> 毒素，也淨化靈魂。……斷食是全身徹底排毒的好方法。

由於斷食可藉由操練克制食慾，可以提升精神層次。因此想要戒菸、戒酒、戒毒的人，一定要試試斷食，因為這些都是在和慾望做拉鋸戰，斷食成功，除了可以排出體內累積的煙酒毒品的毒，也可以操練心靈，讓一個人比較可以控制慾望。試想，如果一個人可以控制自己的食慾，糖尿病人不要貪吃甜食、高血壓病人不要嗜吃油炸物、年輕朋友少碰過度加工的糕餅零食，再也不會是難事了（陳俊旭，2009：278）。但千萬不可以因為斷食期什麼都不能吃，所以就在斷食前的準備期暴時暴飲。

尤其，陳俊旭認為「清水斷食法是對付過敏的萬靈丹（陳俊旭，2010：116-117）」，因為斷食徹底清除腸胃的負擔，依他的臨床經驗，只要斷食兩天，嚴重的花粉症、氣喘發作、鼻子過敏等毛病，甚至被蜜蜂叮咬的急性過敏，都有立竿見影的效果。這是他親身經歷、驗證過，效果最神奇的自然療法。但並非人人都可以斷食，像孕婦、幼兒、哺乳、衰弱、厭食症、暴食症、痛風患者、失控的糖尿病患，不可以斷食。又建議斷食的兩個最佳時機點，那就是重感冒、食慾下降時；或吃完Buffet時，初學者可趁此輕鬆進入斷食（陳俊旭，2009：266、274）。在斷食期間有個很重要的觀念，陳俊旭說：斷食期間由於沒有進食，所以不會排便，如果腸道內有些斷食之前殘留下來的糞便，此時便不會自動排出，很有可能會一直逗留在腸道當中，便成宿便，產生毒素。要怎麼辦呢？比較講究的斷食法，會同時搭配大腸水療或咖啡灌腸，在斷食一開始時做一次，期間也可以繼續做，這樣就可以確保斷食期間腸道乾淨，沒有宿便，不會產生毒素被回收的情形（陳俊旭，

2009：250）。此點筆者甚為認同，在帶領排毒課程時，也是借助大腸水療機來幫助清除宿便。

總之，斷食就是我們在身體裡面製造一個燃燒的垃圾場，將體內的垃圾透過自我燃燒把它化解掉，並利用種種方式將它溶釋出來，給身體休息以及重新啟動的機會。假如每隔一段時間採行斷食，將有助於身體排清毒素、恢復正常機制。要記得，斷食是一項個人的切身之事，只有你自己來做，是清除整個體內累積的毒素，並清滌血管的唯一有效途徑（楊月蓀譯，2005：208）。因此，健康最大的敵人在於吃，斷食最大的敵人就在於「怕餓」、「受不了美食的誘惑」，尤其需要決心與毅力來實現，不但要懂得如何以輕柔的心對待飢餓，還得要捨得放掉一切，以虔誠的心對待整個身體的變化，包括靈性的改變，目的是讓生命重新出發。

三、經絡理療：疏通能量以平衡情緒

一個完整的全人生命，不僅有生理、心理、信念、情緒、能量、靈魂層。據醫學上的研究，免疫系統深受情緒影響，而心理上的轉變也能正面影響免疫系統。據張慶祥的說法，認為在我們身體裡面有兩套循環系統，一套有形的，一套無形的。有形的循環系統就是「血」，無形的循環系統就是「氣」，這就是所謂的「氣血循環」。有形的廢物是由「血液」的流動來代謝，而無形的性外之陰的濁氣，則是由「氣」的流動來代謝掉。我們的生命本身就是一種能量，在生命中流動的一切能量，同樣也流動在身體之中。氣是身體中的一股能量，充沛在身體中的每一個地方，而它的種種變化，正是我們生命的一切顯現（張慶祥，2007：92-97）。而能量是精神之糧，是呼吸，也是「氣」（陳文君譯，2001：6），是維持生命的基本物質，就是指人體的「能量」。而「情緒」就是「動態的能量」（傅湘雯譯，1994：31）。據洛伊‧馬提納的研究發現，身體是硬體（神經系統和腦），心智是軟體。心智不僅使用身體這套硬體，還透過其他如經絡（能量通道）和脈輪（能量中心）等管道影響身體（繆靜芬譯，2009：109）。

經絡是身體的能量輸送系統，輸送能量的經絡主要有十四條，遍佈全身。其中有十二條經絡與身體其他部分連結，將身體分成十二部分，然後根據主要器官，或與其他部分連結的組織命名。另外兩條經絡則和其他經絡不同，獨立成一體，流通於人體的正中間。在身體正面流動的稱為「任脈」，身體背面的則是「督脈」。十二條經絡彼此間形成了連續的能量連結，這兩條獨立的經絡則連結內在與外在的世界，與氣場的關係較為密切（繆靜芬譯，2009：224）。全身的臟器或器官透過這些經絡而聯結，因經絡作用才能保持健康。人體經絡的重要部位稱為「經穴」，也就是所謂的「穴道」。據洛伊‧馬提納對經絡系統有精闢的剖析，他如是說（繆靜芬譯，2009：110）：

這套系統內有運行全身的無形電磁通道，靈敏度高的電子儀器可以量測出這些通道。東方人認為，器官產生的所有能量會透過經絡傳送到所有的細胞和組織。特定的情緒會影響特定器官：憤怒阻礙肝臟功能，沮喪阻礙膽囊功能，憂心影響胃，不安影響膀胱，而恐懼影響腎臟。在日常的對話中可以清楚看到這樣的關連性：嚇到尿濕褲子、發「脾氣」、嫉妒到臉色發青、翻腸倒肚地全部說出來。這套能量網路透過電磁運作，速度比生化網路更快。

目前的測量儀器已經證實了經絡的存在，甚至傳統的正規醫界也已經觀察到經絡的存在。張慶祥也說：「現在科學可以用克立安攝影來證明氣的存在，當你情緒在轉變的時候，生氣時、高興時，你的身體各部位的光芒都不一樣。可見這氣確實是存在的（張慶祥，2007：96）。」經絡連結所有器官、組織和肌肉，它們是所有身體能量的通道。因此，經絡的疏通與否，會影響每個器官，也會影響體內的生化過程；經絡對細胞也有直接間接的影響，一旦某條經絡受阻，就會影響到肉體。我們可以把經絡看做一套複雜的輸送系統，而能量可能會被卡在其中（繆靜芬譯，2009：223-224）。疏通經絡讓「氣」通暢，就能讓動態的情緒

能量獲得平衡。這就是如何利用經絡的疏通來加強人的免疫統的重要性。洛伊・馬提納遂利用「情緒平衡法」，讓十四條經絡保持能量的暢通，讓情緒獲得協調，以提升身體的免疫系統與自癒功能，讓身體呈現最佳的境界（繆靜芬譯，2009：223-285）。依筆者的領悟，整理如下（如附表1-1所示）。

表1-1：十四條經絡與情緒平衡之療癒

經絡與心理狀態	身體的狀況	情緒的顯現	新思想模式
一、膀胱經：（缺乏安全感）	脖子酸痛、頭痛、背痛、疝氣、腰痛、腿的背面疼痛、額竇炎、免疫系統虛弱	優柔寡斷、很難下決定、意志力薄弱、沒有效率、缺乏安全感、絕望、沒耐性、怕冒犯他人	我接納並尊重我自己，即使當我在這些情境裡覺得缺乏安全感時。我愛我自己，直到心靈最深處
二、膽經：（挫折感）	太陽穴酸痛導致頭痛、脖子酸痛或屁股痛	挫折感、痛苦、投射在他人身上（永遠不是你的錯）、指責、覺得自己像受害者、拒絕擔負責任、久久不能釋懷、過度反應、易怒、有攻擊性	我賞識並尊重我自己，即使在我失控、感覺挫敗、惱怒的時候。我接納我自己，直到心靈最深處
三、胃經：（憂慮）	胃、胸、下巴關節、聽力、頸部、肺部、臀部、膝蓋和腳踝	過度擔心、抗拒所做的事、厭惡、妄想行為、自私冷漠、很難信任別人、失望、貪婪、不滿、對未來恐懼、嫌惡	我放掉對未來的憂慮或緊張的需求，選擇從現在開始，在所有情境中都能感覺平靜和放鬆，並把握住自己的力量
四、督脈：（壓力）	慢性疾病	擔心自己能否處理源源不斷的資訊流，以及別人對我們的期望	在處理所有帶來壓力的情境時，我都能感受到平靜
五、任脈：（被壓抑的情緒）	子宮肌瘤和攝護腺肥大	我們學會壓抑自己的情緒和感覺，擅長到甚至相信自己沒有壓力、情緒爆發	我從做深層百分之百放掉壓抑情緒的需求，我選擇在所有情境中都完全做自己，現在如此，永遠如此
六、腎經：（恐懼）	腎臟的毛病	恐懼、不信任、懷疑、心神不寧、覺得不安全、害怕所有事物	我尊重自己，勇敢面對恐懼，並且不讓任何事物阻擋我體驗愛

七、肝經： （憤怒）	身體疼痛、退化、癌症和自體免疫疾病	憤怒	我完全意識到我憤怒與靈魂尚未處理的創傷有關，因此我選擇寬恕自己和對方，並在平靜與愛中轉化我憤怒
八、脾／胰經： （缺乏自尊）	免疫系統、影響荷爾蒙失調和消化	缺乏自尊、不敢捍衛自己、膽怯、軟弱、缺乏魄力、依賴他人（尋求確認、贊同）、缺乏安全感、覺得沒希望、憂慮、心智充滿負面信念	在所有情境中，我都愛我自己、接納我自己。我的自我價值和自尊日漸成長。我選擇把握自己的力量，並越來越精準地設定自己的界線，現在如此，永遠如此
九、肺經： （悲傷）	肩膀、手臂、手肘、手腕內側和拇指	悲傷、驕傲、無法承認錯誤（不負責）、無法放掉過去、傷心、憂鬱、失落、哀痛、渴望過去（思鄉病）、無法活在當下、瞧不起別人、傲慢與偏執	我接納我自己與我最深層的悲傷，現在就讓他永遠離開。我選擇接受我無法改變的事，並專注於活在當下、活在平靜幸福中
十、大腸經： （死板）	過敏症、焦慮（過動）	死板或缺乏調整的能力、沒有彈性、武斷、防衛、緊握規則不放、執迷於秩序和潔淨、完美主義、罪惡感（因為沒有遵守規則）	我接納我自己，感覺良好，即使沒有任何架構。而且在規則不清楚的所有情境中，我都能體驗到最大的創意和調整
十一、心包經： （被壓抑的性欲）	子宮肌瘤、卵巢囊腫、子宮癌、攝護腺肥大、攝護腺癌、甲狀腺的問題	被壓抑的性欲和情緒、冷漠、性慾不滿（挫敗）、無法享受、不敢感覺、懊悔、覺得羞恥、自責、覺得被利用或虐待、覺得難堪或被侵犯、覺得被輕視	我放掉所有與這個區塊有關的痛苦和負面制約，可以在覺得完全自在和安全的情況下，表達我的性欲、我自己和我的身體，永遠如此
十二、三焦經： （不穩定）	腎上腺、性腺、心臟、甲狀腺、腦下垂體、荷爾蒙腺體、頭部	迷失、憂鬱、不穩定、困惑、無助、懷疑、不信任、偏執、絕望、優柔寡斷、沒有理性、孤獨、情緒起伏極大、無能為力、覺得沒價值	我要這樣東西，我可以做到，我正在採取行動；我把握自己的力量，並面對所有挑戰；我無人可擋！

十三、心經： （覺得受傷）	心臟病、心肌梗塞	覺得受傷、覺得被冒犯、失望、覺得被拒絕、心碎、壓抑愛的痛苦、否定情緒與感覺、覺得脆弱、失去信任、不敢開放或付出自己、害怕與人變得親近	要繼續寬恕，並回到愛與感恩、自在和喜悅上，不管痛苦有多深，抗拒有多大，永遠都要回到你的本質，回到你的心，一次又一次的放下
十四、小腸經： （脆弱）	胃、十二指腸、肝臟、膽、胰臟	脆弱、覺得失落、缺乏安全感、過度敏感、覺得被拋棄（沒人在意我）、被壓抑的愛、羞愧、膽怯、內向、不篤定	我愛我自己、接納我自己，我可以勇敢面對所有挑戰。無論面對什麼情況，我都把握住自己的力量

資料來源：綜合整理自繆靜芬譯，洛伊‧馬提納（Roy Martina M。D。）著，《學會平衡情緒的方法2－身心靈全方位療癒》，臺北市：方智，2009，頁223-285。

　　由表1-1中得知，身體是許多無形力量的遊戲場，亦即，身體能量的平衡影響身體的健康，而能量的平衡也影響情緒的平和。因此，要走向全方位的全人健康，必須疏通經絡，並成為自己能量的主人。而要成為自己能量的主宰，必須在情緒領域及身體健康上採取行動。就因為「經絡」是氣的通道，在身體中的氣、血、水中，以「氣」最為重要。先天所擁有的氣正常運作時，稱為「正氣」，就是抵抗力及防禦力，若人的氣不足時人一定會生病（黃瓊仙譯，2011：89-96）。

　　筆者對於黃法華「先天經絡理療」的理念甚為推崇。「先天經絡理療」俗稱「華陀指針」，藉由雙手推拿全身經絡，以達到治療身體的效果，但卻有別於一般的經絡推拿的治療。雖然全身經絡由十二條經絡和任、督二脈所組成，卻宣稱經絡只有一條，環繞全身，條條互通，因此可以「全身隨意推」，是一種自助助人、簡單方便，視身心為一體的自然養身保健。但其特別處在於心理與心靈上的療癒觀念，此為精髓所在，認為：所謂的「病」，它只是一種現象，起因於身心無法平衡，而病所顯現的用意，是要提醒自己去瞭解心理因素與探究生命背後的真相。就像洛伊‧馬提納所說的（繆靜芬譯，2009：117）：

潛意識會把我們與父母、手足、老師、鄰居、同儕之間有過的所有創傷經驗，深深埋在一道強化的牆壁後方，這樣我們才不會一直想起所有的傷痛。不過，這些牆壁無法防止經絡系統出現能量中斷的狀況。緊張會集結在體內特定的肌肉和韌帶區，這些經絡被部分或完全隔離，能量流因而中斷，導致能量累積在某些區域（造成發炎、腫脹、疼痛），而其他區域卻缺乏能量（造成發冷、僵硬、循環變慢），最後就生病了。

黃法華的「先天經絡理療」的論點與洛伊·馬提納的「經絡和諧與情緒平衡法」有著相同的原理。就是從全身經絡的氣滯血淤，來深入探索心理層面的問題，並藉著經絡之推拿疏通，與心理層面的自我引導來轉變心態，雙管齊下，以達到身心整體的健康與和諧（黃法華，2000；2001）。

又吳清忠對養生保健也有一套相同的見解，認為身體的經絡是一條一條首尾相連的，如果其中一條不通，其他的經絡也會慢慢的受到影響。他自創一套養生之道（吳清忠，2008：65）：一式三招和兩個重要的觀念。一式三招是敲膽經、早睡自然醒、按摩心包經；兩個重要的觀念則是不生氣（紓解情緒）和保持腸胃的潔淨。膽經的保養，除了敲膽經之外，更重要的是平時不要把垃圾往膽經上堆，也就是在穿著上要避免膽經受寒，避免身上贅肉的產生，才是上上之策。養生專家曲黎敏也認為，無論你是否懂經絡，當你揉到身體哪個部位出現壓痛、疼痛或手指感覺有個結的時候，就要把它撥開，經常去按揉它，就會對身體有好處（曲黎敏，2009b：439）。

另外，刮痧是中國古老的自然療法，明代醫學家張鳳陸的《傷暑全書》中，提及痧症的病因及症狀，認為邪毒經由我們皮膚毛髮入侵，久之會將人體的經絡阻塞，造成氣血的不暢。身體積存的邪毒越多，人就會越不舒服，或是生病。一個人身體是否健康，體內是否含有一定的毒素，可以透過「刮痧」來判斷。完全健康的人，刮拭後不會出現「痧」；而身體

狀況不佳、體內含有毒素的人經過刮拭後，就會出現狀態各異的「痧」。中醫也常常依據「痧」的顏色、形狀和出現的身體部位來判斷人的病變部位、病情程度等狀況（徐佳，2004：209）。刮痧是排除局部毒素很好的方法。將刮痧板在表皮酸痛之處，沾油輕刮，會引起皮下微血管破裂出血，許多毒素這時就會釋出，而形成淤血斑紋，此時身體會召集白血球過來清理毒素，帶到血液循環系統裡，最後再經由糞便或尿液排出體外，而瘀斑在幾天之內就會退去，如果要更快的話，可以請中醫師進行梅花針放血或拔罐（陳俊旭，2009：257）。因此也可借由「刮痧」來幫助經絡的疏通。

　　總之，一個完整的身心靈，包含有生理、心理、信念、情緒、能量、靈性等層面。除了生理器官的乾淨與暢通之外，而能量的疏通就能獲得情緒的平衡，經絡既是能量的通道，那麼藉著疏通經絡，避免氣滯血瘀，並改變信念以平衡情緒，讓身心靈平衡健康。經絡理療，提供一個正確的管道來處理負面的情緒與能量的平衡，如此地養身保健，將有助於免疫系統與治癒功能之提升。

四、觀念的暢通：樂觀進取的人生觀

　　身心靈關係是一個完整的運作系統，除了生理的器官組織、能量，還有「心智」層的情緒與信念，而信念系統（在本文的第四章心智篇會有詳細的探討），其目的是幫助人類指揮「生物性存在」的機能。思想它自己本身有尋求平衡的能力，會維持自己的健康並指揮身體運作，只有在心理被嚴重地干預時，肉體的機制才會出問題。有關身心症的疾病，其原因就在於精神性的因素，因此，光是利用物質毒素的對策是無法治好的。麻省醫學中心減輕壓力診所的瓊・卡巴辛博士（Jon Kabat-Zinn）說（邱紫穎譯，2000：193）：

> 我們開始研究癌症和心臟病等非感染性疾病時，找到了更多證據證明我們的生活方式，其實也就是我們一輩子的信念，和我們罹患的疾病有關。

許添盛也說（許添盛，2009b：207）：

> 實驗也證明，當人處在相當負面、痛苦的狀態，身體會產生很多
> 的自由基、負面分子或有毒的分子；人在喜悅的時候，身體則會
> 產生許多有益的分子或快速清除毒素的生理機轉，所以「如何藉
> 由心來引領身」，是人類健康的重大課題。

對大部份的人來說，心情的好壞也會影響身體健康，只要一有情緒
問題，首先影響的就是胃和腸。還有，壓力會刺激交感神經，精神的毒
素（壓力）也會破壞自律神經或荷爾蒙功能的平衡，成為疾病的誘因。
大都數的體弱多病都是心理因素造成的。如果我們的人生觀是積極、樂
觀的，心情就會比較快樂、平靜，壓力和緊張就會紓解。

有時，負面的念頭思考，也會形成你身體的無形毒素、病毒和細
菌。在這人心害怕驚慌禽流感侵襲之際，一個心中充滿愛能量的人，絕
不會相信一隻感冒的禽鳥會傷害人，因為他內心沒有恐懼的接收器；
心中充滿愛的能量會讓你的免疫系統不一樣，因為你去看它的心是
「愛」，而不是「恐懼」。在日常生活中很多的負面思考，原因不在別
人，而是都是自己給自己「下降頭」，全世界最偉大的降頭，就是內心
深處常催眠自己：否定自己，認為自己沒有價值，這種東西比巫術更可
怕。所以正面的信念就是增加身體免疫力最佳的護身符。

基於身心靈合一的全人觀念，身體與心靈是一體兩面，而身體本
來就是健康的。人類有一種與生俱來的本能，是一種天生的生物上的信
心、勇氣、活力與樂觀。就像許多鳥類在遷移裡展示一種令人驚訝的樂
觀，旅行千萬里到遙遠的海岸，幾乎真的是靠信心飛翔，鳥族不問氣候
是否有利、風順或逆，忽略所有的危險，不為懷疑所困，牠們只飛向自
己的目的地，即使有些鳥類的確掉落或死亡，也完全不會阻礙或顛覆其
他鳥的信心（王季慶譯，2005：117）。在生物學上，人類被設計成歡

愉有益於你的健康和免疫系統。身體本身會製造「歡愉」，也就是會製造讓整個身體快樂的生化物質，你應該每天開開心心地過日子，要帶著熱情過生活，每天感謝你的身體和你得到的恩賜。破除對金錢的執著，偶爾按摩一次，也找個能讓你開心的嗜好。據《遠紅外線健康法》書中指出（林裕恭譯，2003：101-108）：

> 當人感覺到心情舒暢愉快時，大腦會分泌一種 β 內啡肽的荷爾蒙，不僅能鎮痛並且使人舒暢愉快、抑制老化、強化身體自然治癒力，對身體健康具有卓越的功效，經過冗長的研究，最近接連被證實獲得肯定，是種非常具革命性的健康醫療方式。

因此，凡事都能抱以肯定、樂觀、進取的積極態度去應對，儘量保持快樂的心情，就能使腦部分泌出有益身心健康的 β 內啡肽，強化身體的免疫細胞，對保持身心健康是非常重要的，進而提升身體免疫力、自癒力。個性越樂觀免疫力就越強，又如楊定一在其所著《真原醫－21世紀最完整的預防醫學》書中，教導一般現代人如何改變生活方式、轉變心念來恢復健康與福祉，這才是真正原本的醫學。他說（楊定一，2012：154-155）：

> 當內心徹底轉變並在行為與態度上顯現出來時，人們的身心即可達到統一性，這也是自然的量子統一性。…內心的轉變是解決疾病的首要工作，它能重整我們的身心，…充滿正向、感恩與慈悲的念頭，是幫助身心靈和諧最簡單、也最直接的方法，也是自我療癒的第一步。內心的徹底轉變，是「真原醫」最根本的核心。

身心本是一體，心情真的放鬆，身體的細胞才能放鬆，而心要放鬆，就要改變自己的思考模式與行為模式，必須放下很多人世間的價值觀，包括權勢、名位、慾望、金錢等外在的物質。要看淡物質走向精神

層面的確不容易，倘若這些東西，都已經讓內在起衝突、矛盾，讓身心健康失衡了，此刻改變心念會是決定身體健康的關鍵所在。要走向身心平衡與療癒，不僅要由內在丟棄一些舊想法觀念，同時也要在外在的生活改變舊有的生活習性，譬如從清抽屜開始，久已不用的衣服物品、東西，送走放開；甚至延伸至人際關係，在不同階段也會有不同的朋友等等。如此由內而外，內外表裡如一，保持樂觀正面開放的人生態度，將是提升身體免疫與自癒能力的有效途徑。

　　總之，就因為人類身上蘊藏有這種生物上的信心與樂觀，而所有構成生命的元素都是樂觀的，因此受苦的負面信念是不必要的。所以說，去尋找有什麼樣的人生和生活方式，會讓你早上快樂起床，晚上快樂去睡覺的方法，一定要努力讓自己開心過好日子，這是你的權利，也是你的責任。若能如此這般地開通觀念，身心放鬆，心靈自在，幫自己啟動自癒功能，是自己醫好自己，當免疫與自癒功能甦醒，身體自然健康長壽。

　　綜合本章，每個人要身體健康，擁有健康的力量就在自己的身上，因為身體有與生俱來的免疫與自癒能力，自己就是自己最好的醫生；身體有天生自然的排毒機制，如此讓身體的代謝功能、排毒功能、持續地運作，避免身體的阻塞與毒素的累積；我們並非靠藥物帶來健康，而是要在心中有所覺醒，遵從身體的內在羅盤；並藉由斷食來去酸排毒改善體質，讓生體由內而外獲得潔淨；擁有一個乾淨的身體，並疏通經絡，能量才可以在我們的身體裏川流不息；改變思維、重塑生活，保有陽光積極進取的人生觀。如此身體通、排泄通、能量通、經絡通、觀念通等身心靈和諧，就能擁有強健的免疫和自癒系統。讓身心還我本來健康面目，遠離疾病，自能享受平安健康、喜樂富足的人生。

第二章　體內排毒與疾病預防

　　儘管今日主流醫學日益進步，不斷研發更高科技的藥物與療法，但事實上諸多慢性文明病如高血壓、高血脂、高血糖……等，卻很難根治，還呈現有增無減的趨勢。因而，疾病仍是今日文明社會中無法擺脫的夢魘，更遑論享受高品質的生活。問題是這些文明病是如何產生的？如前章所述，我們身體長期以來都是講究如何攝取營養，卻忽視如何把我們身上多餘的廢棄物排出去，如果人體的排泄系統運作不順暢，就給疾病創造了條件，毒素沉積在體內，以致百病叢生。對大多數人來說，有誰不知環境空前的污染，可是大家卻看不到體內有何毒素？毒素又如何引起疾病？我們該瞭解，生理消化系統與我們的生活息息相關，每個人幾乎每天都要攝取食物與如廁排泄，因此，若腸胃功能發生問題，會影響身體的健康，甚至危害到生命。

　　在前章內容有提及：身體有七大排毒系統，其中大腸是身體最大的排毒器官，具有如身體的下水道一般的重要性，且人體有百分之七十的免疫系統在腸道。又由於大腸內囤積宿便及腐敗物所產生的毒素，會隨著血液回流到肝臟，再製造二次膽汁酸，以致肝的解毒功能失衡，膽汁濃度黏稠，沉澱於肝臟膽管，而形成肝膽結石，並使血液汙濁，導致各器官塞滿有毒的物質，百病自然叢生。因此，若能利用「體內排毒」淨化肝膽腸，以斷食清腸與排肝膽結石的掃毒法，以及順應自然的養生保健。兩者雙管齊下，排去腸道毒素，讓肝膽管道暢通，血液淨化，恢復器官正常功能，提高身體的免疫力與自癒力，就能抑制疾病的發生。因此，排毒是啟動保建機制的最佳方式之一。

　　目前書局普遍流傳有關排毒與掃毒的資訊；還有坊間之醫療、養生機構或生機飲食店，亦應運而生地推廣大腸水療、排毒研習營之活動。

此些排毒養生活動的基本道理，即臺北醫學院韓柏檉所主張的「進與出（In and Out），新排毒邏輯」。意即吃了太多不該吃的東西無法完全排出，造成身體堵塞太多的廢物，塞爆了各種器官，那就得想辦法保持身體的進出平衡，那就是「好東西進，壞東西出」的排毒觀，平衡身心進與出的代謝秘訣（韓柏檉等，2012：58-75）。

　　本章體內排毒與疾病預防之關係，將分三節說明，分別是：1、體內毒素與疾病的關係；2、體內排毒的運作原理與操作方法；3、體內排毒在疾病預防上的功用。茲分述如下：

壹、體內毒素與疾病的關係

　　要談論體內排毒之所以能夠有效地預防疾病之前，先要釐清體內毒素與疾病之間的關係。茲就體內毒素的定義、體內毒素的種類與形成原因、體內毒素的最大宗，以及體內毒素如何產生疾病等項詳述如下：

一、體內毒素的定義

　　本文所謂體內毒素的「毒」，「泛指一切對健康『有害』的『東西』（林承箕，2007：21）」。事實上，影響健康的「毒」，廣義上言，是指大自然與生活環境中一切有害的東西，凡是對動植物，甚至無生物有害或有礙健康的一切東西，間接來說，對於人體就都是有害的。狹義上言，「毒」是指對人身體上健康直接有害的東西。

　　至所謂的「有害」，有直接與間接之說法，直接的毒害，就是會讓人生病、上吐下瀉、甚至死亡。例如：一氧化碳；花生製品中的含有毒性的黃麴毒素等，都是直接對人體有毒害的。另外，若非直接致毒，但間接會阻礙人體器官發展，影響正常功能，使健康狀況退步的物質，即可謂對人體間接有害。例如：膽固醇能有效提供身體熱量，並協助製造荷爾蒙，沒有足夠的荷爾蒙，就會加速我們老化、掉髮、陽萎、性無能等問題的產生，但如果過多的膽固醇就是有害的。又如，甜食、澱粉

是人體需要的，但是攝取太多的單醣，會壓抑腸道中的好菌，使壞菌增生，腸子的營養吸收和排便都會受到影響，變得容易氣喘、過敏、神經質，這時醣類就變得有害了（林承箕，2007：23）。因此，本文所謂的「有害」，乃泛指直接與間接對身體產生毒害之意。

所謂「東西」，按照醫學和一般常識，「東西」是一種物質，這些東西就不見得絕對可用肉眼看得到或直接證實，如：電磁波、音樂、色彩、情緒和心靈等，都與我們健康有關。由此可知，「毒」絕對不只是物質而已，還包含許多不好的能量、資訊（林承箕，2007：24）。但本章僅就生理層面毒素加以闡述，因此所謂體內毒素的「東西」，乃指囤積在體內的廢棄物質，它不僅會以物質形態呈現，例如宿便、肝膽結石；它也會以氣體毒素的形態來危害健康，例如腸內腐敗產生的氨、組織氨、糞臭素、硫化氫等毒氣（阿部智浩，2001：39-40），這些都是對健康有害的毒素「東西」。

二、體內毒素的種類與形成原因

我們身體內的毒素，除了從鼻子吸進、嘴巴吃進、或是透過皮膚吸收之外，還有很多毒素其實是經由自己新陳代謝所產生，或腸道壞菌所產生。但為何會造成現代人體內囤積毒素？毒從哪裡來？依筆者之探究歸納，毒素可分為外毒與內毒兩種，分述如下：

（一）外毒：所謂「外毒」，是指身體吃進外在有害的食物，或接觸外在有害的物質所產生的毒素而言。

1、飲食：人類由於飲食不當、不重營養，及不正確的飲食習慣，致經由消化系統吃入毒素。例如食用過量未消化、發酵的肉類、奶類、蛋類，以及不自然的食物，或精製品、加工品、基因食品；或吃進防腐劑、色素、香味、藥物、抽煙、喝酒等化學物品等。據自然醫學博士陳俊旭的研究，近百年來飲食的變化，認為台灣屬於亞熱帶氣候，長年溫暖潮濕，萬物生長極為容易，蔬菜種類繁多，因而導致防腐劑、人工添加物無所不在；還有為了使蔬果長的漂亮，免受蟲害侵襲，會大量使用

農藥、化肥、抗生素，以至於環境汙染人人中毒（陳俊旭，2007：45-47）。

由於飲用水、農作物、家禽魚蛋等造成嚴重污染，人們攝入這些含有害元素的飲水、食物和吸入有害空氣，其中的酸性物質也會滯留在體內，逐漸造成體質酸性化。正常的人體每天會產生10億個抗體，而西藥的抗生素不斷在摧毀抗體。蔬果類有農藥，肉類有抗生素、荷爾蒙這些都是外來會危害健康的毒素。例如，希望雞隻長得快一點，飼養時就注射荷爾蒙，最後被人類吃進肚，這些荷爾蒙累積在人體中，就造成如墨西哥早熟女童8歲就來經的事件；希望減少飼養動物的發病率與死亡率，而注射大量抗生素，結果台灣動物腸內細菌動物用抗生素的抗藥性高達8成；又工廠廢棄物的化學毒物、重金屬任意倒入土、水中，積存在農作物、魚類、飲水裡最終還是進入人體，影響健康等（林承箕，2007：21-22）。

無怪乎美國癌症協會也有同樣的說法：「近年來的證據顯示多數大腸癌導因於外在環境的因素，部分科學家相信食用大量牛肉和（或）低纖維的飲食是其成因（李加晶等譯，2006：32）。」這就是外來的毒素，與人類不懂得選擇食物，以致傷害身體健康的案例。

2、接觸：經由皮膚、感覺器官、呼吸系統接觸被污染的環境、空氣、工廠或汽車的廢氣，或不佳的水質，還有合成製造成千上萬的新化學物質及無數電磁輻射等，所產生的毒素（林承箕，2007：20）。

如今這個大環境，使我們無處無時不受毒害，我們其實都是浸在毒裡頭，所以我們有權利與責任去認識環境中的毒，以及遠離毒素，並且避免使用保麗龍、竹筷、塑膠袋、紙盒，自備環保餐具。尤其身為世界公民的一份子，不要再下毒給大地、給別人、給自己，這是我們愛自己，愛子孫，愛地球的表現。陳奕蒼的說法最道地，最貼近我們目前的處境，他說（陳奕蒼，2008：228-229）：

> 這是個空前毒素污染的環境，食物、空氣、水……無所不在充滿了千萬種不同化學物質，幾乎舉不出哪種物質沒有毒素，我們吃

的東西有農藥殘餘、各種化學添加劑……我們呼吸的空氣充滿致癌物質，天上下酸雨、我們喝的自來水消毒藥水……越來愈多青少年吸食毒品、搖頭丸、安非他命，最後，我們生病時卻採用逆勢療法，使藥物增加體內毒素。我們想健康活下去，卻無法停止環境的惡化，無法維持食物的天然，並保證商人不添加化學物質，黑心食品不斷浮出檯面。最難的是，我們無能改善醫療環境，生病時不敢反抗醫生濫藥增加體內的毒素。

　　上述的空前毒素污染的環境真是令人堪慮，值得一提的是，陳立川在其著作《你補了幾顆毒牙？》中提到：補在牙齒上的汞齊有毒，它俗稱銀粉，含有50%的汞。每天的咀嚼、喝熱食都會增加汞齊的揮發。從全球研究報告中，舉凡腦神經病變、腎臟病變、癌症、過敏、心血管疾病、不孕症、兒童發展不良問題、骨質疏鬆症皆與汞齊毒害有關[1]（陳立川，2009：25）。因此，提醒大家還是要儘量選擇非金屬的陶瓷等補牙材料。

　　以上所說的這些外毒，無論是透過我們的口、鼻、皮膚，進入人體，或是透過食物，被我們吃下去，它們都會加重肝臟與其他器官的負擔，又如果進入的速度，大於排出的速度，體內毒素就會不斷累積，日復一日逐漸增加，身體不適的症狀就會慢慢浮現。也因為我們無法擺脫與大自然環境的關係，而人類身上的能源、能量，皆是從大自然的水源和自然的食物中攝取的，毒物經過層層的生物體濃縮，到了人體內幾乎已是原來毒素數

---

[1] 在美國開業的整合醫師權威賀金斯醫生就曾經說過：「當你的嘴巴還有含毒的汞齊或重金屬的補牙時，試圖排除體內毒素，就像是站在淋浴的蓮蓬頭底下，還妄想能夠將身體擦乾。」因為牙材毒是上游最大毒素來源，是24小時不停釋放，連睡眠時間依著在製造毒素。為什麼要讓自己每天都曝露在金屬毒的毒害中？尤其重視更深層的生命或疾病的象徵意義，因為汞毒會干擾人類的心靈層面，尤其是深度的靈修，只會讓人活在封閉自我的狹小空間，忽略了宇宙是寬廣的浩瀚。汞毒越深的人越無法體會「天人合一」，也就會固執地以自我為中心，無法放下自我，就越難將汞毒排出體外，因為腦神經細胞已經被重金屬卡住，汞毒讓神經細胞的主要聯繫突觸萎縮，阻礙細胞與細胞之間的溝通，汞毒累積的量越多，就會出現不善言辭與羞怯行為，變得孤獨及封閉自己，漸漸地變得硬化、僵化，不僅身體缺乏彈性，連行事作風都很頑固。

百倍的濃縮體了，因此人往往是食物鏈中毒物的終結者（姜淑惠，1999a：116）。舉凡人類生活在大自然中，人和人以外所有的動物、植物、生物和無生物，乃至於整個宇宙，都是息息相關的。真可謂外毒無所不在。無怪乎陳俊旭說：「人類不覺醒，毒素永存在（陳俊旭，2009：33）。」他語重心長地道出這句話，引人反省深思。

（二）內毒：所謂「內毒」，是指飲食生活作息不正常、內在負面心理作祟，以及身體消化器官的功能失調等因素所產生的毒素，探討其形成原因有：

1、不良的飲食習慣與作息：吃得太多太雜、沒節制、不運動，或生活作息不正常，經年累月熬夜，以致影響到肝臟和其他內臟的休息，使肝臟轉換體內毒素能力減弱；或造成內分泌、神經系統、免疫系統的功能異常，此皆對健康有害。

2、心態／壓力／情緒波動：當我們焦慮緊張、精神壓力太大、憤怒、孤獨、惶恐、情緒低潮、恐懼、憎恨、負面思考，我們的腺體會分泌腎上腺素及降腎上腺這兩種有毒的荷爾蒙，使身體更加緊張。這些都是人們心理上的毒，雖然心理上的毒看不見、摸不著，但其對健康的危害卻是可以看得到摸得著的。

3、排解不良：體液滯留、宿便囤積，以致產生便秘情形，或腸內積存惡臭的腐敗便，而產生自體中毒。有關這個部份，容許在後面章節再詳細說明。

總之，不管是過敏原或是有毒的化學物質，只要不適合身體的東西，從嘴巴吃進、從鼻子吸進、或是透過皮膚吸收之外、還有滲進體內之外，還有很多毒素其實是自己新陳代謝所產生，或是腸道壞菌所產生，這就是所謂的「毒素」。總括來說，毒素進入身體的管道，可歸納為：1、經皮毒：經由皮膚吸收，2、經氣毒：經由呼吸吸收；3、經口毒：經由口腔進入；4、經腸毒：經由腸道回收；5、經心毒：經由思想污染。

三、體內毒素的最大宗——宿便

人體在消化過程中所產生的廢物與廢氣，會分別經由糞、尿、汗，以及肺排出，其中以大腸內腐敗物產生的毒素最可怕（阿部智浩，2001：39-40），以糞便為害最大，是體內毒素的最大宗。腸內腐敗物，正常是15～18小時要排出，放太久，超過24小時沒排出來的就叫做「宿」便。如果大腸內的糞便積存24小時以上不能順暢排泄，則全身的生物體恆定功能就會瓦解，免疫力和自然自癒力會隨之減退，成為疾病的原因。因此食物一定要在24小時內排泄掉（新谷弘實，2007：42、31-33）。在《致命的酸性腐敗便》書中有說（廖梅珠譯，1994：54）：

> 當我們所吃的食物，偶而消化不完全時，小腸到大腸間就會產生腐敗發酵。這時，產生大量的腐敗分解產物，若腐敗程度高，則會產生硫化氫、硫酸鹽、有機酸等具有惡臭的強酸性物質，引起腸內的酸性化（健康且正常的腸內，是保持微鹼性）。

人體經由消化管道所產生的廢棄物就像體內的廚餘一樣，試想，如果廚餘不丟到外面去而放在家裡，會變成什麼情況呢？經過一段時間就會腐臭，整個家裏充滿惡臭，令人難以忍受。同樣的狀況也會發生在腸內，因為食品添加物、殘留農藥等的毒素，有衛生營養單位會制定標準加以限制，進入人體的量其實微乎其微；而腸內腐敗產生的毒素卻沒有專門的檢查機構，所以很容易損害健康。一般而言，腸內處於正常的發酵狀態，糞便雖然有氣味，但不會有惡臭，但腸內腐敗就好像吃了爛肉、爛魚、臭蛋一樣，只要腸內發生腐敗現象，即使吃新鮮的魚肉，也好像在吃爛肉。如果忽略這個事實，即使實行任何治療或健康法都毫無意義，也不會有健康的身體。

體內廢棄物若無法順暢的排泄掉，腸道中大量的黏膜曾增厚變成腐敗的寄生體，腸內就會產生毒素和腐敗物質，大腸的微血管開始汲取由

腸壁滲出的毒素，沒排出的毒素會經由血液吸收後循環全身，會使得腸內細菌平衡失調，所有身體的組織及器官現在都負載著有毒物質，而腸內細菌所掌管的全身免疫力也會減退，這是生理學層面真正自體中毒的開端。又如果毒素進入的速度大於排出的速度，體內的毒素就會慢慢累積，當所有身體的組織及器官都負載著有毒物質，這些垃圾會令人頭昏腦脹，腹滿胃滯，這便是醫學上的「自體中毒」。又據腐敗便研究的先驅者－俄國生理學專家梅奇尼可夫（廖梅珠譯，1994：57）的說法：

> 腐敗便是人猝死、短命的主因，人類的疾病與死亡，幾乎都是由
> 腐敗便所引起的……

因此，大便不順暢而形成的便秘，導致大腸的逐漸阻塞，也是健康最大的問題。據詹森在《排毒克內魔》書中指出，曾解剖一個屍體顯示，其大腸的直徑達到九英寸，但可通過的空間卻不比鉛筆寬，其餘部分則是層層堆積的糞便硬殼，這些堆積物如同卡車的橡膠輪胎一般，既黑又硬。另一個屍體是滯塞的腸道居然重達40磅之多，因此要我們想像一下，一個人身上帶著一堆可怕的堆積廢棄物四處走動的情形（李加晶等著，2006：33）。

綜上所述，不論從飲食或身體接觸外在環境所產生的外毒，或因各種原因導致體內消化系統失衡所產生的內毒，還有自體中毒與便秘等腸道問題幾乎成為人人關注的困擾，這些毒素使人每天生活在毒海之中，如影隨形無所不在，甚且不知不覺地侵蝕、危害著身體健康而不自知。總之，幾乎所有的疾病，或多或少都一定與宿便的停滯有因果關係，由此可知，「宿便是萬病的根源（呂嘉心，2001，78-79）」。

四、體內毒素如何產生疾病

由前所述認識毒素從何而來，瞭解到人類由於飲食過量，胃填滿了未消化、過量、發酵及不自然的食物。我們吃進防腐劑、色素、香味等

化學物品，吸入工廠、汽車的廢氣，服用大量的藥物、抽煙、喝酒等。
又當我們緊張、情緒低潮、恐懼、憎恨，還有我們的腺體會製造強烈的
荷爾蒙、酵素，使身體更加緊張，也是在製造毒素。在明白這些之後，
還要進一步瞭解生理層面的體內毒素是在什麼狀況下產生？又在何時襲
擊身體？導致餘毒在身，讓百病叢生。據陳奕蒼在《糖尿病、高血壓的
科學大突破》書中指出，他說（陳奕蒼，2008：122-123）：

> 造物大自然至少為人體精密設計3道健康防線：一是消化系統。二
> 是肝臟解毒系統。三是淋巴防衛系統。儘管耳熟能詳「病從口入」
> 的道理，……我們始終難改多食習慣使消化系統過勞，長期消化不
> 良結果血液酸毒化，源源不斷的毒化血液必然依序擊垮第二道肝臟
> 解毒系統。肝臟一旦長期疲憊積勞，健康也終必失守，天賦淋巴防
> 衛系統隨機啟動「腫瘤」作為緊急防衛措施，「瘤」從此方被發現
> 並指為「病灶」，顯示癌瘤早已冰凍三尺，是疾病的果，非疾病的
> 因，絕非今日醫學誤導的元兇。

　　如同上述，本文也是將體內毒素的產生，擺在第一道健康防線的消
化系統上，人體在消化過程中所產生的廢物與廢氣，會分別經由糞、尿、
汗，以及肺排出，其中以糞便產生的毒素對身體健康為害最大。又由於腸
道中大量的黏膜層會增厚變成腐敗的寄生體，大腸的微血管開始汲取由腸
壁滲出的毒素，這些毒素一旦進入人體血液與淋巴迴圈系統，這些有毒廢
物，大多會附在細胞、器官、腺體、血管上、血液中，不易排除。姜淑惠
也說（姜淑惠，1999a：27-28；1999b：30）：

> 疾病形成的三個步驟：第一步是「不平衡」……，第二步是「廢
> 物堆積及不正常分泌」：例如，皮膚病，呼吸道問題、腸胃道毛
> 病、……的病徵，都是疾病形成的第二個過程，這些毒素爭著要出
> 來，在排出來與不排出來之間互相爭鬥。……把毒素排除出來是非

常重要的……。第三步是「疾病形成」：固定的疾病已經形成，有著特定的名詞，例如高血壓、糖尿病、關節炎。

　　疾病是肇因於身心的不平衡失調。我們對「生病」要有一個新的、正確的觀念，如果經常感冒、打噴嚏、流鼻涕……或有其它種種所謂的「病態」，這只是一個症候。事實上是我們身上累積的毒素太多了，處理的方式並不是買各種止痛藥、止鼻水藥、止咳嗽藥、止胃酸藥、止白帶藥、止流汗藥等抑制毒素排出。如果長時期用這種壓抑的方法，就像家中的垃圾原已滿出來，應該拿去倒掉，反而一腳把垃圾壓下去，以為這樣就沒事了，於是變成更嚴重了，有一天長久的流鼻水、鼻竇炎突然變成鼻咽癌，常常感冒的人突然得了血癌，這都是由於毒素沒有加以排除，不斷堆積的緣故（姜淑惠，1999a：22-26）。像癌症、糖尿病、高血壓、神經痛、肝病、心臟病、腎臟病等生活習慣病及慢性病等，是蓄積在體內的毒素，以及因為毒素過剩產生的活性氧造成的[2]（阿部智浩，2001：101-102、120）。

　　同樣地，林承箕在其所著《體內大掃毒》書中有言：「依同類毒物學的理論，毒在人體內形成、累積、危害與人體排除的轉機，可分為三個階段：即排除期、沉積期、變性期。」他有詳細的說明，如下所述（林承箕，2007：27-29）：

　　　　所謂的「排除期」是指當毒剛進入體內的時候，身體就會有自然
　　　　的生理反應去排斥、排除這些不好的外來入侵者。排除方式分為
　　　　生理和病理兩種。生理性排除，……其次，所謂的「沉積期」，
　　　　是指剛開始第一步，毒素會被擋在細胞膜外的體液中，……電解

---

[2]　為什麼活性氧會成為疾病的原因呢？如果體內積存毒素、病原菌、病毒及壓力等損害健康的物質時，為加以消除，透過免疫系統，就會產生大量的活性氧。藉著活性氧的氧化作用就能消除毒素。但這時過剩生成的活性氧卻會氧化，損害基因、細胞、組織等，成為各種疾病的原因。為了抑制活性氧，一般人就會致力於攝取維他命A、維他命C、維他命E等抗氧化營養素。可是卻忽略了從肛門排出毒素的製造根源。

質不平衡、淋巴液滯留……等現象，於是體質開始改變，這時人會開始感覺不對勁：容易疲倦、酸痛、睡不好……至所謂的「變性期」，就是找不到病因，持續症狀治療，當細胞內外毒物充斥，沉積愈來愈多，量轉變而質變，人體的細胞一一變性，快速轉變成為病細胞、老細胞、癌細胞、死細胞，人開始得慢性病、重病、癌症、甚至死亡。

　　就因為人類各種內在和外在的因素，導致各式各樣的新陳代謝功能減弱，很多的代謝廢物都無法順利排除。如果這些代謝不掉的廢物經年累月陳積在體內，會改變組織酸鹼度、遲至局部血液、淋巴的循環，產生一些類似過敏、慢性發炎的反應，造成各種慢性病變，最後產生疾病。如果沉積在肌肉，就類似風濕肌肉酸痛；沉積在關節，就是關節炎；沉積在神經，造成神經炎；沉積在血管，形成高血壓或心臟病；沉積在腎臟，則為腎結石、腎功能退化；沉積在眼睛，患者就成了白內障、視力退化……。表面上，隨著部位而病名、症狀各不相同，實際上，這些疾病生成的原因或是嚴重程度，都是某種毒素累積所導致的（林承箕，2007：116-117）。

　　無論是陳奕蒼、姜淑惠、林承箕對疾病形成真相的描述或對體內毒素形成的論述，其中皆有相同的理論基礎，就是體內毒素雖原可被身體的排毒系統排除，但若毒素過多，這些排毒系統就會負荷過度，而導致不適的症狀，毒素過量的徵兆如：頭昏腦脹、腹滿胃滯、搔癢、皮膚起疹子、放臭屁與糞便臭氣沖天、呼吸不順暢、關節痠痛、疲勞……等症狀。只有從造成問題的根源著手，才能一勞永逸（王映月譯，2000：39）。

　　總之，毒素不斷侵入人體，而人體的自我防衛、淨化排毒的機制把關失敗，毒素就會加速累積，進一步損害身體的臟腑器官組織，最後形成疾病。因此，生病與體內毒素累積的程度有密切關係，而疾病乃是身體無法自行排除外來或體內毒素時所產生的症狀。

貳、體內排毒的運作原理與操作方法

由上得知，我們的身體處在無所不毒的外在環境，而自身的錯誤飲食或不良生活方式、心理因素也都在製造毒素。為了身心的健康，在生理層面，當然也要懂得利用這些人體天生的排毒機制才有用，讓身體迅速排除體內既有的毒素，避免產生自體中毒。接著擬介紹1、體內排毒的意涵；2、體內排毒的運作原理－肝膽腸淨化工程；3、體內排毒的操作方法；4、排毒心法的運用。分述如下：

一、體內排毒的意涵

據前陳奕蒼所述，既知體內毒素的產生，是在人體的第一道健康防線的消化系統上，也就表示身體的健康，必先將焦點擺在人體生理系統中[3]的消化系統上（鄒瑋倫，2009：32-33），以杜絕此系統所產生的毒素，是首要之務。儘管身體有智慧去判斷對身體有益或有害的東西，但因為人為的飲食生活習慣的不節制，讓此消化道器官承擔的工作量超出負荷，吃進去的未必排出來，以致此消化道囤積過多的垃圾。因而，此處所謂「體內排毒」，就是把這條消化道內所產生不必要的東西排出去、將障礙物清除。

總之，以人為的方式利用身體的自然排毒機制，採取積極的排毒手段，將殘留體內的既有毒素強制排除。其目的就是要讓食物在體內變成糞便的這條通道，確保它的乾淨與暢通，不讓廢棄物滯留體內，產生毒素干擾身體正常的生理循環，以達到淨化身體，促進健康，以及有效預防疾病。

---

[3] 人體生理系統大致劃分成消化系統、以心臟為中心的血液循環系統、以肺臟為中心的呼吸系統、以大腦為中心的神經系統，以及生殖排尿系統等。這些系統組織成一套代謝系統。

二、體內排毒的運作原理－肝膽腸淨化工程

　　首先須說明消化管道包含口腔、食道、胃、小腸、大腸、肛門、肝、膽、胰臟、脾、腎等器官的消化系統。這條約10～12公尺長的一條食物通道，統稱為消化管道，其作用是透過消化、吸收、排泄等一連串的器官運作，將食物中所含的營養和水分吸收至體內。亦即消化系統是「始於消化，終於吸收」。大部分的食物如碳水化合物、蛋白質、脂肪等構造複雜的大分子，因為無法直接被吸收至血液中，須在口腔和胃部進行大致的解體，再由小腸分解成微小的粒子，才能被人體所吸收，再轉化成能量送到各個組織器官中（淺野伍朗，2009：144）。一開始當食物經由口腔、食道，再通過胃之後，將會進入冗長而盤繞的管狀部位，稱為小腸，是體內最長的內臟，也是消化食物和吸收養分的主角，人體所需的營養素，有百分之九十都是由小腸壁上名為絨毛的表面突起物所吸收，再透過小腸壁的門靜脈血管運往肝臟，經過肝臟科學性的處理後，再將營養素送往身體各個組織器官。而無法被消化吸收的廢棄物，就丟棄在大腸等待排泄出去。此即食物在體內變成糞便的大致流程。

　　為瞭解腸道毒素產生的原因，必須再深入解釋細節部分：那就是食物在胃內持續被分解，接著運送到小腸，小腸是主要的吸收和消化器官，又分為十二指腸、空腸與迴腸。小腸的最前端就是十二指腸，有管道與肝膽胰等器官連接，會分泌來自膽囊、胰臟、肝臟的消化酵素，它有一個化學接收器，食物一經過，即可分辨是何種食物，會傳達訊息給胰臟要分泌「消化酶」分解，也就是將蛋白質消化為胺基酸、將碳水化合物消化為葡萄糖、將脂肪消化為脂肪酸和甘油。就是當身體一旦攝取含有脂肪的食物時，會有來自腸的訊號，此時十二指腸壁的乳頭會自動滲出具有分解脂肪作用的膽汁以及脂肪酶，幫助分解脂肪，好讓身體吸收。而沒有被分解的脂肪或使用過的膽汁會沿著小腸流入大腸，潤滑大腸壁，並幫助大腸蠕動、加速排便，連同大便一起排出體外；或無法被小腸所吸收的殘渣廢棄物會被送到大腸，大腸在吸收水分和礦物質

之後，會以固態化的糞便再送到直腸，約12、13小時之後，成為糞便從肛門排泄掉。整個食物的旅程，在正常情況下，食物被吸收、消化之後到成為糞便，排泄體外為止，需要花費大約需18～24小時（新谷弘實，2007：53-55）。糞便若無法如期地排出體外，將會囤積體內造成自體中毒，禍害身體器官組織。

　　自古以來傳統道家清滌腸道的方法，是採斷食並配合強力的草藥清滌劑來溶解並排出腸內的黏液及廢棄物。事實上，這類方法早於紀元前三世紀的《黃帝內經》中就曾提及（楊月蓀譯，2005：200）。又如晉代葛洪所著的《抱朴子》中的養生訣有雲：「若要不死，腸中無屎；若要長青，腸要常清（吳永志，2008：19）」。中醫也很重視便秘對人體的影響，早在漢代，醫學便提出腑氣不通至衰的理論：「五味入口，即入胃，留毒不散，聚積既久，致傷沖和，諸病生焉（徐德志等，2008：237）。」此說明瞭保護腸道的乾淨與順暢是健康養生的重要關鍵。因此，詹森說（李加晶等譯，2006：vii）：

> 無論是想要重新擁抱健康、或是青春長駐，都應當從淨化身體組織開始做起；而「淨化身體組織」，都應當從「整頓腸道做起」；「整頓腸道」則應該從「清理腸道」開始！

　　譬如，在俄國的所有醫院與診所，對所有病人作徹底灌腸則屬例行的手續，不論是什麼病，進醫院時病人會被要求立刻進行。俄國醫生瞭解，汙穢、充滿毒素的身體根本無法吸收與利用藥物，要有效治療任何病症都是不可能的事；飽受毒素侵蝕的身體，也沒有足夠的體力與精氣自麻醉、手術、化學藥物治療這些激烈的程式中恢復過來（楊月蓀譯，2005：203）。由此可見，古今中外均有清腸排毒的例證。所以，透過斷食清腸，可以幫助體內排除毒素。

　　至於消化管道的肝膽部分，我們的肝臟會製造膽汁來排毒，並由一個8公分長的袋型器官來濃縮與儲存膽汁。肝臟有一根重要的血管通往

腸道，會吸收腸道沒有排出的廢棄物所產生的毒素，將其帶回肝臟進行「解毒」，再合併製造膽汁。當膽汁過於濃稠或流動不順時，會在腸道停留過久，使腸內廢物再次被吸收，強迫肝臟再次解毒，膽汁酸的腸、肝循環次數增加，徒增肝臟的負擔。膽汁酸若在肝臟製成後是一次膽汁酸，與再次回收囤積腸內的毒素再次製造膽汁則為二次膽汁酸，前者無害，但是後者卻含有致癌性物質（健康資訊研究社，2008：101-102），得到大腸癌的機率是一般人的3～5倍。

又，膽汁若過於濃稠，在膽囊、膽管中沉積，最後形成膽結石，阻塞了膽汁的流通，無法排入十二指腸，幫忙分解脂肪時，此時體內的膽固醇會更高，毒素代謝也不順利，惡性循環就此展開。因此，肝膽結石必須加以清除，讓膽汁順暢流出。據印度傳統醫學的阿育吠陀醫學醫師，安德列・莫瑞茲，在其所著《癌症不是病》一書中提及清除肝膽結石可以治癒癌症，他說（皮海蒂譯，2009：242-243）：

> 1990年代，我在歐洲行醫期間，檢查了許多癌症患者，我發現他們不管得了哪種癌症，在他們的肝臟和膽囊中都累積了大量的膽結石。透過一連串肝臟淨化法，把所有肝臟或膽囊的石頭全部清除，且在每次肝臟沖洗前後，淨化結腸和腎臟，就能創造出幾乎能讓每種癌症進入自然緩解狀態的先決條件。這也適用在普遍被認為是末期癌症上。

也就是說，不管得了哪種癌症，或是關節炎、心臟病、肝病和其他慢性病，在患者的肝臟和膽囊中都累積了大量的膽結石，使得膽汁分泌受到限制，妨礙胃和小腸消化食物的能力，未被消化的食物會大量滋長壞菌，製造更多的廢棄物及有毒物質，細胞因而更缺氧。因而得知，肝、膽、腸這三者的關係密切，肝是最大的解毒器官，膽汁與排油脂性的毒素有關，但膽汁會被回收，毒素也會滯留腸道，因而降低毒素的排除（陳玉華譯，2008：167）。又據中醫理論的說法（徐德志等，2008：66-67）：

膽汁來源於肝，若肝的疏泄功能失常，就會影響膽汁的正常分泌、貯除和排泄。如果把肝臟垃圾拿掉，過濾就會比較好，製造膽汁的功能就會恢復。反之，膽管受阻，又會影響到肝，不能發揮疏泄功能。因此，肝病常影響及膽，膽病也常波及到肝，終將肝膽俱病。

就如陳立川所說（陳立川，2009：166-167）：

很多人認為膽結石只存在膽囊中，其實大多數的膽結石形成在肝臟膽管，只有少數是在膽囊形成，這就是為什麼許多膽結石患者併有肝功能不良的現象，所以排膽結石，會有一併連帶排除肝結石的效益。

至於，對於膽囊切除的人，以為就沒問題了嗎？在正常情形下，膽汁酸在腸道內參與一系列的消化吸收活動，通過肝腸循環被利用，但在膽囊切除後，膽汁不能濃縮和儲存，由膽總管發生代償性擴張來略加濃縮和儲存，以慢慢適應患者食物消化吸收的需要（蔡樹濤，2011：212）。也由於膽汁濃度較低，會由肝直接進入小腸，會增加小腸的負擔，因此，飯後常會有習慣性的下瀉或便祕的情形產生。還有，膽石或泥漿式的淤積在膽道口，也會造成細菌感染而發生膽石發作的疼痛現象。因此，對於膽囊切除的人，更需要養生保健。

由此可見肝、膽、腸三者環環相扣，牽一髮而動全身。如果其中任何一個器官功能瓦解，其他兩個器官必定遭受牽連，無法倖免，尤其腸道的乾淨與暢通，更是一個重要的關鍵。所以欲清除消化系統所產生的毒素與廢棄物，以保持器官的乾淨與恢復功能，淨化體內有兩個有效的途徑，首先是斷食清除腸道宿便，同時還要能確保吃進的食用油、脂肪，不被回收到肝臟，藉以減輕肝臟負荷，使其恢復正常功能。其次是，排除肝膽結石，讓肝的排泄功能正常，膽汁順暢流出，降低肝膽結

石的發生率。總之，肝膽腸淨化並不完全是治療疾病的方式，但它卻可以創造身體自我調整的先決條件，真正達到預防保健的目的。

三、體內排毒的操作方法

就因為瞭解肝膽腸淨化工程的重要與必要性，因而有相因應的對策，那就是運用自然療法所倡導的「清胃腸淨肝膽」的方法；也就是指「斷食清腸」與「排肝膽結石」的處理方法。這也就是吳永志所強力主張，為何體內排毒的方式要採取斷食清腸與排肝膽結石的原因所在了（吳永志，2008：178-182）。至於操作方式是：斷食清腸就是用斷食與大腸水療法來清除腸道的宿便，以杜絕腸內產生毒素；排肝膽結石則是應用人體的自然排毒機制原理，排出肝膽結石。此方法係筆者在三年間曾親自帶領將近40場次的養生排毒營課程，有實際的操作經驗。其操作方式分享如下：

（一）要進行排毒當天要斷食，先把大腸淨空，清大腸的宿便。而且之前要先食用蔬果高纖一禮拜，目的在為身體排毒做準備，高纖粉是腸道的清道夫，會深入腸道的皺褶裡，幫忙把腸道的垃圾清出來，並降低好轉反應。

（二）排毒當天下午喝下天然礦物質成分的微量元素+蘋果汁（蘋果汁有軟化石頭的作用），並飲用約2000cc的檸檬水，來清除宿便。並建議要小口小口的喝，對皮膚很好，胃不好的人一定要喝檸檬水，但是一定會更不好，重點是在喝法，是要品嚐性的喝法，讓它來得及的分解，就會變成鹼性的，若大口喝，會未蒙其利會先受其害，會變成酸性的。

（三）晚上睡前約9點左右，喝下一杯橄欖油加檸檬汁的混合汁。其中檸檬含檸檬酸，可鎮定神經，是軟化膽管的，有助於融化膽結石及排除毒素；橄欖油是植物性的不飽和脂肪酸，是屬不穩定的脂肪酸，本身活性比較好、能量較高，可促使膽囊分泌大量膽汁將結石沖出膽囊排出體外。喝下之後要向右側躺約一小時，並把右腳膝蓋抱到胸口的位

置，這個動作會幫助橄欖油迅速離開胃入膽囊。第二天如廁時，會排出浮載水面上的綠色或褐色等不同顏色的大小顆粒結石。也有咖啡色、黑色或紅色，這些是比較毒的結石。

（四）在課程進行期間，會同時搭配大腸水療機，清除禁食之前所殘留下來的宿便，這樣就可以確保腸道的乾淨，不會產生毒素被回收的情形。

這種用檸檬汁與橄欖油來「沖洗肝臟」是一種溶解法，是促使膽囊劇烈收縮常見的方法。而喝大量橄欖油，其作用是讓鼓得飽飽的膽囊，得以打開柵門釋放膽汁，順便沖出膽結石（陳立川，2009：171）。是目前自然療法最普遍使用的自然肝膽排毒法，也是「橄欖油排石法」。「斷食清腸」與「排肝膽結石」這兩種排毒法務必合併進行，並有先後的順序，必先斷食清腸後，再排肝膽結石。原因是，如果沒有先將腸道淨空，會讓肝膽結石再度卡在宿便中，發生二次中毒的情形。

總之，體內有毒素累積人就會不舒服和生病。如果消化道內因經年累月的飲食習慣與生活方式而留存凝結有毒沉積物，在完全將這些有害健康的物質沖洗出體外之前，就開始進行一項全新的飲食計畫是毫無意義的事情，唯一的途徑是斷食，並用灌腸法來沖洗結腸（楊月蓀譯，2005：196）。

四、排毒心法的運用

基於身心靈一體的原則，人的身心是無法分離的，因此，排毒不僅限於肉體的防毒、排毒，還要解心毒，故內在的情緒、心理、思想信仰、因果關係皆屬於淨化的範疇。排毒心法是屬於內心世界的活動，與外在的排毒方法具有相同的作用。身心靈的排毒是有竅門的，與眾不同之處在於要加上心法，不能只重視身體毒素的清除，而不改心性，因為心毒不除，會招來更多的身毒。就像陳立川博士所說的，近幾年來接觸到許多偏好自然療法的同好，發現有些人因為忽略了情緒及內在心靈的問題，因此表裡的排毒只做了一半，例如，會選擇吃有機食物，不過進

食時卻是狼吞虎嚥。因為身心靈是一體的，少了內在的思維，排毒功效是有限的（陳立川，2009：248）。

　　固定的心理反應創造相對應的生理現象，所以要改變體質，也要改變思想。在做排毒時在內心要做自我檢討、調理心性，這是絕佳的養神時期。就像大腸是排除體內廢物的器官，代表清除的意思。食物經過消化和吸收以後，剩下的殘渣會以糞便的物理型態排出；每天發生的情緒與思維，最後也需要代謝掉；同樣地，負面情緒會引發疾病，負面情緒與不必要的思維終究要釋懷，不要積留心上，發臭長蛆。因此，不要再「冥頑不改」了，藉機對某件事，或某個人釋懷，不要再憋在腸裡等著發臭；在進行大腸排毒時，一定要面帶笑容，保持一顆愛心。尤其在做大腸水療時，灌水時一定是按逆時鐘方向按摩，排泄前則按順時鐘方向按摩，可以迅速排除大腸毒素。據觀察，受益最多的人最容易有依賴性，尤以長期便秘者感受最深，也因此會上癮。不過心法會改善這種我執的現象，當然也需要多增加飲水量，放鬆自己，即使最後還是上癮了，但是這種癮還是比很多敗壞健康的癮頭（吃瀉藥、瀉鹽灌腸）好太多了。另，中醫典籍提到，怒火攻心、肝膽相照是大家耳熟能詳的成語，所以肝膽的排毒心法是：誠心誠意釋放長年積累的懷恨與種種怨恨，迎接明日的新肝寶貝。不論是進行咖啡灌腸，或是藥草排毒時，都要以心平氣和的態度，釋放內在的怨恨與憂鬱（陳立川，2009：90）。

　　據陳立川的說法，當我們做大腸與肝排毒時，會看到這些器官留下來的被虐待痕跡，當看到深埋的情緒再現，千千萬萬舊有的心結解開，身體和心理徵狀減輕與消失之際，就會對排毒全面性的功能肅然起敬。此時會看到忽略健康飲食習慣所遺留下來的禍害，也會慢慢察覺到別人不好的能量場、在有害的生活環境、住家或工作場所下生存著，接著心靈會升起微妙的改變及影響。這些過程的變化，值得我們與自己的身體進入一種新的關係，比以前更有知覺和意識，身體是物質世界的主要住所，更是靈體的住所（陳立川，2009：36-38）。

總之，排毒要講究心法，可以增進排毒效益。倘若我們的內心與大自然的節奏達到和諧共振地步，離返璞歸真的生活就越近，體內毒素會變得很少。體內的毒素越少，思路會越清晰，洞察力會越高，洞察力就是觀察的力量，是實踐任何科學的根本基礎。也能夠讓我們的心思更為清楚，情緒更為穩定，靈性意識更為強烈。當然我們對人、事、物、情感和大自然的感觸也會變得更為敏感。

　　綜合上述，清楚說明瞭運用人體的自然排毒機制，採用自然療法中的清胃腸淨肝膽，有效地清除宿便與摘除肝膽的結石，保持消化管道的乾淨與暢通，避免肝膽腸的運作系統瓦解，才能預防疾病的產生。就因為體內排毒的重要，因而每個人都要找到屬於自己的排毒方法，要以自然、輕鬆的方式進行，有耐心的養成排毒習慣，讓排毒成為日常生活的一部份。但最究竟的防衛毒素的不二法門，還是回歸人本，發揮人體排毒的本能機制，才是正確排毒王道。

參、體內排毒在疾病預防上的功用

　　我們透過運用「斷食清腸」與「排肝膽結石」的體內排毒法，讓身體的器官恢復正常的運作。但何以體內排毒具有疾病預防的功用，擬分三方面加以具體分析說明：1、恢復器官正常功能；2、淨化血液、抑制疾病；3、提升免疫能力與自癒功能。敘述如下：

一、恢復器官正常功能

　　茲分別說明體毒排毒如何恢復大腸、肝、膽、心臟、肺、大腦、胃及生殖器官等器官的功能如下：

（一）體內排毒可恢復大腸、肝和膽的功能

　　中醫認為，肝的疏泄功能掌控著胃腸功能，肝不好，胃腸一定有問題。由上述的肝膽腸淨化工程瞭解，由腸道的囤積宿便所產生的毒素，

會經由腸壁吸收，藉由靜脈回收至肝臟，肝臟對於這些大腸中的毒素與老廢物，進行解毒中和處理之後，毒素與老廢物會再度成為在肝臟製造出來的膽汁，進入膽總管、膽囊，這些毒素隨著膽汁被送到十二指腸，再隨著糞便排泄掉。肝臟要將這些全部處理掉，可以說是相當沉重的負擔。肝臟是人體最大的消化腺，將壞膽固醇[4]（吳永志，2008：178-180）、多餘的鈣、氧化的油、毒素、廢物等合成製造膽汁，並儲存在膽囊內。因此，攝取的食物最慢要在24小時之內成為糞便，順暢的排泄掉，如果長期加諸過多的負擔，則肝的功能便會衰退。

如果大腸和肝膽功能不良，則會引起各種疾病，可說是萬病的元兇。大腸內積存糞便，藉著門脈回流到肝臟，如果肝臟無法完全解毒，則由大腸吸收的毒物或毒氣，會隨著血液循環污染全身，到達皮膚、心血管各處，降低身體所有的功能。無法順暢的進行新陳代謝，結果就容易引起息肉、大腸癌等，以及糖尿病、高血壓和各種皮膚病。即使現在並未罹患疾病，但是也許會引起頭痛、手腳浮腫、頭痛、頭腦茫然、缺乏耐性、面皰、長青春痘、肌膚乾燥、肥胖、疲勞、倦怠、腹脹、放屁、頭暈、肩膀酸痛、腰痛、慢性疲勞等症狀（健康資訊研究社，2008：56-57）。如此一來，從皮膚到心臟血管等身體所有的功能都會減退，要防止肝功能減退，就要避免糞便積存在大腸，以減少肝臟的負擔（新谷弘實，2007：39-41）。因此，體內排毒可清除宿便，降低肝膽的負擔，恢復肝膽腸的功能。

（二）體內排毒可恢復心、肺的功能

中醫認為，很多心肌梗塞病人，都是倒在廁所裏，因為病人大便乾燥，大便的時候就會用到心肺之氣，憋一口氣往下使勁去排便，這時，

---

[4] 所謂「膽固醇」，是指被人體攝取的脂肪未被分解成養分，而囤積在體內的脂肪，因此變成了膽固醇和脂肪廢物，而這類物質又以動物性脂肪所形成的較多。就算我們一點油脂都不吃，肝臟每天自己也會製造1000~1500毫克的膽固醇，來供應全身細胞、皮膚組織及身體各器官的需求，並協助製造荷爾蒙。不過膽固醇雖是油的一種，並非只有壞處，它是幫助肝臟製造膽汁、合成荷爾蒙和維生素D_3的重要原料，而且肝臟會自行合成膽固醇。沒有足夠的膽固醇，就無法製造足夠的荷爾蒙，沒有足夠的荷爾蒙，就會加速老化、掉髮、陽萎、性無能等問題的產生。體內的膽固醇僅有25%需來自食物。

病人肺心之氣如果很虛，大便又急著往下行，下面使勁排泄，在大便排出的瞬間，底下一空，上邊的氣可能「嘩」一下就散掉了。這樣就會導致心臟病發作（曲黎敏，2009b：278）。凡是在廁所裡發病的人，都是心氣已經很空了，再加上下面一瀉，心肺之氣就徹底沒了。因此對於心臟病患，最好別有便祕的情形（曲黎敏，2009c：260）。

　　一旦身體大腸屯積有毒物質，不僅會有物質性的毒素，也會產生大量的有毒氣體，對身體而言，這些氣體也是毒，也是引起各種疾病的原因。例如硫化氫和氨會損傷肝臟，組織氨會引起過敏性疾病，像是異位性皮膚炎、氣喘、過敏性鼻炎、花粉症。引朵、酚是致癌性物質，是引發癌症的原因（新谷弘實，2007：150）。如同中醫對大腸與肺的關係之論述（徐德志等，2008：86）：

> 肺與大腸相表裡，就是肺經和大腸經是相互關聯，在生理功能上是常互相影響的，肺氣肅降能通調水道，大腸主津故與肺相表裏。如肺氣不能肅降、津液不能下達，則影響大腸而致大便困難。若大腸實熱，亦會影響肺氣不降而致病人出現胸滿悶、喘咳等症。

　　就像是西醫有一種疾病叫做「異位性皮膚炎」，這類的病人往往有呼吸道疾病（哮喘），又有慢性皮膚病。以中醫來看，大腸和肺的經絡互為表裡，而肺主皮毛，因為腸道不好會影響呼吸道功能，並且會反應在表面皮膚的過敏上，所以在治療呼吸道及皮膚病時，不要忘了同時調治根本的病源－腸道。

　　據過敏兒陳俊旭所述，他認為過敏的大本營就是在腸胃道，且腸道是人體最大的免疫器官，而最棘手的腸胃道過敏就是「腸漏症」，就是許多未經消化的食物大分子，從腸道「漏」到血液當中，繼而到達身體其他組織中，導致誘發嚴重的過敏反應。當腸道有比較嚴重的過敏發炎反應時，這些腸壁細胞（磚塊）就會腫脹，於是磚塊與磚塊之間就會出現間隙。因此治療過敏，一定要從腸道著手（陳俊旭，2010：152-

155）。又如，日本醫學界的大森隆史，其主張的引發過敏症狀的「浴缸理論」也有同樣的說法，他說（高淑珍譯，2009：37）：

若以浴缸來比喻人體，這些積在浴缸底部的污垢，也就是入侵人體的過敏原（食物或環境因數），以及各種有害物質。若對這些「汙垢」置之不理，過不久就會積滿整個身體，甚至跑到外面來，引起花粉症等過敏症狀。

他又說當務之急就是排出這些有害礦物質等體內毒素，這個觀念稱為「減法健康法」，也就是排毒（體內淨化）健康法（高淑珍譯，2009：62）。更有多起的例子可以證明大腸與肺的關係，就像西元20世紀初，當時科羅拉多州丹佛市有位著名的醫生提爾登醫生，是治療肺炎病患人數的記錄保持者，他治療的肺炎病人沒有一名喪生。他用的方法完全是斷食與灌腸法，配合的是生食的嚴格節制飲食（楊月蓀譯，2005：202）。因此，一般有許多常見的過敏疾病，如果只是局部擦擦藥膏、打打止癢或過敏的針，只能治標，無法根治。如果採用中醫的理論，深入地去調理腸道功能，將積在腸道裡的毒素排出，才能真正地改善過敏症狀（林承箕，2007：71-72）。

又基於身心一體的觀念，治療症狀的同時也要覺察內在的心理因素。據許添盛醫師的臨床經驗，發現許多過敏問題，尤其是氣喘的小孩，可能背後都有一個嚴格管教的父或母，也就是父母親這種窒息的愛，讓孩子藉由氣喘發作，來逃避大人的指責或壓力；通常當孩子長大成人離開父母時，這種症狀就會減緩。因此，父母務必要引導孩子所有事情都可以好好溝通，不須用生病的方式，如此雙管齊下，身心同步治療，是最有效根治症狀的途徑。

（三）體內排毒可恢復大腦的功能

停滯在腸管內的食物殘渣，會被數兆個腸內細菌或酵素類分解，腐

敗與發酵產生的有害物質會被腸吸收，刺激腦神經。醫學界視為難治之病的帕金森氏症及腦中風，最大的原因可能是宿便。有若干的實驗可證明（呂嘉心，2001：82-86）。據研究，當排泄宿便後，左半身麻痺的狀況逐漸好轉，證明瞭腸和腦的確有密切的關係。因此，腦溢血的原因也有可能在於腸管閉塞或便祕。

（四）體內排毒可恢復胃與生殖器官的功能

大腸分為升結腸、橫結腸、降結腸、乙狀結腸、直腸等部份。因為堆積過多的宿便和地心引力的關係，承載過重的橫結腸就會往下掉，就會壓迫到子宮與卵巢，肚子就會變得很大。當下墜產生時，所有橫結腸上方的器官胃也會下垂，而那些在橫結腸下方的器官將會受到擠壓的影響（如圖2-1、圖2-2所示）。例如膀胱壓力會增加，子宮會形成彎曲或

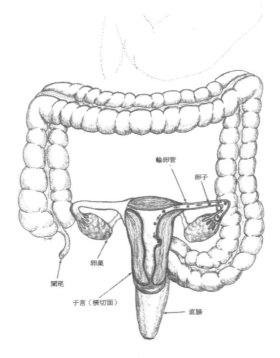

圖2-1：正常的大腸與子宮圖

資料來源：李加晶・李力昂譯，詹森博士著，《排毒克內魔・完全排毒自救指南》，2006，頁59。

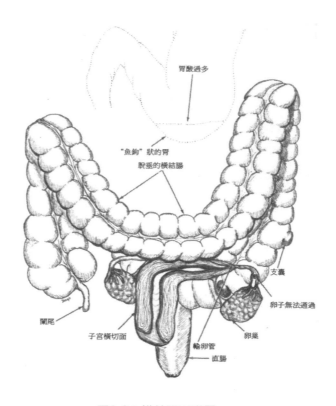

胃酸過多

"魚鉤"狀的胃

脫垂的橫結腸

支囊

卵子無法通過

卵巢

輸卵管

直腸

闌尾

子宮橫切面

圖2-2：橫結腸下墜圖

資料來源：李加晶·李力昂譯，詹森博士著，《排毒克內魔·完全排毒自救指南》，
2006，頁60。

是後屈，並可能使腸道加倍受力而導致便祕。有時輸卵管或卵巢受到擠
壓，很多時候卵子無法從卵巢正常進入子宮，可能導致不孕。女性接受
的手術中以子宮切除術較多，這是因為輸卵管受到大量的壓力，限制了
正常血液循環或有毒物質的排除；男性也會有前列腺。因此，根據詹森
博士的研究，人們會有前列腺和膀胱困擾、子宮及卵巢失調，全都是因
為重力造成腸道下墜所導致（李加晶等譯，2006：58-59）。也曾有不
少病例經報導指出，有些夫婦結婚後10~20年之久均因「不孕症」而沒
有生育子女，但經過幾次治療性斷食配合灌腸療法之後，突然「有了孩
子」了（楊月蓀譯，2005：199）。

西元10世紀，宋代名醫張從正曾寫下多篇有關清滌結腸中堆積的廢物與毒素的療效論述，並建議多種不相關的病症，包括消化不良與便秘，呼吸問題，頭痛發燒，關節僵硬痛楚，以及精神情緒上的種種不適，都可應用這種療法（楊月蓀譯，2005：200）。又，曾任英國御用外科醫師的阿布斯諾·連恩爵士是有名的腸道手術專家，在執行無數大小手術後，發現一個現象：許多病人原本與手術無關的疾病，如：嚴重關節炎、痛風、過敏、皮膚病……等，在腸道手術後都好轉了。所以他在行醫最後的25年生涯中，到處宣揚強調矯正腸道與慢性健康問題的關連與重要性；甚至主張美6小時而非24小時，就排大便一次，是最理想、最健康的（林承箕，2007：70-71）。通常一般人都會將照顧腸道這件事擱到最後，例如：特別是著名影星約翰·韋恩過逝這件事，發現一開始動了肺部的手術，三個月後又動了胃部的手術，再三個月後又進行腸道手術，我們總是傾向於忽略腸道問題到最後（李加晶等譯，2006：8）。

綜上可知，透過瞭解大腸與各器官的關係，並藉由體內排毒來淨化大腸及肝膽，以達恢復各器官的功能。美國約翰·霍普金斯大學醫院，它是連續18年被列為全美最佳醫院。它曾研發一個「大腸內穴道分佈圖」，這是他們根據解剖5萬個屍體研究出，在腸道裡發現有腸道的反射區。亦即，我們如果把大腸拉直，就像是一個人身體的結構，亦即腸道有毛病，就代表身體有個相對應的地方有問題。其中升結腸穴道的反射區所對應的是頭部，橫結腸就是對應上焦包括心、肺與中焦包括脾、胃、肝等問題，降結腸、直腸就是指下焦，包括腎與生殖系統等問題。這是一個醫學上，能夠提出大腸與身體各大器官的關係，一個強而有力的研究證明。（如圖2-1所示）

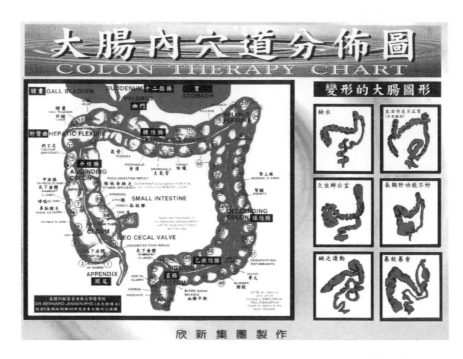

圖2-3：大腸內穴道分佈圖

資料來源：欣新集團製作

二、淨化血液、抑制疾病

我們的身體是60兆個小細胞的集合體，細胞的原料是來自血液中的養分。大腸具有排泄廢物和吸收水分的功能，食物殘渣進入大腸之後，部分水分被大腸黏膜吸收，經過細菌發酵後便為糞便。這些充滿大量細菌及有害物質的糞便如不能按時排出，部分有害物質就會再被結腸黏膜吸收，經門靜脈系統進入肝臟，損耗其解毒系統和功能，一旦細菌及其代謝產物、有害物質進入血液循環，亦即沒有被腸或肝臟完全解毒的毒素或有害物質，會和營養素一起融入血液中（張譓瑞，2009：106-107）。由心臟送出的血液，在體內循環一周到回來之前，所需時間不到一分鐘，也就是說，腸內的汙濁瞬間就會遍佈全身。與「流水不易腐敗」的原理相同，血液常循環的部位，不會有細菌孳生和繁殖。

良好的血液要有適當鹼性，通常是以ph為單位，Ph7為中性，7以內為酸性。健康人的血液是呈弱鹼性的，ph值大概是7。3到7。5為適當鹼性。鹼性血液必定要有鈣、鉀、鎂等礦物質存在，才能把體內酸性隨時排出，這樣才能保持血液純良。一般初生嬰兒也都屬弱鹼性體液，但隨著體外環境污染及不正常的生活、飲食習慣，使我們的體質逐漸轉為酸性。 據一項都市人群健康調查發現，在生活水準較高的大都市裡，80％以上的人其體液ph值經常處於較低的一端，使身體呈現不健康的酸性體質。人體的體液偏酸的話，細胞的功能就會變弱，人體的新陳代謝就會減慢，廢物就不易排出，腎臟、肝臟的負擔就會加大。所以「酸性體質」者常會感到身體疲乏、記憶力減退、腰酸腿痛、四肢無力、頭昏、耳鳴、睡眠不實、失眠、腹瀉、便秘等，到醫院檢查卻查不出什麼毛病，如不注意改善，繼續發展就會形成疾病。

　　血液會變成酸性，就是吃酸性食物太多或是情緒因素而造成酸性體質。人的血液一旦呈現酸性，就是產生癌症的重要條件。日本著名醫學博士柳澤文正曾做過一個實驗：找100位癌症病患抽血檢查，結果100位癌症患者的血液，都呈酸性。據統計，85％的痛風、高血壓、高血脂症患者，也都是酸性體質。 因此，這些醫學專家認為：人體的酸性化是「百病之源」。中國醫學最早在數千年前就認為「血液的汙濁是引發疾病的原因」。血液循環不良的狀態，稱為「淤血」，淤血簡單的說，就是血液濃稠。汙濁的真相，主要是尿酸、乳酸等老廢物質，以及膽固醇、中性脂肪等剩餘物質。

　　總之，身體最大的解毒器官是肝臟，所有的血液都要循環到肝臟來做解毒，肝臟功能如果比較差的話，代表血液混濁，循環較差。所以排除肝膽的毒素，幾乎就是全身的排毒，也可說排一次肝膽結石等於全身大換血一次。要讓全身的細胞有活力，使細胞順暢的再生，就必須要提高血液的品質。而血液的清澈或濃稠，受到腸內環境好壞極大的影響，亦即血液品質好壞的關鍵，就在於腸。乾淨的腸是乾淨血液的基本；拾回乾淨血液的第一步，就是要檢查腸的健康狀況（健康資訊研究社，

2008：96-100）。經常進行臟器的身體排毒，由於毒素囤積體內的機會減少，所以血液會乾淨、體液酸鹼會平衡、思路會清晰。因此，體內排毒可以淨化血液，進而抑制疾病。

三、提升免疫能力與自癒功能

　　人體腸內的溫度為37度左右，是適合細菌增殖的溫度，是細菌生存的最佳條件，容易造成髒汙，雖然是在體內，但卻是與外界直接接觸的器官，當然也是病毒和細菌容易入侵的部位，這可說是腸的宿命。也因為所有毒素都放在這裡，大腸就是這麼重要，必須要有堅強的防禦功能，因此免疫器官中最大的區域就在腸，腸道集中了百分之七十的免疫細胞（健康資訊研究社，2008：28），像萬里長城般在保護我們，才能免除傷害。這是一股很大的免疫力量，當病原菌或病毒入侵時，在血管內巡邏的免疫細胞會聚集而來將其殲滅，守護身體，這即是免疫的作用。換言之，腸是產生淋巴球的母體，其證明是：在我們體內1天會製造出8克的免疫蛋白（IgA等），其中有七成的免疫球蛋白A都是在腸管產生的，有些免疫細胞，如巨噬細胞、T細胞、NK細胞、B細胞……等，都由腸道製造，而且用來保護腸道，腸道名符其實是最重要的免疫器官（蔡英傑，2010：43）。

　　據哥倫比亞大學解剖學暨細胞生物學系的系主任麥可・葛松醫生（Michael Gershon），在《第二腦》（The Second Brain）一書中，提出了腸胃道是另外一個神經中樞的論述，他認為腸胃道有智慧，還有感受力（gut feeling），堪稱「第二腦」（陳立川，2010a：96-98）。新谷弘實博士也說，腸子是非常奇妙的器官，它的功能是獨立的，不受身體的司令塔「頭腦」所支配。即使身體呈現腦死狀態，只要藉著醫療院所的維生設備保持血液循環，雖然沒有頭腦的指令，腸子依然能吸收養分，將廢物排出，確實執行它的任務。例如：蛋白質、脂肪、澱粉等各種物質成分的食物一起進入腸內，腸子會在瞬間區分這些成分，然後將消化或吸收所必要的酵素與數量送至各器官。若對身體有害的物質，

腸子也會將訊息傳達給免疫系統，引起腹瀉，而將毒素排出體外。這種迅速的辨別與因應，顯示出腸子未經過頭腦，本身就能在各種狀況下獨立思考、判斷，然後對其他器官或免疫系統下達指令。腸子的這種獨立性，使它被稱為是身體的「第二個腦」，在人類體內，具備自主性神經系統，就算沒有來自頭腦或脊椎的指令，仍然可以引起作用的器官，唯有腸子而已（劉滌昭譯，2007b：86-88）。

　　據研究有些直腸外科的醫生發現，很多結腸膨脹到原來的兩倍，而只剩下一個很小的通道，雖然這些人每天都有規則的通便，但還是無法將黏附在腸壁上的宿便清除乾淨。假如這些毒素再被腸壁吸收循環，必然會引起各種疾病。當毒素入侵時，這裡的免疫系統就會將它擋下，可是如果腸道經年累月的不健康，例如：喝酒過量、小腸沒有完全消化食物、大腸堆積太多的垃圾沒有排出去，許多腸道內原該排出的廢棄物、髒東西，就會從腸道中滲透進身體其他器官，形成所謂的「腸漏症」。此時，腸道四周的淋巴組織為了消滅這些毒素，會引發一系列抗原抗體的過度反應，造成免疫力異常或變差、皮膚病、哮喘、內分泌不正常、肝臟負擔增加……等問題。

　　也由於大腸的重要性，自古以來胃腸就備受注目，像是古希臘雅典的希波克拉斯被稱為醫療之祖或醫聖，在西元500年就已經提出順勢療法，主張「醫師要引出病患身體原本就擁有的自癒力」。而且認為「急性疾病是，身體自然的平衡瓦解而為了排毒所產生的症狀，所以必須由腸去除食物」。為了退燒，使用400種藥物當成瀉藥、洗腸劑、催吐劑、利尿劑。對於發燒的傷患則進行洗腸。古希臘人早就瞭解到結腸具有產生活力的作用。古羅馬帝國的禦醫，希臘人甲雷諾斯，注意到小腸下方的大腸，認為去除排泄物才是保有健康的基本條件，就不會迅速老化，能得到健康長壽。到了中世紀，王侯貴族之間會利用毒物來消滅政敵，而解毒多半是採用淨化腸的方法。18世紀，歐洲人會利用灌腸來解毒。到了中產階級時代，就出現專門進行灌腸的沙龍。淨化腸變成相當普及的事情（健康資訊研究社，2008：29-30）。在國外已將大腸水

療與咖啡灌腸列為另類療法，前者能夠縮短糞便通過大腸的時間，殺死腸內害菌，調整腸內環境，後者係清肝解毒的良方，他們認為大腸水療（洗腸）在完全排毒法中也是不可或缺的治療方法。腸子這個臟器除了吸收營養外，也會對生理機能、精神狀態、老化、致癌、免疫機能等帶來重大的影響（陳玉華譯，2008：139）。

通常一個臟器的重要程度與功能和它損傷時帶來的危害成正比，就是這個臟器好的時候能有多大的作用，壞掉的時候可以造成多大的影響。換言之，腸道的健康是各消化器官健康的重要關鍵，腸就是我們的根，強化腸道，就能夠提高全身的免疫力及解毒能力（新谷弘實，2007：176）。正如葛洪在《抱樸子》養生訣所說：「若要不死，腸中無屎；若要長青，腸要常清。」因此，我們是身體健康的管理者，要學會尊重自己體內這個了不起的器官，善待它，若能管理好腸道的健康，那麼就能掌握身體百分之七十的健康了。只要腸道乾淨，要生病很困難，因為細菌病毒不在乾淨的腸道中生存。

總之，大多數的人都會想到只要吃、喝之類，藉由從口中的攝取使肉體健康的療法等等，這種藉由飲食而增進健康、治療疾病的方法中，有效的實例確實不勝枚舉。但是排除因飲食而產生的體內毒素（尚未消化的食物及老舊的廢物等等）卻是最重要的。若現在的醫學先用此法再用藥，一定會事半功倍。無論接受任何良好的治療，一旦沒有使體內的毒素完全排出體外，那麼任何的治療都是沒有意義的。因此，保有乾淨暢通的腸道，讓器官功能如實運作，提升免疫系統與自癒能力，這就是體內排毒自然療法的最大目標。

綜合本章，身體的消化、排泄系統與肝膽腸所產生的病變，腸道毒素是最大的病源，而腸道中的宿便更是毒素的大本營。想要健康首先要從身體的淨化開始，透過斷食清腸與排肝膽結石，來淨化肝膽腸工程，只要腸道通暢，排除毒素根源，肝功能就回復正常，膽汁就能順暢流出，血液循環暢通，免疫系統與自癒功能也跟著恢復。尤其，現在已到了追求全人健康的時代了，不僅要從身體生理層面排毒，也要運用心理

層面的排毒心法，身心靈多管齊下徹底排身體毒素，才能擁有真正的健康。儘管如此，體內排毒也是一種干預式的療法，也必須要用正確的心態去施行，也不能完全取代正確的生活方式與習慣。所以，回歸道法自然的生活，才是最根本的生活型態，最究竟的作法，才是我們所推崇主張的。這就是我們要進入下一章，要談的養生保健的自然法則。

第三章　養生保健的自然法則

　　自然老化是每一個人不可避免要面對的問題，養生的重點不在使人長生不死、不老，而是免去人為的老化，像是高熱量脂肪與過量的飲食、作息日夜顛倒這些人為因素；而是在使人老得慢些，預防疾病纏身，促進身心健康，活得健康又長壽，保有最佳的生命品質。所謂「物極必反」，生活越方便，物質享受越多，人心回歸與崇尚自然的聲浪也越高。我們需要有很大的智慧才有辦法對抗潮流，重新訓練自己如何飲食。因此，善用各種自然「養生」之道來追求健康、延緩衰老，已成為新世紀人類的共同課題。而如何運用知識與科技，選擇適當的保養工具，使自己聰明地抗老化、保健康，正是現代人迫切需要的（黃文玲譯，2010：19）。

　　從第二章中獲悉消化系統所產生的體內毒素與疾病預防的關係，除了運用清胃腸靜肝膽的排毒方法，清除體內毒素外；尚應研究如何積極地防止毒素侵犯身體。也就是遵守養生保健的自然法，是以簡單自然的養生觀念，來調整飲食及生活作息，以杜絕毒素進入體內。究竟該如何著手？擬分下列三點說明之：1、正確的飲食內容；2、正確的飲食方式；3、養成良好的生活習慣。

壹、正確的飲食內容

　　現代醫學並沒有考慮到食物對消化器官所造成的負擔，如果我們吃進身體裡的是垃圾食物，又如何能期望身體會繼續以最佳狀態運作呢？因此必須選擇適合人類身體的方式來調理的好食物。所謂正確的飲食，是指有益身體的營養均衡的飲食。正確的飲食內容包括：1、食用

當季當令、當地、天然的食物；2、生食；3、四低一高及有益菌；4、攝取悅性與鹼性食物；5、素食；6、飲食的黃金組合等六項。詳細說明如下：

一、食用當季當令、當地、天然新鮮的食物

我們所指的「天然」食物是指食物中所有的天然酵素、維他命、礦物質，以及其它重要養分都仍是完整而未遭破壞者。要知道好的食物有兩個條件，一是「自然」，因為只有大自然才能夠孕育出生命；另一個是「新鮮」，因為生物體的生命活動停止（失去新鮮）那一刻起，就開始氧化，而氧化的結果就是「腐敗」。而食物的生命就是指「酵素」，沒有酵素的地方就沒有「生命」。也因此，新谷弘實說（劉滌昭譯，2007b：115-117）：

> 生存在現代社會中，如何從龐大的物質與資訊中，選擇真正對身體有益的食物的智慧，選擇食物的基準只有一個，那就是「酵素」，也就是此食物能否補充酵素、促進活化酵素，或防止過度消耗酵素。

身體上的這些酵素多半由胰臟來供給，但胰臟這個器官現在卻因為工作量過重而腫大，如果以體重的比例來衡量，人類將是地球上胰臟最大的物種。又為了供應胃部消化大量無酵素的食物，體內其他部位，如腦部、肌肉、關節與神經，就會長期缺乏正常運作所需的重要酵素，各種病症也就因而發生（楊月蓀譯，2005：112-113）。雖然我們的身體能自製酵素以供所需，但人體所能產生的酵素有限，而且當年齡漸增，製造酵素的力量日減，因此亟須補充酵素。

由於越是新鮮的食物，所含的酵素越多，而食物開始氧化後，酵素也逐漸減少。因此，食物越天然越好，我們要以自然法則來攝取天然新鮮的食物，攝取當季的食物，還有自己居住地的土壤所栽培出來盛產的

食物，如水果、蔬菜、堅果以及全穀物，也就是「在地人吃在地食物」的意思。又農作物應以季節性、地域性採收為主，就是不按季節、不按節氣上市銷售的東西不要吃，也就是孔子「不時不食」的觀念。俗諺云：「冬吃蘿蔔夏吃薑，不需醫生開藥方」，正是呼應「食材選用應符合節氣」的概念。比如冬天吃西瓜，在古代人看來就是不守時令。也如姜淑惠所說（姜淑惠，1999a：116）：

> 食物的來源最好是天然的、本土的、當季的。

因此應著重當地所產蔬果，最好購買沒有噴灑農藥的有機食物，否則經過飄洋過海幾個月的載運，很多營養素已經消失；進口的青菜水果有時候整個被泡在福馬林裡，才能保持全貨櫃的新鮮；也因為當季盛產的蔬果，因生長迅速、價格低廉，農人不用也不願多花錢灑農藥，農藥最少、污染物的化學物質最少。當令的蔬菜買回來之後，先除去塵土，如果要買上食用，就用大量清水沖洗乾淨，不要浸泡，這樣才能去除農藥。但如果不是當天食用，那就不要清洗，直接用報紙包裹後，放到冰箱保存，冰箱溫度最好維持在攝氏3～6度，這個溫度最適合保存。同時為促進自身健康，也要支持在地農業，保護自然環境，應找出最符合經濟效益和健康概念的選擇。

此外，多吃粗食，只吃食物，不吃食品：只吃大地生產出來的食物，如各種新鮮的青菜、水果、五穀類、海藻類、菇菌類、生的堅果類、豆類。最好不吃精製的穀物，像白米、白麵包或白砂糖等精白食品，因為在精緻的過程中，已經流失掉大半的維他命、礦物質與酵素等重要的營養素。總之，我們要攝取當地產的當令季節的蔬果、五穀等天然食物，盡量少食違反自然的加工食品，包括煙燻、冷凍、罐頭食品，以及合成飲料；不應該接受任何與自然不平衡的物質進入體內，這麼做有如慢性自殺，並危害身體的健康。

二、生食

　　坊間養生書籍或專家常鼓勵我們要生食，生食有什麼好處？因為生食中含有許多「酵素」，它是有生命、有能量的東西，能將身體裡面的汙垢、毒素排除出去，能夠確保有進有出；而且科學已證實生菜能夠阻止癌細胞的生長，排毒的動力，就得靠生食。新鮮而非陳腐的食物，即「活的」而非「死的」食物，如果有可能的話，儘量生吃或略微煮即可。約翰·霍普金斯大學的麥庫博士（Dr. McCullum）在50多年前就對「活的食物」下了實用的定義：「只吃會腐爛的食物，但在腐爛之前食用」，例如，精製的白麵粉就不會腐爛，但新磨的全穀麵粉則會腐爛。活的與死的食物之間最大分別在於，新鮮食物中存有的「活性酵素」，酵素至今仍是食物中維持生命健康最具活力的元素（楊月蓀譯，2005：109）。據李丹（Daniel Reid）的說法（楊月蓀譯，2005：111）：

> 凡是生的食物都含有一種為了分解自己而生成的酵素（稱為食物酵素）這種酵素有助於人體消化這些食物。……酵素是由胰臟及其他腺體與器官所分泌的生物化學催化劑。有些是用來從事消化功能，其他的則進入血管來清除危險的微生物、死的或受損的細胞及毒素。……所有酵素均有本身特有的活動來配合各種生物化學反應，設計之精確已臻天衣無縫的境界。

據林承箕對酵素的看法（林承箕，2007：124-126）：

> 酵素又簡稱為酶，是一種複合球狀蛋白質，是動植物體內負責合成、分解、氧化、轉移及異構化等反應的催化劑。……如果沒有酵素、缺乏酵素或是酵素遭到破壞，生命的現象將減緩甚至停止。……一般而言，食品營養界將酵素大致分為代謝性酵素、消

化性酵素和食物酵素。目前推廣的酵素，偏重在食物酵素和消化酵素……專家經常建議人們吃生食，因為生食除了提供未受破壞的營養，還有一個重點，那就是酵素。

因此，人體的新陳代謝過程，幾乎都是靠成千上萬種不同類型的酵素催化而產生。如果沒有酵素、缺乏酵素或是酵素遭到破壞，生命的現象將減緩甚至停止。由於酵素是脆弱的化合物，極易受到高溫、過潮、氧氣、輻射與合成化學物的毀壞，尤其是在食物烹煮、裝罐、精製、防腐與殺菌等加工過程中發生。所有酵素在約54。4℃的溫度中都遭有效地殺死，補充酵素時一定要用涼水或溫開水吞服。所以高溫、乾燒，與烹煮時間過久，是酵素最大的剋星，而當今文明的飲食幾乎全是烹煮、加工、人工精製的食品，完全喪失了其原有的酵素，所以身體必須動用過量的酵素，來消化現代人每天消耗的巨量陳腐的死食物。為避免破壞食物的酵素，生食是最佳的選擇。在《其實，你一直吃錯油》書中指出（陳光棻譯，2009：190）：

> 維持體內酵素的充足，是維持健康生命的一大重點。可是該怎麼做才能使體內的酵素處於充足狀態呢？答案就是要生吃新鮮食物。其實所有食物中都含有酵素，這種酵素稱為食物酵素，……為了補給食物酵素，生食是大前提。

姜淑惠也說（姜淑惠，1999b：181-182）：

> 生食除了產生新的體能，帶來需要的能量，還能去除汙腐，把體內的毒素、廢料排除，這叫做「去腐生新一次完成」，是生食的極大好處。因此生食就是讓我們去除身體的汙垢。……排毒的動力就靠生食。

又生的東西能夠修復老化、衰弱、病變的細胞，同時能夠防止正常的細胞衰老、變壞、變為惡性。如果能將蟲卵細菌清除，生菜比煮熟的菜保留更多營養。稍微川燙20至30秒即可。建議大家每天吃飯時，先吃一些可生吃的菜，能帶皮吃的，連皮一塊吃。還有一種保存食物中部分酵素的烹飪方法，是中國傳統的「快炒」。炒時雖然溫度很高，但炒的時間很短暫，通常30秒～1分鐘，這不會使所有的活力菜汁完全蒸發掉，又能將酵素密封在肉類與蔬菜內。只要炒的蔬菜能維持脆度，就顯示內部的細胞結構未遭到破壞，酵素就仍封存於內；如果肉類內部仍是生的或帶血，也仍存有一些其他天然酵素在內。又像日本的「手捲」，是既營養又好吃，是一種不錯的食物（楊月蓀譯，2005：115-116）。

此外，依據許瑞雲在《哈佛醫生養生法》書中有說（許瑞雲：2009），生食固然很好，但也要懂得吃生食的正確時間，有些人一大早就喝冰涼的精力湯，體質變得太寒，對身體反而不好；再加上過量，反而會讓身體變得很寒，病痛一大堆。因此建議一天一餐生食即可，在正午時段吃對身體最好。而在清晨、傍晚是氣溫轉換的時刻、或進入秋冬季節，或是遇到陰雨天、大冷天，並不適合吃生食。筆者也有此種實際體驗，特提出供大家參考。

總之，生食的食物不經過煎炒煮炸，許多有益身心機能的植物酵素，也可以保存下來，能給身體的代謝和免役能力提供充足的營養素，這對於健康的維護非常有利（陳國鎮，2007a：82）。所以我們在飲食上要做一些改革，所調配的食物裡有一半是生的，一半是熟的。如果有很嚴重的病，生食一定要佔很高的比例（姜淑惠，1999a：127-128）。

三、四低一高及有益菌

所謂的四低，即指低糖、低鹽、低蛋白、低脂肪；一高即高纖維；補充有益菌。無論是葷食與素食，都要遵守「四低一高」的飲食原則。因為高糖、高鹽、高蛋白質、高脂肪是屬於對健康有害的高壓食物，會摧毀身體的細胞，是細胞的終結者，已造成全世界共同的「現代文明

病」（周思芸譯，2005：299-306）。也是形成身體毒素的有害因素，因此要防止它們大量進入體內。細述如下：

（一）低糖：最好以天然代替品例如小量蜂蜜或糖蜜。代糖是人工甘味劑，對人體有害的。白糖除了提供熱量之外，幾乎不含其他營養素，又毫不誇張地萃取體內的某些物質，吃了之後，需要從身體的營養帳戶中支出能量和代謝物質來應付它，人體還要花費比它所給的更多才能擺脫它，被稱為「偷取養分的竊賊」。又白糖容易引起蛀牙及肥胖、骨質酥鬆症，要盡量少食用。

（二）低鹽：海鹽好過一般食鹽；沒漂白加工的粗鹽勝過精緻鹽。精緻鹽含有高鈉，易患有高血壓，所以味精、醬油、醃製品、高鹽食物能免則免。鹽是天天都在調動我們的腎精和元氣，維繫生機很重要的東西。許多人由於壓力大、工作緊張，吃飯的時候口味變得越來越重。雖然鹽並非是使血壓升高的唯一因素，但鹽分卻會把水分帶到血液裡，增加動脈管壁的壓力，而使血壓上升（張國蓉等譯，2001：294）。

（三）低蛋白：事實上蛋白質固然是身體重要營養素之一，但是很多病毒或毒素也是蛋白質或胺基酸演變而來，一份均衡的飲食中，蛋白質只需佔百分之十即可，過多即無法完全消化，但一般的飲食中蛋白質都高出很多，無法消化之蛋白質就會轉化成酸性毒素破壞身體（許達夫，2006：138）。而且為了好消化，每餐最好只吃一種蛋白質，因為肝臟不能同時處理兩種蛋白質。據姜淑惠所說（姜淑惠，1999b：156-157）：

> 蛋白質在生化功能上，因為有硫鍵及磷鍵的關係，屬於酸性食物，分解到最後會變成硫酸或磷酸。這些酸到了腎臟後，因為腎臟有調節酸鹼的功能，所以需要鹼性的物質來中和。而身體裡大量的鹼是鈣，骨頭是身體的鈣銀行，因此會從骨頭拿取鈣來中和，否則蛋白質太多、酸值很高會造成中毒。因此腎臟為了維持酸鹼平衡，所以需要更多的鈣來加以中和。這就是為什麼蛋白質攝取愈多，我們的鈣質流失就愈多的原因。

石原結實也說，當我們攝取動物性蛋白質，胺基酸會在肝臟被分解，過多的部分便流入血液中，血液便傾向酸性，身體為了中和酸性便溶解骨頭等處的鈣或鎂等礦物質，導致體內的礦物不足，身體便發出訊號。這些訊號讓我們感到飢餓、想吃東西，於是又再度攝取本來就已經過多的東西。這種惡性循環是變胖的重要原因之一（劉姿君譯，2009：75）。陳俊旭也認為，牛奶會讓身體變酸，體質偏酸的結果，身體必須分泌骨中的鈣來中和，所以易使骨質流失。牛奶固然含鈣，但這種鈣質不易被人體吸收，而且牛奶含豐富蛋白質、磷，進入人體之後，會需要動用體內更多鹼性資源來中和這些蛋白質，甚至必須從骨骼中調出更多的鈣來中和，反而容易導致骨質流失（陳俊旭，2008a：136）。尤其，牛奶是高脂肪飲品，會在腸胃道產生黏液，可以促生癌細胞；而未加糖的豆漿可餓死癌細胞，建議喝豆漿，豆漿非常適宜中國人的體質。雖然相較於黃豆，豆漿的營養成分較不完整，但比起牛奶更為豐富的鐵質，且進入胃後也比較容易被人體消化吸收。但因豆漿中含有皂素胰蛋白腼抑制物，必須經過100℃的高溫烹煮才能夠被分解，否則可能會刺激腸黏膜，而引起嘔吐、腹瀉等現象（陳俊旭，2008b：128）。又海參是海中生物中唯一零蛋白質的食物；還有「阿婆鐵蛋」含致癌物，因其中蛋白質已變質要少吃。

還有對於牛奶與母奶的選擇，陳俊旭建議：許多母乳裡面的營養成分是奶粉永遠無法比得上的，而且餵母乳不但衛生、方便、經濟，而且可增加母子關係，最重要的是小孩子不易過敏，長大後也比較不會得到肥胖、糖尿病、心臟病、高血壓等慢性病（陳俊旭，2008b：105）。又，現代牛奶含大量的雌激素、生長激素、抗生素、殺蟲劑和農藥，人若喝了牛奶，等於間接的把這些人工添加物通通喝下肚。又牛奶經過高溫殺菌，原有的酵素、乳酸菌與維生素被破壞，所以不但不易消化吸收、缺乏營養，對健康不利（陳俊旭，2007：109-110）。基於上述多種理由，攝取過多的蛋白質對身體有害無益，因此，多攝取糙米、蔬菜和海藻類的動物蛋白，才是明智的選擇。

（四）低油：少食肉類食品。因為動物性油脂的主要成分為飽和脂肪酸，它的融點高，在常溫時為固態。當它進入人體不久之後很容易再凝固回到原來的狀態。這是因為人體的體溫比牛或豬的體溫低。這就是為什麼我們會說吃太多動物性油會讓血液變得黏稠、不易流動的原因。不過飽和脂肪酸可以在體內合成，也就是說它並非必需脂肪酸，所以不一定要從飲食中攝取（陳光棻譯，2009：26-27、113）。其實，動物性肉品只要佔整體的10～15%就夠了，而且盡量從海產類中攝取。每天攝取能夠整隻食用的小魚、小蝦等。像EPA（屬於長鏈多元不飽和脂肪酸（Ω3家族）、DHA（是Ω3的一種）等海產類中所含的不飽和脂肪酸，是非常重要的脂肪酸，能夠淨化血液，降低膽固醇（健康資訊研究社，2008：80）。

那為什麼用植物性油製造出來的人造奶油在常溫下仍是固態呢？這是因為運用了一種稱為氫化的方法，硬是改變了油原本的性質。又據研究發現，在部份氫化的過程中竟製造出了大量的反式脂肪，也就是將氫化的動作稱為「將油塑膠化」，塑膠是不存在於自然界中的物質，即使埋在土中也無法分解，當然在體內也無法被代謝（陳光棻譯，2009：27-30、51）。尤其，酥油與人造奶油一樣都是氫化後製成的油，所以含有反式脂肪，當溫度超過攝氏160度時反式脂肪會不斷增加。據陳立川博士說：反式脂肪幾乎不存在於自然界，這類脂肪酸進入人體之後，由於很難代謝掉，只好滯留在人體。但它在細胞內分解時會產生氧化物，降低高密度脂蛋白膽固醇，提高低密度脂蛋白膽固醇，增加罹患心臟血管疾病的機率（陳立川，2010b：142）。目前「反式脂肪有害健康」的觀念，在全世界來說已經是一種基本常識了，含有反式脂肪的食品盡量不要吃，例如罐頭、冷凍食品、泡麵、薯條、洋芋片等。

根據聯合國國際癌症研究署（IARC）的評比，丙烯醯胺與防腐劑等同列「2A」等級（對人類很可能致癌），且含澱粉的食物油炸時，加熱到攝氏120以上時會產生丙烯醯胺，但在100℃左右的煮與蒸，或生食則不會產生（陳光棻譯，2009：71）。因此，建議最好用水煮菜，之後

再加點高級的橄欖油，因為油碰到高溫會變質，儘量蒸而不要炸蔬菜，如果一定要用炸的，請用水來取代油，用酒、醬油、醋或番茄汁來煎炸食物，也都是比油好得多的另一種選擇（陳師蘭譯，2005：199）。食用油榜有橄欖油、玉米油、米糠油。橄欖油、玉米油和米糠油都含有大量不飽和脂肪酸，能幫助清除人體血管壁上的膽固醇，有助於預防高血脂、動脈硬化及冠心病。

（五）高纖維：纖維是腸道蠕動的重要刺激物，也是形成糞便的重要物質。膳食纖維可分為可溶性與不可溶性，可溶性纖維會抓住體內過多的油脂與毒素，形成糞便後，排出體外。而不可溶性纖維更會刺激腸道蠕動，促進排便（陳俊旭，2007：183）。食用纖維是指食物中不被人體腸胃消化酶所分解的物質，其化學成分和澱粉一樣，也是構成大便的主要來源。當它跟水在一起，可以留住水分，就會膨脹起來增加結腸內的大便體積，並軟化大便，當膨脹的體積夠大，大腸就會把廢物排空，並將毒素沖走。在早期被視為「無用的殘渣」，無法登上大雅之堂，近年來研究發現：長期被人們忽視的食用纖維在預防人體某些疾病方面起著重要的作用，享有「腸道清道夫」的美譽，目前它的重要性已獲得認可，被營養學家列為「第七大營養素[1]」。

陳俊旭認為高纖維食物不但降低膽固醇，還能減緩澱粉的吸收，因此建議：血糖不穩定、糖尿病的患者需要吃大量的蔬果，而且最好在開始用餐時，就先進食大量的蔬菜，先用纖維墊底，腸胃中的纖維便可以阻擋吃盡的澱粉，避免糖分被快速吸收（陳俊旭，2008b：86）。大部分的綠色蔬菜中都含有豐富的纖維，如芹菜、青椒、韭菜、馬鈴薯、山芋、甘藷、芋類、蒟蒻等。其中以甘藷的含量最為豐富，含神經節肝酯，能導正病變細胞，且可以減肥，因為其澱粉是水溶性纖維，不會囤積體內。地瓜的甜味是多醣，對人體有益，比吃飯更有飽足感，建議一週可用一餐地瓜代替飯來吃。地瓜愈紅愈甜愈好，烤的比水煮和蒸

---

[1] 六大營養素是指維生素、礦物質、水、醣類、蛋白質、脂肪等，加上纖維即是七大營養素。

的好，且烤後連皮一起吃更好。而食物纖維在穀類、乾香菇、昆布、豆類、芋類、蔬菜、水果、海中草裡含量豐富的食物纖維。牛蒡、蒟蒻、蓮藕、寒天等的食物可以有效排出戴奧辛等有害物質。另外，蘋果等柑橘類水果所含的果膠具有解毒力，可以將重金屬的毒素化到最小（陳玉華譯，2008：178）。

此外，蔬菜跟海藻類含有豐富的食物纖維，不但有清腸的效果，同時也有預防癌症的功能。成人一天的食物纖維需求量是25克，而調查結果顯示，很多人都沒有攝取足夠的食物纖維。無法每天食用足量蔬菜的人，可以利用營養補充劑以確保一天25克的食物纖維（張欣綺譯，2010：108）。但要特別注意的是，任何食物，即使有益身體，也不可過量，要恰到好處。纖維質的食品也要適量，因為消化太多纖維質，大腸無法休息，對身體也是一種負荷。

經常攝取缺乏纖維質素的精緻碳水化合物，不但會增加腸道廢棄物移動的時間，並且會促進腸內腐敗細菌的滋生。導致便秘的主要因素，譬如錯誤的營養、忽視排便的需求、缺乏運動、情緒和心理的憂患、外來的毒素和藥物治療、缺乏足量的水分與纖維。因此，導致長期便秘的日常飲食，通常是高蛋白、高脂肪和精緻的碳水化合物（糖分和精緻的澱粉）。

而大量食用麵包的人，是擁有最糟的大腸情況，他們是具有最多憩室的人。據陳立川的陳述：他曾是大家所謂的「麵包族」，當不吃麵粉製品一段時間之後，才發現昏昏欲睡的毛病不見了，可是只要連續吃兩天麵粉類的製品，到了下午四、五點的時候，又會出現疲倦現象。據筆者長期自身的實驗與觀察，陳立川所言不假。原來麵粉中的麩質是一種慢性食物過敏，會造成毒癮般的癮頭，讓人欲罷不能。還有脹氣的毛病，少吃澱粉類的食物之後，情況改善不少（陳立川，2009：30-31）。因此在食用麵包或是任何精緻的麵粉類製品時，包括麵包、蛋糕、派、酥餅，最好搭配蔬菜纖維一起食用。在「美國消化失調」雜誌發表的一篇研究報告，報導62個有憩室的患者，在食用高纖飲食之後，

85%的病人宣稱他們的病完全消失（張國蓉等譯，2001：285）。中國人自古以「纖維性」的食物為主，使用的是筷子。由於飲食清淡、多食五穀，東方人的皮膚很緊密、細膩（曲黎敏，2009b：132）。

（六）補充有益菌

我們的口腔到肛門這一條消化道內，充滿了各式各樣細菌，它們以數百萬平衡生態的方式存在（陳俊旭，2009：176-177）。腸內聚集很多免疫細胞，發揮免疫防禦功能，而有助於活化腸管免疫的就是腸內細菌。排除腸道毒素，除了多吃水溶性纖維，配合喝大量的水之外，還需要足夠的有益菌。那也是因為當飲食中纖維質不夠、水喝得太少、大魚大肉吃太多、壞菌太多、腸胃蠕動太慢，就會讓糞便停留在大腸和直腸中太久，壞菌會讓這些糞便繼續腐敗、發酵，產生的臭氣和有毒物質，往上竄經由口腔呼出，形成口臭，往下竄就是放臭屁。因此食物進入體內，如果不能在18～24小時內排出體外，這些未分解完畢的脂肪、澱粉、蛋白質等食物殘渣，會在腸道內腐化變質，它能迅速產生22種毒素，繁殖出2兆以上的壞菌，讓腸道成為壞菌滋生的大本營。那就是說「24小時不排便，腸道成為壞菌大本營」（陳俊旭，2009：164-165）。基本上，腸內的害菌都屬於腐敗菌，會分解蛋白質產生氨、硫化氫、酚、糞臭素等有毒物質，並被腸道吸收到肝臟裡，讓肝臟再解其毒。甚至，腸內有些壞菌，還會使膽汁中的膽汁酸，轉變成具強力致癌作用的二級膽汁酸，讓原本幫助脂肪消化吸收的膽汁，便成有毒物質。

那壞菌或好菌又該如何區分呢？其實細菌自己本身並無好壞之分，但是如果該細菌的排泄物對人體而言是廢物、毒素時，該細菌就屬「壞菌」，例如：大腸桿菌、葡萄球菌等。反之，如果一種腸內細菌，它的排泄物是人體的養分，就歸類為「好菌」，又稱「腸益菌」或「益生菌」，例如：乳酸桿菌（A菌）、比菲德氏菌（B菌）等。還有，一種中間菌，又稱伺機菌，它既不是好菌，也不是壞菌。當我們免疫力良好時，伺機菌會在一旁按兵不動；一旦我們生病或免疫力下降時，伺機菌就會結合壞菌，傷害身體。我們的腸腔內的菌叢之間，本來就有制衡作

用；數目較龐大的好菌，會抑制壞菌的作用，再加上我們體內的免疫機制，會適時吞噬壞菌，讓好、壞菌才能在腸腔環境中和平共處。一旦因為各種因素，讓好菌數目削減，無法再有效抑制壞菌，壞菌就會成為我們生病的根源。例如有些人因為身體出現傷口、部位發炎，便服用抗生素以防止細菌感染，但反而把腸腔裡的好菌一起殺死。尤其是體質較弱、小孩子或長期服用抗生素治療的人，可能因此提供腸道內壞菌大量繁殖的機會。「乳酸菌之父」的梅基尼可夫，提出（陳俊旭，2009：180）：

> 當有害菌多於益菌時，會造成腸道功能下降，使食物殘渣無法排出體外而留存其中，並與害菌交互作用逐漸產生致病毒素，而引發各種疾病及老化現象，這就是所謂的「自身中毒」學說。所以說，毒素不但會從體外進入，也會從體內自行產生。

因此，有毒物質如果在腸道被吸收，就會透過血液進入到人體各個器官或組織，產生器官功能減退，如果毒素跑到皮膚，臉上就會晦暗無光、皮膚粗糙、毛細孔粗大，和滿臉的皺紋。有些人的排便很臭，甚至常常放臭屁，就是因為大腸內壞菌太多所致，如果多喝水、多吃纖維質蔬果以刺激腸胃蠕動、多吃有益菌，就會改善排便或排氣的味道。

所以腸道要有維持大量有益菌，把有害菌種排除來保衛身體。在腸道免疫防衛體系中，腸道乳酸菌扮演非常重要的角色，乳酸菌從嬰兒一出生，就進駐腸道，開始訓練我們的腸道免疫系統，讓腸道免疫系統可以正常發展，不但如此，乳酸菌在腸道內部，直接與壞菌短兵相接，而且繼續不斷的刺激腸道免疫系統，讓免疫系統保持警戒，始終處於高度備戰狀況。什麼是最好的乳酸製品呢？應該挑選無糖、不含色素、香料的原味乳酸製品；或是自製，例如台灣生機店有販賣製作優酪乳的機器，價格合理，自己做的總是比較放心，不會添加不需要的物質。究竟哪種廠牌比較好，據陳俊旭的建議，可以在肚子痛、吃壞肚子時，吃一

口益生菌粉末下肚後就知道好壞，有效的產品甚至可以在五分鐘以內緩解腸胃不適，無效的產品怎麼吃就是沒反應，甚至會引起肚子痛。要注意的是：必須買到好的菌種，而且讓牛奶完全發酵，讓菌種完全分解牛奶蛋白質，才能吃到好菌（陳俊旭，2009：179）。又認為益生菌的保健效果是肯定的，但許多因素卻影響它的品質，有提到判斷益生菌好壞的五大要點，分別是：是活菌還是死菌？活菌剩多少？有無雜菌？能不能抗胃酸？能不能抗膽鹼？等是最需注意的地方（陳俊旭，2009：244-245）。

還有一種全世界公認最接近藥品的健康蔬菜，那就是大蒜，俗稱蒜頭，它只殺壞菌、不殺好菌，味道最嗆，殺菌力也最強，在正常情況下，可多吃些大蒜來幫忙殺菌。據吳永志醫師說，常吃蒜頭確實可以遠離直腸癌（吳永志，2008：107）。但肝臟功能不佳的人，因為不容易代謝大蒜的硫化物，會引起身體的不適，反而要限制大蒜的攝取（陳俊旭，2009：240-242）。還有，大蒜生吃傷胃，比較健康的吃法，是把它碾碎或榨汁使用，且放在空氣裡曝露幾分鐘之後，它的效果會更好（陳俊旭，2008b：87）。總之，要維持腸道健康，就要讓腸道裡的好菌變多，讓腸道菌叢維持平衡生態，尤其在使用大腸水療後，補充有益菌是維護腸道健康一個很重要的要素。

四、攝取悅性與鹼性食物

據姜淑惠的主張，將食物分為悅性、變性、惰性食物等三種（姜淑惠，1999b：41-57）。那就是（一）悅性食物，要健康就要攝取高能量和極易消化的東西，在體內不易堆積尿酸及毒素，會讓我們覺得非常舒適喜悅，這就是悅性食物。包括所有的水果、穀類、大部分的蔬菜（除了洋蔥、蒜、韭、菇類外）豆類、堅果類、所有溫和的天然香料，及適度的綠茶、草藥等。為求營養均衡，每餐最好可以吃不同顏色的蔬菜，同時輪流吃植物的不同部分，如根、莖（菜梗）、葉、花、果實等。（二）變性食物，如咖啡、紅茶、可樂、巧克力都屬之，吃多了會讓我

們太積極，好鬥，鬥嘴、鬥爭、鬥性、鬥事，心理安定不下來。（三）惰性食物，是最劣等的，包括肉類、魚類、蛋類、洋蔥、菇類、菸、酒、味精、麻醉藥品等。尤其惰性食物中的高蛋白、高脂肪的食品，包括乳酪、火腿、花生、巧克力等，都是最受腸內細菌歡迎的食物，使得腸內細菌叢難保良好的狀態。因此，如果要提昇生命的能量，一定要多加攝取悅性食物，酌量減少變性食物，斷絕掉惰性食物，如此就能夠朝向健康之道邁進了。

此外，食物又分為酸性與鹼性食物，而食物酸鹼性的判定，是決定於食物中所含的礦物質種類，及含量多寡比例而定。營養醫學上是將食物經由胃的消化、吸收，燒成灰質，再取出以水溶解，滴定它的酸鹼度，所以是用這個方法模擬檢定出食物的酸鹼性。到那為什麼醋及酸味水果，舌頭嚐到酸味，試紙測定也呈酸性，但到體內反而不是酸性的呢？那是因為這些東西，進入體內吸收後，胰液、膽汁、腸液就已碳酸中合，再被肝臟吸收，很快燃燒成二氧化碳排出體外，對人體幾乎沒有影響。所以它的味道雖然酸，卻不列入酸性食物。而檸檬、橘子、醋等食物，它的有機酸被分解後，留下許多礦物質，反而顯出鹼性反應。又許多精緻加工食品，因為在加工、精製過程中附屬在其上的鹼性礦物質、營養素都消失掉了，以致形成酸性物質。

酸鹼值是測量身體血液成酸性或鹼性的計算尺度，這個尺度以0～14為測量刻度，7為中性，7以下為酸性，7以上為鹼性。最健康的血液酸鹼值為PH值在7.35～7.45左右，此時體內極為複雜的各種生化作用均可以發揮極致，所有廢物的排除，也能快速且徹底，不會累積在體內。人類許多疾病均起於體內酸性過高，如果攝取太多酸性食物，身體必須從自體內再釋放出更多的鹼性礦物質，以緩衝這些酸性反應，達成血中的酸鹼平衡，以致身體及血液轉成偏酸性，久而久之，體內的各大系統與各大器官都會受到影響，造成失衡與紊亂，會導致器官衰竭，而衍生各種疾病。例如癌細胞的理想生存環境是PH值在6.85～6.95，是偏向酸性的環境。根據一項六百位癌症病人體液分佈的研究，顯示有百

分之八十五的痛風、高血壓、癌症、高血脂病患都屬於酸性體質（謝文華，2007：82）。因此，如何使體質維持在弱鹼性，將是遠離疾病的第一步。尤其，當體質長期偏酸性，體內鹼性物質不足時，骨骼裡的鈣質也會被調遣出來，用以中和體內過多的酸性物質，骨質慢慢流失的結果也可能引起骨質疏鬆症。安德列莫瑞茲說（皮海蒂譯，2009：258）：

> 吃得過多通常導致腸道阻塞，具毀滅性的細菌和酵母在繁殖時，都渴望能補充有「能量」的食物和飲料，諸如糖、甜點、白麵粉製品、洋芋片、巧克力、咖啡、茶、碳酸飲料等，但事實上是意味著能量的耗竭。持續渴望食用這些食物或飲料，是細胞飢餓的指標，這種細胞飢餓會迫使體內最虛弱的細胞發生基因突變。

　　因此，當一個人的體質偏酸性，身體便容易出現各種不適，這些不適又會導致身體的酸化更嚴重，二者互為因果，便成一種惡性循環。基本上，除了胃以外，人體絕大多數的反應都需在弱鹼狀態下才能運作。就像是能在體內產生催化反應的「酶」，俗稱「酵素」，也必須在適當的PH值下才能順利運作（陳俊旭，2008a：40）。要知道在鹼性的環境裡，是沒有病毒與細菌及癌細胞的，因此，酸性體質容易生病是健康的大危機。

　　酸性體質要追本溯源，是因為人體大量攝入高脂肪、高蛋白、高熱量食物的緣故，平時就應儘量少吃這些食物。實在想吃時可以把它們和鹼性食物一起搭配，譬如燉肉時放些海帶，燒牛肉時加些紅蘿蔔。因此在飲食上應以鹼性食物為主，如新鮮蔬果及五穀雜糧，是排毒去酸、補充營養最好的食物。幾乎所有蔬菜與水果，幾乎是食物中最容易消化的，人們不需要再耗費很多能量去消化，在營養學上常稱水果為最佳的鹼性食物，也是最好的體內清潔劑。儘管水果潛在性屬於鹼性食物，它的鹼性作用必須經過消化系統的運作，使能幫助體內維持血液的酸鹼平衡。尤其水果的成熟度與否；有機或無機栽種；發芽與否，這些都會是決定它酸鹼度的因素。

至於鹼性食物，如飲葡萄酒有益心臟健康，它含有豐富的檸檬酸，也屬強鹼性飲料，這是眾多酒精飲料不具備的。有報導，飲葡萄酒可預防和糾正酸中毒，還有利尿排毒作用，近年用於治療痛風也見功效。又，海帶和紫菜都屬鹼性食品，有淨化血液作用，含大量膠質，能通便促使體內的放射性毒物隨同大便排出體外；尤其海帶可以說是鹼性食物之王，多吃海帶能有效調整酸性體質；腫瘤病人接受放化療時多吃海帶是有益的；常吃海帶和紫菜能降低癌症發生率。所以平時常感到勞累、疲乏、渾身酸痛的話，不妨多吃海帶。還有，黑木耳能抑制血小板凝聚，可降低膽固醇，對心腦血管疾病有益，其中所含的膠質，有助於將殘留在人體消化系統內的灰塵雜質吸附和聚集並排出體外，清滌胃腸。

五、素食

只吃五穀、瓜果、蔬菜，不吃魚、肉的人就叫做素食者。因蔬果類多屬鹼性食物，故吃素食者，其血液經常保持微鹼性，比較不容易疲累，身體比較健康。又據吳永志自然醫學博士對蔬果中的植物生化素之肯定，認為植物生化素可說是維持身體健康，不可或缺的一把關鍵鑰匙，應是「二十一世紀新的維生素（吳永志，2008：92-102）」，且植物生化素多半存在於植物的表皮纖維下、果核、菜莖皮下及種子裡面，不同的蔬菜水果有不同的植物生化素，唯有均衡補充，才能吸收足夠的營養，幫助免疫和自癒系統保衛我們的身體。

中國的傳統文化基本上強調以吃纖維性的食物為主，若從牙齒看飲食習慣，這是有道理的，因為從人類牙齒的自然結構，可推想人們宜攝取纖維性的食物為主[2]（曲黎敏，2009b：149）。又，如果從消化道的長度來說，人與肉食性的獅子、老虎等動物相比，人類的腸道顯然長了很多，肉食在其消化的時間相對比較久，肉類吃太多所產生的毒素，

---

[2] 亦即可透過牙齒的形狀，來判斷它的功用：前面的是2對門齒（切齒），用來切割水果和蔬菜；後面的是5對臼齒（磨牙），用來磨細穀物和豆類；兩邊的1對犬齒是用來食用肉類的牙齒。我們犬齒數量很少，而且已經退化，可推想人需要攝取的肉類食物，就是不要過多。

對健康較為不利。而肉食會破壞腸相的最大原因，是在於它含有大量脂肪和膽固醇，缺乏膳食纖維，持續攝取肉食，腸壁會逐漸變硬、變厚，而且因為缺少食物纖維，糞便的量也較少。為了排出這樣少量的糞便，腸子必須過度的蠕動。也就是說，腸子因為過度的蠕動，構成腸壁大部分的肌肉會因為經常鍛鍊而增厚，結果導致腸子變硬、變短。而造成腸內害菌增加的最大原因就是肉食，肉類蛋白質不易消化，留在腸道的未消化肉類會腐化產生毒素。若無法正常排出宿便，造成毒素累積，那麼營養可能變成毒物。據《美國心臟病學期刊》的羅伯特醫生說（許妍飛譯，2010：127）：

> 雖然我們自認是肉食者，表現的樣子也很像，但是人類其實不是天生的肉食者。我們把動物殺來吃，結果反而被牠們害死，因為這些肉含膽固醇和飽和脂肪，根本不適合原本屬於草食性動物的人類。

經常有人說吃肉可以增強體力，這其實是大錯特錯，原本我們體內只能製造些微的消化酵素用以分解脂肪，所以光是要消化脂肪就得耗費大量的酵素，也就是說肉類才是削減體力的元兇。所以在平常飲食中，要盡量抑制動物性脂肪的攝取（陳光棻譯，2009：113）。要知道「成長」的現象在超過某個年齡之後，就會改稱作「老化」；亦即能加速成長的肉食生活，也就是加速老化的飲食生活。因此叮嚀喜歡吃肉的人，過量的食用肉類會破壞身體的健康，加速人體的老化。又據王正一醫師以大腸為第一人稱，要我們聽聽來自大腸的吶喊，他說（王正一，2009：94-104）：

> 我最害怕的是肉類脂肪，特別是「含高油脂的肉類」，因為這些食物到了小腸以後，哦！油頭粉面，動作變得慢吞吞，吃得飽飽的完全不想動……你們要少油少肉多運動……蔬菜水果最健康……非必要不亂服藥……愛我，就請吃素吧。

這就是來自大腸的真心吶喊，至於食用肉食的害處，約翰羅賓斯在其所著《新世紀飲食》書中揭露了隱藏在肉食後面的爆炸性事實，並以「環保、愛心、營養健康」三個角度來探討我們的肉食習慣，在書中以無礙的辯才和周密的數據實證，說服世人應選擇利己利人也利地球上一切生靈的素食（張國蓉等譯，2001：vii）。又據書中的研究顯示，美國生產的玉米當中，有20%是由人類吃掉，80%由家畜吃掉。假如國人吃素就能輕易餵飽一百一十億（ 11 billion ）人口，只要開始吃素， 現在全球是六十多億（ 6 billion ）人口，我們全部的資源若重新分配，世界上沒有人會因為身體缺乏營養而挨餓，因此呼籲世人吃素環保才能拯救地球。還有一位霍華‧李曼，他曾經營畜牧農場長達20年之久，直到自己得了癌症，並以一位熟悉牲畜養殖內幕者的身分，向世人坦言內幕：肉品生產者為追求獲利，用生長荷爾蒙、與多種動物屍體磨碎而成飼料餵養牲畜，把原本應屬於草食的牛隻變成吃肉、甚至食用同類動物的病死屍體。因此，他極力呼籲：為了地球以及我們自己的健康，希望世人採行植物性飲食（陳師蘭譯，2005：3-4）。

　　經由以上兩位有良知的人士之批露，讓我們得知現在農藥、毒藥、殺蟲劑遍佈整個環境，而這些污染第一個影響到的就是植物，它受害之後，有被牛、羊、豬、雞吃進去，這些污染就進入動物的身體，這些毒素大多是脂溶性的，儲存在牠們的脂肪組織或肝臟器官裡（姜淑惠，1999b：151）。因此，肉類、乳製品和蛋裡，參雜了許多荷爾蒙、殺蟲劑、抗生素和無數的化學藥品在內，若人類食用這些肉類及其相關製品，也視同吃進毒物。據新谷弘實所調查，癌症患者的飲食習慣，可以發現大多數患者都習慣攝取大量葷食，如肉、魚、蛋、牛奶等動物性食物（劉滌昭譯，2007a：93）。因此姜淑惠也認為二十世紀的三大毒害就是肉、蛋、奶（姜淑惠，1999b：181）。

　　姜淑惠又說，每隻動物在被殺死時，因為恐懼、瞋恨分泌到肉裡的毒，我們肉眼看不到，導致許多治不好的病；素食就是保護動物、

愛護地球、不去破壞雨林、愛惜資源的最佳實踐者（姜淑惠，1999b：155、163）。如果讀者不認同以宗教的情懷來看待這個議題，筆者願意分享一個另類的思維，那就是新時代賽斯的觀點：他認為吃葷不是罪，但基本前提是，我們必須用感恩的心來面對雞鴨魚豬；在飼養牠們的時候，要提供良好的生活品質、營養和衛生條件；當要屠宰牠們時，一定要用慈悲和人道的方式，不能殘忍的折磨牠們；還有，不能過度浪費食物，意思就是「取你所食用的」，而不是不需要這麼多食物卻拼命宰殺；或是明明看到有人快餓死，你卻寧願把食物丟棄也不給那些窮人吃。只要做到這一點，就沒有所謂的罪惡感了（許添盛，2009b：164）。

　　基於身心靈一體的原則，據陳國鎮也說：打坐、修行、練氣功要有進境，就要超越軀體的極限，取得大自然的資訊波，因為生鮮蔬果的生長，吸收著大自然的資訊波，在進行著奇妙的轉化過程，在飲食上藉著素食之便，有助於改造身心的資訊場，以進入天人合一狀態，使修練的情況能更順利地轉化。因此，許多長年的修煉者，常自動轉變成素食者（陳國鎮，2007a：94-95）。也如同麥科・葛洛蘇（Michael Grosso）在《靈魂不死》書中認為，若以現代的生活來看，阻礙有很多，我們都吃得太多，也都太忙，我們的生活當中就是沒有多餘的空間給未知或超越的事物。所以我們的問題是，有沒有什麼樣的生活方式，能夠提升我們對不可知事物的敏感度？什麼樣的態度、價值觀，才有讓我們更能感知另一世界的存在。因此欲改變今生的生活業力，認為禁止肉食齋戒可以提升靈性IQ（廖世德譯，2008：280-296）。李鳳山更一語道破茹素之最高境界：「一則養生，一則養德！」的確，長期吃素不僅遠離污染，個人之性情與情緒也會改變，所以古人有言：「情輕病輕」。吃素是身心靈修煉必備之條件，重症病人尤其值得慎重考慮（許達夫，2006：36）。

　　總之，我們處於今日複雜的大環境，以個人的力量難以扭轉時代的弊端，為保護自己不受到肉食的毒害，想要擁有健康，端視我們選擇食物鏈中最後的動物或是植物。因此要捍衛健康的身體，應從斷肉食開

始，選擇素食，因為它富含活性營養素，而高纖維既可消化又可排毒，素食會是一種明智的選擇。但茹素要健康，也要將烹飪方式改為以水煮或汆燙、清蒸為主；其次要降低植物性蛋白質的攝取量。

六、飲食的黃金組合

由於沒有一種食物能供給我們身體所需的全部營養，所以在安排膳食時要盡量採用多樣化的食物，根據各種食物中不同的營養成分恰當地調配膳食來全面滿足身體對各種營養素的需要。據新谷弘實飲食健康法一方面主張學習自然，同時也強調享受吃的樂趣的重要性。他主張：植物性食物與動物性食物的比例為85：15。整體來區分，穀物（包括豆類，最好選擇未精製的）占50％，蔬菜和水果占35～40％，動物（盡可能選擇魚類等比人類體溫低的動物）占10～15％。至於我們本土的地方最適合吃的穀物是什麼呢？那是糙米、地瓜，五穀雜糧等，五穀最養脾，尤其糙米，幾乎含有所有的營養素，堪稱是完美食品；雜糧就是指紅豆、黃豆、綠豆、薏仁、蓮子等，這些都是比較適合亞熱帶氣候吃的。盡可能不要攝取牛奶和乳製品，避免人造奶油和油炸物，並充分咀嚼，切勿暴食暴飲。最好從小就養成這種習慣，又基於身心的連結，若是想享受「美味」的樂趣，偶而來客厚厚的牛排或喝上一杯無妨（劉滌昭譯，2007a：142-143）。飲食對身體的影響是日積月累的，偶而放鬆一下，其餘95％的飲食則充分堅守健康原則，依然可以維護我們的健康。

又姜淑惠的「食物的鑽石組合－蔬果穀芽飲食法＋三寶」，告訴我們穀類的攝取比例至少要55～60％以上，蔬菜占20～25％，水果占15～20％，最尖端的芽菜則包括種子與堅果類（姜淑惠，1999b：120）。另三寶：第一是指「胚芽」，什麼胚芽都可以；第二是好的油，就是「大豆卵磷脂」；第三就是好的「酵母」，它是蔗糖或穀類裡面提煉出來的（姜淑惠，1999b：141-142）。還有，石原結實也認為，在所有飲食當中，穀物應佔60％；水果、蔬菜、海藻類佔20～30％；魚、肉類

佔10％，這樣的比例才是最適合身體的吃法（劉姿君譯，2009：75）。
又有，陳俊旭所提抗壓飲食的食物比例，也就是標準飲食，那就是50％
纖維質（蔬菜、水果），25％複合碳水化合物（澱粉類），以及25％的
魚、肉、豆、蛋（陳俊旭，2007：241）。

　　陳立川認為，看起來便宜、方便的速食是一種只求快速、便利的
飲食文化，自然無法享受到美食的樂趣，更遑論營養均衡的攝取。相對
的，長期食用所形成的營養失衡，會讓腸道處於不安定狀態，像是食
道逆流、消化不良、腸漏症、便秘都是常見的腸胃道毛病（陳立川，
2010a：104）。因此，依據多位專家的養生經驗，我們必須停止盲目的
吞食垃圾食物，停止讓它們影響流經我們的身體。總之，每天三餐的五
穀雜糧一定要佔總飲食的50％以上，一定要養成這個習慣。也因為身心
一體不可分離，重要的就是一方面享受飲食樂趣，同時長期維持正確的
飲食方式，讓身心是愉悅平衡的。

　　綜合本節，身體營養素的取得，應依循自然的法則，當攝取當季
當地生產的完整、天然新鮮的食品；以生食保有酵素；並遵守四低一高
的自然飲食習慣；少攝取違反自然的加工食品或烹煮過度的食物，不讓
酵素功能過度忙於消化職責上，也能發揮在代謝的功能上；多攝取富含
悅性與鹼性的蔬果；應從斷肉食開始，選擇素食；應以穀類的攝取為主
要，蔬果次之，魚肉少量。總之，如果想要健康而長壽，絕不可以依食
物好吃與否或自己的好惡來選擇食物。而是慎選所吃的食物，吃天然的
食物，不吃加工的食品，攝取營養均衡的食物，關愛自己的身體，就能
防衛整個身體系統不受疾病和毒素的侵襲。當你學會以健康的態度飲
食，身體會增強活力來感謝你；當你為健康而吃時，永遠不必節食。

貳、正確的飲食方式

　　為防止毒素進入體內，我們理當留意自己的飲食習慣，除了注意食
物的新鮮與營養之外，還必須選擇利人利己的飲食方式。那就是正確進

食的態度與方法。分為：少食、細食、不餓不食，以及吃的次序等四點加以說明。詳述如下：

一、少食

少食就是吃得少，每天少吃一、兩頓，每餐量少吃一點或「少量多餐」。八分飽，慢慢地吃，身體自然會有飽足感的反應。要知道，每個人都有適合自己胃腸的處理能力，幾乎所有人的食量都超出了自己胃腸處理能力的範圍。只要食量不要超過處理能力以上，充分咀嚼，則食物就能完全消化吸收，殘渣也不會停留在腸內，會全部排出體外；反之，在腸內無法處理掉的食物殘渣，會逐漸堆積，最後停滯，結果腸管被這些阻塞的食物殘渣撐到朝側面擴張，長度也延伸，會下垂，相互沾粘、變形，狹窄。飲食過度的人在發現自己有便秘的現象以後，多半會服用瀉劑，如此增加腸胃的負擔，這是一種不尊重生命的行為（呂嘉心，2001：127）。因此，少食以後，腸胃的負擔就會減輕，機能得以充分發揮，於是消化吸收和排泄能力會增強。即使是吃糙米食，宿便也是會積存，所以糙米食也要遵守「少食」的原則。平常以糙米和青菜為主食，並遵守少食的飲食習慣，就不會產生便秘了。

又為什麼血管會狹窄或堵塞，原因就是膽固醇過高，而血壓較高的人首先必須減少食量（呂嘉心，2001：120-135）。探究成因，原來心臟藉著「幫浦」作用，擠出血液，給予血壓管壁壓力，稱為血壓。在正常血壓中，將血液充分送達身體各處，即為正常的血流。當飲食過量，身體肥胖時，脂肪會擠壓血管，使血管變細，造成全身血流量減少。為了彌補這個缺點，會生理性的刺激心臟功能，導致心臟必須拼命工作。為維持心臟擠出的血流量的穩定，就必須提高壓力，此即高血壓的原理（呂嘉心，2001：40）。因此，減少食量，對為高血壓所苦的人，是非常好的養生方法。

吃太多是萬病之源，吃得過飽就等於是不斷在累積有害物質而已。大自然的法則終究會懲罰貪婪的人，每天大吃大喝食物，反而讓身體根

本無法利用這些養分。無怪乎考古學家曾在西元前3800多年的埃及金字塔墓碑上，發現這樣的一句話：「人，靠所吃的1/4維持生命；醫師靠其餘的3/4維持生計。」這句話說明古代人早就知道：人吃得太多，容易生病，醫師才有看病賺錢的機會（林承箕，2007：104）。

總之，把少食培養成終身的習慣。其益處是：提高治病能力、可以長壽、通便順暢，排泄宿便、頭腦變得清晰、睡眠會減少（因為內臟的各個器官疲勞消失了）、使人毫不倦怠的工作、有效的美容法之一、延緩老化。因此，看到別人山珍海味，如果有「美食飽食者死得快」的危機思考方式，就不必太欣羨了（呂嘉心，2001：120-140）。

二、細食

細食乃指細嚼慢嚥，將食物在口腔中研磨得愈碎才吞下去。食物從口腔到肛門，是如何在體內消化、分解、吸收、排泄的流程，在第二章第一節中已有詳細的說明。從口腔的咀嚼，咀嚼次數愈多消化酶分泌愈充分，食物到達小腸時成為液態的比例愈高，被吸收的比例就愈大，如果食物到了小腸還是固體的狀態，根本無法穿透小腸壁，直接進入大腸裡供養著大量的細菌，成為危害健康的宿便，徒然增加身體消化系統的負擔，若如此身體無疑是一部製造大便的機器，不但浪費食物，更是增加大腸中的宿便、危害健康而已（吳清忠，2008：111-114）。因此，仔細咀嚼可以減輕腸胃負擔，促進消化吸收。

新谷弘實說：多吃新鮮、富含酵素的食物，咀嚼次數每口最少30～50次，不容易消化的食物可增加至70次，然後自然的所分泌的唾液和酵素就會增加，與胃液、膽汁等充份混合後，可幫助消化，最好將食物咀嚼成糊狀再吞入喉嚨。充分的咀嚼可抑制食慾，減少食量，也會降低耗損消化和吸收食物所用道的酵素量。而體內若維持足夠的酵素量，身體自然會形成最適當的體重。因此他提倡「充分咀嚼、吃八分飽」有益健康（劉滌昭譯，2007a：10-11、135）。

林承箕也有同樣的說法，如果我們狼吞虎嚥，食物沒有咀嚼就會加重腸胃在消化時的工作量，胃必須花更多的時間去消化食物，到了小腸，胰臟就得持續大量、過勞地分泌化解澱粉、蛋白質、脂肪的各種酵素來分解食物，分別將他們轉化成單醣、胺基酸及脂肪酸，以利吸收運用。如果無法來得及在小腸將粗糙的食物消化、吸收，就轉而進入大腸，就會形成一些大分子毒素，滲透進入體內，引起腸邊的淋巴組織類似抗原抗體的免疫反應，會讓身體許多部位慢性發炎、病變、老化，甚至癌化（林承箕，2007：106）。

　　還有陳立川認為，食物的殺菌從口腔開始，多咀嚼殺菌力強，咀嚼一旦過快，胃就必須承擔更多消化工作，食物待在體內的時間拉長，不利細胞的新陳代謝，還會讓食物發酵、發爛。細嚼慢嚥的確有降低血液中壓力荷爾蒙濃度的作用，具有抗壓力功效，這也就是為什麼很多人會不自覺地藉由吃零食、吃大餐與嚼口香糖來紓解情緒的原因。尤其，細嚼慢嚥有助營養的舌下吸收，分解後的營養素會含在舌下，和血液一起進入全身循環作用，直接到達腦部，特別是葡萄糖，供身體使用，而不會被胃酸破壞，造成身體額外負擔。腦部的思考主要是以葡萄糖為能量來源，舌下吸收最直接的受益就是腦部，效果會比小腸吸收來得快。因此，陳立川特別推崇「細嚼慢嚥的強力食療法（陳立川，2010a：69、62-65）」，這是根本食療的起點，主張吃的方法與態度，比吃的內容還要重要，具有攸關生命存活的作用。又吳清忠認為，若從身體經絡膽經的分佈，可以瞭解人體設計上考慮的周詳而且慎密，膽經分佈在頭的兩側，當咀嚼食物時，整個頭部的膽經都不斷地被刺激，有了充分的膽汁，身體才能將食物分解進而吸收（吳清忠，2008：112）。

　　總之，囫圇吞的飲食習慣，再加上持續性的攝取高單位過量的飲食，身體的消化系統長期處於過度負荷的狀態，使得腸胃問題愈發嚴重，同時也造就愈來愈多的胖子。由於「細嚼慢嚥」的吃飯習慣，讓身體提高吸收充分的營養比例，食慾自然會降低，不再需要那麼大的飯量，這才是維持正常身材的基本飲食觀。

三、不餓不食

如果我們按照一日三餐來吃飯，只因為時間到了就吃飯，還沒有饑餓感，這絕對不是好的做法。原因是，假使胃腸健康，飯後經過三、四個小時，食物就會消化，並產生飢餓的感覺。新谷弘實認為，如果在胃部應該已經空了的時間，仍完全沒有飢餓的感覺，那麼胃腸一定衰弱，換言之就是酵素不足。相反的，不斷進食卻仍然感到飢餓，同樣也是酵素不足所致，這樣的人，最有效的方法就是充分咀嚼。理想的做法是「真正感到飢餓時再進食」因此，健康的人並非在固定的時間進食，而是大約在相同的時間產生饑餓感，然後自然養成規律的飲食習慣。「肚子餓了」的感覺，其實就是「健康的晴雨計」（劉滌昭譯，2007b：196-197）。

據陳奕蒼的說法，當饑餓感剛出現時就是一項轉機，此時血氣會以快速方式提昇，正是免疫轉強也是癌細胞衰退時，如果無法接受連續性斷食療法，至少應嚴格遵守不餓不吃的良好習慣，僅可能延長二餐間距，讓身體獲些許喘息補氣的機會，以支持免疫細胞進行「員警」任務。進食以前尤其注意幾項身體訊號，最重要的是壓力是否消除與精神、熱能是否提昇？其次應等候口臭、口乾消失後，且出現饑餓感時才有能力分泌消化液以充分消化食物，否則反使營養惡質化產生新廢棄物毒素，讓身體機能每況愈下（陳奕蒼，2008：126）。陳俊旭也說，如果吃飯時間到了，肚子還很飽或不覺得餓的時候，這一餐就不該在勉強吃下去了，所以每一餐要吃多飽，是以下一餐時間到時會微微餓、有飢餓感為標準（陳俊旭，2007：241-242）。

又基於身心一體的觀念，瞭解自己「吃東西時的感覺」是解開健康之謎的重要關鍵，對情緒化的飲食者尤其重要。你可能會發現自己在心情低落時容易吃或吃太多碳水化合物；或許多人在疲倦時會吃含糖或咖啡因的食物；也有些人一緊張就吃高脂肪食物。此如同姜淑惠醫師的主張，她所謂的斷食不是不吃東西，而是很清楚的瞭解自己的念頭：「我

是刻意想要吃？還是真的肚子餓？」要確實肚子餓才吃，而每一餐之間至少要隔四到四個半鐘頭。是要透過對自己生理狀況的認知，不是客觀因素、心理因素，父母或家庭因素催促我們進食。筆者也認為每個人的身體都是獨一無二的，要靠自己多用心體會，要尊重身體意識，釐清吃東西背後的動機，如果沒有食慾，有可能是身體需要其他食物，或意味著消化系統需要休息，不必要勉強自己進食，要確定是肚子餓才吃，就是所謂的不餓不食的意思。

至於肥胖者產生的「饑餓感」，是吃了太多不含身體真正需要的維生素、礦物質、酵素的食物而產生的。所以，肥胖者並非肚子餓而吃，而是身體為了追求維生素、礦物質等微量營養素和酵素，使人產生飢餓感而吃。這種饑餓感只要將飲食內容換成富含酵素的食物，饑餓感很奇妙的自然會消失。因此，補充酵素可避免飲食過量（劉滌昭譯，2007a：173）。總之，「飽」對人不利，是缺氧疾病的開始，「餓」是治病潛能發揮之時，瞭解這相對的原理，就會瞭解、嘗試不餓不食的好處了，常常保持不餓不食的狀態，才是永保健康長壽之道。

四、吃的次序

我們所進食的食物從胃中被消化吸收到小腸的次序，並非按進食次序由第一道菜排隊到最後一道的甜點和水果；也不是經胃蠕動後成為均質的食糜進入小腸；而是較好消化的成分較優先被排出來。以正常的消化速度來說，如果是澱粉類食物，待在胃袋的時間最多是2小時，蛋白質最多4小時，脂肪最多6小時（林承箕，2007：105）。1977年曾有一個很有名的實驗，分別將葡萄糖、牛肝、塑膠粒等三種東西製造大小相同的小顆粒，然後等量混合均勻未給狗吃，結果意外地發現，在第一個小時，將近有85%的葡萄糖已被排出、僅約15%的牛肝被排出，而僅有非常微量的塑膠粒已從胃中排到小腸。此實驗發現較好消化吸收的成分會以較快的速度被排出。也因為此現象，有時我們吃了許多某些較易消化吸收的食品，過不久又餓了，但有些食品吃不多，卻可吃一餐飽三餐的

原因（許博翔等，2007：11）。因此，為了讓身體能充分有效的吸收食物的營養，不浪費食物，吃東西要講究順序，就是愈好消化的東西愈先吃。首先是先喝湯、再吃水果，再吃生菜，再吃熟食的飯菜，最後才吃蛋白質或脂肪的東西，而加工愈多次，愈不好消化，煮的愈久的蛋白質食物，一定要放在最後吃。

　　尤其是新鮮蔬果，其本身就具有酵素，消化得更快，由胃到腸的時間大約為30～40分鐘，所以說吃水果要有效率，在空腹時吃最有營養效益，因為大多成份都直接輸往小腸消化；或應於飯前30分鐘食用，因為果醣先被腸胃吸收後，會使胃部有點飽足感，就會降低食慾；還有飯後也不要馬上吃水果，雖然水果很容易消化，若以其它食物合併使用，必須等待它種食物消化後，才會開始作用，此時滯留的水果就會發酵、變成酸性。水果吃到肚子裡多是鹼性的，可以用來中和酸性，如果吃的時機不對，有可能就會變成酸性。因此，水果最好單獨使用，或最好飯前30分鐘，或者飯後1小時再吃，隔愈久愈好，避免浪費它的好處。俗語說：「早上吃水果是金、中午吃水果是銀、晚上吃水果就變成銅了。」這句話一語道出「水果要早上享用、避免晚上食用」的正確飲食法則。尤其，睡前吃水果會促進體內的糖化反應（張欣綺譯，2010：109），體內酸化是生病之源，而那些發酵發酸的東西長久腐蝕胃壁、腸壁、腸黏膜的結果，很容易造成潰瘍或腸胃的不適。因此，掌握吃的次序與時間秘訣，充分利用食物的營養成分，好讓身體完全吸收，避免過量攝食，糟蹋食物。對於上述飲食的態度與方法，與姜淑惠所提倡的言論有雷同之處，她說（姜淑惠，1999a：20-21；1999b：147；1999b：212；1999a：134）：

　　　　我提倡三個方法改善飲食，就是肉食轉成素食，素食轉成生食，生食進入斷食。……所以，身體淨化需要這三個步驟：捨肉食、取素食，增加生食，酌量斷食。……素食、生食、斷食，這三把鑰匙，可以讓我們打開身體的寶藏。……攝食原則：肉食不如素食、熟食不如生食、預防勝於治療、真正飢餓時才吃。……一旦

素食，就真正是個環保鬥士；生食就帶來土地的無限生機；斷食則使身心淨化、潛能無限提昇。

綜合本節，正確的飲食方式，吃的習慣決定腸道的健康指數，吃太快、亂吃、宵夜，都是傷害腸胃的元兇。我們必須遵守身體的自然消化原則，就算吃最健康的食物，假如沒有正確的進食態度與方法，像偏食肉類、過量或沒有充分咀嚼，只要未能完全消化，身體就無法充分吸收其中的營養，還有遵照飲食的次序。因此，筆者也主張經由少食、細食、斷食、不餓不食，以及注意吃的順序，在平時養成良好的飲食心態，用開心的心情享受美食，讓食物消化完全，讓囤積腸道的脂肪與膽固醇之廢棄物能順利排出，避免毒素積存造成自體中毒，以維護身體的健康，自然就能提昇身體的免疫與自癒能力。

參、養成良好的生活習慣

羅馬不是一天造成的，養生無法一蹴可幾，健康同樣也不會一夕崩壞。所謂的「慢性病」其實就是「不良的生活飲食習慣病」，而錯誤的生活習慣也造成「現代文明病」（吳世楠，2011：81、89），這話說得一點也不誇張。人的生活習慣受到外在環境影響很大，尤其是父母的生活習慣，更是直接反應長大的孩子身上，也被認為是最直接的影響。據研究指出，多數疾病的原因是習慣大於遺傳，但只要改變習慣就能改變基因（吳書楡譯，2011：9）。以下分為1、喝好水；2、氧氣；3、陽光；4、保持經常性持續性的運動等四點說明。

一、喝好水

水，被認定是六大營養素之一，站在自然療法的立場，水真的有藥性。喝水可以減輕壓力，喝好水可以釋放壓力。在《本草綱目》的〈水篇〉，李時珍提到：「藥補不如食補，食補不如水補。水，百藥之

王。」古人在長期的生活實踐中，意識到喝天然水的重要性，因而總結出「水補勝於食補」的經驗（陳立川，2010b：163）。世界衛生組織發現，世界上80%以上的疾病都跟水源不潔有直接的關係，多喝水卻喝錯水，一樣不健康。好水是指不含污染物質、礦物質豐富、具有抗氧化作用的水、水的PH值（氫離子指數）約7.5以上的弱鹼性、水的分子束比較小，在體內能夠被迅速吸收（新谷弘實，2007：153-154）。飲用水有沒有能量，是不是含豐富礦物質都還算是其次，最重要的是水質要乾淨、無污染。多飲用淨化或過濾水，不要用蒸餾水。

我們應攝取的水量，依氣候與居住地區的差異、個人的體格或年齡等而各有不同，建議大家每天攝取1500~2000cc的乾淨水[3]（健康資訊研究社，2008：51-52）。而冬天可以少一點，夏天可以多喝一點。水量的攝取也應恰到好處，也有因為水分攝取過量，或是排尿太少等原因，當水分的出入失去平衡，體內多餘的水分便會慢慢囤積起來，於是形成浮腫或水腫。中醫把這種狀態稱為「水毒」，這也會毒害人體。並將「體溫偏低」和「水」認為是肥胖的兩大因素（劉姿君譯，2009：22、14）。

因為我們的體溫（36～37℃）一年四季相當於夏天的狀態，而冷開水會呈現大分子團會停在胃內，不會被吸收，但是溫開水和熱開水是呈現小分子，容易被身體吸收，卻會直接進入腸子（陳玉華譯，2008：178-180）。尤其，吃過飯之後 喝一杯冰冷的水的確很舒服，但冷開水會使你剛剛吃下肚的油膩膩的食物凝結在一起，而且會使胃腸的消化作用變慢，一旦這一大坨像爛泥的東西碰到胃酸，就會分解而很快地被腸子吸引，它會附著在腸壁上，沒多久它就會變成脂肪，也會導致癌症。由整個身體來看，除了夏天之外，飲水的溫度在20℃左右最為安全，且有益健康（劉滌昭譯，2007a：172）。所以中醫說：「溫則行，冷則凝」就是這個意思，所以應少攝取溫度稍低於常溫的水或湯汁。

---

[3]　早上起床空腹喝500~750cc。午餐的30分鐘~1小時前喝500cc。晚餐的30分鐘~1小時前喝500cc。每餐飯前半小時1小時喝水350~500cc。在夏天或運動時則增為2000~5000cc。

又喝水的方式也很重要，一定要小口小口慢慢喝，讓身體細胞有充足的時間吸收水分子；否則大口大口喝水只會使細胞來不及吸收，就全部跟隨尿液流失了。中年以後的女性，水容易積存在眼臉等身體柔軟的部份，成為浮腫或起床後出現小皺紋的原因。要改善這一點，那麼最好在睡前4~5小時不要攝取大量水分（新谷弘實，2007：138-144）。尤其，千萬不要用茶類、咖啡類、汽水類、啤酒類代替，養成直接喝水的習慣非常重要，因為這些飲料不但無法補充水分，反而會引起脫水。總之，要使肌膚滋潤美麗，就要充分攝取好水，補充足夠的水分。

二、氧氣

在實驗室養癌細胞，如果加氧，癌細胞就養不好，如果加二氧化碳，癌細胞就養得很好，因此癌細胞是典型被奪走氧氣的細胞（皮海蒂譯，2009：261）。要知道癌細胞怕熱、有厭氧性，它在含氧量大的身體中難以存活。這表示我們自己把體內環境弄到缺氧，細胞才無可奈何變成癌細胞來適應環境，所以，為了促進身體健康，預防疾病，平時就要多接近大自然，呼吸新鮮空氣，運動與深呼吸能幫助細胞獲得更多的氧氣，因此，氧氣療法是破壞癌細胞的另一種方式。

三、陽光

據研究顯示至少有13種惡性腫瘤，是因為缺乏陽光而引起，這多數是屬於生殖和消化系統的癌症。生命要活就要動，多在戶外接受陽光空氣的好處。避免使用防曬產品和太陽眼鏡，否則將無法得到來自陽光的好處。一週至少需要有三次呆在戶外，一次至少15～20分鐘。因此，你有多久沒去郊外曬曬太陽了呢？

四、保持經常性、持續性的運動

據曲黎敏的說法，人為什麼會生病？她認為很多人是死於不運動和不健康的生活方式（曲黎敏，2009b：16）。所謂「流水不腐、

戶樞不蠹」，一個經常鍛鍊的肌體，毒素就很難在體內沉積下來進行侵擾。基於身心一體的理念，我們講的運動是讓身心能夠安定下來，呈現放鬆的狀態，身體就會這種種狀況之下完成身心的排毒工作。尤其，運動要多在戶外，多讓腳接觸地面、保持經常性、能夠持續性的鍛鍊，才會有體驗和效果。運動對我們的健康是必須的。每次運動的時候，可以幫助身體清潔淋巴系統，並且強化心臟和骨骼。運動也無關乎年紀，千萬別相信你老得不能動了（蕭順涵譯，1999：78）。運動是愛自己的表現，而愛自己是讓你在各個生命領域中都能成功致勝的關鍵。

尤其，透過運動來活絡肌肉，可活化肌肉細胞，促進代謝。肌肉細胞不僅會在運動時活化，停止運動後仍然會持續，運動一次刺激代謝的時間，竟然長達二十四小時。輕度的運動讓人稍微出汗，運動後感覺爽快，充滿活力、反應更敏銳，這才是對健康有益的運動。這樣的運動能促進血液循環，提高體溫病促進發汗與排尿，有效率排出老廢物質。如果你每個禮拜有一次或兩次運動，讓心跳達到100甚至120（最好不要超過150），你的血液加速流動，等於給房間來了一次大清掃。一個禮拜左右徹底清理一兩次，把每個角落裏的廢物都通過血液迴圈帶走，有助於你身體的代謝。還有建議，每次運動完畢，必須馬上沖熱水澡（至少是溫水，不能是冰水），並用天然的肥皂把汗水洗掉，因為皮膚上有剛排放出來的毒素。如果不馬上洗掉等汗水自然乾後，所排出的毒素又會被皮膚再吸收回去（陳俊旭，2009：190）。

此外，能輕易逼出老廢物質的運動，就是走路。走路能有效活動肌肉，而「懶得動」「提不起幹勁」、「容易累」的人，便是老廢物質在血液中囤積的証明。因為人體的肌肉大多集中在肚臍以下的下半身。走路這種運動能夠有效地活動下半身的肌肉，而且每走一步腳底就受到刺激，改善全身的血液循環。走路還有其他功效，由於下半身維持較多血壓，對於改善高血壓也有幫助，又以自己的體重來刺激骨骼和肌肉，讓鈣質在骨頭中沉積，有助於預防骨質疏鬆症。而且，一走路腦部便會

發出使人放鬆的 α 波，分泌腦內啡，對調整自律神經、發洩壓力很有效（劉姿君譯，2009：68-69、79-81）。俗話說「飯後走一走，活到九十九」，其實是相當科學的，飯後30分鐘做適量的運動，如散步、做簡單的體操等對增強消化系統功能很有益處。中國古今許多養生家都提倡飯後散步緩行，以助脾胃消化功能，這的確是「以動助脾」的養護後天之道。從大量老壽星的實踐中，可以得出這樣的一個結論：絕大多數長壽老人，都有飯後百步走的良好習慣。

林承箕也認為：快走是比游泳打球還容易做到的運動，也是醫生推薦的運動。好處是：減少心臟疾病、降低中風機率、幫助保持體重、減輕體重、預防糖尿病、減少骨質疏鬆、減少憂鬱症發作、降低罹癌風險（林承箕，2007：144-146）。就像是，跑步就是一種很好振奮陽氣的方法。在戶外跑步鍛鍊的是膀胱經，因為當腳使勁往後蹬的時候，伸拉整個人體後邊的經脈，膀胱經就可以得到充分鍛鍊。而在健身房裏鍛鍊的不是經脈，而是肌肉。如果沒時間出去跑步，可於睡前在床上使勁蹬腿、蹬腳後跟，會有同樣的效果。還有一種很棒的「一分鐘」運動，就是上下跳躍一百次，這是快速、簡便，並且讓人通體舒暢的運動。有個「333制運動」，就是每週至少運動三次，一次30分鐘，心跳最好達到每分鐘133下。就有專家說，最完美的運動就是健走，並舉出一定要健走的十五個理由（養沛編輯部，2010：21-97）。並建議每天快走30分鐘，大約1個小時走5～6公里，一星期最好5～6次。

還有，精神上的痛苦、難過、壓力，成為腸道症狀或疾病的爆發原因，過勞、壓力，只會讓你的腸道更疲累，壓力不見了腸道才能正常工作。因此，當生活中出現倦怠、沮喪、沒耐心、沒活力彈性疲乏等狀況，擠不出生活和工作的樂趣來時，要學會放下，與環境和平共處。而適度的休息與放鬆，是最省錢也是最有效的養生方法，卻是多數人最不容易持續做到的。當你做你喜歡的事，會提升你的能量，或者你需要休個假去重新充實你的熱忱（羅孝英譯，2007：80-81）。假若無法妥善控制壓力時，借助心理諮詢也是一個不錯的方法。

雖然，也有人不建議慢跑或有氧舞蹈，更不建議去健身中心做重力訓練，讓自己的肢體肌肉變得僵硬起來。好的運動有如小火，而不是猛烈的火；溫火或小火也會使我們發大量的汗，真正的燃燒內臟脂肪。最重要的是，好的運動應該在結束之後，神清氣爽，感覺能量是蓄積起來，而沒有耗盡能量的疲累感。好的運動應該結合身心靈，運動過程與運動結束，心理都是安祥的。

　　總之，筆者認為選擇適合自己的興趣、並且衡量時間、體力的運動方式，讓身心在運動中能夠獲得內心安定，身體呈現放鬆的狀態，而不是趕時間似的運動，那就失去運動的意義。如果抱著勉強的心情去做，身體在被控管的狀態下，會產生更大的壓力，效果會不顯著；一定要自身感受到這些方法帶來的優點，內心渴望，有強烈的動力，以歡喜心進行。倘若沒空運動時，就要多利用生活環境保持運動習慣，能走路就不坐車，能走樓梯就不搭電梯。如此讓持續性與經常性的運動固定成為生活的一部份作息，這才是對運動的正確詮釋。

　　林語堂對於身體的養生保健，也是有相同的領悟，他在《生活的藝術》一書中寫道：「人的健康與長壽很大程度上與腸胃的運動有關。」伯特倫德‧羅素在自傳中談到健康與長壽時說：「我的身體健康取決於每天兩次的通便。」有關健康與長壽的幾個因素：積極、樂觀的思想；問心無愧，安然自得；戶外活動和深呼吸；不吸煙、不喝酒、不吸毒、不喝咖啡和茶；節制飲食－吃素，不吃糖和鹽，盡量吃低脂的食品和半生半熟的食物。所有這些都是長壽與健康的秘訣，使人不吃藥，不看醫生，不住醫院（張燕譯，2010：264-265）。

　　李豐每當有癌友找他諮商時，當談完了該如何建立善待自己細胞的方向之後，會恭喜病人得了癌症，他的理由是：「如果你不患上癌症，我建議你吃素，你願意嗎？我建議你晚上十一點以前睡覺，你願意嗎？我建議你每天運動兩小時，你願意嗎？我建議你放下工作的狂熱，減少對名利的追求，你願意嗎？……」當然統統不願意，所以，癌症雖然是很負面的事件，但對身體而言，卻是危機變成轉機的契機（許達夫，2006：3）。

又據抗癌成功的許達夫，他對自己的得癌歸納出三個原因：那就是1、過勞；2、不當飲食，很少喝水；3、個性衝動。最後終於悟出「生活型態影響健康最鉅」的道理，竟然放棄自己過去所熟悉、力行的西醫對抗療法（化療、手術、放療），而是徹底懺悔，心念轉變，承認自己對不起直腸細胞，讓它活不下去，才導致癌症的發生。因此，重新學習做人，減少毒素入侵、生活作息正常，正向思考、發大願等方式，改以吃素、喝好水；練功、平甩功；親身實證了自然醫學療法和改變生活方式，對改進健康有巨大效果（許達夫，2006：25、50-56、69、74）。《黃帝內經》認為（曲黎敏，2009a：351）：

> 病只是一個人的生活習慣、生活方式以及其他方面的壞毛病不斷發展而產生出來的一個東西。並能否治好，關鍵性的因素是「人」，病人能否改變生活習慣，能否改變人生態度，這是能否治好病的一個根本性的決定因素。

新谷弘實說（劉滌昭譯，2007a：179）：

> 規律的生活是防止消耗奇妙酵素，維持身體健康不可卻缺的習慣。

姜淑惠的主張認為（姜淑惠，1999b：2）：

> 「自然清境的飲食」＋「良好的生活態度」＋「豐沛的生命關懷」，三合一的健康模式就是最好的健康預防。

韓柏檉也認為（韓柏檉等，2012：58-75）：

> 改變是生病時的唯一解藥。……把過去錯誤的生活習慣都扭轉過來，改變慣性，追求身心靈整體健康。

現代人的疾病原因之一，在於飲食過渡、運動量不足，因此我們真正欠缺的，是如何有效運用營養的心態，以及彈性運用身體。疾病是無知和懶惰的生活習慣的結果。改變習慣是世上最難的任務。活得超長及活得越有聲有色的人，往往都是勇於自省，及堅持修正自己的生活方式的人。「改得越多，改得越徹底，好得越快」，已經成了生活中的最高指導原則。新谷弘實的名言：「開始好的習慣永遠不遲（劉滌昭譯，2007a：238）。」據研究發現，改採新的飲食習慣後，平均至少要一年以上的時間，腸內壁菌叢才會有顯著改變。總之，喝健康的水、多接近大自然享受陽光與空氣、保持經常性與持續性的運動，養成良好的生活型態，才是擁有健康的不二法門。

　　總結本章，順應自然而活的道理，是人類最簡單、最根本的生活型態。要吃新鮮營養豐富的天然食物，不吃加工的食品，還有正確的飲食心態，以及養成良好的生活習慣等方式，如此符合自然法則的生活，就會減輕自己消化系統的負擔，讓疾病遠離我們，從而保持身體健康。好的習慣只要有開始，人生隨時不晚。

第二篇

心智篇：開發潛能的信念改變

　　大多數人以為我們每個人在生命中發生的種種事物，是偶然、隨機的產物，只有任憑人生的波濤浮沉逐流，毫無能力操縱它的發展走向。然而個人生命的真相、本質果真如此嗎？其實不然，一般人的經驗是「看見才相信」，但新時代賽斯[1]（周育賢，1999：192；王季慶，1999：18）所說的「信念創造實相」的理念，卻告訴我們「相信即看見」。此說認為：我們每個生命內在的信念創造出自己的外在物質實相，我們內在選擇相信什麼，而外在的人生經驗就符合我們內心的期待；我們內在的境界，會投射至外在生活成為我們的命運，亦即每一個人創造了屬於他自己的世界。因此，人生與其說是命運的安排，還不如說是自我

---

[1] 賽斯這位超越三次元時空的「教師」，告訴我們人並不受限於物質世界，也沒有真正的死亡；現在我們在地球這大教室中學習，但我們的「意識」永不滅絕，並且不斷地在多次元領域中經歷與創造。翻開賽斯書就等於翻開多次元的宇宙，也打開了每個人心靈中無限的智慧與力量。賽斯資料目前均保存在耶魯大學圖書館。賽斯書討論的範圍涵蓋了心理學、超心理學、醫學、物理學、科學、宗教等領域，都是『原創性』的觀念，也都帶來了劃時代的突破，也開啟無數信或不信宗教的人的覺醒。目前至少有三本重量級的科普書，將賽斯書與量子力學相提並論，這三本書是《超越量子》（Beyond the Quantum）、《科學與心靈的橋樑》（Bridging Science and the Spirit）、《隱蔽的領域》（The Hidden Domain）。

內心深處的信念所決定的，此即新時代賽斯「信念創造實相」的真諦。此觀點顛覆了傳統宿命的說法，是一種心智的解放、心靈的覺醒，與意識的改革，好比換另一幅眼鏡看世界，讓我們重新打開生命的視野。

如緒論所述，一個全人的生命是由身心靈三個要素所組成，是由內而外的運作方式。新時代賽斯認為，個人實相的本質是：我們內在的思想觀念會具體顯現在外在的生命實相；亦即所有外在一切情事的顯現，都只是我們內在的感覺、思想及意圖的投射，是內在心靈實相的複製品而已。在日常生活中，我們有很多限制性的思考模式，阻礙了我們身心靈的和諧與能量的整合，也就是說我們的生命被想法所限制了。因而如何扭轉、突破自己的思維，就是開發內在潛能的先決條件。

在瞭解個人實相的本質後，瞭解自己是一個將自己內心的期待帶到具體形式裡的「創造者」，這樣的領悟會令我們重拾個人的責任心，直下承擔創造的源頭。總之，我是我生命的畫家，「實相」是我的畫布，我的「信念」就是用色材料；當我學會改變內在的信念時，就學會開始用色彩彩繪我的人生了。因此，若欲改變自己所創造的外在實相，就要改變自己內在的思想、期望及信念。因此本篇（心智篇）將分兩章闡述「信念創造實相」的創造過程與運作原理，並呼籲世人將此理念應用在日常生活上，讓我們擺脫掉先前所設定的謬誤信念、破除對生命無力感的想法、能「以正面思想取代負面思想」或「以建設性信念取代侷限性信念」來改變外在世界，繼而創造出我們所想要的未來，以激發出我們生命內在的潛能。

第四章　信念創造實相的運作原理

　　為理解我們內在的想法與觀念何以創造出我們外在的世界，必先瞭解信念創造實相的運作原理，首先解釋「信念」與「實相」的概念意涵；其次，闡述信念創造實相的運作原理。敘述如下。

壹、「信念」與「實相」的概念意涵

　　所謂的「信念」（beliefs），是指生命內在的每一個想法、觀念、思想、情感、期望、意圖等，代表一個人是如何看待自己和這個世界的心態與方式，還有自己對某些事的反應方式。賽斯說：「信念是你對這個世界的真相所抱持的一種強烈的概念（王季慶譯，1991a：87）。」歐林也說：「你的態度決定你如何經驗這世界（王季慶譯，2002：143）。」譬如，我看待自己的方式是：「我不夠好」、「我沒有價值」，「我從來沒有做對過一件事」；或是看待別人的心態是：「有錢人都很貪婪」、「別人都會傷害我」；還有表示內心迫切的期盼是：「我精疲力盡真想休息」、「我好渴望別人多關心我一點」等內在心靈所呈現的狀態。這些都可說是屬於信念的範疇。

　　上述所說的信念，也有些是堅信不移的「核心信念」。例如：「人性本惡」是個概括性的信念，也是個核心信念。擁有這種信念的人，在日常生活所有可以得到的實質訊息中，不論是報紙、電視、信件，甚至私人談話，他通常只會集中注意力於那些能「印證」這信念的資料上。要知道無形的信念帶有電磁性，又基於物以類聚的原則，同時任何有關「人性本惡」的人生經驗，也都會被他吸引過來。爾後他的心態行為舉止，漸漸地就會對別人的疑心越來越大，也會深入到他人生中最親密的

區域，會變得不再信任配偶、家人、朋友、同事、國家，甚至整個世界。又，核心信念會吸引或發展出一些附屬信念，例如「所有人都不可信任」、「社會是弱肉強食的戰場」等，逐漸使執著於這信念的人陷入困境而不自知，可見信念對個人生命竟然產生如此重大的影響。

　　然而，信念的本質只是「對生命的一個想法」，而不是「生命的一個事實」。譬如「負面信念」就像是你所戴上的眼鏡，只是一種信念，一種幻相。我們務必要把「你的信念」與「你」的定義劃分清楚，因為你的想法和信念並不等於你，也不代表你本人，你只是你思想的主人。據陳建志的說法（陳建志，1997：8）：

　　　「信念」並非事實或真理，只是暫時主動去相信的一個概念。

　　譬如，若是你有此念頭「我是一個很差勁的人」或「我是一個無用之人」，就彷彿自己戴上一副受害者眼鏡，在觀看與自己有關的一切，但它並非事實，那只是你內在存有負面的想法觀念，以致於覺得自己不夠好而已。事實上，信念是一股中性的能量，它本身沒有對或錯，沒有好與壞，也沒有任何人世間的標準，它本身並沒有意義，若有，也是人們賦予它們意義的（陳佳伶譯，2005：62）。就像是別人的一句無心之言，也會經由你個人想法的詮釋而變成傷害性的話，此時你的信念就形成一股負面的能量，而那句話的意義就是自己內在思維所賦予的。

　　所謂「實相[1]」（reality），是指人所感受的物質世界，包括每個生命的身體狀況、出生的國家、家庭、父母、兄弟姊妹、職業、收入、人際關係的互動、參與的活動，以及每天所有發生在你身上的每件人事物等皆屬之。許添盛的說法更是詳盡，他說：甚至你買的股票有沒有被套牢、你的員工信不信任你、你的上司為什麼要炒你魷魚，或是為什麼有這麼多人願意幫助你，這些都是你生活當中發生的實相（許添盛，2005：153）。

---

[1] 本文所指的「實相」與佛法所稱的「實相」在意涵上大不相同。佛法的實相是指諸法或宇宙人生的真實相狀、本性，是無相，是空性。

陳建志也說，人所體驗到的實相，其實並不只是限於感官所及的物質世界，也包括心理的、心靈的領域。由於思想、情感、甚至潛意識的起心動念，都有其真實性，對人也有極其確實的影響，所以也稱為實相（陳建志，1997：7-8）。總之，實相就是與你個人有關的任何人、事、物的人生際遇，也包括你的五官和心智所覺知到的環境或現象，無論是身體、心智、心靈層面所呈現出來的都屬於你個人實相的範疇。

據呂應鐘所言：真正的「身、心、靈」，用現代語言來說就是「生理、心理、天理」三個層面。將這些古代用語轉換成科學語言，可以用「物質、能量場、資訊場」三個高等物理、量子論及宇宙論的名詞來做新的詮釋。身就是「物質」，心就是「能量場」，靈就是「資訊場（意識場）」（黃愛淑譯，2009：16）。又據陳國鎮的研究指出，生命是具有多重結構，除了身體，還有能量、資訊與心智等層次，它們彼此緊密結合在一起，才能表現奧妙無比的生命現象（陳國鎮，2003：11）。克里希那穆提說的更深入，他說（張美惠譯，1993：142）：

> 每一個思想、信念、感覺都是獨一無二的能量形態，就好像每個人的臉或指紋一樣。……這個模式存在於身心的能量場中，也會向外延伸尋求外界相似的形式與之發生共鳴。

亦即我們的思想、心態，信念就像是一塊帶有特殊電荷的磁鐵，只吸引符合它特性、本質相同的人事物來相呼應，因為思想與這些人事物的頻率是互相吻合的（謝明憲譯，2007：20、38）。也就是，所有外在的一切物質實相的顯現，都是被自己內心的想法所吸引來的。無怪乎賽斯說（王季慶譯，1991b：504-505）：

> 當你看這個世界、社會團體、政治團體、你的朋友，你的個人經驗，這些全由你的信念而被吸入你的活動領域裡。

要知道每一個人都是一個活生生的磁場，人群當中每個人都有善與惡的面向，如果你的想法或心態是善念，就會吸引周遭旁人良善的面向來呼應你。亦即我們內在的信念及思考方式，自然會去蒐集相關的能量來付諸實現。如許添盛所說，每一個念頭都是一個訊息，不要以為你想些什麼並不重要。「你想些什麼？怎麼想的？」有個很重要的關鍵在於，這個人是不是好人並不重要，重要的是你覺得他是好人還是壞人。如果你覺得他是壞人，他就會按照你對壞人的概念來呼應迎合你。總之，我們的心境會影響我們所看到的世界，而主宰這一切的，是你的訊息，而不是事實（許添盛，2005：208）。歐林在《喜悅之道》中說到：「世界並不一定公正，但卻很精確（王季慶譯，2002：55）。」因為你將絲毫不差地得到你所期待及相信的東西。也因此，人們永遠按照自己的概念和期望，形成自己外在的實相。

依據自然法則的因果論，凡事必有其因果關係，我們是活在一個有因有果的世界，種什麼因就會得什麼果。就因為外在的一切是被內在信念所吸引來的，因此我們內在的想法就是因、就是種子，而外在實相所呈現出來的就是一種結果。既然生命外在的實相由我們內在所創，那麼人生當中所呈現的東西，就如健康就是一種結果；金錢是一種結果；財富是一種結果；人際關係也是一種結果；婚姻狀況更是一種結果。總之，我們生命的一切外在物質實相的果，都是由內在的精神性模式的因所創造出來的。而生命中的那個「因」，就是藏在人的信念之中；我們內在必然有一個心理因素，以致長出生命外在的果實。所以，信念與實相之間蘊含著「因」與「果」的關係。

貳、信念創造實相的運作原理

為闡釋信念創造實相的運作原理，擬分：1、全人生命的結構；2、信念系統的形成；3、信念創造實相的動態過程；4、信念改變實相的威力之點。詳述如下：

一、全人生命的結構

　　筆者將一個完整的全人生命，比喻為一座冰山，以冰山圖之喻象來說明全人生命的結構。並進一部細分二點來說明：一是全人生命的內在結構；二是全人生命的外在結構。

（一）全人生命的內在結構

　　如本文的緒論與第一篇所述，全人生命包含身心靈三個層次，是由內而外的整體運作，以構成完整的全人生命。為瞭解自身的想法、觀念是如何形成信念系統，特將人的心理結構分為自我（ego）、意識心（conscious mind）與內我（innerself）三者（王季慶，1999：25），這是指全人生命結構的內在系統。事實上，在個人生命實相裡，我們的精神、心靈和肉體之間並沒有界線，這些「我」是不容分割與區分的，暫時的劃分只是為了說明上的方便而已（如圖4-1所示）。

　　自我」是意識心向外對焦的部分，像攝影機的鏡頭，就是俗稱「自我意識」，往外集中焦點於物質實相。我們的感官眼耳鼻舌身，只讓我們覺察到三次元的實相，倘若沒有自我的作用，根本無法聚焦於物質世界，像是無法專注地開車或走路一般。

　　「意識心」意即有意識的心智，它所扮演的角色是雙重的，它同時向內又向外，其功能在於「接收」外界所傳回的資料，以及「轉譯」內我所傳出的資料，是一個開放的系統。即一方面，在物質生命裡，意識心必須與大腦相連[2]（王季慶譯，1991b：429），以對物質實相作出價值的評估與判斷，也就是說，這個實質上活著的身體，它的活動和狀況，是透過意識心的信念來指揮的（王季慶譯，1991a：176）。

　　「在另一方面，意識心向內則一直通達到「內我」，即所謂的心

---

[2]　腦子可以被稱為心智的實質副本。藉由腦子，靈魂與智力的功能可以和身體相連。

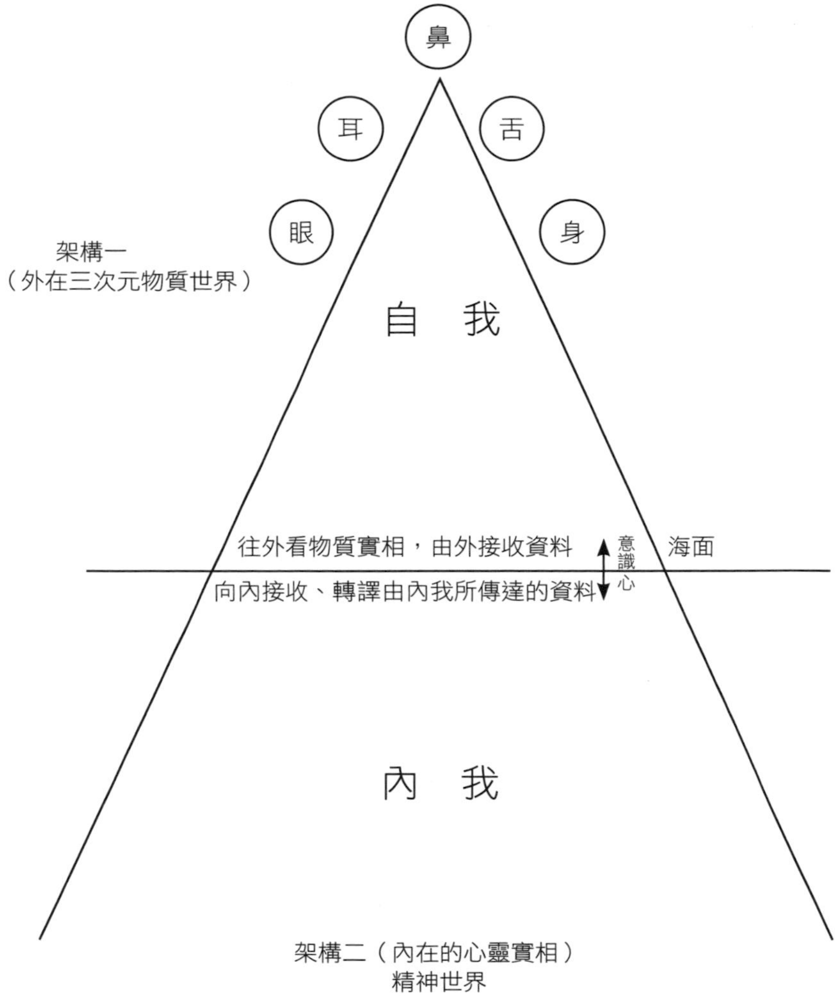

鼻
耳
舌
眼
身
架構一
（外在三次元物質世界）
自 我
往外看物質實相，由外接收資料
意識心
海面
向內接收、轉譯由內我所傳達的資料
內 我
架構二（內在的心靈實相）
精神世界

圖4-1：全人生命結構的冰山圖

靈。「內我」它包含偉大的直覺[3]（羅孝英譯，2007：162-168）、知識，以及你所有問題的答案；它不斷地學習如何將自己的內在直覺轉譯

[3] 歐林說：直覺是不透過言語的知曉能力；無須透過解釋就能感知真相。直覺的作用超越時間和空間，它是你與大我之間的一個連繫。...直覺、第六脈輪，與靛藍，紫紅色有關；如果你發現自己被這些顏色所吸引，你可能正在對這個領域開放。當你依從你的直覺，許多的門將打開。直覺用你愛做的事吸引你，召喚你進入未來。直覺在當下和你說話；透過衝動、閃過的念頭、洞見和感覺，直覺把你推往特定的方向。要聽見你的直覺，你需要注意內在的意念和感覺的世界。當你很有衝動想做一件事，卻強迫自己去做另一件事，就不叫做注意直覺。你的直覺一直都在傳送訊息給你，在每個片刻告訴你做什麼去打開你的能量；它總是指引你活出生命活力和更高的道途。

成物質性的方式。意識心不停地接收來自內我的資料，而內我所有的能量、力量和能力都在它後面支持它。亦即「內我」能運用的資源與能量全都因而集中了起來，根據意識心的要求而把結果帶到了現實中（王季慶譯，1991a：184）。

（二）全人生命的外在結構

新時代賽斯以「架構一」與「架購二」的概念，來比喻為物質世界與精神世界的代表。這是指全人生命結構的外在系統。在冰山圖中，其露出海面者是指存在外在物質世界的生命，稱為「架構一」，是我們所處的世界，是用身體五官來感受的物質世界；而潛存在海面下的冰山底部，稱為「架構二」，就是內我，是指較深層意識所操縱的精神性世界，是一個多次元的內在溝通網路，它動念即至，是一切物質和事件的來源，它包括心理學上的潛意識和無意識，也被稱為心靈、無意識、靈魂。此兩者架構代表不同類的實相，也代表不同類的意識（王季慶譯，1994a：119）。

二、信念系統的形成

在上述全人生命的內在結構中，明瞭意識心的雙重角色，一個是我們在物質世界中一切活動的總指揮，是評估俗世經驗的主要方法；另外，它同時也是為了讓內在心靈或靈魂得以用肉體方式表達的一個工具。因此，意識心同時聆聽各種內在無形的來源所收到的知識，和外在有形的聲音，聯合起來而形成信念（王季慶譯，1991a：75）。而信念系統的目的是幫助人類指揮「生物性存在」的機能。我們看待這世界的方式，受到心智制約的影響，信念總是藏在意識心中，也形成我們生活中各種作為的主要原因。賽斯說：「信念」是「有自我意識的心智」的形成物。你的意識心就是要區分哪些思想，決定你要把哪個形成為你的信念系統（王季慶譯，1991a：532、230）。在正常的狀況下，內我、意識心和自我間，這條管道理應暢通無阻，內心與外在是平順通暢的。

但為何這條通道會產生不一致的情況呢？那是因為，「意識心」具足「接收物質實相所傳回的資料」與「接收內我所傳出的資料」的雙重功能。問題卻發生在：雖然意識心一方面努力不懈的根據內我的訊息，試著提供一個清楚明晰的畫面；另一方面，也將自己的注意力調準到物質實相，可是它卻常常目迷五色，產生種種錯覺，以致只接收從外界傳來的謬誤訊息，讓那先入為主的觀念，染汙了意識心，因而扭曲了對外界實相的認知，也障礙住由內我所傳達的訊息。因而產生不一致的信念，導致身體變得迷失了方向、被蓄意破壞了，也形成內我（心靈）與意識心（與頭腦連線）[4]（七田真，2000：39、54、98-99）之間的通道被堵住了，在身體與心靈之間清楚的溝通線路變得阻塞而不通暢了。此時，如果意識心接受過多的錯誤信念，讓想法與內心的感覺是相互矛盾的，此時對內我發出的訊號就不順暢了，這種情形馬上會觸動警報系統，身體就無法正常運作，身心就呈現失調的現象了。其實這種反應都是來自內我善意的警告，告訴主人的心該有所調整了。通常內我永遠都是在做提醒的工作，會不斷傳送一些洞見與直覺到意識心，去幫助它擦亮眼睛。但如果意識心否定「內我」的提醒，這樣的提醒服務就被中斷（王季慶譯，1991a：69-70），此時感覺與思想好像分了家，也就把自己與內我的源頭切斷了。誠如艾克哈特・托勒（Eckhart Tolle）所說（梁永安譯，2008：8-9）：

　　　　我們人類受苦的根源之一，是來自於我們的心智，也就是大腦的思維。思維其實也不是問題，問題出在我們無法控制我們的思維，反倒成為思維的奴隸，成為自己「強迫性思維」的受害者。……我們人類最基本的存在性焦慮和永遠在外在世界無法尋

---

[4] 人類具有兩個腦：左腦與右腦，分別具有完全不同的機能與功能；兩個腦的腦迴路也截然不同，左腦利用電氣信號系統操作的語言性迴路發生作用，右腦則是由別名分子語言的賀爾蒙操作，而形成內分泌迴路。亦即左腦掌管意識、是肉體的頭腦、是三次元有限的腦；右腦掌管潛意識、是精神的頭腦、是通往高次元無限的腦，隱藏著高度的心靈功能。人類若侷限在左腦的思想，人類就不能進化，因為隱藏的優秀能力被封住了。因此最重要的就是意識的改革。

得滿足的肇因，也都是來自於大腦的思維。我們遠離了真實的本體，是我們受苦的元兇。

　　譬如，當一個人在面臨抉擇時，內在會有一股聲音告訴自己怎麼才對，但我們往往聽不到自己內在的聲音，老是尋求外在聲音、世俗禮教，傳統制約來認同支持自己的想法，生命就被這一層層的軟殼、硬殼給套住了；常常裡面的狀況和外在的表現是不一樣的，造成內心處於矛盾與衝突中，陷入天人交戰的狀態。因此，艾克哈特·托勒說：「邁向開悟之旅最重要的一步便是：學習擺脫對心智的認同（梁永安譯，2008：35）。」正是此意。

　　因此，一個成熟的意識心，不僅要由外在物質實相、也要由內在心靈實相接收資料，內外必須要取得平衡與一致。尤其，意識心有一個奇特的屬性，那是其他生靈都沒具有的屬性，那就是賽斯所謂的「反省的一刻（王季慶譯，1991a：244）」。因此，生而為人藉由意識心反省的功夫，就是要把我們內我創造力的力量和意識心對實相本質的信念調整到同一個方向（王季慶譯，1991b：324）。許添盛也如是說（許添盛，2005：178-179、封底）：

　　　我創造我的實相的那個「我」，包含了兩個「我」，一個是創造實相的那個「我」，這是屬於內在的我，是所謂的自性，即「內我」；另一個是屬於外在實相的「我」，就是遭遇實相的那個「我」，便是所謂的「意識心」。藉著由內而外、由外而內的過程，你創造了你自己的實相。……當感覺和思想能夠一致時，生命將不會再有任何迷惑或矛盾。

　　這也是筆者所認同的：要將意識心對外在物質的信念與內我的內在知識、直覺的聲音有所連結、且有一致性的信念；也就是將意識心信念提昇至和內我的情緒、感覺相符合的狀態；即頭腦與心靈協調；而理性

與感性平衡，如此讓身體內外和諧，不讓衝突與矛盾產生，這就是由內而外的「表裡如一」。這就是有些心靈老師常會叮嚀的話語：人若常說言不由衷的話，只會讓自己的內心疲累；愈是悖離內心真正的想法，心靈能量只會愈加萎縮，我們也會陷入更孤寂、沮喪的泥淖之中。也如同歐林所說：「如果你讓自己和心智認同，你不會有成就感和滿足感。然而當你認同的是你更深的存在、你的靈魂，你會得到內在滿足和寧靜（羅孝英譯，2007：193）。」這就是意識心與內我關係所呈現和諧狀態的最佳境地。

由上述瞭解信念系統的形成，以及造成我們內在衝突的原因。生而為人理應在意識心的運用上，要備有細密的辨識能力，時刻清理意識心，以及做省察的功夫。因此，謬誤的信念必須被連根剷除，使意識心能再度的對內在管道開放，讓內我所具有更深的直覺與知識，能在有血有肉的世界中得以喜悅的表達，這是生而為人，窮其一輩子要「修心」的生命課題。

三、信念創造實相的動態過程

今生今世生而為人是以物質為取向，我們是活在一個一切以具體事實為基準的世界裡，雖然我們的感受是很「具體」，但這些具體事實卻是來自一個更深的「創造性」領域。賽斯說：「所有存在世間的事事物物原來全都是先存在於思想及感受裡（王季慶譯，1991a：18）。」我們的想法與思想，它最初是一個心靈事件，是存在於沒有時間性的實相裡，須先有概念的存在，而後具體經驗才隨之而來。此即宇宙的根源是非物質的，是精神性的；人的五官所感受到的物質世界，是從內在的精神實相中孕化出來的。對於「架構二」的概念，賽斯也做了描述（王季慶譯，1994a：124、133）：

> 「架構二」代表賦予你們的世界其特性之實相的內在領域、存在的內在次元。那維持你活著、補給你們思想的能量與力量，全都

在「架構二」裏有其來源。……「架構二」是一個能以直覺與想像力溝通的內在世界，每一個事件不論多偉大或多渺小，都會在此誕生。

由此可見「架構二」是十分真實而與現實生活息息相關的。賽斯作了比擬：所謂的架構一，就像人們在看電視節目，有許多的頻道可供選擇；而那個精神性的內在運作的攝影棚就稱為架構二。而生命中的所有戲碼、細節都早在架構二裏被安排好了，最後每一件精神性的行為都會在架構一的電視螢幕上播放，此即架構二的無形網路組織與通訊的結果。因此，無論架構一裏某些特定具體事件的發生，全都是依照個人的信念、欲望與意圖所產生的結果。簡單的說，架構一所有發生的事件絕非隨意出現，它們都是受到自己內在的允許、邀請才降臨我們身上的（張鴻玉，2009：137-138），所以，人生中並沒有偶發的、純屬意外的事件。尤其，「架構二」有個屬性，它並不是中立的媒介，它的本質是傾向於善意或建設性的發展，也就是屬於建設性的或「積極的」情感會比較容易被具體化（王季慶譯，1994a：139-140）。賽斯說（王季慶譯，1995a：70-71）：

每一情感與思想有它自己的電磁性實相，完全的獨一無二。……你們每個人都無意識地扮演著「變壓器」的角色，自動地把非常複雜精密的電磁單位轉變成實物。

思想是一種電磁性的能量，心靈也是一個生長的媒介，透過「架構一與架構二」這個充滿善意與巨大能量的內在溝通網路，生命存在的整個架構是由內向外流，而被投射成那些物質的象徵。而最後每個人的思想與別人的思想在架構二裡混合與配合，創造出集體模式，形成在世界背後的整體心理基礎。西方心理分析大師榮格認為，個人的命運，決定於個人的意識形態，而社會的變遷和國家的興衰，決定於集體的意識形態。一念專注或萬眾同心，往往產生精神交感的力量，足以改變個人的

命運、客觀的環境和創造奇蹟（李杏邨，1991：214-215）。因此大川隆法說（宗教法人幸福的科學譯，1999：56）：

> 每個人心中的想法與思考，都會在這三次元宇宙空間的某個地方進行著某種創造性的活動，人們的意念集合體形成了創造實在界的力量。

因此，外在世界是我們個人和集體的意識共同創造出來的。世間之事，無關公平，就算有些事情看來像是「很不公平」，但其實它也是每個靈魂同意之下所合作上演的一場戲而已。就像2008年，全世界的人都在譴責華爾街為非作歹的炒作行為，若不是華爾街極度的貪婪，怎麼有可能重創了全球的經濟？如果沒有全世界幾十億貪婪的人心配合，華爾街哪會有這麼大的影響力（張鴻玉，2011：97、108）？因此，這個世界是我們集體意識所現，我們豈能逃避個人意識的責任？

新時代賽斯有一句話，被稱為新時代的箴言，就是「你創造你的實相」（You create your own reality）：每個人都處在自己所創造的世界之中。而我們藉以創造實相的工具是什麼？那就是「你按照你的信念創造你的實相（王季慶譯，1991b：659）。」也就是人生當中的每一個思想、觀念、想法、情感、意圖都是形成實相的材料，據以形成自己目前的生命經驗。這就是許添盛所說的「觀念創造經驗（謝明君執筆，許添盛口述，2011：31）」亦即當一個人採取了什麼觀念、他深信什麼，就會創造出什麼樣的未來跟命運，我們就是經驗的創造者。賽斯特別強調「信念」的重要性，他說（王季慶譯，1991a：28）：

> 「信念」令你產生某種「思想」，「思想」令你產生某種情緒，而後「思想」與「情緒」由內向外地造成了你的身體狀況、你的人生經驗、你的「個人實相」。外在的一切因為是由你內在信念創造出來的，因此永遠符合你對實相的信念。

我們的念頭或是思想，是一種聲、光、波的電磁性實相都是一種能量，並非虛幻，全都有著實質的幻象或幻影。就像身上的細胞一樣是活生生的，它們會影響身體，並且自動的會被神經系統所轉化，變成血肉中的東西或想體驗的東西（王季慶譯，1991a：184）。這將思想與情感具體化成為物質實相的特性，是靈魂的一種屬性（王季慶譯，1995a：117）。所以相信什麼，你就會創造出這樣的一個「心念形相」來，卻不知它是自己的創造物。因此，放眼看看自己的四周，整個的環境都是我們自己信念物質化的結果。那信念是如何創造出實相呢？賽斯說（王季慶譯，1991a：173-174）：

> 作為一個有形體的生物，想像與情感是你所擁有最最濃縮的能量。……舉例來說，「情感」所做的不是把一枚實質的火箭推送出去，而是把「思想」由這內在實相向外推送，穿透了無形界與有形界之間的障礙，進入「客觀的」世界─這可不是小事一樁，而是你經常在重複的了不起的事。

也就是說有意識的信念，藉由情緒與想像力，由內在實相被推送到外在實相，這是內在心靈被具體化的唯一途徑。思想、信念能被轉譯成實質的經驗，其中想像力和情感是最有力的驅動媒介。而宇宙是慈悲的，宇宙的力量會完全支持我們所選擇的想法和信念，也從不對我們做評斷和批判，只是完全地接納我們，然後將我們的信念反映在真實的生命經驗中。而且賽斯認為：「你創造你自己的實相，不論你旅行到哪裡，並且不論你發現自己在哪一個次元裡（王季慶譯，1991b：657）。」亦即人們透過內在力量創造自己的生活，無論有無肉身，不論是在生前、死後或任何次元都持續以信念創造實相。

由上述得知，我們的感受、情感是來自內在的信念，再配合想像力，我們的生命就開始上演。今生此世我們是用身體與人生經驗作為

學習與表達的工具。就如賽斯所說：「身體即是你自己獨一無二的活雕像，人生即是你最親密的藝術作品（王季慶譯，1991a：266）。」也因此運作原理而領悟出，我們生而為人大都是為金錢、健康、工作、性、人際關係而痛苦，其實這些都和自我信念有關係；而所謂的人生波折、疾病與意外，也可以解釋為內在心靈所要表達的一種方式與途徑。疾病的發生也是心靈對外溝通、傳達內我想法的一種方式，因為身體可以藉由生病將內在的弱點表達出來，但又不損及自尊心；也有人會藉由疾病來得到某種交換或報酬，為了想要休息而故意生病（蕭順涵譯，1999：6）；甚至生病是為了演戲給你在意的人看。因此基於身心一體的觀念，會有「自己是疾病的創造者，而不是受害者」、或者「身體是我們內在思想及信念的一面明鏡」，「身體一直在意我們說話，只要懂得傾聽內我的聲音，也就可以療癒疾病了（林顯宗，2006：218）。」的說法。就如同約翰‧海傑林所說（謝明憲譯，2007：135）：

> 我們的身體其實就是思想的產物。醫學上我們已經開始瞭解，思想和情感的狀態確實會影響身體的物質、結構和功能。

舉例來說：我們會做整形的手術，常是因為內心覺得自己不夠好不夠完美的信念，倘若做了手術，也絕不可能會讓自己從此就覺得已經變得更完美了，因為手術不能治療你內在缺乏自信的信念。事實上，自己內在否定自我價值的問題與手術的部位一點關係也沒有。縱然利用美容手術改善自我價值，也許會有短暫的效果。但隨即很快地，以往的低價質感又會浮現腦際，還會開始思考，或許我該把其它的皺紋弄掉、或哪邊再調整一些會更完美……等，這樣的過程會不斷地重複，永遠沒有終止的一天。也如同伊莉莎白‧庫柏勒的說法：「生命的圓滿與完整只能來自你的內在（張美惠譯，2006：70）。」真是所言不假，我們藉由對自己非常的誠實，就可以發現自己遭逢困境或疾病的理由了。

綜上所述，新時代賽斯「信念創造實相」的運作原理，告訴我們：萬事萬物創造的力量，都是由信念思想而起種子，而信念思想就是人類創造一切的基礎。筆者認為，世人大都不願深入去瞭解、也不肯輕易去相信，這些幻化的物質實相背後的生成原理，而誤把外在實相當作是真實存在的東西，耗盡一輩子的時間在「果」中尋找生命的答案，卻不在「因」中探索究竟真相，是一件遺憾的事。尤其賽斯說：「負面信念能阻塞在架構一和架構二之間的通路（王季慶譯，2005：404）。」意即負面信念是阻礙內在潛能發揮的一個重要因素，因此，改變我們的信念，以疏通內在心靈通道，變成是生命最急迫的事情了。

四、信念改變實相的威力之點

新時代賽斯說，我們所經驗的時間，只是對三次元世界的一個假定，是人類社會的協議，因此自己的精神體是沒有時空限制的，所謂的過去、現在、未來的時間，對生命內在的本體而言，所有的生命經驗，都同時發生，同時存在的，這是新時代賽斯「同時性」的時間觀。因此，時間可說是由自己的肉體所引起的幻覺，因為肉體感官依賴神經的結構，一次只能知覺一剎那的實相，必須把其他的事件往後推，以致讓未被聚焦的部分墜入潛意識中，像是愈隔愈遠，以致產生有前、後的時間順序差異。這是由於肉體感官上的限制之緣故。因此賽斯說（王季慶譯，1994b：27、252）：

> 所有的經驗都在某種永恆的現在共存著。……你將發現你的全我同時向內並向外窺視，而發現所有的時間只是一個時間，而所有的區分都是幻想。

賽斯又說（王季慶譯，1991a：214-215）：

每個人的今生今世的自己與無數個轉世的自己，全都壓縮在自己經
驗的任何一個特定時刻裏。……所有的生命經驗都是以電磁性的密
碼存在於細胞內，肉體的每個細胞可說是一個具體而微的小腦子，
擁有它私自的經驗和它與其它細胞的關係的所有記憶。……以你們
的話來說，每個細胞天生具有對身體的整個歷史—包括過去、現在
與未來—的一幅畫面，而它就按照這個畫面來運作。

又對於不受時空區隔的個人存有[5]（being）（王明珠，2007：31）
來說，它所記錄體驗的是生命經驗的強度，而不是時間的要素，並不受
時間的約束，因此所謂的時間並不是封閉的型態，它是開放的；在個人
存有在超越三次元的觀照下，所有的過去、現在、未來，全部都是同時
存在的。陳建志說（陳建志，1997：15-17）：

若以肉體的立場來看，就有輪迴，當以靈魂的立場來看，並無輪
迴，……靈魂不知道時間。各個轉世的生命都是同時存在、同時
發生的。那麼這些轉世，靈魂全部可以同時看見。

我們是由細胞構成，每一個細胞都是有生命的，它們保留並回應
著前世的記憶，細胞無法自行區分物質世界的過去與現在，或今生與前
世的不同。意即無論是過去、現在、未來，全都存在我們每一當下的意
念裡，因此當下的每一念頭，也都包含所有靈魂內在的情感紀錄。也如
同佛家的角度，認為我們無意識裡儲存著累生累世輪迴的全部紀錄；我
每一刻的起心動念已經包括了過去、現在、未來的紀錄；未來沒有發生
的事，現在正種因，而過去種下的所有因，現在都在出現（譚智華譯，

5　全我存有（Being）：是指永生的、無形的一個能量的完形，又被稱作是「超靈」（Oversoul）
　　或「全我」（Wholeself），像是一個靈團似的，是無限個存有中的一種存有。全我在轉世
　　期間是分裂的，在沒有轉世時才是一個全我全幅的風貌。此字的「B」是大寫。個人存有
　　（being）：簡稱個人，全我存有像是一個超靈，是我們個別生命的源頭，而個人存有就像
　　是一個分靈。「個人」存有是「全我」存有的意識焦點，它是由內我、意識心與自我所構
　　成。此字的「b」是小寫。

1992：208-209）。但何以當下的信念可以改變所有的一切呢？賽斯說（王季慶譯，1994b：253-254）：

> 過去像是一串電磁聯繫，存在於物質的腦與非物質的心智中之象徵、聯想和意象。……，未來也是包含在心智與腦中的一連串電磁聯繫，……這些聯繫是可以改變，……態度的改變，新的聯想，或任何無數其他行為之一，即將自動造成新的電磁聯繫而切斷了別的。

賽斯又說（王季慶譯，1991b：455）：

> 你必須瞭解你的「現在」是你的肉身和物質與心靈相會的一點。因此，在你當前的一生裡，「現在」是你的威力之點。

　　意即我們的過去與未來皆存在心智與腦中的一連串電磁聯繫，表示所有的一切都是同時存在、同時發生的。而在三次元的物質世界，身體不可能回到過去，也無法前往未來，肉體感官只能活動在這個時空的交會點，肉體和靈魂的交會點，此即所謂的「當下」；也唯有著力在此交接點切入改變它，即可改變全部的內在心靈狀態。就像是過去或前世的回憶，也要配合我們當下的信念或心境而浮現的；又童年舊事可能啟動了不健康的行為舉止，但容許這些舊行為模式重複運作的，卻是現在的信念。因此，改變你對過去所賦予的意義，就可以改變你的過去。例如，如果你現在的想法是相信人生是充滿傷痛的，那麼就會在記憶中挑選那些合於此信念的回憶；過去的經驗是正面或是負面的？是哀傷或快樂？這是你當下的想法在決定的；而每一個未來，也都隨著當下的心念而改變。此如常言所說，幸福就在當下，就在你手中的每一天，甚至每一刻，而絕不在過去或是未來。

　　因此，以賽斯的觀點，他堅決否定「過去決定現在」的說法，認為你今生的問題並不是過去世不可改變的報應，因為你現在的所作所為，不但可

以影響其實「現在」正存在、正發生的前世，也可以改變「已經存在」的來生（陳建志，1997：15-17）。意即當下是有力量的，就在當下的念頭一轉，就可重新詮釋過去的回憶因而「改變過去」；也會因為在若干年前的一個念頭，而造就若干年後的際遇，這就是每個當下的念頭，已經在「創造未來」的生活了。總之，現在的信念就像是對整個人格所下的一個強而有力的指令，信念改變實相的關鍵點就是現在，也就是「當下是威力之點（王季慶譯，1991b：567）」。就如王中和所說（王中和，2001：87）：

> 人腦是由神經細胞和膠質細胞構成，每一神經細胞可以和數千個細胞溝通。若以道路做比喻，細胞間的每一新路線都是新的學習經驗，也可以說，為了要有新的習學，便須設計新的路線。對腦來說，新的路線便是新的細胞聯結方式。

　　人類的命運為甚麼能夠改變呢？就是因為眼光不一樣了，思考方式改變了，行為有彈性了，人生觀出現變化了。能夠把原來不好的親密關係處理到圓滿，就代表大腦結構改變了，新的神經電路網絡形成了，或者是從左腦思考轉變為左右腦並用了，跟著我們腦部的腦波、電荷、化學變化都不一樣了（王中和，2001：116-117）。

　　事實上，人生就像一齣戲，這齣戲的主角就是你，你要自己扮演什麼樣的角色，你要怎麼演，都全由你自己決定。雖然劇本在未轉世前就已經擬好大綱，但那也只是你的生命畫布（本書第六章會有詳述）而已，你的人生藍圖（本書第六章會有詳述）是有很大的空間，可以自由改寫某個段落和劇情，盡情發揮自己的新構想與不同的發展，那個無限的可能性就藏在你自己的每一個念頭、情緒與思想當中，這就是賽斯所說的「當下威力之點」，當下的任何一念，都可以重新改變你的命運，為你造就一個新的局面（張鴻玉，2007：177）。

　　綜合本章，藉由信念創造實相的運作原理之詳述，明瞭外在的一切物質實相，是內在欲望和思想的分毫不差的複製品，生命中所有的事

情，都是心想事成，一定是先說後應的，最大的符咒就是自己的信念。我相信什麼，那個一定會發生，我們的生命一直是如此在運作。若欲扭轉人生的際遇，理當改變自己信念，當領悟「生命的著力點僅在此時此刻（黃春華譯，1991：14）」，這個強而有力的知識後，就在當下這一刻，開始付諸行動。誠如佛教禪宗所云：「一念悟時，眾生是佛，不悟，即佛是眾生（曹溪本，2002：35）。」也就是說「一念悟即佛，一念迷即眾生」之意。依筆者之見，當下的善念與善行，能啟動良善的基因與業力密碼，讓惡的基因與業力無從顯現，也能改變人的業力功課，扭轉我們的人生藍圖。總之，改變必須有所行動，只要念頭一轉，信念一變，生命才有契機可言。而究竟要如何將生命信念落實在生活中修行，讓自己的內在與生俱來的潛力發揮出來？此將是下一章所要探討的內容。

第五章　信念創造實相的生活應用

　　當我們了悟到生命中最大的符咒就是自己的信念，相信什麼，那個一定會發生，這是一個生命軌跡，每個人如果能夠掌握它，那麼我們的人生就不再受命運的擺佈而怨天尤人了。誠如《The Secret秘密》書中所說：「你是一個人體發射台，而且比世上任何電視發射台都更強而有力。你是宇宙中力量最強大的發射台，你的傳送創造了你的生命和這個世界。……你的思想產生了頻率，於是它們吸引該頻率上同類的事物，然後傳送回你身上，變成你的生命畫面。如果想改變生命中的任何事，就藉由改變你的思想，來轉換頻道和頻率（謝明憲譯，2007：20-21）。」因此欲改變人生際遇，首先要開始覺察，今天到底怎麼會形成自己目前的人生？如果瞭解自己選擇「信念」的過程，我們是還有權利選擇其他信念，再演其他戲碼。

　　生命貴在實踐，單有知識理論無法使人轉變，改變是要落實在內心深處的，要由信任生命開始，再身體力行，才可扭轉命運。而處理信念包括除舊與佈新，以筆者之淺見，擬從三處著手，分別是：1、自我檢視舊有信念；2、自我反省改變信念；3、發揮天賦的創造力。敘述如下：

壹、自我檢視舊有信念

　　大體而言，我們都像機器人，被過去的條件和習慣控制著，生命是自動而機械化的運作，除非碰到生命中的重大事件，否則絕大多數的「凡夫俗子」終其一生都停留在「機器」的僵化狀態（廖閱鵬，1998：28）。因此，改變的第一步就是覺察信念，擬分為二：檢查原生家庭信念，以及由情緒回溯找信念。細述如下：

一、檢查原生家庭信念

據約翰・布雷蕭（John Bradshaw）在《家庭會傷人》一書中說：如果你是一個熱衷於探索自己生命，正在追求豐富的自我覺察的人，不妨把注意力放在自己出生、成長的家庭中，這會有很深的發掘（鄭玉英等譯，2003：61）。我們對自己和自我形象的大部分信念，對大部分人來說，自己身上的這些想法、觀念、行為模式的「程式設定」或者制約，最大的來源是每個人自己生前所選擇的父母。我們藉由父母的榜樣，與父母交談及不斷的心電感應式的強化，無形中就接受了父母的信念，這些信念架構足以提供給我們長大成人，直到意識心能夠自己推理，並且有自己的價值判斷為止。

家庭不僅提供我們生存所需，也提供生長空間，而家庭規則也會影響我們的安身立命。提時代情形，我們猶如夾心餅乾，無路可逃，例如父母親會教導我們：如果想要「被」愛，我們必須怎麼「做」：不可以生氣；要乖；要把生菜吃光光；要安靜，否則媽咪不愛你；別再這麼做，否則不理你了。如此日復一日的告訴我們必須怎麼「做」，人家才會認為我們可愛又有教養。於是我們會學著壓抑真正的情緒，以成為舉止得宜的孩子。這個對情緒和能量的龐大壓抑將持續一輩子，對我們的身、心、靈造成很深的影響。又，我們被訓練成適應或順應虛偽的成人世界，而呈現在孩子面前的父母卻是既具爭議性又不一致的形象，這可能會讓孩子陷入困惑。例如，父母的言行不一；說話不算話；愛挖苦人，不停說一些負面的話；愛扮演受害者的角色；憂鬱情緒性；愛抱怨；既過度保護又怕東怕西的父母。這些因素大大影響著孩子的自我形象，或屈服於負面信念，像是我不夠好、不夠聰明、不夠美麗、不夠有價值、不應該成功等，這種事每天都在發生。也因此喪失了我們的自發性、純真、真實性、創造力和自信。這也就是巴夫諾夫（Pavlov）所謂的「愛的制約」（繆靜芬譯，2009：100-102）。

又，露易絲・賀（Louise L. Hay）在其所著《創造生命的奇蹟》書中，認為幾乎我們所有的正向和負向的思考模式，早在三歲時就已被我

們完全接收了。譬如，對一個小孩來說：「不要相信陌生人。」也許是個很好的忠告，但對大人而言，如果持續保有這個信念，就會造成人際疏離和孤獨感；又從小就被教導說，「都是我的錯」，你的信念會讓你變成一個老是說「對不起」的人；若從小就學到相信「我沒有用」，那麼這個信念就會讓你不論走到那裡，都落在後頭。「男孩不可掉淚」、「女孩不能爬樹」，這些信念使得男人必需掩藏他們的情感，而女人不敢表現她們的體能（黃春華譯，1991：58）等等。因此，父母親的想法觀念，讓我們學習到如何看自己和這個世界的方法，也會以父母親對待我們的方式來看待自己，指責和懲罰自己（黃春華譯，1991：12）。據王中和在《打造生命藍圖》一書中提到信念形成的背景，他說（王中和，2001：67-68、4）：

> 生命的能量是透過信念而投射到生活中，但信念形成的背景有著極其複雜的故事，這個過程主要包括「胎教」、「三歲前的教育」、「成長時期的家庭動力」、「親密關係」和「親子關係」等。……這五件事對人類的大腦發展影響最大，也在不知不覺當中，塑造了種種不同的「信念」，成為影響人類命運的「幕後黑手」。

亦即，在人生的成長過程裡，生命的創造源頭、人的神性、靈魂，受父母親的影響，而給了我們很多的「信念」，就等同於生命運作的「指令」或「制約」，於是我們就依照著這個信念，去創造我們的一生。又大部分人所面臨的「負面思考」問題，基本上都是由「自卑感」（我沒人愛）、「罪惡感」（我不夠好）、「恐懼感」（我很害怕）而來。這些基本問題也都是經由三歲前所培養的「不信任」或「不被愛」感覺導引出來，因而往後的人生以一大串負面行為來表現。王中和又認為：三歲前教育的重點應是「感覺被愛」，這個重點的衍伸作用就是「正面思考」；這個特質自然會在日後的人生中表達出來，不需要特學習或要求。因此有良好的胎教和三歲前的教育，才能塑造天生容易正面

思考的健康生命（王中和，2001：92-97）。一旦原生家庭的「信念」或輸入的「指令」被定下來，就有了演出某種戲碼的創造指令，就是我們內在的境界投射至外在生活，終其一生奉行不渝，形成所謂的「命運」。因此王中和主張：要圓滿、提升自己的生命，不僅要相信，我們是根據自己的信念來創造自己的經驗，還要深入瞭解信念創造的過程，與這五個階段的信念形成究竟是如何地在影響著人生，如此才能有意識的調整信念，創造自己的生命（王中和，2001：65）。

也由於上瞭解原生家庭的想法、觀念，慣性的思考模式和行為，決定自己未來的命運，因此會有「成長背景影響心念（周瑞宏，2006：47）」、「信念造成個性，個性決定命運」、「性格決定命運（張家林，2009）」、「病是教養出來的（許姿妙，2009：19）」、「病由心生，什麼樣的性格生什麼樣的病（吳清忠，2008：165）」的說法。也因為許多父母的負面行為模式一成不變，支配子女的一生，成了傷害子女的父母，因此會有「父母會傷人」的說法（楊淑智譯，2005：14）。又每個家庭對生命的信念和價值觀，影響我們的安身立命，而且會在家庭中代代相傳，以致會有「家庭會傷人」的說法（鄭玉英等譯，2003：7）。我們理應明白，家人之互相傷害絕非故意，這是家庭系統互動的結果所致，而徒然知道自己曾經受傷又如何呢？我們難道要遵從生命的安排嗎？那是沒有建設性的意義，必須學會對自己做些補救的工作才對。

事實上，我們每個都希望自己有完美的童年，有一對能夠展現理想親職態度的父母親，教導我們如何把自愛的原則納入自身。然而，很多人都沒有這種理想的童年。不管是正面或負面的模式或行為，都會變成長大成人後的典範，成人人格就是這樣形成的。如果孩提時代你被人忽視，你就會學著忽略長大後的自己；如果孩提時代你遭被棄，你就學會背棄長大的自己；如果孩提時代沒人在乎你的感受，一旦你長大成人，你也不知道應如何照料自己的感覺；也許，某種程度上你的父母親沒有支持你，而現在當你在暴食暴飲，你也不會支持自己。回頭檢視童年不是為了要找出你應該譴責誰，而是要確立自己的受害感是其來有自，這

些都只是為了確認你的傷口，之後才好正確地敷上愛的靈藥（吳書榆譯，2011：201-202）。

就因為我們每個生命受原生家庭的影響甚鉅，因此許添盛也認為，為了多瞭解自己的信念來源，建議我們說，你要不要回去問一下父母，當初他們知道有你的時候，是興奮、意外、沮喪還是痛苦？而當初你的出生，對父母親、整個家族而言，是受歡迎還是不受歡迎的？或者一開始知道你的性別時，父母是充滿喜悅、勉強接受，還是失望透頂？又當初媽媽懷你的時候，有沒有一心想打掉，卻一直打不掉才生下來的？還有，母親在懷孕過程中，是一直沉浸在喜悅裡，還是經常吵架，甚至媽媽好幾次自殺都沒有成功？以上這些原因影響我們的個性，有機會和父母、親人聊聊陳年往事，也許有助於瞭解自己的性格起因及早期的人生觀，好改變自己潛意識的核心信念（許添盛，2007：133-134）。如果欲追求個人成長的人，可進而修改自己的遺傳基因，他說（許添盛，2007：78、40）：

> 雖然父母會將自己的個性、思維方式、生活習慣及信念，寫進個人的基因密碼中，但這並不表示孩子必須無條件接受基因的遺傳；換句話說，孩子可以透過自己後天思維方式的改變、信念的調整，而決定不啟動那些遺傳基因，……或用自己新的信念更新遺傳密碼，甚至可以修改某些被認為有遺傳傾向的基因密碼。

村上和雄在《人生的暗號》書中有說（呂理州譯，1999：4）：

> 基因參與人類的思考和行動，基因密碼裡沒有記錄的事情，不會我們身上發生。若要人生更美好，就得設法「開啟」體內的好基因，「關閉」壞基因。……因為某種原因，造成心態往好的方向改變，病情會因而改善。這應該是好基因「開啟」的結果。

由上述得知，我們未必一輩子都要照單全收來自原生家庭的一切想法與作為，作為一個獨立自主的成年人，是有責任為長大的自己負責的。因而在每世轉世的人生中，為了從做中得到學習與成長，必須時刻檢視來自原生家庭的觀念，深入探討究竟何種想法與念頭，在引導自己的個性、行為模式、與生活習慣，一旦明白問題的根源，知道自己是思想的源頭，只要改變觀念和想法，外在的一切將隨之改變（黃春華譯，2007a：20-21）。但有些時候與父母反其道而行不盡然都是錯的，如果你是個叛逆的孩子（排行老二的孩子往往如此），而家人的理財習慣不好，那麼你跟他們不同反而可能是好事；但如果你父母很有成就，而你卻反抗他們，那麼你可能會陷入嚴重的問題（陳佳伶譯，2005：48）。當每個人重新自我覺察後，可以再做不同的選擇，傳承父母好的信念，丟棄或調整不適當的信念，這是我們可以自由決定的，也是有責任的為自己改變的開始。

總之，原生家庭的家族信念系統，所傳承給我們的思想觀念，將成為我們未來命運的雛型。因此，培養深入的洞察力，小心翼翼地回顧自己的過去，檢查來自原生家庭的信念系統，有哪些關於你自己和世界的負面信念，是父母傳給你的？一旦找出被制約的舊習慣或對成長沒有幫助的想法，瞭解到自己執著不放的負面信念，然後像換另一副眼鏡一樣地改變它。筆者也認為，因為個人信念的改變，讓後代子孫也都跟著改變，整個家族將受益無窮，這是每個生命在這次人生裡所做的最大貢獻（許宜銘，1999：32-33）。同時也借用哈福・艾克一句話：如果要當一個好人，那麼就行行「好」，千萬別讓那些不小心接收到的有害信念影響下一代子孫（陳佳伶譯，2005：182）。

二、由情緒回溯找信念

我們內心隨時都會生出喜怒哀樂各種情緒，可是我們卻很少去探究，這些情緒產生的背後，是被什麼力量所掌控？也就是說，到底是什麼因素，決定了我們內在的情緒變化呢？答案就是：我們思考的方式會

決定情緒的好惡。事實上，我們的情緒實相是我們詮釋人生事件的方式，而這個詮釋所仰賴的是心智的制約。意即你意識心怎麼想，就決定了你會有什麼樣的情緒，而你在每個瞬間的心情之所以有所轉變，也都是因為受到內心生起的各種想法影響所致。由本書第四章的信念創造實相的動態過程中瞭解，想像與情感都是追隨著信念走，因此我們也可以藉由情緒回溯來找到信念，倘若無法覺察到信念，當然也無從瞭解自己的情緒為何而來，更無法有效地疏導情緒了。

例如：「為什麼我每次看到有錢人就覺得特別討厭？這討厭的情緒從哪裡來？」要探討這個背後的原因與解決方法，也許在這個很強烈的情緒背後，你內在藏有這樣的一個信念：「有錢人大多是現實的、膚淺的，或人格不夠清高。」你是以如此的心態來看待有錢人，這樣的想法也會促使你潛意識中，暗地裡排斥富裕或從事獲得大量金錢的活動，甚至拒絕與有錢人為伍，讓自己脫離有錢人的氛圍，即使你在意識表層不斷地渴望財富，可是你這輩子依舊老是賺不到錢。也許自己該去覺察自己所擁有的觀念，也可能反映出一個事實：就是你將有錢人與人格清高畫上等號了，你並非排斥有錢人，而是對有錢人背後的人格不以為然，認為有錢人是與倫理道德背道而馳的，所以自己人格清高不配與有錢人畫上等號，就這樣自己的金錢觀就被內在的一個想法限制住了。根據信念創造實相的原理，你討厭有錢人，當然也就排斥自己當一個有錢人了。

而究竟要如何解套呢？就像哈福·艾克在《有錢人想的和你不一樣》書中提供一個破解的方法，他說：憎恨有錢人是最能讓你繼續保持貧窮的方法，因此就是要扭轉觀念，要先在內在情感相信自己是富足之人，開始去相信有錢人不僅是好人，同時也是慷慨的人；而且要練習去欣賞有錢人，練習去祝福有錢人，還要練習去愛有錢人（陳佳伶譯，2005：125）。

又例如：有人說「我心裡很是鬱卒，為何拼命的追逐金錢，但卻無法擁有很多的錢？」人有煩惱心或情緒的產生，有些時候是來自於錯

誤的觀念與認知。看待金錢的正確觀念是：金錢本身並非最終目的，金錢只是一種資源和工具，其價值來自於使用者的目的。就像是生命的意義不在物質生活的追逐，而是在精神層面的提昇一樣；而生命真正的豐盛富足的定義：是在於心靈上的富裕滿足，是能夠忠實的成為自己，以及做自己喜歡的事情，或過自己想要的生活；而不是心靈上覺得匱乏蕭條，貪婪不足，一味地執著金錢的數字，想盡辦法擁進天下錢財。根據信念創造實相的原理，每個人想擁有多少金錢，是取決於我們內在能量的豐盛或匱乏。我們必須內在先有富足的想法或心靈能量，然後才能在外在的生活中創造出豐盛的金錢。因此，金錢不僅是內在所創造出來的結果，也是內在心靈能量的顯現。誠如張鴻玉所說：只要我們的內心豐富，你就是個國王，而如果我們的心很匱乏，就算你坐擁金山，你仍然是個乞丐（張鴻玉，2011：113-114）。這話說得一點也不錯。

至於改變的方法，就是將積極、良好的心念，轉化為促使事業成功的主要動能。因此，首先要停止要賺錢的慾望與目標，開始去做你愛做的事，因為內心對沒有錢的執著太深了，全部讓自己能量滯陷在這個地方。並且在每個當下，馬上改變你的信念，在當下相信自己是富足的，即使你現在有負債，那不是自我欺騙，而是先認識現狀，讓自己脫離負面磁場，從現在開始，我相信自己是一個富足的人，而且相信宇宙會給我所需要的。要在內心先富有，才能在外在創造出富有的經驗。豐盛富足是一種精神上的狀態，但也因為自己的改變與成長，即使沒有很快地擁有金錢，一旦內心感受到富裕滿足時，也就不會執著金錢數字的多寡了。

總之，我們情緒的產生取決於想法與觀念，一個核心信念可能依附著許多其他信念，而每一個信念都衍生出它自己的情緒與想像。因此，在人生中，當我們在面對某些特定的事件時，會出現很強烈的情緒，那是因為這情緒的背後有著特別信念存在的緣故，此時可藉由回溯情緒，加以覺察檢視它，終究會被引領到在情緒背後的信念。

貳、自我反省改變信念

歐林說：「智慧是能夠去分辨，什麼訊息應該注意、什麼訊息該放下（羅孝英譯，2007：195）。」一個成年人應有能力去辨別思考，自己是沒有理由被孩提時代的信念所綑綁，如果父母親所給的信念對我們沒幫助、帶來很大的痛苦，反而是一種阻礙或限制時，表示這些想法或信念已不再適用了。即使這些信念曾經幫助過你，但是今天它已經過時了，應該要被淘汰，那麼就應該讓新的信念系統進入你的心靈世界（許添盛，2005：159）。如何自我反省改變信念，擬從1、改變自我對話的內容；2、選擇有益自己的信念。敘述如下：

一、改變自我對話的內容

我們外在的語言是內心思想的延伸，也是表現內心深處最直截了當的一種工具，語言是發射內在力量的工具。語言所反映的其實是我們內心的取向和態度，即使是短短一句話，都能表現出這個人的思考方式習性。《吸引力法則》有說：思想是由語言組成，改變用字就能「重新調整」頻率（：林說俐譯，2007：69）。因此，對於不恰當的言語，不妨逕自改變自我對話的內容。

那又該如何改變自己不適當的自我對話呢？首先是，我們不要跟自己唱反調、也不要說一些貶低自己的話，如果所說的次數夠多，它就會深植在潛意識裡變成牢不可破的信念；尤其，潛意識並不會辨別自己嘴巴說出的話是針對自己或者別人，它只會聽到你的語言，會認定你說的都是你自己。我們常聽人無奈的說：「沒辦法啊，現在競爭那麼厲害，如果不努力，怎麼有辦法生存下去？」只要我們仔細觀察自己的念頭，就會發現，這些「害怕無法生存」與「擔心落在人後」的恐懼，全都出自於我們對自己與這個世界不信任的信念（張鴻玉，2011：111-112）。又據許添盛的說詞：「宇宙是豐富的，只要能找到自己存在的

潛能和心靈的力量，明白如何創造自己的實相，那根本就不必跟人家競爭（周和君執筆，許添盛主講，2004：55）。」也就是說，想要擁有豐富感覺的人生，是可以自己去創造的。

其次，如果發現自己常常說消極或負面的語言，就請開始改變它。我們可以從現在開始，注意和聆聽自己的話語，我們對自己說了那些話。是否經常把「很麻煩」、「有困難」、「不想做」、「不可能」掛在嘴邊？因為當你說一句含有「不要」、「不是」或「別」的話，其實是把注意力集中在你「不想」要的那件事上。根據吸引力法則[1]的回應方式會跟你的心一樣，它聽到你「不想」要的，潛意識會把「不」字刪掉。比方有人說「不要去想像地震」，偏偏你會立刻開始想像「天搖地動」的畫面。如果聽見自己說了這些負面的話，就馬上停止、或重新措詞，或者把它略掉。人們之所以無法擁有他們想要的，理由只有一個，就是他們對「不想要的」想得比「想要的」多。所以，當你的語言用肯定句的方式問自己：「那我要什麼？」時，你的頻率就會改變（林說俐譯，2007：38-40）。

還有，我們在生活中常「扮演」受害者[2]（張鴻玉，2008b：219-221）的角色，譬如言談間不經意地說出：「都是你害的」、「錢不是真的很重要」、「我好可憐」等受害言語。根據意念法則，它們通常都會變得很可憐，應當隨時應提醒自己：是我在創造我的人生，而且隨時都在吸引成功或是爛事進入生命中（陳佳伶譯，2005：75-78）。又，日本自古以來就相信有「言靈」（語言力量）的思想存在。語言寄宿在

---

[1] 吸引力法則就是自然的法則，它是非常順從的。它是客觀的，眼中沒有好、壞的分別。它只是接收你的思想，然後以生命經驗的形式，把這些思想回應給你。吸引力法則只是給你自己內心所想的東西罷了。當你把焦點放在你不想要的事物上－「我不要遲到、我不要遲到、」－吸引力法則是聽不到你「不要」的呼喊；它只會顯現你所想的。對你的「要」與「不要」並無偏見。並不判別「不」、「不要」、「別」，或其他否定的字眼。

[2] 其實世間並沒有所謂的「受害者」，只是不知道自己帶著負面頻率的電磁波，所以不知不覺的，竟成了別人的眼中釘。許多經常遇到不幸的人，他的心中多少正擔心著別人會對自己不利，或者總是不相信別人會對自己友善，更麻煩的是，甚至覺得自己天生就是個苦命的人，就免不了被人欺負了。「欺負人」與「被人欺負的人」，都是心懷恐懼的人，只不過一個是被人欺壓後，轉而欺負別人來洩憤，另一個則是膽子小、沒有安全感，而退縮害怕，這兩種人的內心世界都是無奈又無助的，彼此互相吸引，卻以不同的方式呈現出來。

靈魂裡，擁有偉大的力量。日本心理學家顧耶說過語言可以治病，他的「顧耶法則」非常有名。為了實現理想與希望，必須藉助積極面的語言力量之暗示；亦即反覆的背誦、輸入潛意識中，便可得到潛意識的幫助（張靜芬譯，1997：197-199）。

因此，正面的語言有鼓勵的作用，有成就別人的作用，而且會讓一個人不斷的往上努力，一句鼓勵的話、一句讚美的話只是讓人更好而已，絕對不會讓人更糟糕。我們隨時隨刻要保持在正語、講正確的話、正確觀點的語言、正面的話、鼓勵讚美的話。要知道批判與責備是最沉重的想法，也就是認定某人有錯的想法，因為這當中沒有愛，它們是恐懼之心的產品，代表宇宙最沉重的能量（吳書榆譯，2011：268）。總之，信念的改變就是修行的第一步，而改變就要從最平常、最細微的語言著手，藉由傾聽自己說話來修正言語，不讓消極負面的念頭衝口而出，那麼就能夠重新塑造我們的思想了。所以，要對自己的生命負起責任，首先就要先對自己說出的語言負責。

二、選擇有益自己的信念

我們對自己和生命所選擇的想法，會反應在真實的生命經驗中，變成真實際遇與情況。要知道人類所有的病苦，包括疾病、貧困和不幸，都是起因於不完美的想法，每一個不愉快的思想，都是放進身體裡的壞東西（謝明憲譯，2007：140、143）。例如：我是「沒有價值的」，而且「不值得」、「錢財很難獲得」以及「我既沒才華又沒能力」，這些信念讓人困在「一無所有」的心理模式。因此，哈福・艾克說（陳佳伶譯，2005：62）：

沒有任何一個想法停留在你的腦子裡是不要付出代價的。

要知道我們身上的每一個細胞，都會對每一個思想，每一句話有所反應；就連思考和說話的模式，也會形成身體的行為與姿勢，並影響

到身體的舒坦或不適。一個老是愁眉苦臉的人，絕非由喜樂和愛的想法所造成的。當然你也可以不在意，但是如果你要生命有所突破，也必須有所覺悟，要知道我們腦中的每一個想法，如果不是加添你的力量，就會是削弱你的力量，因此，我們必須為負面的想法付出代價。例如張鴻玉所說的，那些相信自己「卡到陰」的人，就是在逃避自己的責任。為什麼？因為他根本不願意面對自己的問題，他認為事情會發生在自己身上，是被鬼神的法力給卡住了，以致我不需要改善我的人際關係，也不需要學習處理事情的方法，什麼都不需要去做了！這問題只有交給神佛去解決，這表示自己是無能為力的（張鴻玉，2008a：117-118）。如此的想法與作為，是縱容自己把問題推給別人，而不敢去面對自己的內在問題，是一個不勇於承擔的人。殊不知這問題是在自己身上，就是因為自己負面想法與磁場吸引了負面頻率的人事物。因此，每個人必須為自己的生命負責，要明智地選擇自己的想法和信念。

要知道「想法」是可以選擇與改變的，每一種想法代表一種選擇，就因為有選擇權，更應該為自己的選擇負責任。到目前為止的人生裡，既然自己有能力創造出這樣的生命經驗，當然一樣有能力再改造出令自己滿意的人生。通常一般人會習慣從自己固有的角度看問題，卻永遠陷在慣性的泥淖裡，用過去的思考模式，未必能解決今天的問題。所以，當你人生碰到困境時，請不要一直認為自己才是「對的」。也就是說，不要堅持必須照你自己的方式去做事。為什麼？因為你過去所用的方式造成了你現在的狀況，除非你想重蹈覆轍，否則就不要延續你原來的方式（陳佳伶譯，2005：71）。亦即，一再重複做同樣的事，卻期待它會有不同的結果，那是不可能的事情。習慣造就所有的成功者也造成所有的失敗者，你所習於為常的思考模式和行為，就是你未來的命運，習性形塑你的性格，性格影響你的人生，如此簡單而已，沒什麼玄秘，人生的過程是你的選擇，不全是命運的安排。羅倫斯‧李山博士說（王季慶等譯，2010：372）：

我認為人應該怎樣掌控自己的人生信念，……我們都被各種角色、行為方式及各種面具的「殼」給包住了……當我們穿上這件外殼時，它似乎與我們的需求及恐懼很搭配。但隨著歲月的流逝，我們總是會學習、會成長、會改變，一直到我們要穿大一點的，而把這個「殼」捨棄，要不然就讓它一直阻礙或終止我們的成長。

就如王中和所說：信念決定命運，而命運如制服，如果你知道你可以選擇，你就可以選擇換套制服穿，怕的就是你不知道你有選擇權，結果一生死守一套制服（王中和，2001：213）。那究竟要不要擁有這樣的信念，判定的標準在哪裡？就在於自己：你是否繼續保有現在的身體狀況？或者自己想不想過現在的生活模式？過這樣的人生？假如你放眼望去所看到的是病痛、消沉、匱乏，或是一個充滿痛苦與邪惡的世界，那麼就該假設自己的信念有差錯了，而該開始審視它們（王季慶譯，1991a：83）。相反的，若發現自己觸目所及都是充溢著生命的活力、健康、效率、豐盛、富足，而所接觸的處處是笑臉的話，那麼大可放心地告訴自己：自己的信念是陽光健康有益的，是不需要去改變的。

西方的科學家也承認，人的意念會改變體質，醫學家發現，當一個人在性格變換中，不但想法、動作、說話方式會改變，從一個中年人變為孩童，甚至視力也會改變，從深度近視變為正常（何啟元，1994：75）。心理學家威廉‧詹姆士（William James）說（黃愛淑譯，2009：269）：

透過改變心中內在的態度，人類可以改變他們生命中外在的面向，這個發現是我們這一代最大的革命。

也就是，當一個人內在的世界改變了，他的思想改變了，他的情感情緒也隨著轉變了，此時一個人的相貌與身體，也會隨著改變。所以

林肯總統曾說：「一個人到了四十歲以後，要為自己的長相負責。」這句話自有其道理。尤其，更要理解自己處於何種心態的重要性（黃春華譯，2007b：44-45），那就是下定決心改變，必須是「心甘情願」，而非勉強的「應該」改變。改變並不是認命，也不用有委曲求全的心態，而是肯定自己是創造的源頭，是有自主性，當然有權決定自己想接受那些信念。而改變的真正工夫必須是在內心完成，任何不是真心的改變，都創造不了生命奇蹟、激發不了生命的潛能。而且我們也必須相信，當改變信念之後，好的結果一定會隨之而來。

又因為「物以類聚」的關係，同類的事物會聚在一起，共同磁場的人會彼此吸引，這是宇宙法則。大家彼此吸引，是由於有非常基本的內在相似之處。你內在的想法吸引了具有那些行為特質的人來接近你。一旦你不再擁有那些想法，這些人就會離開你，你也不再吸引他們了。如果你不喜歡你所發現的事實，那你最好開始改變你的思想和情感的本質。如此一來你周遭的朋友和熟人，會因為你內在想法的改變，而吸引來另一批不同特質的人。要知道不好的事情會來相應，必定要檢討出自己身上所存在的負面思想與能量。只要檢討出生活上出問題的原因，改變自己的能量狀態，生命的問題隨之迎刃而解。對於離開的人也不需要給予批評，只要尊重，給他祝福就放他走。

總之，一個成熟的成年人是有能力，自我反省每一個「起心動念」，從中覺察自己的想法與念頭，以及自我對話內容；同時，明智地選擇那些會鼓勵自己獲得幸福和成就的思考方式，而捨棄那些不能支持你獲得幸福和成功的思考方式（陳佳伶譯，2005：70）。這種藉由改變外在語言與內在觀念想法的內省自覺，與佛法修行法門中的八正道內容，有若干相通之處[3]（呂大吉，2003：638），都是值得身體力行的有效修行途徑。因此，現在就下定決心，只想那些有益的思想吧！同時，

---

[3] 釋迦牟尼佛把滅苦的方法歸結為八種，是為「八正道」，包括：正見、正思維、正語、正業、正命、正精進、正念、正定。其中正見、正思維、正語，與正念四者，和本文所述有相通之處。

要向宇宙做出宣告：所有好的思想都是強而有力的，任何負面的思想都是脆弱無力的。

參、發揮天賦的創造力

由上述因而得知，所有的創造都從念頭開始，若你選擇好的思想、信念、想法，就會引發正面的結果實現。人生的課題就是在製造念頭的時候要審慎，這樣才會創造出你想要的結果，因此，想想你今日生活得怎麼樣，就可以檢查你到目前為止是怎麼樣在運用創造力的了（林群華譯，2010：47）。當領悟信念創造實相的原理，我們可以有意識地運用自己與生俱來的稟賦，操縱有意識的信念，創造自己想要的人生。擬分：1、信念、情緒與想像力三管齊下；2、信念的強化與暗示。細說如下：

一、信念、情緒與想像力三管齊下

由信念創造實相的動態過程中明瞭，信念能被轉成實質的經驗，是因為有想像力與情緒驅動媒介的幫忙。因此，信念並非靜止不動的，情緒與想像也會左右信念的方向，負面情緒也會阻礙正確的畫面。事實上，潛意識的心靈對文字沒有反應，它的語言是符號和視覺畫面，只要經常觀想一個影像，這個影像就會化為實體（林群華譯，2010：65）。歐林說（羅孝英譯，2007：38）：

> 想像力不被時間和空間局限，也不被你的身體局限。

愛因斯坦（1879-1955）也說（謝明憲譯，2007：100）：

> 想像力就是一切，它是生命將發生之事的預覽。

「觀想」或「想像力」之所以會這麼有效力，是因為你在心中創造一個看見「已經擁有想要的事物」的畫面，於是你就會產生「現在就已經擁有它」的思想和感覺，創造出「你在享受你所想要的事物」。原因為何呢？原來人的心並不會去區分，是主人真的在做或只是在練習，因此「觀想是成功的大秘密（謝明憲譯，2007：92、96）」：「想像力是解決問題的超能力（謝明君執筆，許添盛口述，2011：2）。」；「想像力是人類最強大的力量（翁靜育譯，1999：91）。」

據王中和表示「心想事成」之道，首重處理信念，也就是帶著信任走向未知的「信念」、將目標「圖象」化、讓好的「感覺」產生好的能量。這創造的秘訣，其中的三個關鍵就是「信念」、「圖象」與「感覺」（王中和，2001：213、210、218）。還有源自於《新約聖經》－創造你所想要的事物，有三個簡單的步驟，分別是：「要求」、「相信」、「接收」（謝明憲譯，2007：57-62）。又《吸引力法則》書上也提供了自主性的吸引三步驟，那就是：釐清願望、專注自己的願望，還有與願望合一（林說俐譯，2007：46）。還有一種「走進成功感覺法（陳文君譯，2001：178）」，就是想像自己已經達成目的，你的態度一定是喜悅的，就好像事情真的已經成功了一樣。在西藏的傳統中，有一個十分特殊的步驟來結束靜坐，就是在靜坐修持的最後，儘可能地觀想自己是一個最有成就、最有智慧、最具慈悲的人，努力觀想自己達成目標，成為你希望成為的人，它將在心中留下深強的銘印（項慧齡譯，2001：235-236）。這些都是運用想像力的效用。

就因為想像力與情緒也是跟著信念走，因此賽斯建議：在我們不滿意的經驗區域，可以採用反制方法，那就是「三管齊下」。這「三管」就是指信念、情緒、想像力。賽斯說（王季慶譯，1991a：125）：

> 首先針對你想要改變的信念，生出一種與該信念所引起的情緒相反的情緒，其次，將你的想像力轉到與受該信念所控制的想像力相反的方向上。同時，向自己擔保，那個原先的信念，只是你對現實的一個想法，卻非現實本身。

也就是，為了要驅逐不適當的信念，而建立起新的，必須學會運用想像力，將「觀念」在心中移進移出。因此，可藉由想像力的正確運用，就可以把我們所選擇的概念推送到我們所想要的方向去（王季慶譯，1991a：114）。這個想像的世界自有其真實性，並會在無形中改變實際的生活。

總之，自我實現與發揮創造力，皆是掌握了信念創造實相的原理與竅門。也就是先確定內心渴望的目標，再加上堅定不移的信念，並想像你已經得到創造物，以及正在享受那種喜悅的情緒感覺。這就是信念、情緒與想像力三管齊下所發揮出來的創造力量。

二、信念的強化與暗示

當一個念頭或者一滴水或許沒什麼影響力，但是當你一而再、再而三重覆那些念頭之後，首先你會發現地毯上出現一個小汙點，然後漸漸瀰漫成一個小水坑，之後就會是一個池塘，如果這些念頭在繼續下去，會變成一個湖泊，最後形成一片汪洋大海。那麼你正在創造的是一個什麼樣的海洋呢？如果當你有能力漂浮在生命正面想法的海洋上，那就請你不要沉溺於負面思想的大海裡。每個念頭、思想都具有能量，你愈想著某件事，就有愈多的能量被你從內在世界牽引出來，在外在世界創造你想要的事物。你對於得到某件事物懷有什麼情緒信念很重要，你的情緒會運用信念的強度驅策想法變成實相。任何事物，當你一遍又一遍地想著它，到了某個點，它就會實現；至於要花多久的時間，端賴你有多相信它會成真。無怪乎歐林說（羅孝英譯，2007：17、241）：

> 你就像一台有很多頻道的收音機，你所接收的和你注意的焦點有關。……頭腦每天產生四、五萬個想法，只要有一、兩千個想法專注於某個目標，它就能夠快速實現。

如上所述，許多我們認知為意外、偶然的事件，它的發生，都是由於自己「經常性」地以「同一思考」的能量累積而造成的，相同的能量會自動地聚合，當然會讓思想更具有威力（張鴻玉，2009：126）。所以「花時間想你要什麼，而不是你不要什麼（羅孝英譯，2007：43）。」但這方法並不適用於那些必須來自別人的東西，因為你只能控制自己的實相，而非別人的（羅孝英譯，2007：241-242），就像中樂透背後的道理一樣[4]（張鴻玉，2009：237）。

賽斯說：「一樁事情或一樣東西於時、空中存在的久暫，完全憑它們所生的念頭或情感的強度來決定（王季慶譯，1991a：45）。」還有哈福·艾克也說：「你所關注的事情會擴大（陳佳伶譯，2005：78）。」因為我們所專注的會擴張；對抗問題只會強化問題，因為我們給了它能量。那種不想改變或害怕變動的心態，將會使我們永遠停留在某個地方打轉。你把心思花在那裡，能量就會往那裡聚集。賽斯說（王季慶譯，1991b：477）：

> 一天最多用五至十分鐘自然的催眠術作為接受所想要的新信念的方法。在那段時間內，儘生動的把注意力集中在那一句話上。一再的重複它，而同時在這個時候把心念貫注於其上，不要讓妄念進來……。

因此，在人生中碰到任何的困難時，我們要學習專注在解答，而不是在問題上（法藍西斯·張譯，2003：112）。要知道指責過去的錯誤不等於建設新世界；只有提出有效的建議，才能解決實際問題（趙德明

---

[4] 有人懷疑，如果心裡想什麼，就能得到什麼，那麼，我們每個人都想要中「大樂透」，為什麼很難實現？想要中樂透，所涉及的不只是個人的實相而已，它還牽涉到眾多人的實相，這種「共同的事件」，屬於「共業」，必須所有參與買大樂透的人們，在集體的無意識裡都達成了共識，同意由其中的某個人士來中獎，這個獎金才會落在某個人的身上。所有的共同事件，都涉及到「個人」與「群體」的參與，因此在幾千萬人中，到底是該誰獲得這個大獎呢？只有天知道了。

譯，2005：200）。例如：你愈不喜歡你的問題，愈怨恨事情不照你想要的方式發生，那個問題就會停身邊愈久。所以，多想我們所想做的，非不想要做的。誠如《The Secret秘密》一書中的吸引力法則說：「要讓某種關係順利，就把焦點放在對他們的欣賞上，而非抱怨。當你把焦點放在他們的優點上，你就會發現他們更多的優點（謝明憲譯，2007：133）。」正是此意。

筆者極力推薦，為了要培養自信心與提昇自己生命的價值感，這將是一個很重要的改變信念的有效方式。不妨對自己的能力與成就列一張單子，把你生平中最得意、最滿意、最美好的人生經驗住在你的心中、腦子裡抓住那種有所成就的感覺，並運用在生活中較不如意的地方。當發現自己陷入一種自卑的情緒裡，就看看所列出能力與成就的單子。也就是，我們更需要將精神集中在那些能為自己帶來理想結果的思想或感覺上；以及那些構成生命經驗中覺得滿意和成功的想法和觀念；尤其去捉住那種成就感，把它轉譯或移轉到曾經碰到困難的地方，加強那些信念的情緒和想像力，把它們帶到實際的實現中（王季慶譯，1991a：83、101、143）。歐林說（王季慶譯，2002：108）：

> 你越集中焦點在錯的事上，在生活中你就越製造出錯誤，也更會散佈到其他「曾」做得很好的領域。你越集中於你生活中對的地方、成功的地方，你生活的其他領域就會越成功。

如此並不是要大家不需要解決問題，當然要在問題出現的時候就當下解決，可是你更要看著你的目標，繼續前進，把時間和精力用來創造你想要的事物。當障礙出現了，就把它處理掉，然後很快重新聚焦在你的目標上。人生並不全是用來解決問題的，當然不必把所有時間都用來救火，如此是在倒退過日子；而是要把時間和能量放在想法和行動上，穩定向前，朝向目標邁進。村上和雄說得好（呂理州譯，1999：47-48、封面）：

人的潛能非常大，潛能由潛意識引導出來，引導出潛能的方法，就是改變心態。期望某事能夠實現，並且心中一直想著這件事，就會深深地烙印在潛意識裡，於是在不知不覺中就會採取接近該目的的行動。……影響潛意識。其實就是影響基因。天才和凡人，其基因與潛能，基本上沒有多大的不同，不同的是基因的「開／關」。……如果你想喚醒體內的好基因，無論在什麼情況下，最好都能採取積極向前的思考方式，……刺激潛能，影響人生的際遇。

　　但如果你發現自己習慣在心念上重演負面的狀況，又沒有支持自己的正面想法時，就得設法試著啟動一些美麗景象的畫面。不管那些情畫面緒是什麼，你得告訴自己：「不，我不再這麼想，我要想像一幅美麗的畫面、日落、玫瑰、瀑布。」若你能持續這麼做，最後就會打破慣性的模式。當然練習是必須的，就如同哈福・艾克所推薦的「強力思考法」一樣，就是觀察你的想法，判斷它對於你的快樂和成功有沒有益處；然後只注意那些會加強你力量的想法，不再專注於那些會減弱你力量的想法。每當你腦子裡出現了一個不具支持力量的想法，千萬不要和念頭對抗，而是要下定決心停止負面思想，就是「取消它」，或是「謝謝你讓我知道這件事」然後就換成其他更具鼓勵作用的思考方式（陳佳伶譯，2005：231）。利用這種方式，並非否認那些已經出現的念頭，而是你可以不把力量交付給它，讓它茁壯，只要承認它的存在，然後超越它。

　　談到暗示的力量，如果我們常在心中不斷的自言自語，在心中對自己灌輸各種信念，而最後就變成具體的事實，而這些有意識的信念就是你所接到的最重要的「暗示」了。如果不斷重複負面的思考模式和態度，比如焦慮、內疚、忌妒、批判、恐懼等，這些遠比外在一切對身體的傷害來得嚴重。尤其有些笨重的精神信念，像是「不喜歡自己」、或「對自我的譴責」，或相信任何情況都會變得更糟的觀念，這些負面的

自我暗示，都會嚴重阻礙精神和身體的健康。

　　總之，我們內在的信念，和我們命運的起伏息息相關，我們要盡量清除腦海中阻礙生命力美好、平順運作的信念，還要有意識自覺地設定有益自己的想法與念頭，把心思持續專注在「富足」和「一切順利」上，要知道任何事物只要強化它，就是在創造它了。而最佳、最迷人的自我暗示就是：「一切都是最好的安排。」、「發生在自己身上的事情，都是上天最好的安排（王中和，2001：97）」、「每一天在各方面，我都是越來越好（王季慶譯，1991a：148）。」、「每一個問題都能夠被轉化為一個契機（項慧齡譯，2001：283）」、「每一件所發生的事都可以被看成是好事（羅孝英譯，2007：192）。」、「不管生命曾遭遇多少欺騙，仍然相信人性本善（周和君執筆，許添盛主講，2004：137）。」，甚至將「每件事的發生都是為他們的好處。」這個信念，帶給與你來往的人（王季慶譯，2002：33）。因此，選擇對自己有益的正確信念，利用強化與暗示的力量，讓它們播種在自己心靈，讓它成為一種習慣性的生活方式，繼而影響週遭的人。

　　綜合上述，每個成年人要有自由意志選擇及按照欲望處理信念的責任，生命該是除舊佈新的時刻。改變一個人的信念，是個大膽的努力，相信再也沒有比這個更冒險刺激的了。生命貴在自我實踐，首先要自我檢視來自情緒源頭的信念與原生家庭的觀念，將過去不適合自己的信念，加以調整和改變；並且重新選擇可以給我們滋養和支持的想法，外在的一切將隨之改變，就能扭轉命運。又一旦瞭解信念創造實相的生成原理，生命更應主動出擊，掌握思想的能量，發揮與生俱來的創造力；也因為當下是威力之點，當下的念頭一轉，不僅能重新詮釋過往而改變過去，也能影響未來，繼而預先創造未來的生活。若此，每個生命會因為自己的信念改變，而開始激盪，也就能釋放出內在潛藏的能力了。

第三篇

心靈篇：信任生命的藍圖設計

　　探索生命的究竟，是千百年來人類永遠參不透的課題。學者孫長祥曾說，其實人類探索生命的動機很簡單，只是為了在無常的世界中，理解自身生命的本質，掌握自己的生命現象與過程，讓生命能順利的發展，安然度過一生。而各種有關生命的理論知識，目的都在幫助人們回到具體的生活世界中，面對自己、人群，發現問題、釐清問題；讓我們能夠參考前人的智慧，修正、調整自己，並針對現實做出最有價值、最適宜的行動選擇（劉易齋等，2008：135）。誠如楊定一所言，能夠整合人類行為的生命的知識與學問，不論是神學或是數學，只要是有利於普羅大眾的，能造福人群的，就值得去深究與廣推，實在不必有門戶之見，這才是開放的健康心態。

　　事實上，宇宙背後的真理與實相，並不會隨著一代到另一代而有所改變。知識就是力量，知識是修行的基礎入門所在，而知識是給智慧開悟的人用的，有知識的人若沒有智慧，有時反而是障礙。作為在地球眾生之一份子，我們理當瞭解生命的實相，理性地在真實與虛幻的人生之間找到平衡點，讓生命活得更自在稱心。因此，莎士比亞也說過，千萬

不可輕視你所不知道的真理，否則你可能會用生命的代價來補償你所犯的過錯。沒錯，沒有知識萬萬不行，千萬不要輕忽。正基於此動機，因而探討生命的究竟實相與原則，應是生而為人者窮其一生共同的渴望。

　　筆者不揣淺陋，在本篇擬以新時代思想為基礎，嘗試建構以「生命藍圖」為中心的生命理論體系，從而建立一套關於生命實相的詮釋系統，並使成為一種實用的人生觀。冀望筆者的管窺之見，能對生命困境與人生疑惑的解答有所幫助。本心靈篇，以「信任生命的藍圖設計」為名，內容計分五章，分別是：第六章「生命藍圖」的核心信念與意涵；第七章以生命藍圖為中心的個人修持；第八章以生命藍圖為中心的人我關係（一）；第九章以生命藍圖為中心的人我關係（二）；第十章以生命藍圖為中心的人生觀。

第六章 「生命藍圖」的核心信念與意涵

　　為理解這一套實用的生命藍圖之人生觀，冀望能讓困惑不明的人生道路，有所依循與運用。本章擬分：1、生命藍圖的核心信念；2、生命藍圖的意涵與內容。如下所述：

壹、生命藍圖的核心信念

　　依筆者對生命現象之理解，對於所建構的生命藍圖人生觀，係植基於二項基本的核心信念，那就是：「宇宙與人類精神體皆是多次元的存在（王明珠，2010：23）」與「人的精神體是依據業力輪迴法則進化（王明珠，2010：26）」等二個基礎觀念。茲詳細說明如下：

一、宇宙與人類精神體皆是多次元的存在

　　據李杏邨說，按照瑜珈和通神論的說法，整個宇宙沒有分形而上和形而下，都是由各種層次的能源活力組合而成。有的輕清，有的重濁，有的半清半濁，彼此銜接，融通交徹，渾為一體。每一個層次代表一種空間或精神境界及物質環境，在那裡，精神、物質運轉的頻率相符，便如磁吸鐵般，互相牽引，結成一體。並將人類的身心世界分為七重，包括力能層的物理世界和靈能層的精神世界，概分為物質領域和精神領域。每一層次的形成，不外物質、精神，相融相即，交互作用，合為一體。這七重身心世界雖然是心物的結合體，卻以心為主，以物為輔，我們的精神昇華到了某一種層次，不離當處，便和某一層次的精神物質相應[1]（李杏邨，1991：180-186）。

---

[1] 第一重為物理層；第二重為星光層；第三重為意念層，分為有色層和無色層，這是精神世界的初階；第四重為菩提層；第五重為涅槃層；第六重為超涅槃層；第七重為無上超涅槃層。

而所謂的「次元」是指某個世界的構成要素。譬如，二度空間有長、寬，它們的世界永遠是平面的，譬如螞蟻是非常典型的二度空間的存在體，如果牠們有立體的觀念，早就從天花板掉到地面上了（林顯宗，2009：20）。而長、寬、高三個要素，即可構成三次元的空間。但空間並非只是單純的一個長、寬、高的立方體空間，還必須認識到有四次元、五次元、六次元、七次元、八次元、九次元、十次元等高度的空間。故所謂的「空間」，其本質是指某種意識上的「場所」。據大川隆法的觀點，認為在四次元以上的多次元空間，每一個空間代表一種精神層次，是代表不同的「意識」空間的存在（宗教法人幸福的科學譯，1999：13-19）。又據林顯宗的說法（林顯宗，2009：124-125）：

> 這宇宙實在存在太多種不同狀態的星球，每個星球都有獨特的構成因素、獨特的想法。……宇宙存在著很多不同的現象，這些星球的存在，都是不同的想法存在、不同的精神界的存在。每一個想法都有它的執著，每一個精神都有它執著的現象。

　　而一個擁有多次元宇宙的空間，高低次元是同時存在於同一空間，且高次元宇宙完全覆蓋著低次元宇宙，但彼此又不是完全無關，唯一的區別，只是能量震動的頻率，而且低次元無法覺知到高次元的意識。誠如賽斯所說（王季慶譯，1995a：45、191）：

> 我們所知的空間系統根本不存在，也並沒有實質的界線分隔這些其他實相系統。唯一的分隔是由於「人」對「感知」與「操縱」具有不同的能力所引起的。例如你存在於許多其他的實相系統裡，但卻不感知它們。甚至當某個事件由這些系統侵入你自己三次元的存在時，你也不能詮釋它……。死後的環境現在就存在你四周。

就如同收音機在某地區只能收聽到某頻道的頻率，而收不到其它次元的頻道一樣。若以瑜珈的說法，凡聖之間有一道不可跨越的鴻溝，瑜珈行者除非功行圓滿，心物融通，足以突破四度空間，否則不能跨越該鴻溝，這道分隔凡聖的鴻溝叫「乙太禁網」。例如，一個人從未修道培養定力禪功，無法突破這道禁網和靈界溝通，相對地，一切邪靈也無法穿越這道禁網（李杏邨，1991：198-199）。

據說靈界並不遠，我們與靈界共用一個空間，它就在我們之間，一個「浮貼」於我們這個世界之上的另一個次元，它存在於我們所謂的「地面水平」的上方，大約三呎高的地方。靈界的振動頻率遠高過人類，這是為什麼我們無法感知它的緣故。而「心靈感應」是在靈界的存有間最普遍的溝通方式，在靈界，沒有所謂的負面，沒有侵略性，沒有自我、忌妒和驕傲，也沒有評斷。洛伊·馬提納也認為，靈魂與人是共存在此空間的，他說（繆靜芬譯，2009：37）：

> 靈徘迴在身體周圍的理由有好幾種，有時是執著人世間的生活，拒絕放下；有時，靈是想與人連繫，給他們一個訊息，讓他們感到安慰。大部分的靈遊移在天地之間，目的在安慰自己所愛的人，不過，大部分的人沒有辦法清楚看見靈魂體，有幾種靈與我們對話的方式。……強烈的情緒─例如悲傷─是與靈界溝通的絆腳石。……靈與我們溝通的方式包括出現在夢境裡、在收音機上播放擁有共同的回憶歌曲、散播氣味（如最喜愛的香水）、移動物體（如推倒相框）、開窗開門、碰觸摯愛並對其竊竊私語、傳送能量（例如放鬆的能量）。……靈其實是想要轉達他們還活著的訊息，他們常利用動物和小孩，因為動物和小孩比較願意接受外來的訊息。傳送能量和訊息的能力、對生活的敏感度，是經由時間學習的，每個靈的技巧都不一樣，而且是人人不同。

又據林顯宗所說（林顯宗，2002：222-223）：

在這空間靈無法不在、到處都有，如果跟你沒有因緣，也不會對你怎樣，就算對你怎樣，也起不了作用，……人類要怕的不是亡靈、無形眾生，而是要害怕自己內在的負面心念才起得了作用。……目前的醫學、科學對這種無形無相的心靈形態，無法被觀測的影響方式總還存有許多的不信任，甚至無法認同。其實這樣的心態才是真正的不科學，為什麼要對那些我們看不到又摸不著的存在體，否認它們的存在呢？難道就不能用更理性或宏觀的角度去尊重它們的存在？這就是人類的所知障。

　　據瞭解這宇宙間充斥著無數的能量體，基於同類相吸的原理，能量不同，頻率就不同，就彼此不來電。如果我們本身的頻率，與靈體的能量體頻率相符合，就會認為是被邪靈沖煞到，必須到廟宇收驚或祭改，實際上是我們的能量與他們相符合，否則也不可能會來電。因此，如果我們瞭解靈存在的原因，就能感同身受這種苦與無奈，希望所有人類對這些無形眾生，抱持著一種大慈悲、大智慧來看待他們，尊重、體諒、慈悲他們的存在，而不是用怪力亂神的方法，或宗教的儀式來處理。林顯宗也呼籲我們，應該用更科學更理性的方式來協助這些無形眾生，使他們能夠得到解脫，不再執著人間，對眾生總是一件好事（林顯宗，2008：128-130）。

　　其次，談到人類是具有二元性的生命，人類生命不只是由肉體，還有精神體及其內存在著靈性（或稱靈魂），構成人類內在的本體，人類精神體是具有多次元的心靈實相，生命是以不同的形體來轉化。肉體只不過是一個輪迴機制下的載具，靈魂的存在與否，和肉體的生死毫無關係，肉體的死亡和腐壞並不會影響靈魂的不滅及永恆性。因此，人的本體不是隨時轉變、流逝的虛幻個體，而是超越宇宙時空，是永恆的存在。例如：有的人身體不健全、或在精神上有疾病，但他們死後回到靈界時仍是個健全的靈魂。甚至人的肉體死後，靈魂同樣具有思考

的能力，依然會持續與生前完全相同的習慣和思考方式，仍然可以做具有個性的思想活動（簡瑞宏譯，2006：116）。賽斯說（王季慶譯，1991b：657）：

> 你造成你自己的實相，不論你旅行到哪裡，並且不論你發現自己在哪一個次元裡。

此言讓我們打開生命多次元的思維，不論是在生前、死後或任何次元都一樣適用。亦即不論以肉體或靈體的生命狀態，或不管在任何次元，皆不受時空限制，精神體都持續地以信念在創造實相。因此，人的思考中樞在靈魂層，靈魂即是人的本體，人的本質是永生的靈魂。洛伊·馬提納說（繆靜芬譯，2009：39）：

> 靈魂是獨一無二的，是純粹的智慧能量震動。這股純粹的能量以一種全然不同於物質的方式運作，它是獨一無二的智力，有原創思維和獨立決斷的能力。

如同賽斯所說，我們的靈魂是純粹的能量，根據物質能量不滅定律，靈魂的能量是不滅的，是無法被摧毀與被毀滅的。每個生命都具有男性面和女性面的靈魂，也就是不管男人或女人，每一個的心靈都具有陰柔、陽剛兩種潛能的存在，雖然肉體上有男女之分，可是在靈魂、心靈上並沒有性別之分，那是父母親從我們一出生時，就不自覺地配合社會的期待、文化的傳承，給男孩女孩不同的對待與期許。

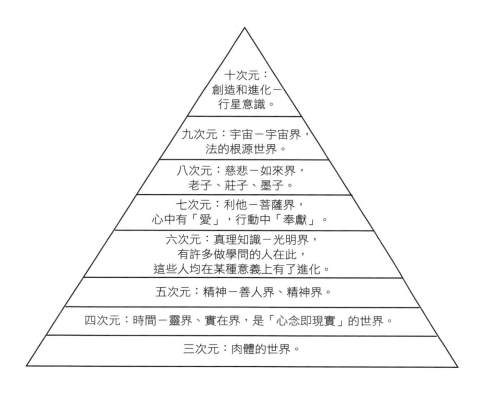

圖6-1：靈界（實在界）的金字塔結構

資料來源：整理自大川隆法，《太陽之法－探索靈魂、體悟愛與真理》，1999，13-19
頁；及大川隆法著，金羽譯，《永遠之法》，臺北：幸福科學，2008。

　　根據大川隆法對多次元宇宙與人類精神體關係的看法，指出人的肉
體雖生存在三次元世界，但精神體卻神遊在四～十次元當中，且根據意
識覺知的層次而有所不同。亦即不同的空間會因為有不同元素的加入，
而形成不同的次元，這只是能夠用言詞表達的範圍[2]。（宗教法人幸福
的科學譯，1999：13-19；金羽譯，2008）（如圖6-1所示）。而不同
的次元所添加的要素，如：「精神」、「真理知識」、「利他」、「慈
悲」、「宇宙」、「創造和進化」等要素，都屬於人類精神體層面的心

---

[2]　六次元以下的居民還是為了利己而生存，地球系到十次元為止，而太陽系則有十一次元世
　　界，還有十二次元「銀河意識」的世界。

境狀態。每個生命內在都會有好幾種不同層次的思維方式，這些所謂人間的良好德行要素，都得靠努力不懈的修心養性才可達到，而每個人根據心境層次（意識）的高低，居住在能夠與其和諧的宇宙次元中（宗教法人幸福的科學譯，1999：12）。此觀點與新時代的論點不謀而合，誠如賽斯所說（王季慶譯，1995a：301）：

> 每一件精神性的行為都打開了一個確實的新次元，……，你最微不足道的念頭都孕生了新世界……。

歐林說得更詳盡，如是說（羅孝英譯，2007：121）：

> 在宇宙中有各種層次的能量，從粗糙濃密的能量一路向上到偉大的大師境地。粗糙的層次以沉重的情緒或負面的思想存在；較高的層次則是超越二元、善惡，超越情緒風暴的層次，它們是不斷增加的愛、光與個人力量。每個層次都有不同功課，向上提升最容易的方法之一，是把功課當成成長的挑戰與機會。……面對挑戰的態度幫助你提升和快速成長，……當你進入更高的層次，你的想法也會移動，你會開始思考靈魂能達成什麼，靈魂如何進化你的人格，以及如何遵循你的靈性道途。

新時代賽斯也說：我們是一群在生物性懷抱裡的神，生命內在有多次元的心靈實相（王季慶譯，1991a：13）。這多次元的宇宙，意味著人類的精神體不斷地在提升，不斷地在進化，這也是人類的目標之一（宗教法人幸福的科學譯，1999：13-19）。周瑞宏說（周瑞宏，2006：167）：

> 生命的法則，就是以回歸靈性圓滿為前提，這就是身為人的特權。身為人有機會顯現靈性。顯現的方式，就是超越是非對錯這個層級，回到靈性的層次。……這個很難，可是只要去練習就會

了。……靈性層次講得具體一點，就是信任、無條件的愛、感
謝、祝福、平等、自由、完全開放的接納關係。

　　上述新時代賽斯、歐林，大川隆法和周瑞宏等人的論點有相通處，
皆強調人類要努力不懈致力於修心養性與智慧的提昇，讓精神體昇華和
某一層次的精神物質相應。由此可看出所謂靈魂的成長是指個人生命人
格價值的提升，而所追求的愛、智慧、慈悲、利他、自由、信任等，卻
與人世間所追求外在物質的「好、更好、最好」的價值觀大不相同。筆
者相當認同此種多次元宇宙觀與人類內在多次元的心靈實相，也因此更
瞭解人類生命處於宇宙中的位置，以及人類精神體所追求的東西，並不
在人間，而是在精神體的修持始可獲得，因而了悟自身在這三次元物質
世界的修持的方向與目標。

　　總之，我們的人格及靈魂隨著肉體的輪迴機制，來三次元物質世界
演出一齣宇宙大戲，藉由生老病死的變化，逐步、漸進地進化，也逐漸
培養成一個均衡發展的人格特質。而每一生所經歷與學習的功課並未隨
著人格而死亡，精神體會保留且記錄著每次輪迴的內在感情紀錄，也包
括能量、愛、品格和知識（李傳龍等譯，2001：23）。

二、人的精神體是依據業力輪迴法則來進化

　　何謂輪迴？依據佛教的說法，輪迴是指靈魂與肉體結合，因各種
功過而生業，死後按其業而投胎，積善業者得善生，積惡業者得惡生，
這是果報因緣。又據聖嚴法師所說：佛教相信，除了已經解脫生死（如
小乘的阿羅漢）或已經自主生死（如大乘的聖位菩薩）的聖者外，一切
的眾生，都不能不受輪迴的限制。因此輪迴，並非像輪子一般地迴環，
而是上下浮沉上的生死流轉[3]（聖嚴法師，1994：41-42）。聖嚴法師說
（聖嚴法師，1994：5）：

---

[3]　輪迴的範圍共有六大流類，佛教稱為六道，那就是由上而下的：天道、人道、修羅（神）
　　道、傍生道、惡鬼道、地獄道。

太空之中，宇宙之間，有著無數的世界，它們的成因，都是由於
各類不同的無數眾生，所造各類不同的共業而成。……宇宙之
間，萬事萬物，沒有一種現象沒有其存在的理由。……但在佛教
的解釋，一切都是由於眾生的業力所感，那就是它們存在的理
由。……一旦在地球世界的業報受完，又將往生應往的他方世界
中去。

可見佛教的輪迴說最為慈悲，也最富創意，確認人是自己的主宰，
每個人的善惡決定他未來的一生，它可以藉著行善來改變他的一生（何
啟元，1994：143）。近年來，受過嚴格科學訓練以及思想依照邏輯推
演的西方人，也對生死輪迴興起反省，而做嚴肅的思考，並且不斷經由
心理實驗，據瞭解有許多醫藥博士、心理學家正在研究它，而且相信輪
迴確實存在（何啟元，1994：119-121）。筆者認為，對於不知道的事
我們只能假設它不存在，不能說它不可能存在，否則，我們也並不是持
著科學的態度和開放的心靈。又每個生命會生而不平等、每個人會遭逢
不同的人生際遇，唯有輪迴轉世能夠詮釋此生命現象。據洛伊·馬提納
如是說（繆靜芬譯，2009：26-27、38）：

輪迴理論的知識將成為人類教育最有利的輔助。……靈魂的進化
是我們來到人世間的唯一理由：我們渴望一再進化，直到再度與
創造的源頭結合。這是靈魂內建的羅盤，要朝盡善盡美的方向前
進；這也是一種動力，讓靈魂不斷找尋可以讓自己進化的挑戰。

歐林說（王季慶譯，2002：26-27）：

每個人活在世上都有其目的和理由，你在這兒不是只為做一件事，
因為你完成的每件事，都成了先前一步的一部分，且是你的進化的

另一個階段。每個經驗與更早的經驗合而為一。……不要以別人的標準，或社會告訴你什麼是你最該做的，去評斷你的目的。

在《穿透生死迷思》一書中，不但轉述了各種年齡和階層人士許多發人深省的瀕死經驗[4]，並將瀕死經驗所蘊含的頓悟精髓提煉出來，我們幾乎可輕易地由書中得到，別人幾乎付出性命換取而來的知識。「人是否會輪迴轉世？」這事只能透過自己的身體與心靈去感覺。據一位瀕死經驗者的描述（李傳龍等譯，2001：183）：

> 我以為人死後就一了百了。經歷瀕死經驗之後，我才瞭解，這一生只不過是我們要度過的許多生世中的一個而已。我們將在這個世界上一次又一次地誕生，直到我們的修持好到能被另外那個世界永遠接納為止。

由以上多次元宇宙的實相中得知，人類肉體生命的活動空間不單限於這三次元人間世界，內在靈魂也是活動於四次元世界以上的生命。我們是正在做塵世之旅的精神體，而靈性是我們的本質（鄭玉英等譯，2003：310）。而每一世我們是透過身體及能量體來體驗人生的一切。人是經由無數次的輪迴轉世，才來到這一世。就因為人類精神體有意識水準高低的層次差別，而肉體的生命是短暫的，為了要提昇人類的進化，因而在三次元世界有輪迴轉世的機制，提供精神體良好的磨練場域，用有限生命的形骸來體會人世間生活，讓靈魂獲得較好的學習效果。就因為每個內在靈魂都選擇以自己的方式來探索生命，來體驗物質

---

[4] 瀕死經驗(Near-Death Experience)，簡言之，就是死而復生的親身而有意識的體驗；即人雖遭逢事故或生病而致死，但卻九死一生地從死亡中返轉過來，恢復現世生命，以致能吐露出其中的親歷其境。嚴格地說，如果我們認為靈魂離開肉體即構成死亡的話，則瀕死經驗本身就已經是一份死亡經驗；它跟「真」死所不同者，只是「瀕」死乃是靈魂離開肉體後，再與肉體複合，而真正的死亡則是靈魂與肉體分離後，不再返回自己的肉體，而真正的最明顯徵兆是肉體的腐爛。

生活以獲得成長，所以輪迴是確保人類生生流轉最佳的使用工具。據陳
國鎮所言，輪迴能激勵靈魂成長，他如是說（陳國鎮，2007b：4-5）：

> 生命是累生累世，根本沒有所謂的生，所謂的死。死亡的只是肉
> 體，能量、資訊與心智仍然存在。……不是天人「永」訣，只是
> 天人「暫」訣。……「不過是回去整理一生所學，提升生命靈
> 性」，「生命是一次又一次進入人間學習……」。

我們不會停止成長，當我們進入精神層次，仍繼續在那兒成長，要
經歷不同的階段。當我們在靈魂狀態時，肉體已遭損毀。我們必須經過
一個更新的階段、一個學習階段，還有決定階段。我們決定何時回去、
回到那裡去，以及為了什麼原因。有些靈魂選擇不再回去，而繼續另一
個發展的階段，於是他們就保持靈魂的形式……比那些回去的人稍久一
些。這些全是成長和學習……持續的成長。肉身只是在塵世上的工具，
能久長存的是我們的靈魂和精神（譚智華譯，1992：116）。陳建志也
說：「出生入死，只為修學分（陳建志，1997：19）。」

生命必須在三次元世界不斷地輪迴重生，直到達到生命的最大極
限，並且體驗生命中真正的喜悅快樂與和諧。也就是說，人類的人格及
靈魂，隨著肉體的輪迴機制，藉由生老病死的變化，正逐步、漸進地進
化，也逐漸培養成一個均衡發展的人格特質。每一生所經歷與學習的功
課並未隨著人格而死亡，而是由精神體保留且紀錄下來，此即是我們轉
世輪迴目的所在。因此，學習與成長是靈魂進化的全部。據安東尼·米
爾斯（Antonia Mills）說（廖世德譯，2008：138）：

> 一個人的人格分成幾部分分別重生在幾個人身上，……輪迴有助於
> 解釋心理學，那就是，人並非全然是這一生的基因及環境造成的結
> 果，而是多次重生的結果；人是一直在持續進展的作品。個人的演
> 化過程不止一次人生。

可是，「我們為什麼要回到塵世裡學？難道做為靈魂就不能學嗎？何苦要經歷生離死別的痛苦呢？」因為儘管生命無論有無肉體皆在持續學習中，但是擁有肉體更是不同層次的學習，在靈魂形式裡沒有肉體感官，只有快樂，幸福感，但它對我們只是……一段恢復的時期。體驗不到任何感覺，而有些精神體的成長是必須在血肉之軀裡學的，必須讓我們感到痛，會受傷，可以體驗到人際關係（譚智華譯，1992：99）。

又據林顯宗的說法：我們很少去探討肉體為什麼要存在呢？其實，一方面是為了過去自己的業，同時也是為了自己原來的願；業必須是「了」、「面對」，願也必須是「成就」，這個肉體生存人間才有意義，要不然就真的白來了。因此，我們務必要真正的做到每一次輪迴過程中，讓自己很清楚明白的來，明白今生要來做什麼，死的時候也是清楚的走，（林顯宗，2007a：146-147），才是通透的人生。果若如此，也印證多位靈修學者的論點，認為靈魂何以要附入軀體的三個理由：首先是靈魂是為了擁有某些屬於地球上的經驗，其次是，肉身的人類軀體是為了有利於在世俗的經驗中增加精神上知識；最後是，人類的人格特質和個性可以更加完美（劉燦松譯，2006：39-51）。

所以，地球是宇宙中唯一讓你所做的每一個選擇，都直接得到回饋的能量之地，它能讓你看到你是否走偏了路。因為生命是永生不朽的，所以你會一再地回到地球，直到你學會為止。我們開始明白每一件發生在你身上的事，都是為了幫助進入更高的境地。「最後所有的靈魂都會演進（林群華譯，2010：14）」。原來，「人類是要在做中學習成長的」、「絕妙出色的概念只有在實際運用時才有價值（法藍西斯張譯，2002：37）」。因此，生命的精神體必須在三次元世界中，不斷地處在生與死之間作轉換，體驗生命精神體與肉體的平衡與和諧，據以學習改進成長，這就是人類生命轉世輪迴之目的所在。就如新時代賽斯所說（王季慶譯：1995a：425）：

內在知識可比為關於家鄉故土的一本書，被一個旅行者隨身帶到一個陌生的國度。每個人天生就有一種渴望，希望他自己能「體證」這些真理，雖然他看到在這些真理與他所生活的環境間有很大的不同。

又人為什麼要進化做努力呢？順其自然不就好了嗎？若只就某一層面來看或許有理，但若從靈魂的角度來看，就未必正確了。原來，一個人從出生至老邁，此期間會累積不少的人生經驗，可是從靈性的觀點來看，真正的人生經驗並非如此短暫。人是走在永恆旅途上的生命存在，人的精神生命是無限的，人真正的靈魂生命體，是生存於幾十萬、幾百萬、幾千萬，甚至幾億年間，人的心靈中，銘刻著千、萬、億年悠久歷史的記憶。如果讓這種永恆延續的生命，採取任憑自然的生活方式的話，靈魂就會停滯不前，若靈魂處於長期停滯狀態之中，是品味不到真正的心靈喜悅的。宇宙雖然把進化發展作為生命的根本目的，但還有一個重要的意義，就是讓靈魂在進化的過程中能夠產生積極的作用，能夠體會到喜悅的感受（宗教法人幸福的科學譯，1999：50-51），這就是宇宙進化的根本理由。因此，人類的幸福是不受限於世間的肉身處境，最大的幸福來自於精神層面的快樂，真正肉身的幸福是建立於精神上的持續進步，是在日常的精神喜悅之中，是在持續的精神向上之中。更何況靈魂的本質是勤勉的，而不是懶惰的，在停滯和惰性中根本沒有幸福可言。

又新時代邁可資料[5]（陳麗昭譯，1999b：7）也有類似的說法，那就是靈魂為學習物質界的功課時，將靈魂劃分為「嬰兒靈、幼兒靈、青年靈、成熟靈、老年靈、超自然靈、無限靈」等七個層次，這是每一個精神體所要經歷的七個靈魂年齡階段。一旦開始這個演化循環，就必須全程完成，不得有前往其他行星的選擇機會。當地面的所有功課都

---

[5] 邁可，他是一千零五十個修畢地球功課，現居住於「起因層」的高靈所合成的一個靈集。之所以使用邁可這個名字，是因為其最後一個修畢地球功課離開地球前那一世的名字叫邁可。

畢業了，就不需要繼續待在地球的層面了，除非有特別的目的。數千年來地球上的眾生一直處於青年靈的功課與戲碼之下，他們蓄積了權力、財富、威勢與榮耀。地球目前正邁向成熟靈的轉換階段（陳麗昭譯，1999b：8-16）。我們來到這裡是要學習一些課題，成為更完整的靈魂；我們必須在這個層次上完成這個計畫，然後繼續前往下一個層次。也因為每個人的學習進展不同，這就是為什麼有些人是老靈魂，而有些人是年輕靈魂的原因（黃愛淑譯，2009：51）。一旦我們知道靈魂有不同的年齡進化後，就可瞭解自己目前進化到哪個階段？自己下一個階段的主要功課是什麼？同時也能觀察到周邊的人，瞭解他們正處於什麼狀態，明白有人正在追求名利、權勢是對的，因為對方正進化到「青年靈」的階段，若能清楚他人所處的位置，就能夠包容別人與我們的不同了。

其次談到「業」，它的意義是什麼？「業」就是指我們所做、所說、所想的任何事情。提到「業」的原理，事實上，這個宇宙是非常公平、平衡的，牛頓第三運動律寫得很清楚：「如果在這個宇宙的任何一角落，施加某一種作用力出去時，也必然會有一個相等於此作用力的反應回來給你。」這是一個不變的定律，這個不變的運動定律正突顯了「平等觀」與「因果觀」的觀念（林顯宗，2007a：55-56）。而我們說的業力、業障，都是一種作用力的力量，也就是說我曾經做了什麼，我必須承受這個的反作用力。也因此這股作用力形成你的障礙，這股作用力讓你無法解脫，是這股作用力讓你再回來輪迴。我們所給出去的任何事情的作用力，最終勢必會透過別人身上彈回來，將業力種入自己的心識田裡，這種情況是定律從來沒有例外（吳茵茵譯，2009：40、49、50、74）。此即是佛法所說的造因得果，此乃不變定律，其實這種業報模式是非常科學、非常物理的，我們只有一再的輪迴，不斷的重修這些學科，否則無法解脫。就如新時代所說的，你給出去的都會回到你身上。如果業力是真實的，那麼果發生在我身上的任何一件事，都是來自我曾為別人做的事情的回音，那麼你「就是」我、我「就是」你了。

林顯宗也有類似的說法，他說：過往我們所造的業，造業的習性存在，種子沒有清除，你會不斷的再造業，就會不斷的再輪迴。審判者不是別人，永遠是你自己；受刑的也不會是別人，永遠是你自己，而被譴責、被懲罰的，永遠都是自己，刑期多久也是由你決定。所以無論如何，只有面對自己，面對自己的過往，面對所有的業，好好清除這些業，你死後最後的選擇就是解脫，你可以選擇往不同的星球去。因此，所有的機會都比不上面對自己來得更重要，所以還是面對自己，調整自己的心識，讓自己覺醒、喚醒的時刻到了，讓自己完全的解脫，這是我們死後最好的選擇了（林顯宗，2008：215、224-228）。這個也就是業力的運作方式：業無關乎善惡與好壞，選擇永遠在你身上，要怎麼收穫，先怎麼栽；一報還一報。這就是宇宙公平對待萬物的業力。

新時代思想對業卻有不同的詮釋，它將「業[6]」定義為「統管所有人類情感經驗的強度」，是為了我們今生的修行而設的人間遊戲規則；是每個生命藉由選擇業的功課，以獲得情緒上或學習上的經歷。而「業力法則」，是依循「三位組」來運作（陳麗昭譯，1999a：170-173），三位一組是學習上之過程與單位，係由「正面」、「反面」，以及代表解決之中和成分的「中立」等三種位置所組成，它統管所有人類經驗的本質，是支持業力的基本力量，是絕佳的造業與消業工具。亦即每個生命內在的情感經驗，碰到外緣的事件，大抵會經歷過積極、消極，客觀等三種內在的感情體驗過程，而內在的情感經驗最終必須獲得平衡落幕。究竟該如何圓滿「業」呢？依新時代思想的說法，就是在每齣生命大戲裡，對每個精神體生命都準備了不同的業力課題，藉由外在每件人事物的發生，讓內心經歷各種傷害、起伏的情緒，與對各種事物的感覺，此過程必然會衝擊到每個人的內心，而每一個內在情感經驗的失衡心態，皆須經過導正、調整，讓心境重新回復到中庸之道，以獲得

---

[6] 業分：（一）自業，是為了內在平衡而編的業力經驗，在經歷與消解上並不直接涉及他人，是每一世設定給自己學習與挑戰的功課。因為從中人們學到了某些最寶貴的經驗。以及（二）「與他人之間的業」：係和他人之間未圓滿的功課。

心靈上的平衡，如此業力功課才算圓滿。所以「業力法則」又稱為「平衡法則」。所以「業」不是命運，命運是一種宿命的觀念，你之所以選擇業，其特殊用意在於獲得情緒上或學習上的經歷。

現以減肥的例子來說明業力法則，我們知道業力法則是由「正面」、「反面」，以及「中立」三種位置所組成。「正面」觀點是想減輕體重，認為這是重要的事，真的要付諸行動；而「反面」的反應是：「我沒辦法減輕體重！全因我貪吃，我覺得情況很糟，很想放棄，我是無用的人。」；而「中立、平衡」的觀點則是：「我承認我的體重，不管我的體重如何我都無所謂，我的價值並非由體重來界定。」由此例子來得知業的完結，就是在於對任何問題，內心的情感經驗，不執著於正負的極端心態，不對事物緊抓不放，只要經歷、體驗它，任由它們來，亦任由它們走，要捨棄兩個極端，持入中庸之道，直到接受事實保持中立的態度為止。亦即業之圓滿與否的標準，在於有否學會以平衡的心態來面對解決問題。

業乃宇宙因果法則，任何經驗只要具有一定的基本強度都會被記錄下來，並且製造出必然之事來平衡該強度[7]（陳麗昭譯，1999a：43-44）。身為人類理當了悟，我們的造業是立即生效，同時也是需要平衡回來的，因此我們對業瞭解越深，越有能力完成它，並減少它對我們人生的控制。根據新時代邁可的說法：業之製造、償還方式及何時完結某個業，所有的業力功課永遠基於自由意志的選擇。當完成了所有的業，平衡表出現平衡之際，已是個老年靈，準備脫離此一物質層面的循環（陳麗昭譯，1999a：34）。

新時代賽斯也認為，靈魂是在一個變為（becoming）的過程，縱使在死後，靈魂還是保持著學習與變化的狀態（王季慶譯，1995a：107）；又「最後的」轉世並非結束，還有其他存在的次元，在其中我們在維護生命和意識上有更重要的使命（王季慶譯，1994b：184-

---

[7] 強度（intensity）是個媒介，所有的思想、行為、情感經驗均透過它記錄於阿卡西紀錄。阿卡西紀錄是所有存在層面所發生的一切事件和經歷的完整紀錄。

185）。以上的說法，是不同宗派的見解，其見解雖不盡相同，但對精神體及靈魂進化的提升之說法是相當一致的。因此看似單純的人類生命背後，卻隱藏著神聖的進化之道。總之，自古以來人就生存於永恆的生命之中，無數次的輪迴，積蓄著人世間的修行。輪迴轉世的法則，是為了使人類進化和發展，所有的靈魂都無法脫離這個宇宙運行的法則。

總之，新時代思想認為，靈魂藉著肉體在三次元的物質世界中輪迴轉世，藉由世間的修行，達到精神體生生不息的進化之道，即使靈魂離開肉體之後，即使沒有肉體的存在，精神體仍不間斷地以提昇心靈為目標而努力。而業力的平衡法則是輪迴轉世背後的真理與驅動力，因為業使得功課之學習及發展變得可能，就像貓捉老鼠的遊戲一般，才可以延續幾個世紀之久。然而，最後一切終將得到寬恕、平衡，使你對問題保持中立，業才算圓滿完成，始可繼續前往下一個新的更有趣的功課。

綜上所述，新時代思想的核心信念是：「宇宙和人類精神體皆是多次元的存在」與「人的精神體是依據業力輪迴法則進化」。基於此核心信念，進一步認為：人的內在精神體擁有多次元的心靈實相，生命宛如播種於多次元的宇宙當中；而生命藉著生死輪迴的機制，以提昇精神體的成長，達到進化的目的；為了要玩這一場物質世界的遊戲，讓精神體之學習及發展變得可能，業是必需的遊戲規則。

貳、生命藍圖的意涵與內容

本文基於宇宙與人類精神體都是多次元的存在，以及人的精神體皆是依據業力輪迴法則進化等二項核心信念，建立一套以生命藍圖為中心的人生觀。此生命藍圖人生觀是探討生命源頭的生命哲理，它顛覆傳統思維來詮釋人類的命運，是另一種創造性的系統。我們可利用此說的內容原則來改善人生經驗，對生活中所面臨的困境，能有完整的詮釋與解套的技巧。擬先闡述生命藍圖的意涵，進而探討生命藍圖的內容，包括「生命畫布」與「人生藍圖」等兩大觀念。

一、生命藍圖的意涵

　　目前人類對心靈領域的探討，有很多還是偏重在心理學的層面。一般西方的心理學專家如佛洛依德、榮格…等，他們是不承認有前世今生、輪迴、因果業力，或無形界的存在。事實上，誠如林顯宗所說，如果無法承認前世今生、輪迴、因果業力、無形界的存在，而來研究人類的心靈，根本無法更深入去探討心靈的本質（林顯宗，2009：41-42）。因此，筆者認為生命藍圖的建構也必須植基於上述的兩大核心信念。

　　西方哲學家盧梭（1712-1778）有句名言：「人是生而自由的，卻處處活在枷鎖之中。人以為自己是萬物的主人，卻反而比它們更是奴隸。」我們正在一段永恆無止盡的生命旅程上，為了心靈的進化，到這個星球，學習每個人的生命課題。所謂生命藍圖，指的是我們在另一界投胎前為下一世所規畫的生命藍圖，它多半是由一位或多位比我們更有智慧的指導靈，和準備投胎的靈討論後所完成的計畫，一旦投胎後我們必須完成這些計畫才能回家。但生命藍圖並非消滅我們的選擇性，或完全不尊重自由意志，甚至主張某種宿命論，讓生命徹底統治我們的生活。事實上，我們不僅有許多的選擇性，我們是在「另一世界」規劃出生命藍圖，並選擇經歷塵世中的各種經驗，也就是說，從規劃一開始，自由意志一直是靈魂體驗生命本質的要素，但它並不會與生命藍圖相抵觸（黃漢耀譯，2005b：47-48）。而所謂的「自由意志」，就是讓我們自行選擇輕鬆或困難的方式，是舉止優雅或心懷怨恨？是充滿熱情或懶惰散愁？亦或是關心或忽略？等方式來遵循我們的生命藍圖。

　　所謂的「生命藍圖」，不僅包括了選擇自己的父母、出生的時間地點、種族、性別、我們的心理、生理特質與缺陷，我們的親友及仇敵，選擇有好有壞的感情關係，也選擇我們出生環境的經濟情況和好惡，以及我們可能遭遇的挑戰與困境。當然也包括並加入我們累世一直未學好的部分，以便投胎後可以學習，或完成特定的人生目標。據蘇非亞‧布朗在《來自靈界的答案》書中有說，在靈界討論生命藍圖時，多半會根據前世經驗、

在另一界休養生息的感受及這一世將成就什麼而定（黃漢耀譯，2005b：48）。洛伊·馬提納說得夠詳盡，他說（繆靜芬譯，2009：72-73）：

> 在轉世之前，我們會經歷一段時期。在那個時間裡，我們研究所有的前世，尋找其中阻礙我們學習功課的障礙和陷阱，我們必須加強哪些特質？然後我們繼續在學校接受教育，同時認真培養自己的特質，以及創造力和療癒能力等技能。接著展開那段漫長的挑選階段，選擇體型、父母親、朋友、熟人和其他靈魂。我們與對方約定，要創造一個符合我們意念的人生；我們與這場遊戲的玩家見面，……我們看到自己未來的長相、會有什麼嗜好、會住在哪個國家。這些資訊烙印在我們靈魂的密碼裡，也因此落入我們的潛意識中，然後我們會被引導，一步步走向我們的命運。……現在一切都編碼進了我們的靈魂裡，我們準備跳入那個三度空間，跳入不久後會變成我們母親的那個女人的子宮胚胎裡。

因此，生命本有藍圖，藍圖中也蘊藏有業力功課，有分為自我所要挑戰的「自業」功課，以及和其他關係未圓滿的「與他人之間的業」之功課。大部分的自業係於較老靈魂時經歷的；而大部分與他人有關的業則於靈魂年齡較年輕階段的經歷。而「自業」，即那些自行負責的人生功課和經歷，也就是為了內在平衡而編的業力經驗而設定，在經歷與消解上並不直接涉及他人，是每一世設定給自己學習與挑戰的功課。而自業通常與過去歷史，以及前世帶來的結果或幼時的印記有關，自業有多種層次，凡是認定對自己有益的，或是自己認定不好的每一件事皆屬自業。例如人生的許多經歷即天生屬於自業，個人成功或失敗的感受屬於自業的經驗，因為人們從中學到了某些最寶貴的功課。又如，你也許希望體驗一下成功的巔峰之後隨之而來的喪失一切，並陷入貧窮與失敗的困境；或也許希望在一生中經歷完這兩種極端；或是在連續的兩世中分別體嘗相對的經歷，亦即一世屬於富有而成功，另一世貧窮而失敗；

當然更有意思的是一世屬於富有卻是失敗，而另一世則是貧窮但卻成功（陳麗昭譯，1999a：60-62）。在這個自業中，生命經歷了兩種極端的內在經驗。因此，新時代將「業」定義為「情感強度上的經驗」，而圓滿業力的方式就是讓生命經驗回到中立的觀點上。

誠如《靈魂符碼》的作者希爾曼（James Hillman）的說發，他認為每個人誕生之前，彷彿一粒橡實，一生藍圖早已蘊含其中，只等著落地生根，展開其既定的旅程，實踐其應有的命運（薛絢譯，1998：封面）。總之，生命藍圖早在出生之前就已形成，是根據自己內在的藍圖所設計的計畫，來執行此生的任務。

二、生命藍圖的內容

為了讓大家瞭解「生命藍圖說」的意涵，其中含蓋有不變與可變的兩大部分，那就是「生命畫布」與「人生藍圖」，此兩者也都含藏有業力功課在內。茲說明如下：

（一）生命畫布

所謂的「生命畫布」，是指每個來到人世間輪迴的生命，生前經過靈魂自由意志的選擇，為自己量身訂製一塊適合自己在人世間修行的場域。在出生之前，就選擇好了父母、性別和兒時環境，提供最佳的印記之個性配備，來為這一生設下一個充滿可塑性與可能性的藍圖，以完成你想解決的問題和挑戰，或想要學習的經驗。這畫布內容包括：選擇自己的父母親、兄弟姐妹、出生時的環境，與童年經濟生活等，我們這輩子就被限制在這個範圍內體驗生命。亦即自己今生此世在這個範圍內創造個人的生命實相。誠如賽斯所言（王季慶譯，1995a：64；1997a：106）：

> 當你出生時，你已「被制約」以某種特定的方式去覺知實相，並且在一個很有限卻非常強烈的範圍內來詮釋經驗。……到某程度它是「被設定程式」以某種模式來行為，或因而將以某種模式成長。

尤其是，在每一生內，一旦那出生的環境條件被固定之後，那麼自由意志是不能改變出生時的條件，也就是無法用自己的信念來改變它。例如，你的手可自由地拿起杯子，但是你的手只可在被限制的活動範圍內活動，無法用自由意志力來改變或超出這固定範圍。這「生命畫布」就是我們傳統上所說的宿命，也是世俗所謂的「本命」。許添盛說（周和君執筆，許添盛主講，2004：24）：

> 其實，每對父母在潛意識裡都同意過讓自己的孩子投胎來到人世，而每個孩子來到這個人間，也都有他要完成的理想，且會跟家庭做巧妙的結合。家庭是以心靈完形的方式存在，家中的成員選擇彼此該扮演的角色，以完成這個家庭共同的命運和藍圖。

　　而「印記」是每一世中，你希望確定自己可以擁有一個，能夠提供你最佳機會來處理「業」的個性，這個個性讓你能有機會得到你所渴望的促進精神體成長之經驗。我們該瞭解到每個來地球的生靈，是如何地受制於印記，以決定來世的性格表徵，為了最好的業力功課以及你所期待的專有印記，人們是如何地選擇有相同印記的原生家庭。在《心靈成長－地球生命課程》書中有說（陳麗昭譯，1999a：89）：

> 人類為了要玩這一場物質世界的遊戲，每個生命在每一世出生之前，即已預先選定好一套性格表徵以供這一生之經歷和實驗，而為了執行此一任務所必須的這一套信念和行為，以致我們的身體在出生之際即已經準備好適當的裝備，身上的每一個細胞都記載了與你所選擇的性格表徵有關的所有前世經歷之完整記憶。

　　因此，印記就是你幼年時期首先學到的一套信念系統和強化的行為態度。就因為最強烈的印記源自於你的父母、家庭成員，其次是學校與

社會－同事、老師和朋友。因此，印記是選擇家庭的考量因素，通常選擇一個能夠幫助學習並表達某種性格表徵之家庭，常常選擇雙親之中至少有一個與自己的角色相同以便充當榜樣（陳麗昭譯，1999a：111）。行文至此，或許每個人應該深思，今生此世我們究竟承襲了父母的哪一部份？

在西方國家，我們把學習稱為「蓄意植入印記」，就是在讀一年級的時候，你所學的注音符號、英文字母銘印在心，然後一直跟著你上了二年級；這也是為什麼你到了二年級，也包括現在，你就能夠讀字了。我們的心靈也具有同樣的性質，記錄了生命的最初時刻，一直到生命的最終時刻，或許長度更長，包括了過去世與未來世。這些好壞感受的銘印有三種不同的植入方式：無論何時，當我們行動、說話、思考的時候，就值入了銘印（身、語、意的種子）。那台嵌裝在我們內部的錄影機，也就是我們的心，是全天候開機的。而決定銘印深淺強弱的因素，包括我們的動機、情緒的強弱、對自身行為的覺知程度（項慧齡譯，2001：71-9）。所以，我們所經歷的每一種感受，都是由先前的銘印引發出來的。據醫學上的研究，由父母親傳承給子女的遺傳結構中，對於營造生命所需的所有重要情報，已全部涵蓋在遺傳基因中，淺野伍朗說（淺野伍朗，2009：290）：

> 人體約有60兆個細胞，除了生殖細胞外，細胞核中都有46個染色體。……它是一種叫DNA（脫氧核醣核酸）的化學物質所形成，在各個染色體上，還排列著遺傳基因，它擁有細胞活動所需的遺傳情報。一個染色體中的遺傳基因數目多達數千個，裡頭有讓細胞正常活動以及人類營造生命所需的所有情報。例如長相、身材、體質、對疾病的免疫性等等，全部都是由DNA來決定。

許添盛也說（許添盛，2009b：185）：

內我用來建構肉體的第一個步驟就是「DNA」的形成、作用及維護。
內我有能力透過DNA的藍圖，將整個建構肉體的程式重新發動。

亦即，所謂的遺傳學雖然在我們的身份扮演著很重要的角色，可是它並非遺傳基因中偶發的一連串列為，而是基於生命藍圖的設定而引發的。也因此在架構藍圖時，我們選擇父母與出生的家庭，作為奠立完成此生任務的遺傳基礎。洛伊‧馬提納說（繆靜芬譯，2009：113）：

> 我們每個人都曾經死過數百次－在不同的國家、文化、種族中，也曾經信仰過不同的宗教、學派，曾經貧窮過、富有過，或體驗過介於貧富之間的各種身分。我們經歷過好段人生，而DNA的確負責轉移尚未解決的衝突、壓抑的情緒和不良的影響。……靈魂的任務之一是與同一批演員或不同演員重新創造新情境，帶我們回到尚未解決的衝突，讓我們有機會在當下解決衝突，然後向前大躍進，跨到下一個意識的層次。

目前的科學家就證明瞭人類的DNA裡記錄了我們從宇宙開始，開天闢地到現在的種種歷程。既然DNA記錄了我們過去生生世世的這些記憶，記錄了我們打從宇宙開始到現在整個生命演化的過程，這代表著，我們心靈深處不也記憶了同樣的圖騰？同樣的檔案嗎？而這些檔案在唯識學稱之為「種子」。其實，在兩千多年前的印度所發表的唯識學，當時的時代背景是農業時代，用種子來形容「檔案」這個觀念再貼切不過了。「在人類的心田裡面紀錄了這些種子，而這些種子必定會開花結果，而開花結果的過程，不就是輪迴的過程嗎（林顯宗，2009：43-44）？」林顯宗運用唯識學的種子理論，來解釋生命的DNA，以及輪迴現象，形容恰當貼近事實，筆者甚為認同。

從人類發展理論而言，無論是皮亞捷的認知發展理論，或是佛洛德的心理分析理論，還是艾略克森的8週期論等人類心理學家們的觀點，都

不會否認遺傳基因與生長環境對一個人的生命發展，具有決定性的影響（劉易齋等，2008：42）。劉易齋認為：生命上游的教育時序是在受孕的胎教階段，其教育內涵包括前世業力、基因遺傳、受孕情境、胎教期間父母的情緒、環境薰陶等（劉易齋，2005：177）。又言，人的身心上游是胎教、是父母的基因遺傳、是前世之業力質素，人的整全生命上游是靈識的啟蒙，生命教育之成功，奠基於上游生命的清澈無染、正直無偏（劉易齋，2006：103）。他認為（劉易齋，2005：175）：

> 今日研修或推廣生命教育的學者，大都把生命志業的範疇規劃，……為其所涉的內容，率皆屬人性社會化的下游，緣隸於亡羊補牢的層面，……並非最完善的指引方策。若欲將生命教育導入優質領域，乃必須兼顧生命從胎生之初一直到往生離世的整體過程。

由引文中得知訊息，就是生命教育的重要基礎，必須奠基於生命上游的胎教、父母親的遺傳基因，還有前世的業力功課，是生命的靈識啟蒙。因此與本文所稱的「生命畫布」的印記、遺傳基因、與所含藏的靈性業力功課，與劉易齋的「生命上游」理論的構成內容，有相通的說法。

美國著名的心理治療師Daphne Rose Kingma在其所著《創造真愛》一書中明白的指出，生命藍圖中的生命畫布寓含著靈性的課題，以下內容幾乎將生命的課題完整地、一覽無疑地呈現出來，她如是說（黃秀慧譯，2001：54-56）：

> 每個人都有一個生命主調，源於童年時經歷的某種極端嚴酷的困境，其後便形成一個痛苦的場域，以它為圓心引著你終身的煩惱困苦。顯著的生命主調包括：忽略、虐待、遺棄、過度干涉、漠視、情緒剝奪，這主調在童年時創造出來，而在成年後的關係裏重現。……我們一再重演這樣的生命戲碼，是為了瞭解它，得知

它發送的訊息，學會它要教導的東西。……教導我們……鼓勵我們……學會如何去愛。……不論你的童年創傷是什麼，都會成為一種主調，你將花上一輩子時間去辨識它、和它打交道、超越它，……我們一直想要解開生命主調之謎，解開它的神秘，回到我們的內心之家。

亦即我們的童年的經驗形成我們生命的主調，生命就一再重複演奏著這些相同的旋律，目的就是要幫助我們學會靈魂所要教導我們的功課。我們必須要開始覺察到童年經驗與我現在的命運、個性、人際關係都有著密不可分的關連時，每個人才有機會踏上療傷的路途。不妨看看我們生命裡過去的經驗、許許多多的制約為我們創造出什麼樣的世界，我們又該如何協助自己解除不要的印記與突破童年制約，找回失落的能力，伸展人生，成就生命最大的可能性。總之，每個生命選擇在地球上的家庭，大都是基於父母在基因方面的貢獻，以及他們所能提供的特種制約和印記；但有時也純為業力因素而選擇父母。這就是我們生前為自己所選擇的一塊生命畫布。

（二）人生藍圖

雖然在人間發生的每一件事情，都已經在內心的心靈已有藍圖，但這些戲碼並非完全命定。這就是說生命並不全是命定的，因為尚有一個非宿命的部分，那就是人的命運並不是固定不變的藍圖，只要能轉變心念，命運會隨著每個當下的變化而有所變動的，只要自己願意改變，每個人隨時都可以改變自己的命運，這就是所謂可變動的「人生藍圖」。

「人生藍圖」指的是當靈魂決定經歷另一次肉身時，有自己此生要完成的任務與人生課題，因而為此生規劃了藍圖。而人生藍圖有七大選擇，包括家庭、愛情、健康、財務、事業、社交生活、靈性等七個面向（法藍西斯張譯，2002：38）。每個生命有可能選擇一條或多條「生命主題」，是我們靈魂在進入此次肉身前所決定的，它不只基於前生未

完成的課題，或是基於今生設定所要努力的方向。一旦決定成為我們主修的學分，這個領域的事將令我們頭疼不已，也將會是我們必須迫切去學習的。如果你覺得對某人既羨慕又嫉妒，好像他永遠比你幸運。那麼請記住，把人生當作一場挑戰，「每個人」都在為自己的「選擇線」奮鬥不止，只是某些人把他們的掙扎藏匿得比較好，沒讓你觀察到而已（黃漢耀譯，2005b：52-53）。洛伊・馬提納提到（繆靜芬譯，2009：68）：

> 人生有意思的地方在於：我們有這麼多選項，然後最後，我們帶著某個意念－精通某些特定主題、學習功課或考驗自己－來到人世。……此外，這點也適用於與他人的關係。這些是建構在「業道報應」的共同創作，目的在解決前世未了結的事情，因此有必要落入「施與受」的業力法則中。

所以，人生藍圖的設計師不是別人，而是自己。當靈魂在撰寫人生藍圖時，在每個選擇與決定背後都有一層很深遠的目的，然而當在人間依此藍圖付諸行動時，或許並不瞭解為什麼，但靈魂終究會明瞭，而且在返回實在界後也會恍然大悟。因此，我們與生俱來就具有動機，就具有動力要完成自己所設計規劃的人生目標，沒有人－甚至我們自己－可以干預生命主題和即將展開的人生藍圖。有時候，我們甚至可能會卡在人生的某一個或某幾個面向，而無法前進，有些主題需要多次轉世才能精通。

人生藍圖的生命主題人人不同，想要知道自己這一世的生命主題是什麼？不必總在外面探索，應往「內心深處看」，當你處於人群中，內心出現衝撞或在心中產生迴音，那通常就是你此生的主要課題。如果你真誠審視自己的生活，一定可以辨認出七條「選擇線」中你挑選了什麼。花點時間去尋找是值得的，這樣才不會怪罪某種不可知的黑暗力量，把你搞得天翻地覆，再怎麼努力都做不好，原來那就是你挑選出要在此生好好修習的挑戰功課（黃漢耀譯，2005b：54）。

就如林顯宗所言，每個人選擇來輪迴轉世的時候，他們會自己設定一些功課、一些業、一些障礙，必須去跨越、必須去成就，或者來人世間圓滿他們的心願，成就他們一些偉大的想法，當回到靈魂的殿堂，大家會彼此讚嘆，彼此感恩，而不是仇人、敵人了，你們會瞭解這一切只是為了成就彼此，化身成不同敵對的狀態，然後互相成就，所以在那裡已經沒有敵我的分別，沒有美醜，沒有對立的問題，一切都是合一的，只是為了演這場戲，我們成就了彼此（林顯宗，2008：210-211）。也誠如伊莉莎白‧庫柏勒所說，生命藍圖讓我們「瞭解有時候發生悲慘的事情並不是個人的錯」、「明白人生有時並不能隨心所欲，有時候萬事自有天定」（張美惠譯，2006：6）。基於此，人生有時候是無法用常理來解釋所出現的人事物，而是要以生命藍圖的設計原理來詮釋與解套。

以筆者深入的探索與研究，認為「生命畫布」與「人生藍圖」這兩部分，究竟能否以第四章所說的「信念創造實相」的原理來改變它呢？由於生命是一直處於「變為」的狀態，也在不同的次元與時空，皆持續在創造生命實相。因此生命若處於靈魂的狀態，因為它是超越時空的，並不受限於肉體與生命畫布的範圍，是可隨時依據信念創造實相的原則，持續地學習，並可依自由意志隨時改變生命信念，以設計「生命畫布」與「人生藍圖」的計劃，為來世的輪迴作準備；而當生命是處在有肉體狀態時，一旦選擇了今生此世這一塊的修行場域後，是不能以自由意志的信念原理來改變「生命畫布」的內容物；但在「人生藍圖」裡頭，因為在三次元的物質世界，我們是根據信念以形成自己的身體、人生經驗，及所有與自己有關的一切。因此，由信念所建構而成的人生藍圖是可變動，因為我們可隨時改變我們的信念。又基本上，靈魂並不會設計超出其能力範圍的僵局，也不會交付我們負荷不了的超級任務，所以我們的命運並非固定，人生其實還是大有可為的，自己就是命運的創造者。以上是筆者的淺見，分享給讀者。

總之，每一生所精心安排與設計的「生命畫布」與「人生藍圖」，係根據生前擬訂今生所要完成的業力功課，以及那些尚未完成的部分所

計劃的，因為是每個人為自己量身訂製的生命藍圖，所以絕對是每個生命最完美的設計。它是基於生命崇高的目標，來設定今生此世的經歷，並不是強硬加在我們身上的，是生前自由意志的選擇，是精神體懷著偉大的自發性與無限的喜悅來進行的，目的並非是報復、折磨人的業障或報應，而是無怨無悔的體驗。假如我們瞭解到生命藍圖的究竟真相，將有助於我們找出今生所面對的困境與衝突，體悟人生中所經歷的際遇，並非隨機出現的，其背後含藏著靈性的課題，一切都是來自自己生前的設計。我們可以據此加以自我檢視，以開闊的心態面對生命中的難題，並確保今生此世沒有浪費時間，而身處塵世這個艱苦的學校中，讓靈魂的永恆之旅充滿最大的可能性（黃漢耀譯，2005b：49）。

綜合本章，筆者對生命藍圖的基本假定是：宇宙與人類精神體都是多次元的存在，以及生命遊戲遵循業力輪迴法則讓靈魂獲得進化成長。基於上述假定，本章說明了生命藍圖的意涵與內容。若能將生命藍圖的信念內化，並應用在我們的人生當中，就能讓我們心靈獲得安頓，安身立命地活在當下了。尤其：

1、當瞭解宇宙是多次元的存在，以及人的本質是永生的靈魂時，生命終於有所定位，也建立了正確的人生觀與價值觀；

2、當了悟生命是以成長進化為宗旨時，就不會盲目追逐外在的物質，也將懂得充實內在的心靈智慧；

3、當了解生命誕生在地球並非偶然，並了解這人生的一切早已寫在生命藍圖時，就能明白此世生而為人的目的與任務，生活中也有了依循的方向與努力的目標了。

第七章　以生命藍圖為中心的個人修持

接續第六章有關生命藍圖的核心信念及其意涵等一連串的探討，本章將進一步說明此生命藍圖的理念與架構如何應用於個人的日常修持中，幫助解決人生中不同面向的問題。其主要內涵有：1、往內探索認識自己；2、自我覺察內在心靈能量；3、負面情緒之釐清與釋放；4、破除我執與分別、保持彈性等四點。分別闡述如下：

壹、往內探索認識自己

古希臘人在戴爾菲神殿上刻有「認識你自己，凡事勿過度（傅佩榮，2003：60）」這幾個字，一直提醒著世人要認真地思考：「我是誰？」這是古今中外所有人類終極探討的哲學問題，也是人到某一階段會很自然浮現的問題。以下就透過內在靈性自省、認識多次元的自己、我享受自己前生的回報等三點，說明如何認識自己：

一、透過內在靈性自省

俗語說：「愚癡的人，一直想要別人瞭解他，有智慧的人，卻努力地瞭解自己。」而去瞭解真正的自己是指自己對靈魂實相的覺醒。此種自覺必須在自我心中發現，是一趟自我探索的路程，無法由外在世界去發現，別人也無法告訴你。

而認識自己是誰，是需要靜思默想與安靜的時間的。因為人在孤獨時，才能對生命做最深刻的沉思。獨處的時間本身就是你能創造的重要時間之一，這並非是狂思亂想的時間，而是什麼都不想的寧靜片刻。保持單獨，靜靜坐下，讓你在身體、情緒和心智上休息，你將獲得一種逐

漸清晰的自我覺知（羅孝英譯，2007：73-74）。歐林也說：「內心平靜是與你更深的自己連繫（王季慶譯，2002：132）。」其實人的本質就是單獨的，我們單獨來到這個世界，我們離開時也是單獨的。而這個本質是寧靜、和諧、自由的。新時代歐林在《喜悅之道》書中有說（王季慶譯，2002：20）：

真正的喜悅是來自內在導向的運作，而認識你是誰。

這裡的內在導向，就是內在的靈性運作，而不是以外在的個性導向來運作你的人生。一旦你與你自己更高或更深的部分接上了頭，所有的愛與智慧，平安與豐盛，便會自發地流露出來。漸漸地你不會再覺得孤獨，反而常在靜默獨處時體會到內在聯繫的滿足。只有在那時候，你才知道你自己真正是什麼（陳建志，1997：32）。因此，唯有透過安靜地自省內在的靈性，才能知道自己是誰，而且也唯有往自我內在探索，才能使生命覺醒。

二、認識多次元的自己

本書第六章提及人的本質是永生的靈魂，是超越時空的存在，其內在有多次元的心靈實相，生命藉由肉體的輪迴轉世，讓精神體的靈性得以提昇成長。一般人所認識的自己只是目前的肉體生命，然而生命的本質是一股中性、無分無別的能量體，其存在超越形體生死的存在，它攜帶著每個前生的記憶，這就是「多次元的自己」。

因此，要認識真正的自己，必須揭穿幻相的面紗，才能認清生命事實的真相。我們已不僅是一、兩次轉世到這人間世界的生命存在了，在自身靈魂記憶寶庫中，記錄著過去幾十、幾百個文明時代中轉世的經歷。肉體生生世世一直在變，不管身體如何毀壞或死亡，賺多少錢，不管人生舞臺是怎麼地變換，靈魂卻生生流轉不斷在進化，永無止盡。

每個個人都在進行一齣內在的戲劇，一齣「心靈劇」，在這些人生大戲裡，多次元的內我透過各種角色的扮演，而得到更多的學習與成

長，為了學習無條件接納自己和他人，在我們的生命藍圖計畫裡，邀請來生命中所有的演出人員，再由自己擔任導演、分派角色，演出整齣戲。在世上輪迴的每個生命，都是具有導演、編劇、演員、觀眾集四位於一體的身分，我們即為這種「多次元的自己」，就是創造並自導自演這些「宇宙教育劇」（王季慶譯，1994b：185）。我們來此是為了經驗、進化，到最後是為了更成為自己。

　　所以，一個「完整的自己」是同時擁有肉體與多次元的人格，那就是「我」目前這個生命，是同時存在於這個人生之內和之外，也就是同時生存「在兩次人生之間」，又「在人生裡」。自己內在有著多次元的心靈實相，同時活躍在多重的時空中，是同時存在的，是不受約束的，所有的時空都是幻覺，都是被三次元中的自己所區分出來的，每個人必須在戲的三次元背景的限制中實現自己的生命藍圖。

　　我們的生命是藉假修真，所有物質層面的一切事物都是幻相，包括肉身、每一世的人格，甚至是你週遭一切堅固的東西。幻相有如一層面紗，使人們比較容易相信自己置身其中的遊戲，也因此可以磨練生活技能，完全地融入這戲碼，透過這個歷練，得以挑戰自己（陳麗昭譯，1999b：49）。因此，每個人在出生之前，選定了自己的角色，並且決定了自己的國籍、種族和父母親。在世上的名字、年齡、職業、種族、宗教信仰，都是一種假相，它們僅僅代表我們自己在某一特定時空下，所扮演的特定角色而已。而個人生命的真相究竟是什麼？伊莉莎白‧庫柏勒說（張美惠譯，2006：26-27）：

> 你的履歷表，居住的地方，成績，錯誤，軀體，角色，職銜並不等於你。因為這些都是可以改變的，你的某個部分無法定義也無法改變，永不會失去，也不會隨著年齡、疾病或外在情勢而改變。這個部分是你與生俱來的，活著與死去都會隨著你，那是奇妙的獨一無二的你。

陳建志也說（陳建志，1997：32）：

你不是你的性別。你不是你的年齡，你不是你的身分或地位，你也不是你的肉體。當這些貼著標籤的形影都不在了，你還在。……閉上眼睛，想像你的身體只是你所穿的一件衣服。當你漸漸放鬆時，想像你脫下這件衣服，或是你從衣服裡輕輕溜出來。那時的你是誰？

布萊恩・魏斯說得更深入透徹，他說（譚智華譯，1992：198-199）：

我們並不只是活在肉身的數十個寒暑，而是我們活在一個千萬年的時間視框裡；當我們說「看遍一生」，並不只是回顧眼前這個肉身的一生，而是把千年萬年的一生一生翻轉著看，像瀏覽著千年的日記。所謂的「我」，突然化身為千千萬萬，時而為高官，時而為奴僕，時而得意一生，接著可能窮塞一輩子。在一個「一生」裡，我們只看到一個「我」。在缺乏「前世觀」的視框下，我們總是固執地把這一個「我」緊緊地懷抱著，把它過度地認真對待；可是，一旦把這個「我」放在縱觀千古裡的眾「我」們來看，它只是我們恆古生命中的一個人相。於是我們把自己放在「不止一生」的觀照裡，「我」突然被提升到一個較高智慧的位置來觀想—那是一種超越生死的解放感裡。

總之，這個物質世界就是個人生命最好的修行場所，賽斯有句頗耐人尋味的話：「夢並不比你的物質生活更幻覺化。就你作夢的自己而言，你醒時具體的自己才是個作夢的人：你是它派出去的作夢者（王季慶譯，1995a：185）。」這就像是世人常說的：人生如夢，夢如人

生[1]。假如每個地球上的演員都能清楚地看到自己是被道具所包圍，當他的洞察力突然刺穿了戲劇表面的實相，這就是佛學所謂的「知幻即離」，就是知道一切都是虛幻的人，就是開悟之人，也就能離苦得樂，不再受業力輪迴之苦了。

三、我享受自己前生的回報

當每世輪迴完結了，你擁有你所有前生的全部知識，那些資料、經驗和能力就在你「當下」的手邊。據史蒂文生的證據證明瞭：我們這一生的「我」是過去累世複合而成，只要好好思考一下「重生」資料，就會發現我們的人格背後存在著一個多層次的存有，沿著累世的各種經驗逐漸建立起來的（廖世德譯，2008：14）。例如，由經驗的角度來看，有些天才兒童的優異稟賦是令人讚嘆的，像莫札特這樣的音樂神童，如果不靠前世修行，如何可能出現，所以自己享受前生的回報。一如本書第四章的「當下是威力之點」，賽斯說（王季慶譯，1991b：568）：

> 你有一個巨大的「資訊和經驗之池」可供汲取，但你必須按照目前的有意識的信念去利用它。如果你瞭解威力之點是在當下，那麼，你就會有一個聽你指揮的無窮盡的能力與能量的領域。

也因為內在多次元的自己是同時存在、是互通的，你汲取「他們」的知識，就如「他們」汲取你的一樣，彼此間相互的作用是在你轉世自己的「當下」進行的。也因為生命是一種內在經驗的累積，如果我們知道今生的失敗、短處，有一部分是從前生而來，也不用為自己的缺點太責怪自己；同理，我們也不用為自己今生的成就太過誇耀自得，太恃寵而驕，瞭解這些真相，這真的會讓人大大的解脫。生命只是一段學習自

---

[1] 《莊子》（齊物論）莊周夢蝶的夢幻人生，從前莊周夢見自己變成蝴蝶，真是一隻自在飛舞的蝴蝶，十分開心得意！不知道還有莊周的存在，忽然醒過來，發現自己就是一個僵臥不動的莊周。不知道是莊周夢見自己變成蝴蝶？還是蝴蝶夢見自己變成莊周呢？金剛經：「一切有為法，如夢幻泡影，如露亦如電，應作如是觀。」

我成長的歷程，重要的是，我們應該經常停下生命的腳步，靜下心來，誠實地面對和整理自己的內在生命經驗，對生命的過往與未來的方向，自然能通透了然於心，才能安排自己下一世想要過什麼樣的人生，決定下次投胎的計畫，而這些都必須透過對自己內在有更深的了悟和體驗才能辦到的。

　　總之，認識完整的自己，是認識宇宙整體的關鍵，也是成長的第一步。當每個演員去認識自己內在本體，接受自己的存在是多次元的，也就是走向回歸自己本源之路了，這就是所謂的覺醒。而開悟其實就是在同時間體會到兩個實相，一個是物質的實相，另一個就是心靈的實相（張鴻玉，2008a：189）。世人皆是人間過客，為了學習，我們自願來此生，也要記得常提醒自己：「我在此實因我心所願，若非尚有事未了我是不會在此，切勿擔心不是活在應該的地方；假如這不是我應該在的地方，此時的我應會在別處（陳麗昭譯，1999a：319）。」不管在那裡，我們都是一個旅行者，旅行在一個充滿永恆的、變化無窮的「生與死」之間。因此，我們要好好享受人生的旅程。

貳、自我覺察內在心靈能量

　　探索生命認識自己，應帶著意識、帶著覺知往內探索，而真正的老師就是自己內在的覺察力。覺察的目的就是深入潛意識，去看清楚自己的內在心靈狀態，之後再選擇有益自己的想法、觀念、或行為模式，作自己的主人，不再像過去被自動化的反應所控制著。一個人的覺察能力愈敏銳，反省能力也會愈強，就愈能掌握住自己的生命價值與信念，並且運用豐沛的生命能量，走上喜悅富足的生命道路。擬分下列三點詳述之：認識能量的本質、能量的阻塞與疏通，以及善用與提升能量。

一、認識能量的本質

　　據陳國鎮的研究指出，生命是具有多重結構，除了身體、心智、心

靈，還有能量與資訊等層面，它們彼此緊密結合在一起，才能表現奧妙無比的生命現象（陳國鎮，2003：11）。一如本書第四章所述，我們的思想、情緒是以能量、頻率的狀態存在，能量系統包括經絡、脈輪、氣場（形態場系統）和丹田。我們的身體非常倚賴能量代謝，這樣的代謝日夜都在進行，就像屋子裡有電流不斷流動，我們的身體裡一樣有能量不斷在流動（繆靜芬譯，2009：216）。關於「氣」即「能量」，還有能量的通道「經絡」，這些詳細內容在本書的第一章中已有詳述。如果我們對能量還不能瞭解那麼深入、那麼全面、那麼透徹的話，可以直接透過與別人相處的感覺就知道了。比方說，你跟某些人在一起，覺得他很熱情、很溫暖，他的生命就流動著溫暖熱情的能量；如果某些人很冷漠、很退縮，他所散發的就是一種冷模封閉的特質，這就是能量。許宜銘也說，每個人的生命型態就是一種能量型態的呈現，而最根本的能量卻在我們的內心深處，這就是為什麼我們的腦子明明知道有很多事情必須要做，卻無法去實行，那是因為思想的能量是最少的；而有些人在生命遭遇巨大的轉變，經過大起大落、大悲大喜、生死關頭的時候，內在情緒及情感有巨大衝擊以後，他整個行為思想就會發生巨大改變（許宜銘，2006：142-143）。

就如本書第六章所述，據物質能量不滅定律，人類靈魂的意識，靈魂的能量都是永恆不滅的。來自念力的精神力量，像電輻射一樣，形成不同的精神能場。在那裡，精神、力能、物質合為一體，因而產生四大和合的心相。而同一層次的精神能場，相融相即如磁吸鐵，構成一個大環境的氛圍，這種氣機相引的作用，《易經》叫作「方以類聚，物以羣分。」佛家叫作共業，榮格叫作集體的念力（李杏邨，1991：214-215）。

聖嚴法師在《正信的佛教》書中有提到：人間眾生的造作業因，具有善惡，是有輕重的，人在一生之中，造有種種的業，或善或惡，或多或少，或輕或重。因此受報的機會，也有先後的差別。所以，人在一期生命的結束之後，朝向輪迴的目標，有著三種可能的引力，分別是隨重，隨習

與隨念[2]（聖嚴法師，1994：42-43）。而創立和氣大愛手的周瑞宏也提到生命的歸宿，有相同的說法，他說當人類有肉體的時候，可以站在地上，不會飛走、飄走，這是拜地心引力所賜。等到肉體一旦沒有了，就只剩下靈體，也就是靈魂。而靈魂就是能量，就在肉體不堪使用的那一刻，就會受到虛空中各種引力場的牽引而去。如果整個生命體中，憤怒的能量佔大多數，就會被憤怒大能場吸過去；如果是擔心害怕、抓著不放的能量過高，同樣地，也就會往擔心害怕的大能場去（周瑞宏，2006：164）。因此會有：「人的生命臨終時，最後一念與母親相應，最後一念快樂的人就會進入一個快樂母親的子宮」；也有「生命不是用我們呼吸的次數來衡量的，卻是決定在你停止呼吸的那一刻」之說法。這就是所謂的「物以類聚」，是天地宇宙間運行的能量法則。

　　總之，人的性格、情緒、行為、舉動，所有的一切都是生命能量的展現。世間所有一切都是能量的交流，能量就是能量，它不會消失，也不會減少，它只會從一個地方轉變到另一個地方。因此，內在心靈能量是我們人生最大的財富，就在於我們如何引導、善用它。

二、能量的阻塞與疏通

　　如上所述，生命所有身心靈的層面，包括我們的思想、情緒也是以能量、頻率的狀態存在，自是相通且互相影響。現代社會常有許多文明病或慢性疾病，據研究這些都跟生命的能量受阻有關，若從生物性的生理角度來看，一個人的氣和能量會在身體各個部分流通，如果這些能量沒有得到適當的紓解和保持流暢，它會轉化成為肉體的一些障礙與疾病（許宜銘，2006：140）。如果在其中一個部分被卡住，使氣無法貫

---

[2] 第一是隨重：一生之中，善業比惡業的分量重，便先生善道，善道的天業比人業重，便先生天道；如果惡業比善業重，便先生於惡道；惡道的地獄業比傍生業重，便先生於地獄道，受完重業的果報，依次再受輕業的果報。第二是隨習：人在一生之中未作大善也未做大惡，但在生平有一種特殊強烈的習氣，命終之後，便隨著習氣的偏向而去投生他的處所，所以，修善學佛，主要是靠日常的努力。第三是隨念：這是在臨終時的心念決定，臨終之時，如果心念惡劣，比如恐怖、焦慮、貪戀、嗔惱等等，那就很難不墮惡道了。若染重大的惡業，種種臨死的心念傾向，便可使亡者不致下墮，這是佛教主張臨終助念佛號的主要原因。

通，氣便會不斷衝擊此處而產生熱，這些熱又會使這些細胞變質，就會造成所謂的癌細胞，變成惡性的腫瘤。據艾克哈特・托勒說（梁永安譯，2008：9、53）：

> 我們人類受苦的另一根源，是痛苦之身：痛苦之身是我們內在的一個能量場，它是我們過去未被合理的表達和適當的釋放，……都將殘留下來，並潛藏於你內在，與你共存。……因而累積下來的負面情緒能量場，堆積在心智與身體上，形成一個負面的能量場，即所謂的「痛苦之身」。一旦外在的事情不順利，或是有相關的人事物啟動了它的時候，它就會甦醒。

也可以說生病是內在能量互相衝突、沒有整合所形成的症狀。當我們面對原來沒有處理好的事，執著於僵化的想法或情境，此時心念的衝突也會以能量的形式在肉體上顯現出來，造成能量的阻塞。有關身體能量這個議題，班・強生博士也說（謝明憲譯，2007：148）：

> 我們現在正進入能量醫學的時代，宇宙中的一切事物都有一個頻率，你所要做的只是改變頻率，或者創造相反的頻率。要在這個世界改變任何事，就是這麼容易，不論它是疾病、情緒問題，或是其他事情。

也就是說，不同的信念與情緒，自有其不同的能量與頻率。一旦我們對病源產生較高的覺察力，開始釋放舊有的思考模式時，讓阻塞的能量疏通，所謂的病才會連根拔除。如果病人沒有真正解決患病的內在原因，那麼一種病治好了之後，另一種病又會生出來取而代之。為保有生命的健康終究要學習，覺察自己的起心動念，以及身體反應所透露的訊息，重新打開被阻塞的能量，讓內在的負面能量得到暢通的出口，重新面對、接納、整合的自己，才能夠踏上自我療癒（許添盛，2008：135）。

一個人投射出來的能量很重要，尤其，在這宇宙的大能量場，人際互動中，散發生命光明和正面力量的人，會重新啟發我們內在青春活力的訊息。人天生就討厭跟只會投射負面能量的人為伍，如果負面能量投射在身體上，往往會令人悲傷沮喪，會造成身體病痛；若投射在人際關係上，較易引發爭執產生衝突；尤其，每個人所送出負面情緒，就是在助長整個宇宙中的負面大能量場。想法能夠直接主導能量，能量是跟著人的想法走，內心想什麼，內心的能量就專注在那件事上。所以許添盛也說，若是比較傾向負面思考的人，因為所付出和接觸的都是負面的能量，呼籲最好別去探病（周和君執筆，許添盛主講，2004：135），以免加重病人的病情。

　　有了這樣對心靈能量的認知後，就要運用這些覺察力來具體落實在日常生活中練習，開始作覺察的功課。首先要覺察的是，從我的身體狀況透露出什麼訊息？從我們生活中發生的一些事件，以及透過與人互動的關係和互動方式，來覺察，看看為什麼遇到某些事情，自己就會特別不舒服？為什麼聽到某些話語，就會感覺到傷害？為什麼我的生命在此刻發生這些人、事、物？只要有意識地往內省思，大都會清楚自己內在能量阻塞的問題所在。總之，生命的課題就是藉由身體與人生經驗，來傳達內在的能量狀態，而每個人也藉由覺察來疏通阻塞的能量，對自己有更深入的認識與瞭解。

三、善用、轉變與提升能量

　　若要正確感知內在心靈能量，就要先學會讓自己內心平靜，離開你的頭腦、感覺和情緒，變成空白的螢幕，以便解讀進來的印象（羅孝英譯，2007：29-30）。若要清楚分辨自己內在的能量，就是不要替能量貼上標籤，放下內在是非的框架與批判，而放掉批判是為了讓自己不受別人能量的影響。每個人應瞭解，其實能量的本質是中性的，並無正負好壞之分，通常只是人們給它附上自己的意義而已。

　　我們內在的心靈能量是永無止盡的，也是我們此生最大的財富，

但我們卻經常忽略它的重要性，也不懂得如何去使用它。克里希納穆提建議我們轉變能量的方法：那就是在平常生活中，不要因為別人說了什麼話而生氣，要知道生氣就是生氣，生氣只是自己的情緒表達，但是不要把它貼上標籤，誤以為是「負」的能量；又如果我們把生氣的原因歸咎到別人身上，認為是別人讓你生氣的，那能量就會從我們身上跑掉，轉移到對方身上，這個時候等於告訴自己我沒有力量，對方是有力量的。此刻請告訴自己，生氣這個經驗是發生在自己身上的，是自己的事，並不是他人的事，能量就會重新回到自己身上，若將焦點放在自己的身上，才是屬於自己的能量，也才能自由地運用此能量（陳文君譯，2001：166-167）。

此外，我們也可以運用心靈能量來提昇我們的人際關係，在人際關係的互動中，我們該如何處理那些耗損你能量的人？首先，要明白若沒有自己的允許，他人是無法汲取你的能量。你必須非常清楚地告訴自己：「我不要讓這些人降低我能量，我不再接受他們的生命責任。」這樣你的能量就不會被耗損，你也可以送給他們愛與和平的想法，那也會幫助他們（羅孝英譯，2007：228）。又如果你傾聽旁人的怨言，傾聽他們的負面情緒，你就是讓自己處在一個受他們較低能量影響的地位。當你碰到人們在抱怨的時候，你可以不必傾聽，儘管對他們說：「請別說了。」學著用你的聲音去制止他們的這種能量。你其實是可以一個更高的方式與他們結交的，可以引導式地問他們想要什麼，他們要往哪裡去，使他們重新集中焦點在上面，如此你也等於為你保護自己的能量而不受別人影響。

又假如你有一些很難原諒的人，那麼假裝你下次對他們說話，就是他們離世前最後的機會。注意你會如何開始看見他的美好－他的光，他的存在和他的愛。看見他並非真心傷害你，他的作為是因為他的痛苦、迷惑和缺乏清晰。或許你恰好觸碰他的按鈕，而他就像機器人一樣回應了內在的程式和痛苦。用這個更高的觀點來看，和他們創造更高和愛的連結，你會發現放掉你的痛苦並從更高的境界出發容易許多；還有對於

你不會再遇見的人，用心靈感應方式告訴他們，你全然地原諒他們，送愛給他們；如果當他們去世時，你們之間的憤怒還存在，你可以透過靈魂送給他們原諒，他們的靈魂會收到的（羅孝英譯，2007：156-157）。

同樣地，如果我們心存報復別人的心態，如此就是在耗掉你的時間、心思和能量，並延長了這些過程，讓別人得到更多的力量。只要某人一直是你注意力的焦點，你就是在告訴他們，他們在你生命中的重要性，和他們對你是有影響力。畢竟，對人最大的侮辱不是怨恨，而是冷漠。尤其，不要勉強自己要原諒別人對你所做的傷害或每件事，以為寬恕才能找到平靜，請不要讓這種不合理的期望將你困住，此時可藉由祈禱將此事交給造物主，並同時讓自己忙著處理其它的事，因為你的生命中有太多更重要的事情值得去做，你不需要再多浪費一分鐘在辜負你的人身上（法藍西斯張譯，2002：322-323）。總之，學習做自己的主人，我們有絕對的自由選擇我們所讀到和聽到的東西，別讓別人的負面來影響我們的能量場。

當我們瞭解了生命的能量層有同性相聚、同質相吸、同類相投、同氣相生的道理，我們也可以在日常生活中，利用此心靈法則來提昇自己的能量。意即同類的事物會聚在一起，共同磁場的人會彼此吸引，也就是能力、興趣、性格、境遇相近的人容易聚在一起。為瞭解自己是個什麼樣的人，應覺察在生活中那些與之為伍的人，透過這些人將可以看到自己；或者觀察在這一生中，你的注意力集中在哪些特質上，就會吸引有那些特質的人到你身上；平常不僅要盡量待在優秀的環境中，更要主動、積極地與比自己優秀的人交往，所以想成為一流就該接近一流的人（呂理州譯，1999：15）。因為這是一個物以類聚的世界，所以你想有什麼特質的人成為你的朋友，然後用心學習，你必須先讓自己成為具有同樣特質的人，你的世界才會住進許多心心相印的好朋友。

總之，身心靈三位一體，生命的力量在內不在外，一個完整的生命，必須整合自己內在的能量，才能掌握真正的健康。人終究是要面對

自己，在自己的心上作工夫，時刻自我覺察與洞察瞥見真相，隨時檢視自己的內在心靈狀態，當瞭解心靈深層的力量，理當學習疏通能量，會自由的使用能量，繼而提自己的心靈能量，如此便能掌握生命的主權，而不是讓外緣來操弄我們的命運。

參、負面情緒之釐清與釋放

我們知道情緒是能量的一種，是一股非常強而有力的動態能量，它不過是短暫的能量轉移所造成的強烈生理感覺。要知道負面情緒並不會讓人生病，但如果我們壓抑這股能量，情緒就會展開它自己的生命，這股能量還是會流到別的地方去找出口。以下分三點來說明：負面情緒對健康的影響、釐清負面的感覺或情緒，以及如何處理負面的情緒等。敘述如下：

一、負面情緒對健康的影響

長期壓抑自己的情緒有兩種可能的結果，一種是把自己「憋」出病來，或壓縮在自己的血肉之軀裡面，譬如喜怒無常，情緒不穩定，會造成人體五臟六腑的損傷，也會導致人生病（吳書榆譯，2011：217）。另一種是造成行為的偏差或「不可收拾」的事件，例如宣洩情緒，可能通常會投射到他人身上，可以轉恨為愛。

在這世界上的每個人，因為都是同樣傳統下的產物，內在似乎都有黑暗的一面，或多或少隱藏著一些不為人知的秘密與痛苦。由於在社會的倫理道德標準，和家族父母的禮教的約束之下，我們都曾有過因「不得體」的舉止而被指正的經驗。我們的求生機制會自動啟動，將感覺埋在心底，永不見光明，結果這些被否定的情緒就會變成我們揮之不去的陰影。心理學家榮格（Carl Jung）將這些「陰影」（Shadow）解釋為人的陰暗面（許妍飛譯，2010：58）。譬如說，一個你不喜歡、討厭的人事物，你以為自己看到的是一個事實。而真正的事實是，它只是自己生命裡的一個投射，它可能與你生命裡的某一段經歷有所關係。例如，每

當你吃到波菜時，心裡就升起一股厭惡的情緒，排斥它或不想吃，這也許是曾經在你小時候吃波菜時，那時候因為某種原因曾被長輩怒斥過，以致於長大每當吃波菜時，就會觸動內在的情緒。事實上你並非排斥波菜，而是在潛意識裡抗拒長輩的責備，讓你內在升起不舒服的情緒。

又如美國的心靈教育先驅瑪莉安娜·威廉森，在《心靈減重班》書中指出，所謂的負面情緒就是心理的垃圾，如果不傾倒，就會生病。也就是說心中沒有除去的內在垃圾重量，就等於是增加身體上的體重；亦即自己尚未見光的情緒陰影重量，這些可能是還沒有去處理的感受、負面想法，或是恐懼的態度與個人特質。因此，我們的身體只不過是一個螢幕，會投射出自己想法中的本質。而體重正是這些無處可去的沉重、未經處理能量的體現；當然也有些人會透過嗑藥或酗酒來表現自我；或透過情緒的崩潰；還有些人會濫交，諸如此類的（吳書榆譯，2011：36-37）。

負面情緒到底會以哪一種形式讓身體表現失調，並不是我們所要重視的關鍵所在，重要的是我們該如何因應背後那些未經處理的痛苦。因此，不管是情緒上或心智上，還有在生理上，不同的系統都必須處理掉這些無形的廢棄物。洛伊·馬提納說（繆靜芬譯，2009：200-201）：

> 我們透過人、事、物不斷吸引或創造情境（因為我們還要從中學習某些功課），直到我們不再因為同樣的事件而變得情緒化，或直到我們學會了那項功課。但如果脆弱不顯現出來，我們就無法認清自己的創傷在哪裡，也因此無法療癒創傷。

由上述得知因為身心是一體兩面的，如果將心理上的負面情緒壓抑起來，也會變成身體的毒素，而毒素必須靠發燒蒸發掉，很多時候發燒是在清除情緒的垃圾，透過發燒把身體的毒素燒掉，把表達不出去心裡的話，把它燒掉。

從生命的修行層面來說，壓抑情緒只會增加修行的障礙。許宜銘認為，有無數的聖人與宗教不斷地教導世人該如何做、怎麼做才是對的，

譬如不能生氣、要心中充滿法喜，要感恩，這些是不需要特別去學習的，那是我們掃除心中的垃圾之後，就自然而生的產物，是不需要勉強的。否則我們一旦不能符合這些教條時，在良心上便不停的鞭打自己，誤以為自己就是不好，不只如此，我們還會再花費更多的能量來企圖改變自己，使自己符合標準（許宜銘，2006：115）。若此，試想人生還剩下多少的力氣去應付更多的挑戰？筆者也認為，很多的宗教和修行，叫人不能生氣啊，不能有憎恨心啊，要寬恕啊，這固然是很好，可是必須要追求內在的真相，而不是假裝這樣，而是要面對身心真實的存在與感受，生命才會踏實，這才是修行的正途。

總之，負面的情緒，並不會讓我們生病，而是把負面情緒阻礙了、壓抑了才會生病。為了身心的健康，人必須先學會認清情緒的本質，進而排解疏通自己的情緒，不讓自己掉入情緒的漩渦中，才會有能力去主導自己的情緒，或進一步提升自己的情緒到另一種的境界。

二、釐清負面的感覺或情緒

情緒既是一種動態的能量，當然它的本質也和能量一樣，是沒有好壞與對錯之分，只是每個人給它的定義不同罷了。由本書第五章得知，我們思考的方式會決定情緒的好惡。而面對情緒的正確心態是，當生活中有一種不愉快的情緒產生時，我們應當承認並且接受這種情緒是自己的，千萬不要把它們掃到看不見的角落，更不要馬上試著以積極正面的念頭去取代負面的念頭。因此隨順著情緒，將會被引領到它們背後的信念（王季慶譯，1991b：343）。一旦瞭解錯誤的信念，會產生負面的情緒，欲杜絕負面情緒重點就在改變信念了。這個部分筆者在本書第五章「由情緒回溯找信念」中已有詳細的說明，此處不再贅述。

以筆者的見解，認為有些負面感覺或情緒，例如恐懼感、愧疚感與罪惡感，壓力感、被拒絕和被遺棄的感覺等等，大都被多數人所誤解，因此特提出澄清，以提供大家參考。茲加以說明其本質如下：

（一）恐懼感

美國文學家愛默生有一句名言：「恐懼起因於無知。」在這個時空裡，我們身體的覺受可分為主要經驗以及次要經驗：主要經驗就是直接以感官方式存在的經驗，如身體與環境的接觸。次要經驗即是透過閱讀、電視，或與他人討論、信件等得來的資料，或過去在我們意識裡潛藏的想法經驗。我們每個人在生活中，能激起我們情緒反應的，不僅是在眼前直接能看得到的東西，還包括我們潛意識裡的思想與畫面。這些東西在時空中時間的長久或短暫，完全由我們所生的念頭或情感的強度來決定，就像是我們內心存有恐懼感一樣。

我們必須要認知到所謂的危險並不等於恐懼。因為危險是我們對於外在狀況的認知；而恐懼是沒有害怕的對象，是一種情緒感受而非事實。當我們認知是危險時，就會運用心智的能力去遠離危險的狀況；但當我們感到恐懼時，例如害怕、焦慮、不安、驚慌失措等都是恐懼的不同形式，往往讓自己覺得是沒有力量、是空虛無助的。因此，在主要經驗中，身體雖處於自然安全的狀況下，但卻可能被來自次要經驗的不安全信號制約了，此時給身體的信號是混淆的，就會表現出缺乏辨識的能力。因為不知道自己究竟是處在真的危險，或想像中的危險裡，於是身心的機制被蓄意破壞了，在身體與心靈之間清楚的溝通線路變得阻塞而不通暢了。也由於身體習慣對一些「假想的」情況作出反應，迫使肉體處於一種緊張的狀態。

那又該如何避免恐懼感呢？那就是，每個生命就在每個當下要去釐清自己是否真的是處在危險或恐懼的狀況，只要不是現在所處的環境有危險，就要引導自己的身心回到當下的意識，如此跳脫心理時間的無形恐懼感，了解恐懼感是沒有根據的，如此才可能讓恐懼消失得無影無蹤。因為每個生命並不止這一世，而是內在已記錄著多世的經驗，也存有過去沒解決的恐懼與害怕，而當下就是釐清恐懼本質的威力之點。張鴻玉說：要知道「愛」只存在於當下，凡是恐懼都與時間有關（張鴻

玉，2007：198）。許添盛也提醒我們，又該如何自我覺察恐懼背後的真相呢？譬如，當面對長官權威的「愛的功課」時，可以試著引領自己往內覺察自己是否有著限制性的負面信念，那就是「我不夠好」、「我沒有價值」，如此自我探索，以便面對更深的自己，由內而外加以整合療癒，生命也許終究會明白，根本沒有外在權威的危險，只有自己內心的恐懼罷了（許添盛，2008：84-85、91-92）。

（二）愧疚感與罪惡感

愧疚感是人性的一部分，一定程度的愧疚感是必要的，否則社會將混亂無序，有時候愧疚感是一種指引和警訊，讓我們察覺自己偏離了信仰，或是逾越了界限（張美惠譯，2006：126-129）。但很多人是莫名其妙地背負著愧疚感長大的，多數人根本不知道自己的愧疚感是被灌輸的，也沒有察覺到自己在別人身上灌輸多少愧疚感。譬如，取悅別人的心態最容易產生愧疚感；或是當一個人想要追求獨立時也會產生；或是有些孩子在建立自我認同的過程中若是遭受失親之痛時，這個時候特別容易產生愧疚的心理。而這愧疚感的包袱竟是如此沉重傷人而且毫無建設性。這時唯有自我省思調整行為，方能擺脫愧疚感。

要知道內心的愧疚感是沒有根據的。當人們憤怒無法向外，沒辦法對侵犯你的人表達憤怒時，憤怒就會向內，變成所謂的負罪感、自責、悔恨、愧疚這一類的感覺。譬如錢被騙了，正常人會對騙錢的人很生氣，假如沒有能力對騙子生氣，就只好將憤怒的能量回到自己身上自責了（許宜銘，2006：197）。又因為過去的某事在內心產生愧疚與自責，必須要認清楚，對於往事是自己在那個當下，處於不同的條件與立場下所作的選擇，任何人在選擇的當時，一定認為那是最明智的選擇了，在當時一定有其用意與考量，沒有人會故意犯錯，除非他想犯罪。因此，千萬別去否認當時的選擇，讓內心背負著愧疚感，這對生命的成長並無幫助。歐林說（王季慶譯，2002：34-35、40）：

許多人對過去的自己懷著負面的形象。每一天你都在成長、進化、學習新方式處理你的能量，然而，要不是由於過去發生的那些事情，你將不會是今天的你。每件事的發生，都意在幫助你進入更偉大的自己。……你過去的每一件事都是為你的好處才發生。

　　就因為我們的生命日日都在持續學習進步中，每當回顧過去事難免會有所不足與缺憾，那也正是代表自己已有成長，是值得高興喝采的。應接受並感恩所有挑戰及過去學到的功課，是這一切帶領我來到我今天的位置。任何的學習是要我們轉變觀念，讓自己不要再重蹈覆轍，也就不必要活在過去的錯誤裡，也不用自責與產生愧疚感了。因此，在每個當下藉由對自己非常誠實的往內反省，接受心中任何的感受，並要清楚內在所產生的愧疚是沒有根據的。

　　對於「罪惡感」，許添盛將它分為「自然罪惡感」與「人工罪惡感」，並且有深入的剖析與見解（許添盛，2009b：24-30），筆者認為可以幫助我們釐清罪惡感的概念。許添盛認為「自然罪惡感」，是當我們觸犯生命的法則、侵犯其他人類的自由與身心、侵害地球上其他生命時，就會產生自然的罪惡感，會自動的失去生命的恩寵感（許添盛，2009b：20）。而「人工罪惡感」是在道德、理性上認為自己犯下罪過，陷在自責或愧疚中，啟動內在的自我折磨，就是恐懼、心慌、良心不安的感受，不會感覺到生命是一個喜悅的過程。一般而言我們常會濫用人工的罪惡感，比如說；賺錢不夠多，沒有辦法讓父母安養天年；會自卑自責、覺得自己沒有價值，這些根本是錯誤、沒有必要的人工罪惡感，我們卻沒有去認出它來，以致內在產生很多負面的情緒。

　　許添盛又說，兩、三千年來，人類在宗教上以天堂與地獄的概念來阻止人類做壞事，在人間透過法律、監獄、刑法來讓人們不敢為惡，效果並不顯著。因為人只要犯下罪行，也理所當然相信「一條人命是死罪，兩條人命也是死罪，」、「反正我已經犯下惡果，就是會下地獄，再多做什麼、挽回什麼，結果還是一樣。」這就是為什麼許多國家要廢

除死刑的原因，目的是「不要讓那些犯下死罪的人為惡更多」。如果人們能回歸自己的心靈，對「自然罪惡感」與「人工罪惡感」有足夠的認識，不做壞事並不是害怕「下地獄」而是瞭解「犯了自然罪惡感，會失去恩寵狀態」（許添盛，2009b：174-175），這才是杜絕犯罪的心靈引導方式。

那麼犯下自然罪惡感之後，該如何化解呢？唯一要做的，深刻反省，並且很真實地告訴自己：「我不再犯，我這樣做事不對的，我不該侵犯別人、侵犯生命。」當宣示自己不再犯之後，便能重新回到受恩寵的狀態。新時代賽斯認為：「一個永生的折磨、永生的責罰，對靈魂是沒有任何的好處的。」人是實習神明，不免會犯錯，從犯錯當中學習和成長才是最重要的。然而知錯能改善莫大焉，「刑事已免，民事難逃」，依據業力平衡法則，你與你所傷害的對方在累生累世的輪迴當中，依舊是無法避開業力法則的糾纏。

（三）壓力感

生活在當今的現實環境，壓力是無法避免的。要知道所有的壓力都是我們為自己生命添加的一種燃料，都只是一場幻化的遊戲，它的目的是讓生命提昇到另一境界。在漫長人生旅程中，有時我們雖看不透命運安排背後的奧秘，但只要我們心中始終存在著對生命的愛與信任，那麼內在所承受的壓力，就能夠轉化為愛的語言與動力，此時，壓力背後的真相便得以還原。依筆者的經驗，人生無時無刻沒有不處在壓力之中，要知道有壓力才有放鬆，而有益、建設性的創造性壓力會讓自己成長；若完全沒有壓力，人生得過且過，生命就會停頓，甚至會使人衰老。因此，適度的創造性壓力，是可以接受的。如果壓力來臨時，就接受它、不要抗拒壓力，善用壓力讓自己提昇。

而處理壓力最好的方法，就是在事前做最好的準備；在事情過程中做最大的努力；而在事情的結果上做最壞的打算。也就是任何好壞的結果，只要是盡最大的準備與努力後，對於所得到的結果，無論有否如

預期都要學習放下。而面對任何一件人事物發生，要調整我們該有的正面心態，就是要將人生視為一條永無止盡的學習路，把焦點放在「在乎過程」而「不重視結果」上，生命的重點是，「任何事讓我們學習到什麼」而不是「得到什麼」，這才是學習與壓力共處的正確人生信念。

（四）被拒絕和被遺棄的感覺

我們也曾在與父母、家人、配偶或朋友的互動中，常會因為別人不經意的一句話或行為，竟讓我們莫名其妙的產生被拒於千里之外，或被拋棄似的感傷，其實往往是說者無心聽者有意，自己也搞不清楚為何會如此，這樣的感覺若是過於頻繁，也會形成一種負面的情緒。據蘇菲亞‧布朗在《靈魂之旅》中提到（法藍西斯張譯，2002：307）：有時候我們在被「被拒絕」和「被遺棄」時會產生痛苦，要知道其實這種負面的情緒，早在出生的那刻就很熟悉的感覺，因此我們每一次在人間感受到它，只不過是又再次的碰觸到早已存在的傷口罷了。但為了我們本身必要的成長和進步，為了準備去物質世界輪迴轉世，避免讓你承受無法承受的分離的痛苦，靈界夥伴必須刻意與你保持距離，否則當你抵達目的之後，也不會有你理應具備的獨立和開放性。因此，決定要回到人間經歷另一次肉身時，會經過一個友善的抽離過程，好幫助靈魂減輕在轉換次元時可能承受的震撼，通常會有被拋棄和被拒絕的感受。

也因為這樣，以至於在此生中每一次經驗被排斥和遺棄時，我們的潛意識也在重新經歷「另一邊」深刻的失落、空虛和孤獨感，而這些情緒都是當初讓你能勇敢再度來到人間的緣故。所以當我們感到被遺棄和排斥時，將這種感受歸於人生事件的起因是很自然的。因此，我們主要的痛苦來源，有時其實不是來自事件本身，而是來自靈魂對「另一邊」更深痛的離別記憶，雖然只是暫時的分離，但那種失落感比起我們在人間所經驗到的，都更為強烈。蘇菲亞‧布朗又說（法藍西斯張譯，2002：307、342）：當然尋求協助走出痛苦，仍然是很重要的事。但很確定的是，我們所感受到的並不是新傷，這是舊傷口的惡化，而曾經熬了過來。

當然，最有效的藥方是治療原有的創傷，就是縮短我們與「另一邊」的家的距離，療癒的關鍵在於「靈性」二字。當我們在人間投入越多的能量和熱情在探索和擴展靈性時，我們越能感受到存在於「另一邊」的人事物連結。這是最能確保我們和另一端最想念的靈魂保持聯繫，直到彼此再相會的方式。也藉由維持一種靈性的連結，在塵世時，我們就不會因遭到某人的遺棄或排擠，而感到難以負荷的苦痛；發展我們的靈性，並和靈性維持密切關係，讓居住在心中的神性活躍、有生氣；當我們越注重靈性生活並感受到內在的愛與智慧，我們就越容易記起深藏在靈魂深處的真理。因此，每個人在靈性的成長上也得自立自強，為自己負責，才能免除被拒絕和被遺棄的情緒。

總之，西方哲學家史賓諾莎，有句最受一般人傳誦的名言是：「不要哭，不要笑，要理解（傅佩榮，1995：20）。」對於上述所舉出的恐懼感、愧疚感與，壓力、被拒絕和被遺棄等，欲因應這些負面的感覺與情緒，筆者認為「理解」是個重要的關鍵，此係多年來的體悟心得：有時煩惱心的產生，是來自於錯誤的想法與觀念；也就是因為自己錯誤的想法與心態，以致心生煩惱，產生不好的負面感覺或情緒。因此，當你能夠用正確的觀點與心態澄清情緒的本質，就可以看出自己在接受別人的批評、回饋、評論或意見時，所反應的敏感。一旦獲得真正的領悟，並運用有效方法去實踐，對於負面的感覺與情緒，就不再因為無知而無可奈何了。

三、如何處理負面的情緒

因此得知，負面情緒本身不會讓人生病，唯有去壓抑它，人才會生病。我們要隨順內心情緒能量的流動，而釋放負面的情緒、能量，是為了保護自己心靈的健康。釋放情緒的方法何其多，但以心智層面來說，重要的是我們必須帶著覺知，其次要注意環境是安全的。參考方法如下：

（一）想像煩惱如雪花飄散：找個自己感覺最舒服的方式，或坐，或躺，慢慢地進入冥想狀態沉澱情緒，回歸自我內在最深的靈性，不妨

想像一個大雪紛飛的場景，所有的煩惱和憂鬱就像大雪一樣，慢慢飄下沉澱。冥想期間如果有許多雜念，沒有關係，慢慢讓心靜下來，找回自己生命的力量。

要知道能解決的事，不必去擔心，只要盡力去面對處理它；而不能解決的事，其時擔心也沒有用。而天下沒有解不開的困難，那個困難如果解不開，就表示不需要解，或許是來自此生以外的「無解題」，因為它不是今生的困難挑戰所在，只需要尊重、祝福它，放它走就好。對於無解的難題，筆者常以此想法、心態提醒自己務必放下。

（二）允許自己可以生氣，但不要論斷任何情緒的對錯。生氣只是一種情緒，並無對錯。如果發現自己沉溺在負面的問題時，此時的心態應該不要對自己生悶氣，反而用建設性的心態詢問自己，為什麼會如此而要這樣做，而最後答案總是會出現的。不管自己有什麼情緒產生，不要壓抑就讓感情自然流動發生。不要自動地告訴自己，它們是錯的，然後試圖貼上一個「正面的信念」。

筆者的親身體驗，也可以積極的透過，誠實的「和自己內在真誠地溝通」，以及非情緒性的「對他人表達自己的真實感受」，真的可以解決許多問題，只有被壓抑的情緒才會導致暴力。或者，真的無法面對當事者，也可以寫一封信給令你生氣的人，內容越仔細越好，寫完後記得要將信燒掉；並且要目睹信燒成灰燼，象徵你將這些不愉快從你的生命裡消失。

（三）在某些情況下，發怒可以是最令人亢奮和最具治療性的情緒。憤怒是一個人精力的核心泉源，是我們擁有的一種感覺，一種能量，卻並不一定要用攻擊性的方法來傳達。每個人平常應該學習檢視覺察自己的精神狀況，如果自己覺得充滿了憤怒，那麼不要說：「我充滿了平靜。」而期待能有好的結果發生。如此只能掩蓋感覺，抑制自己的能量與力量。你可以盡情的哭、喊。即使在家中，也可以事先取得家人諒解，以免造成困惱。有時哭泣是人體嘗試將情緒毒素排出體外的一種方式，而掉淚則是療傷的一種過程。

這些負面的情緒即使當下無法宣洩，我們都可以在回家以後，或找一個空檔時間，在房間裡對著枕頭，把這些所有不被允許的感覺宣洩出來、顯露你的憤怒。如果你非常生氣，就放掉內在的怨懟，用一些方法幫助我釋放掉積壓在內心的憤怒，例如搥打枕頭而體驗那個怒氣、大聲尖叫等，但卻不要對他人施暴。把怒氣釋放出來直到你筋疲力竭。如果你老實地這樣做，在宣洩情緒的過程中，你將有能力看到內心情緒的起伏，明白暴怒的理由，那理由常是相當明顯的，你只不過不想面對它們罷了。

（四）當自己心中懷有憎恨時，在壓抑的狀況下，憎恨被推到底下而被忽略。一旦情緒被認出了，就運用想像力的力量，在大自然的狂風暴雨中予以連根拔除，讓它被風雨沖得無影無蹤，而且必須想像連根拔除的過程畫面之後，或者藉由把你所憎恨的任何事情丟入垃圾袋並讓垃圾車清除掉屍骨無存的過程，當下再以一種積極的感覺、和平思想能量，或建設性的信念來取代。有時候也可試著讓內在情緒，與外在天氣之間取得認同，每當內心憤怒或悲傷時，藉著狂風暴雨時，觀想將負面情緒拋擲出去，以幫助釋放內在壓抑的情緒。或許有時候人該學會自我成長，必須有所覺醒，我們也該學習轉念，畢竟人生短暫，短到我們來不及再浪費時間去恨任何人。

（五）增加你的體能活動、藉著運動或體能的釋放，即使是用運動方式釋放，也要帶著覺知，讓你內在的憤怒在你每一次的揮桿或擊球過程中宣洩出來；或到山上、海邊吶喊，走路，跑步，坐上雲霄飛車，你所煩惱的問題在那一刻就被拋到九霄雲外了，也可以有情緒淨化的效果。以上的方式，都必須自己有強烈的意願去做，而不是勉強自己去做，因為信心會決定效果。

（六）尋求人際網路的協助

人際網路的連結也是非常有效的途徑，能鼓舞並督促你前進，與其在等待、需求未能滿足之際，也必須為自己的需求擔負一些責任。可以去建立其他的支持網，邀請身邊要好朋友一起來探詢心靈的領域，一起

敞開心胸、分享經驗、相互支持；或者參加一些成長團體，結識一些可交心的朋友，向朋友尋求援助，並讓他們幫助你。很重要的一個觀念必須突破，當你需要幫助時，能夠向人求援就是堅強的表現，並非懦弱無能。

筆者初期也是經由此方式，與有相同理念的朋友定期舉辦讀書會，當人們基於同一目標一起努力時，可以將痛苦、困惑、憤怒……等等與人分享，但絕不是為了發牢騷，而是在成長路上一起去努力與成長，尋求超脫痛苦的途徑。當整個團體在一起做同一件事時，透過彼此學習，更能掌握自己的進度與方向。或者你個人非常敏銳、自律甚嚴與靈性充滿，也可以嘗試一個人完成許多功課。以上都是可以為自己尋求的正面支持，是補充精神糧食、維持心靈健康的好方法。

（七）學習轉換念頭與心態

所謂的修行，就是在自己的身上下功夫，修行的重點在於自己，而不是別人。因此，掌控自己思惟方向和改善自身感受比較容易，而要求別人改變行為卻較為困難，甚至是不可能達成的。因為自己是生命的主人，絕對有其責任及重要性，讓自己成為情緒自由快樂的人，千萬不要因為負面的情緒，讓自己倍感痛苦；你控制不了別人，卻完全可以控制自己的情緒反應。我們的力量並非用來改變他人，而是改變自己對他人行為的反應。就如伊斯蘭教的《可蘭經》所說"如果你叫山走過來，山不過來，那你就走過去"。在當今這個壓力越來愈大的社會，人很難保持一個良好的心態，因此轉換念頭，改變生活態度是不可少的，唯有懂得處理好自己的負面情緒，才會擁有健康的心態，才可能創造告美好的生活。

假如別人的言語與行徑傷害了我們，如果可以的話，待心情平靜之後，再沒情緒的、沒有批判地，將自己內心的感受表達出來，這表示對自己的尊重，不讓受傷的自己隱藏在陰暗的角落，之後這個事件或許就該落幕放下了；並將此事件當成一種警惕，看到別人所犯的錯誤，付出如此大的代價，來讓我們做為借鏡，藉機學習反省，以免重蹈覆轍；就

因為別人繳了昂貴的學費，卻讓我們受益成長，因此這位讓我們傷心難過的人就成為我們的貴人了。筆者常以此方式身體力行。

又你如果你必須仰賴他人改變行為才能獲得快樂，那麼你永遠不會快樂，因為你會一直想要要求更多人做更多改變（丘羽先等譯，2008：136）。哈福·艾克也說：不要用力想要去改變那些思想負面而消極的人，那不是你的事。你的責任是，運用你所學到的東西，把自己變好，把你的人生過好。你要當源頭，要成功，要快樂，這樣之後也許別人會看見（你內在的）光亮，然後也想要一點那光亮。能量是會傳染的，通常當四周都是光亮的時候，人們必須非常努力才能繼續待在「黑暗」裡，你的任務就只有一件：活出你最棒的自己，如果他們來向你請教秘訣了，你這時再告訴他們（陳佳伶譯，2005：130）。

尤其，天有不測風雲，人有旦夕禍福，人活在世上都難免要遇上幾次不幸或者難以改變的事情，這個世界上，假如有些事情是可以抗拒的，就努力去面對將傷害降到最低的程度；也有很多事情卻無法抗拒的，那就要學會接受、處理之後再放下它。例如親人的亡故和各種災害即已成事實時，也要坦然接受它，否則憂鬱、悲傷、焦慮、失眠會接踵而來；若不能改變這些無法抗拒的事實，就會讓無法抗拒的事實改變了自己。

因此，人生當中碰到任何讓自己傷心難過的時候，在無法改變失敗和不幸的噩運時，將自己心情調整到最舒服的狀態，要學會接受它，學會轉換自己低落的情緒，學習擁抱情緒的四季，畢竟這一切終將成為過去。

總之，從身心靈整體的角度，身體是心靈的一面鏡子，所謂的被內在壓抑的「負面情緒」，那是人內在未被面對的黑暗自己、暴力自己，充滿憤怒、嫉妒與恨的自己，或是壓抑許多原始慾望的自己。若是沒有將加以轉化，就會選擇受苦、疾病和低落的生活品質。雖然這些負面情緒會是我們生命的一種功課與挑戰，但也不必讓它成為我們終身的折磨。因此，承認自己的負面情緒，並釐清這些情緒的本質，與調整情緒背後的信念後，選擇適合自己的方法疏通負面情緒，如此才能夠真正踏上自我療癒之路。

肆、破除我執與分別、保持彈性

由生命藍圖的理念得知，每個人來人世間的前世業力、基因遺傳皆不相同，每個家庭各有一套性格表徵的信念系統，以提供其一生執行任務所必須的經驗和實驗（陳麗昭譯，1999a：89）。一旦我們有了這個身體的存在，就有自己主觀的想法，有了想法，就形成對立，有了對立就會進入二元的狀態，就會產生衝突，有了衝突就會有分裂，當分裂產生就會造成傷害了。此時「我執」就形成了所謂的「分別」心了，而此時能夠「保持彈性」，應是對治的最佳方法了。以下分別從破除我執、去除分別心、保持彈性等三點敘述。

一、破除我執

每一個人在不同的背景下成長，不同的時代與文化，造就不同的觀念。當每個人學會了不同的仁義禮智、不同的是非善惡時，人們的煩惱和痛苦於是產生了。由於我們從小受父母親觀念的影響，和父母一樣有一套屬於自己的是非對錯的價值觀與標準，這就是俗稱的「我執」，執著於自己的觀點，也會用同樣的標準在要求自己與對待別人。譬如，「我」應該怎樣做才是對的、好的；我必須是什麼樣的人才是好的、是對的；倘若看到自己所言所行，和自己內在深處的「我執」不同時，便開始自責鞭打自己；或當別人指責或批評你，觸犯了你內在的標準，就覺得「我」被頂撞了；當別人升遷比較快，就覺得「我」被比下去了；若有人忘記你的名字，就覺得「我」被忽視了；當兒女不順從「我」意，讓「我」尊嚴掃地，……等，每當「我」這個念頭出現的時候，就是內心不平靜與不快樂的開端。這就是痛苦源於我執的道理。

就因為這樣與生俱來的代代相承觀念，以致我們在與人接觸時，很難拋開自己的價值觀，即使拋開了，也僅限於很淺的層面。每一個人在這世上都經歷到他獨特不同的經驗，我們的人生通常都是用一套標準自

以為是的價值觀，在作累積財富、建立人脈、堆積知識的事情，若沒有碰到人生的大挫折，要我們拋棄一直認為最重要的「我」執，是一件很困難的事。大多數的時候，若要我們拋開執著，我們寧可去改變別人，試圖去扭轉他人的我執，來符合自己的觀念。現代有很多的解決人生問題的專家，更有利用溫柔或其他各種技巧，這無非就是希望對方做到符合自己的期望，但這只是在追逐表面上的東西罷了，殊不知這主要是我們內在的「我執」在主導我們的言行。

因為「執著」就是一種想法的堅持，受制於某種形式的存在，而特定的形式一直存在。據研究疾病也是某一種執著形式的存在，也會讓身體的能量滯陷不暢通，若無法改變就會產生疾病危害身體的健康。基於身心一體的原則，或許「執著」就是心靈想對外溝通表達內我的想法，藉由疾病來傳達。所以要化解疾病，必須先化解這些執著的想法才對（林顯宗，2009：108-109）。而所謂的不執著就是「放手」，不是要你不去愛、不去關懷，而是要你不再那麼愛控制，就讓宇宙去引導。很弔詭的是，不這樣的話，你的一切都可能被奪走（林群華譯，2010：155）。

事實上，這個世間所發生的任何事件其本質都是中立的。對於任何事情的看法或觀點，真的沒有絕對的對與錯；如果某件事牽涉五個人，那我們可能要做心靈練習，分別揣摩想像這五個角色會如何看待此事。因此，所有人間事的每一個發生，也因為每一個人價值觀不同，角度也不盡相同，凡事都會有多種的角度，孰善孰惡，孰是孰非，事實上並無定論，也不用太執著於自己的觀點。也如歐林所說（羅孝英譯，2007：148）：

> 當靈魂追求更多的光，它的功課之一是學習不用對錯的觀點看事情，而是帶著慈悲用心來看，這包括願意站在別人的角度看事情，並且不覺得自己需要證明什麼。

所以，試著放掉自己的立場和觀點的執著，用對方的角度來看待事情，以「同理心」去包容不同的意見，若要做到對人心理的真正關懷，

就不要隨意對他人價值進行批判，去瞭解他背後為什麼作如此的選擇，但這並不表示要附和他們，或認同他們的決定，而是要去尊重對方的立場。據筆者的看法，部分的對與好只代表某部分的真理，而更大的真理是要融合全部的真理才是絕對的真理，是要經得起時間的考驗、被多數人所信服接受的，才是歷久不衰的真理。每當碰到不同意見時，常會叮嚀自己：別人的「不好」，是代表「不同的好」，別人的「不對」，也許是「不同的對」。筆者常以此方式提醒自己，莫堅持己見。

總之，任何外在的學習方法也只是在於喚醒心中直覺性的智慧，若是過度執著於外在的人為機構和形式主義，反而會阻礙對真理的探求（陳建志，1997：39）。我們常說心中裝滿自己的看法與想法的人，是永遠聽不見真理的聲音，若執著於自己的觀點才是對的人，當然無法接受真正絕對的真理了。

二、去除分別心

我們所處的物理世界，所有事情表像雖是二元對立，每個生命也有主觀的存在，像是正／負、好／壞、是／非、善／惡等，都是對立的兩極。由生命藍圖的論述中可理解，每個生命選擇自己的人生課題。其中含藏的業力功課，也是透過二元的兩極來形成對立，而對立的目的就是讓每個生命藉由陷入兩端來演練生命的課題，學習不落兩極的中庸平衡之道。故林顯宗說：「轉意識成智慧，這是不落兩邊的智慧（林顯宗，2007a：161）」，在這宇宙中，藉由二元對立的兩極化，讓每個生命二元對立的部份有自我反省的誘因，不帶批判，喜悅地經歷生命，如此兩極化終將得到整合並獲得平衡，以圓滿業力。周瑞宏說（周瑞宏，2006：133-134）：

靈性軌道沒有對立，沒有要求，沒有指責、沒有批判。

克里希那穆提也說（廖世德譯，1995b：92）：

能拯救我們脫離這種陷入兩極端，兩難處境的唯一方法，那就如實地看自己而沒有態度、沒有意見、沒有判斷、沒有評估，這樣的看是一種清明。

如此沒有評估，沒有批判的觀點，也就是所謂的第三種觀點，就是把所有的選擇、所有可能性、所有對立物，都同時看成既「良善而正確」又「邪惡而錯誤」。因為它們都是整體的一部份，都有其存在的理由，少了它們，整體就不夠完全。而排斥宇宙中某一極的人，就是排斥所有，因為每一部分都包含了整體（易之新譯，2002：65-66）。這也如同中國《老子‧道德經》所說的：「禍兮福之所倚，福兮禍之所伏」，禍福之間僅一門之隔；「塞翁失馬，焉知非福」。也就是，所有的二元對立，是永遠的一體兩面，卻互為表裡，既是相對卻又同時存在的。亦即好運與壞運是交替而作，是同時並存的，當相聚的一剎那，分離就已經存在了。此即相對法則的真諦。

舉例來說，因為來不及搭上電車而遲到，單就這件事來看，真的是一件壞事；但是也可能因為這樣，才逃過一劫沒有遭到意外事故。若能心存感激、歡喜過生活的人就是生活在現實生活中的天堂裡；相反的，心中充滿疑慮，否定對人生不滿的人就是生活在地獄中。因此，命運和身上所發生的事情並沒有好與壞，也沒有永遠的幸與不幸之分，每一件事它的性質都是中立的。每個人應該有彈性的看待人世間的每一件發生。也因為生命中每個決定沒有絕對的對與錯，只要自己內心認為是最好的，就勇敢的作自己，不為世俗的標準而活；當每個人勇於為自己的生命承擔負責時，自己與別人將同時獲得自由。

三、保持彈性

據觀察，我們人生中會有這麼多的痛苦和煩惱，主要還是因為我們執著的習性太深，我們過於執著自己目前的身份和角色，執著於自身

的許多未必正確的生命制約和傳統禮教，以致沒有領悟到生命的實相。若我們能努力學習放棄這份執著，真正體會到靈魂的完美本質與無限潛能；若願意開放心態去同理周遭的人，寬容他人的過錯，生命的層次就能不斷地提昇（許添盛，2009a：178）。事實上，萬物皆為我所用，但非我所屬；世界原本就不是屬於任何人，我們用不著拋棄，要拋棄的是執著的習性與脾氣。歐林說（羅孝英譯，2007：100）：

> 沒有彈性的意象會將你陷入是非、好壞的二元世界，檢視並鬆開你的意像，讓它們保持彈性、開放而不是批判和封閉。

當瞭解這種相對的二元對立法則後，為破除我執與分別心，我們要在心智層面的觀念與心態上作改變。例如，家人親友常常就是帶給你最多痛苦的人，但也往往是你最需要的人；認為最不適合自己的人可能就是最適合你的老師（張美惠譯，2006：77）；我們不能永遠只堅持自己的觀點，應該包容他人的角度，如此方是生命開闊之人；也不要堅持自己的觀念與做法一定是對的，如果對方說的是事實時，我們就虛心受教，努力改進；如果事實並非如此，也要感謝他的關心，因為敵人正是我最好的老師（許達夫，2006：259），可以激發出我們的潛能，成為生命的貴人。

尤其，當我們真的能夠把「心中怨恨的人」或「敵人」通通看成是生命中的「恩人」時，已經是進入了意識更高的層次，在那個層次，有著通透的明白，能感知到自己更偉大與慈悲的力量，已能體會到世界更美好的實相（張鴻玉，2011：145）。總之，人生終究要在某個層次上瞭解相對法則，破除執著分別，可以更公平、更寬容的面對生命中的逆境。對於現在我們身邊同時發生的一些不好的事，都能以積極、正面的方式來思考，讓原本對自己不好的事，也可以變成是讓自己大幅成長的契機。有時「逆增上緣」反而是來幫忙我們的，逆境也可以化為助境，危機即是轉機。若能如此思考，那麼無論發生什麼事，都可以讓生命獲得啟發。

除了改變心智的固執想法與觀念外，也要落實在日常行為方面，改變舊有的慣性模式。例如：在人群當中與人互動，退一步海闊天空，凡事也未必自己才有理，若有理也不須得理不饒人；有時要嘗試接觸你所不喜歡的人事物，同意自己所不同意的事情；又如果一位值得信賴的人，要你做什麼事，心態要開放莫自以為是，不要馬上拒絕，請靜下來想想接受的可能性，這或許是好的契機（呂理州譯，1999：2）；每一個人都有不同的優點與特質，也各有自己表達的方式，有的人比較浪漫，也有人比較邏輯，要學會要去看別人的好與優點。也由於物以類聚的原理，我們和一個與自己完全或部分相同性格表徵的人在一起也有缺點，最顯著的例子即是兩人的主要特徵相同，像是固執。因此若要與別人共事，合作夥伴最好是選擇不同類型的工作夥伴，或擁有自己所沒有的優點的人，更能相得益彰；也不要老是把焦點放在別人的缺點上，也要懂得欣賞別人優點的能力，也可將缺點變成優點，善用者，在輕易自在間，那麼缺點就變成優點了，至於善不善用，就看個人的智慧了。

　　俗云：「即使你用了一個新方法，也別一直用下去」。人生路上也一樣，只要擁有堅定的信念、目標與方向，在生活方式上不妨保持大一點的彈性。就如家族治療大師維吉尼亞・薩提爾（Virginia Satir），她曾做過一項「愚蠢的研究」，發現依照不同的人和不同的用具，可以有兩百五十種以上的洗碗方法。如果我們固執地相信只有「一種方法」或「一種觀點」，那麼人生路會越走越狹隘，也就封閉了自己大半的生命了（黃春華譯，1991：187）。因此，我們的心態不要過於固執，要保持適度的彈性與空間，接受自己不同的主張，和同理別人不同的立場，而不給予批判或評論。如此每個生命才能自主，生活才能自在。

　　總之，人世間的我執與分別心，將會是我們最偉大的老師，它撫育我們的精神成長，讓我們知道自己什麼時候偏離正軌而走向兩極端，要我們區辨、伸展我們的能力和容量，免於短視、單向觀察，好讓生命內在經驗保持平衡狀態。在日常生活裡，也不要錯失藉事修心的機會，當碰到每個外緣刺激時，不時要提醒內在的眼睛要保持明亮，靠著自己

的覺察，學習用不同的角度切入觀察，放下堅持己見的執著、寬廣公平的心態去看待生命中的每個發生，有彈性去面對生活中很多討厭的人事物，那麼就可看到更多、更大的遠景（王中和，2001：19-22）。尤其，以無條件的愛來包容一切，破除執著與分別心，這是讓靈性提昇的一個最快速有效的方法。

　　綜合本章，人生在世所有外在的學習，如果我們只是聽從別人的建議，或許也可以得到一些答案，但是卻無法培養出「自知之明」的智慧與洞見。生命這件事，沒有人可以代替，唯有開始往內探索認識自己，隨時自我覺察內在的心靈狀態，從負面情緒中釐清背後的信念，並學習如何釋放負面的情緒，以及破除自我的執著與分別心。當發現自己是世上獨一無二的極品時，就會喜歡自己，對自己有信心，也歡喜做自己，就不會再想要去和別人作比較，也不會去嫉妒別人，既會尊重自己也會尊重別人，也會用同理心去包容別人不同的觀點，而不給予評估判斷。如此藉由個人自我修持的功夫，身心靈就會獲得療癒、整合、統一起來，這才是一個完整的全人生命。

第八章　以生命藍圖為中心的人我關係（一）

　　我們的生命就是一個生命網，隨時都受到與我們相關的人所影響，我們不可能離開這個世界獨自修行，而是要一面享受當一個人，活在自己的生命裡，也就要在所謂的「關係」裡，不停的覺察自己，藉由各種不同人際關係的互動來修正自己。如前所述，在我們轉世之前，生命藍圖中就已經與此生的重要人物，如父母、子女、配偶、朋友、甚或是「貴人」約定好，承諾互相幫助完成彼此之間的業力功課。所有的人際關係都是我們的一面鏡子，不僅從鏡中認識自己，同時也照見出我們內在尚未處理的衝突和傷口。因此，從與他人的每次邂逅中學習，可以幫助我們精神體的成長，圓滿靈魂所需要學習的課題。

　　一個人若要改變自己的命運，也一定要透過各種不同的人我關係來轉運。又由於人我的關係，有親疏遠近之分，本書擬分為：一般的人我關係與親密的人我關係，而親密的人我關係又分為婚姻、親子，以及步入中老年等的人際關係。也礙於篇幅，此議題分別在八、九兩章來探討。第八章內容有：1、由人際關係看自己；2、從婚姻中學習功課；第九章則探討：3、生兒育女傳承生命；4、中老年心態的調整。詳述如下：

壹、由人際關係看自己

　　我們的人格是多面向的，是不同能量束的組合，在遇到不同的人事物時，會由內在不同的能量面向跳出來應付。這就是因為他用不同的能量，來回應不同的人。以新時代的全人觀點來看，真正的人際關係，不是膚淺的表面關係，而是心靈能量層面連結之關係。現就今生的人際關係、心態與經驗而言，我們該如何在人際關係網中定位與自處，依筆者

的見解，大致歸納出幾項原則。分別是：1、我對待別人的看法與方式之釐清；2、如何面對別人對我的看法與方式；3、發揮同理與慈悲心，而非給予同情；4、接受、做自己與肯定自己存在的價值；5、化解彼此的心結，讓人際關係昇華等，詳述如下：

一、我對待別人的看法與方式之釐清

因為物以類聚的法則，相聚集在一起的人，有相同的內在性質，也會彼此複製相同的特質，如果我們是以一個標準在看待自己以及對待自己，那麼在人際關係中，我們也會用同樣的標準看待別人與對待別人；或與人互動時，有時也會釋放出自己內在的想法與要求；甚至會投射出內心的擔心或害怕。這種心態若呈現在行為面，會有這樣的情形產生，那就是：我們對別人說的話，有時等於在對自己說話；我們若看到別人的缺點時，可能自己也有相同的缺點，即使你現在已經改正了，就因為自己曾經擁有，才有這份能耐在別人身上看到同樣的東西；而一個非常勤勞的人認為大多數的人都很懶，一無是處，這可能是他潛意識中對自己的看法、也可能自己也有部分懶惰的特質，或是代表內心害怕自己成為這樣的一個人，因此心生警惕，經常鞭策自己不要變成那樣，這就是將自己所害怕的弱點投射出去到別人身上的例子。

就因為我們對別人的看法，往往顯現出我們內在的一把度量尺，不僅會將這個標準用在自己，也會將此套用在別人身上，如此別人自然就成為我們的一面鏡子了。因此，從鏡子中所看到的其實都是自己，你所討厭的、憎恨的也都是自己；別人的缺點就是我的缺點；所以對別人的行為生氣，也代表對自己的生氣；因為自己不敢逾越的事情，卻發現有人居然可以毫無顧忌地做出來，就會非常的氣憤與不諒解。通常批評別人其實是在內心要求、譴責自己。也由於多數人不願面對真實的自己，所以只好藉著批判別人的行為來抒發自己暗藏著的罪惡感了。

還有，我們對別人某個行為的憤怒，通常代表我們身上存在尚未解決的部分。而我們在別人身上所看不順眼的每一件事，就代表著自己並

沒有全然接受自己內心的黑暗面（張鴻玉，2010：90-91）。當我們紛紛指責別人不當的行為時，很少人知道，我們真正指責的，其實是內在自己是沒有被接受的黑暗面，是沒有被愛滿足的地方。若不是別人展現出這些舉止，我們將很可能無法認出，它正是需要被我們接受、整合與超越的部份。因此，陰暗面不是敵人，而是你的一部份，是你之所以成為人的原因。為了自身的完整與健康，一定要瞭解自己陰暗面，用心安撫、耐心傾聽，你就會愈來愈認識自己，並且知道應該如何才能有所成長。因此，張鴻玉說（張鴻玉，2010：92-93）：

> 當我們在批評某個人的行為很討厭時，並沒有覺知到，我們不過是說出對自己的感受而已。我們的心是怎麼想的，我們就會遇到怎麼樣的人。只有當我們真心接納自己就是一個「自以為是、堅持己見」的人，而且不再批判與譴責這是不好的、不對的，之後你就會發現，你從此再也不會遇到這種讓自己頭痛的人物。

同樣地，我們也可以引導自己往內反省：當我們批評別人「不端莊」的同時，是不是也看到自己有著「太古板」的個性；而當我們抱怨別人「一個錢打二十四個結」時，是不是也透露出自己也有「吝嗇」的特性，這是因為自己曾擁有過的特質，才看得到別人同樣的特性。那又該如何化解上述情形，筆者認為，唯有從自身做起，開始學習尊重自己，不批判自己，承認接受自己一切的好與壞，然後才能以此標準推己及人。而一個生命境界愈高的人，他的靈魂層面能觀照到的面向也就愈廣闊。也難怪許添盛說：「一個真正很棒的人，是能看到別人生命中有很棒地方的人；一個人之所以偉大，是因為他能看到所有人內心皆有偉大之處（周和君執筆，許添盛主講，2004：132）。」這句話筆者甚為認同。

又我們對待別人的方式，許多都來自於我們最不屑或傷痛的經驗。由於我們當時曾經這樣被對待過，曾因此而受傷，內在殘留這傷痛的記

憶，所以，當看到有類似的事件發生時，反而會不自覺地使用相同粗暴的手法去應對眼前的事件，事後當然就會為自己的行為感到內疚與自責。所以如果看到自己常不自覺地傷害了別人，就要覺知到，我們也曾如此被對待過，我們內在一定有許多的傷痛需要療癒。不管如今你是多大的歲數，多數人都還攜帶著童年時所遭遇到的傷痛，只不過經過歲月的洗禮，我們無法意識自己原來還深藏這些：看來雖然像似小事，卻對我們的人生影響深遠的記憶（張鴻玉，2011：143-144）。

所以在日常生活中，當我們提到別人、審判別人或勸告別人時，應當自覺地傾聽嘴裡講出什麼，那麼我們就能反轉過來看看自己、提醒自己，忠告自己。又當我們指出別人的某種錯誤時，也先行問問自己，為什麼你會對自己有那些感受，停一下、想一下，你該不會也是指出自己同樣的錯誤吧？只要自己能明白，我對別人講的話，其實正是自己要聽的，那麼我就能收回我的投射，尊重內在潛意識的願望（黃漢耀譯，2005a：81-82）。同時也可以積極的改變自己，就是學習開始讚美自己、欣賞自己，對自己不予批判，不到一個月，你就會發現周遭的人也越來越棒了，因為自己也用同樣的標準在對待別人。

總之，如果你想知道你眼中的別人是如何，那就得問自己你認為自己如何，便會找到答案。我們在別人身上看到的，其實都是自己內心的反射，因為是自己內在投射出去的，這些投射物大部分是比較接近自己，是屬於自己的東西，所以我們當然要對自己的投射物負責了。

二、如何面對別人對我的看法與方式

基於上述人際關係的法則，同樣地，別人對我的看法，也只代表他個人或那一群相同修行層次的人對我的部分看法，並不代表我真正的樣子。因此對方的投射物也是比較接近他的特質，而不是你的產物。因此，別人對你的看法，這些看法是比較接近他的東西，你可以加以參考，但不足以完全採信。但如果自己也能夠自覺地往內反省自己，將會讓自己快速的成長。

同樣地，別人跟我們說什麼，不僅反映出他們是如何看待自己及這世界，也反映出他們是如何在對自己說話。如果一個朋友出言不遜或不友善對待你，也請你退後一步，以同理之心，試著從他的觀點去體驗生活，你可能看到他的厭倦或他的防衛，那是與你無關的，因為你也只代表他人生劇場中的一個角色罷了。別人對你生氣或表現要傷害你的樣子，是因為他們自己正在痛苦中，那是他們對傷痛的表達方式。因為他們的層次和教養，他們看待世界的方式，有些人認為你傷害了他們，即使你完全沒有那個意思。有時候別人會因為你表達和他們不同的意見，或是說出你自己的偏好而生氣。即使他們責備你或認為是你的錯，任何他們怪你引起他的痛苦，那都是來自他們內在的傷痛，來自他們心中尚未打開的地方。此刻請你先保持鎮定並試著反省自己，只要你確定你的作為並非出於控制或操弄的欲望，就別讓他們的憤怒觸發你內在的傷痛（羅孝英譯，2007：153-154）。當然我們也要有同理心，瞭解他們除了說出來，他們並不知道有更好的方法釋放痛苦、去處理他們感受的痛苦，或許責怪別人是他們唯一知道的方法。也千萬別認為那是我們旁人的責任，他們才需要對自己的苦惱或憤怒負責，那痛苦必然已經在他們內在，旁人只是扮演觸媒的角色罷了。誠如洛伊·馬提納所說（繆靜芬譯，2009：206-207）：

> 如果有人不尊重你（不管用什麼方式），而你感覺受傷或憤怒，那就是觸碰到自己靈魂中的創傷了。如果這個行為對你沒有任何影響，而你覺得同情對方，表示那就是平靜。……而如果你能懷著愛心和中立的態度告訴對方，你不希望有人用那樣的態度對待你（話裡不要有嘲笑、挖苦，也不壓抑憤怒、不失控），然後放下、順其自然，那麼你就掌握了自己的力量。

當你越能置身事外不被牽扯進權力鬥爭，你的生活就越形平安與豐富，而你也就越能以心中的慈悲去治癒他人。很重要的一個觀念：「不

要覺得每個人的快樂都是你的責任，只有他們能為自己選擇快樂，你無法代勞（羅孝英譯，2007：67）。」所以當他們表達憤怒，別爭辯或捍衛自己，只要保持沉默，把心打開並專注於你對他們的愛。讓他們表達能量但你不要動氣，那麼當他們說完了，你仍然處於愛與平衡的空間，對自己感覺很好，而此刻你卻熟練了一件最困難的功課，就是在憤怒和痛苦中保持平衡（羅孝英譯，2007：155-156。）。

如果別人批評你，很可能是因為他們對自己的不滿，因此將別人的行為和話語當作是他們信念的聲明，也只能當作參考罷了，我們要學會保持鎮定和不受影響（王季慶譯，2002：132）。但如果別人跟你說的關於你的每件事，同樣的一句話，有的人根本沒感覺，但有的人卻暴跳如雷。假如會觸動你內心的想法或有情緒反應，這就不是單純別人的問題了，這已經關係到你自身，因為情緒的波動已經反映出你內在的聲音了。舉例來說：如果你週遭一天到晚有人批評你、非議你、攻擊你，或是當成腳墊一樣利用你、苛刻你，讓你覺得非常憤怒或痛苦。若此，可能先要問問自己，是否你的內在也有一個潛在的、經常自我譴責的自己？因為你會把內在的某一部分投射出去，如果你內在沒有這些特質，沒有人能將它們反映出來。這就是你的心理模式，是我們自己的想法吸引具有那些行為特質的人來接近你，來指責你，追根究柢我們好指責的個性才是真正問題所在。周瑞宏說（周瑞宏，2006：113）：

> 因為你就是這麼強硬地對待自己，對自己就是這麼地沒信心、嚴厲苛責、批判嫌棄，只是自己沒有看到，所以吸引過來的也是同質性能量。……會這樣對待自己，其實是因為要求完美，希望自己好還要更好，永遠都不夠好。本身運轉的就是一種否定的能量，所以別人會幫著你要求自己要更完美。

其實對方只是你的一面鏡子，正反映或引發你原來潛藏於內的情感狀態，使自己內心亟待轉化的地方曝光、明朗化，其實這正是一項提供

你學習的禮物。解決問題的方法，是往內自省，從自己負面情感做起，就是停止責怪自己與對方，當你放掉了那自我批評的同時，你將會較少經驗到別人的批評。若此對方也會因為你的改變而做出良性的回應，一旦自己不再擁有那個想法心態，這些人就會離開你，你也不再吸引他們了；即使對方沒有改變，也因為磁場、頻率不同了，你也不會再受到他的吸引，而能自動從困境中脫離出來（陳建志，1997：23-25）。

通常人在受傷時常會責怪別人讓他們痛苦，然而事實上在別人碰痛你之前，你必然已經受傷，那些傷害有一部分是在我們投胎到這裡之前就存在的，其實是一段尚未療癒的創傷記憶。對方只是扮演觸媒的角色，別人不是原因，你內在的痛才是問題所在。如果沒有自己內在的痛，別人也無法將你的痛帶出來，或許碰到不舒服時可能只會在心理難過一下，而不是痛苦難當甚至感到生命受到威脅（羅孝英譯，2007：148-149）。歐林說（羅孝英譯，2007：111）：

> 現在你所感受的痛苦、憤怒或厭惡，大部分來自類似兒時經驗，為了超越它，你重新創造那個痛苦。下一次，當你對某人生氣，請閉上眼睛，進入內在，看見你以前也經驗過類似的事。瞭解你在重溫小時候的某些決定，而現在正是你結束這個生活模式的機會，讓你能從至深的真理出發。請明白人們只是為了幫助你進化，而被你吸引出來扮演特定的角色，請放下對他們的任何責難與憤怒。

當你的朋友或愛人沒有用你喜歡的方式對待你，此刻不需要試圖發現誰傷害誰、該被責備和誰對誰錯，往來爭辯。通常大家都會覺得自己的憤怒理所當然而是對方無理。若引起你的痛苦，最好不要一開始就認為他們有錯，必須向你道歉；相反地，開始向內看，只有在已經有傷痛的地方，別人才能讓你痛苦。當你處於痛苦之中，除了想要責怪別人的自然傾向，你還會想遠離、退出和封閉心門，你的傷痛碰觸也非意外，

大多數時間是你吸引那個按鈕的愛人和朋友靠近，讓你有機會可以學習和成長。所以，當你感覺受傷和分離，認為別人讓你痛苦和難過，就代表我們在別人身上看見自己的傷口了。你的部分功課就在此，也是該檢視自己此時是為了學習什麼，藉著處理傷痛而讓自己成長。無怪乎，洛伊·馬提納說：每一個惹到你的人都給了你一份禮物；每一個傷害你的人，都為你打開了通往靈魂療癒的大門，只要你負起療癒靈魂的責任，你必須感激傷害你的每一個人（繆靜芬譯，2009：206）。

總之，要每個人同時能看見你，都能同時展現相同的面向，那是不可能的事，而且也太辛苦了；也不要求自己，迎合全天下人的標準，要全天下的人都贊同你，做一個爛好人，這也大可不必。因此只要有百分之五十的人由衷地同意你、肯定你就夠了。如果要完全透過別人的眼睛來肯定自己，便是交出生命的主權。總之，任何人對我們的看法，那是比較代表他自己內在的投射物，永遠只能給自己當作參考和建議，重要的是自己要有智慧去判斷，也要有能力誠實面對自己反省改進。

三、發揮同理與慈悲心，而非給予同情

歐林說：「生命重要的是體驗是慈悲而非給予同情（羅孝英譯，2007：201）。」同情是為別人感到難過，把發生的事看成負面或不好的；慈悲是看見發生的事是為了人們的成長，並幫助他們也這麼看，是以人們理解的方式，重新建構一個人們認為不幸或很壞的經驗。我們要明白當我們對別人表示同情時，就已經開始與他們產生共振，並攝入他們較低的能量；而當從慈悲出發時，是不會進入他們的負面性質裡。

許添盛也說：同理是放掉自己的立場和對自己觀點的執著，透過對方的角度與立場，設身處地的角度來看待對方的生命，是以別人生命的最大利益和成長為考量，這其中不帶任何批判色彩，是一種深層的瞭解；而同情是以自己的位階和立場看待對方，會可憐對方的處境，但跟對方的立場與心境是分開的，沒人喜歡被同情，但大家卻喜歡被同理（周和君執筆，許添盛主講，2004：143-146），有鑑於此，我們理應將心比心同理別人。

歐林又說：「個性導向的活動往往建立在『應該』如何上，而靈魂導向的活動永遠是利於你的更高的目的為念（王季慶譯，2002：20）。」慈悲之路並不是指你必須愛每個人，因為在靈魂的層面，並沒有所謂「應該」或「必須」的字眼，因為這是屬於人世間的約定俗成與制約。譬如你是否強迫自己傾聽那些使你情緒低落的故事？或者勉強自己必須盡這樣的義務？真正的慈悲是使你看到他們真正是誰，承認他們所有的部分，肯定他們價值，進而協助他們，或把他們帶到他們更高的想望。若非如此，那麼你花時間跟他們相處只會拉低了自己的精力能量。一個有智慧的人要知道說什麼話和何時說，在說話時會選擇精確的字眼，如果感覺自己的談話會對這個人的成長有幫助，那麼就說吧；如果感覺別人會聽不懂或抗拒，那麼就保留它（羅孝英譯，2007：201-202）。有些人一而再、再而三的幫助別人，但卻感到挫敗；或是你幫助別人，而他們卻沒有成長。那最好再看一看，自己到底是不是真的對他們有幫助，或他們到底是否有能力接受你的幫助（王季慶譯，2002：22-23）。

總之，人際關係是為了讓你擴展心量，直到你的存在和觀點能夠包含對方的存在和觀點，然後才能從人際關係中解套（周和君執筆，許添盛主講，2004：126）。換個位置換個腦袋，唯有先跳到對方的立場，然後再跳回來看整件事，那你所做的決定和採取的行動，才會是先考慮到別人。當一個人被同理了，也會反過來同理別人，當我開始同理別人時，彼此間的人際關係也會改善。

四、接受、做自己與肯定自己存在的價值

這個世界上的人口已經超過六十億，一定會有人比你更美麗、更聰明、更富有，總是會有人比你好，可是誰會在乎呢？所謂的成功，並不是跟別人賽跑，或是總拿自己的短處跟別人的長處比較，這並非明智之舉；生命最重要的事，在於你的靈魂本體，是否持續在成長中，今日的自己有否比昨日的靈性更提升，這才是自勝者強的大智慧。英雄就是征服他人，聖賢則是降服自己，英雄和聖賢的差別，一個是對外，一個是對內。

尤其，賽斯告訴我們，不要把一些上師的話語放在你自己的感受之上，因為這樣就是忽視你個人的存在與價值，或許我們可以由別人身上學到很多，但最深的知識必須來自你自己的內在。也不要期待自己做一個「完美」的人，通常對完美的概念是指一種完成了的境界，超過了那個，就沒有未來的成長。但人世間根本沒有這樣的一種境界存在，因為生命所有的存在都是處在一種「變為」的狀態，也並非一種變成完美的狀態，而是處在一個變成「更成為它自己」的成長狀態，是一種生命自我價值的完成。而生命真正的失敗，是指你不再進化自己的靈魂（繆靜芬譯，2009：141）。所以生而為人，我們的焦點應該專注在自己的生命藍圖與精神體的靈性提昇上，而不是放在別人身上。

　　「全然地接受自己」就是愛自己最好的方式，愛你自己意指接受現在全部的你。一個完整的生命，還必須包括坦然面對自己的缺點與黑暗面（張美惠譯，2006：41）。不管你長得如何？富不富有？善不善良？快不快樂？都沒有關係，我們必須完全的接受自己，無論是正面的、負面的、好的、壞的、神聖的或是邪惡的，我們都得承認，那就是我們的一部份。要知道每一項特質都有它存在的理由，且所有的特質都是完美的，當你不再批判、不再譴責邪惡時，就會發現邪惡根本就不存在（張鴻玉，2008a：210-214）。為什麼你要努力讓自己成為別人，而不接受自己成為自己？要去接受你就是本來的樣子，不是去要求你符合社會的價值觀，而是回到你的中心，回到你的存在；接受自己並不代表放棄，也不是消極的行為，接受自己真實的面貌後，所有的焦慮與不安，就會逐漸消失。當你努力地成為自己、以自己的存在為榮，才會得到真正愛你的人；如果你努力想成為別人喜歡的樣子，縱然有人來愛你，那種愛對你來說也是表面的、膚淺的。所以，你不需要成為王永慶或卡內基，才有人會愛你，你本來就是最棒的，你只要成為自己；同樣的道理，要先學會照顧好自己的存在，然後才能去照顧別人，當你真正的愛自己後，才會真正地去愛別人，才能愛他們如他所是，而不是愛他們如你所想。

在人際中如果你是透過別人眼睛來肯定自己、衡量自己、審視自己，或是苛求自己去符合每個人的標準與期待，此猶如交出自己生命的主權，漠視自己存在的價值，這是人我之間中最容易犯的錯誤。例如：有些人自認敏感，很在乎別人的看法與反應，別人不經意的話語，往往讓她難過許久；或總是擔心別人的反應，自己明明愛吃薯條，卻老是莫名奇妙的點了漢堡，要知道那只是你的虛擬而已，你真正在應付的並不是別人，而是你自己那顆混亂不安的心。若是如此過於敏感的個性，也容易造成人際關係的緊張。賽斯說：「有時候藉著說：『不』，你可以十分適當的肯定你的獨特性（王季慶譯，1991b：607）。」我們當然有權利對某些情況說「好的」或「不好」，而去表達你的願望，去傳達你的感受。假如只是永遠地默許，就是暗含了你在否定你自己的個人性，這也是不肯定自己的一種表現。我們有時候可以正當地否定生命經驗中的某些部分，但仍承認自己的存在與價值；而不是因著人生中一小部分的挫敗，而把自己的價值全部都否定掉了。又一個對自己有把握有自信的人，並不會被別人的藐視所激怒；相反的，一個對自己沒信心的人，一聽到別人的批評或許就會暴怒起來。

還有，每個人心中都有一把「快樂的鑰匙」，但我們卻常在不知不覺當中把它交給別人掌管。例如，「我活得很不快樂，因為先生常出差不在家」；或是「我的孩子不聽話，叫我很生氣！」她就是把鑰匙放在先生和孩子手中。因此，一個具有成熟人格的人，能握住自己快樂的鑰匙，並不期待別人會使他快樂，反而能將快樂與幸福帶給別人。總之，當一個人喜歡自己、接納自己，肯定自己，信任生命的人，才能找回生命的力量，做自己生命的主人，如此積極、陽光的心態，身心健康平衡的人，不會帶給別人壓力與負擔，是受人群歡迎的，也必能擁有良好的人際關係。

五、化解彼此的心結，讓人我關係昇華

從上面的敘述可瞭解，以心靈的角度而言，世界就是一面大鏡子，隨時反射你的內在特質。在所有的人際關係裡，我們都是透過跟別人連

結來學習認識自己，而所有周遭的別人也都是你自己的延伸。你如何看待自己，你也是在以那種方式對待別人，別人也會以那種方式回應對待你，這是人際關係的基本法則。但表象的人際關係，都把重點放在改變對方，要求對方變成自己期待中的模樣，若把改變關係的責任放在對方身上，就是在推卸責任，要改變自己都這麼困難了，那改變別人又談何容易。因此，人終究是要面對自己的內心世界，一切還是得由自己做起，為瞭解自己，對自己負責，養成自我觀照的習慣，隨時覺察自己的所言所行，就能很容易地看懂為什麼你的人際關係會變成今天的模樣，才不會迷失在人群的陷阱裡。

周瑞宏認為，一個人際關係就是一個關卡，人生就是在過這個關，就是在走出迷宮的歷程。每個我們遇到的人，都是生命中的一關，而影響你相當大的人，就是把關之人。沒有過關卡住了就得重來，而圓滿的歷程就是過關。周瑞宏說（周瑞宏，2006：87）：

> 這些所謂的小人，或是讓我受不了、看不得、吃不消、活不好的這些人，就是啟發我、讓我覺醒的生命最大護持者。

因此，建議轉換互動能量模式的三法則（周瑞宏，2006：130-144），分別是「有話好說」、「不必溝通」、「去做」等，他認為人是不能離群而居的，我們可以從與人的互動之中，看到自己的模式，先從阻礙能量最強的人際關係中解套，會幫助你從負面模式中抽離，也能夠讓你不繼續因循原來的格局，讓你有空間，慢慢就能看到自己生命的真相了，這才是提昇人際關係的治本方法。

又基於人的本質是永生的靈魂，人際關係不僅僅是靈魂的一面鏡子，而且累世輪迴的人際關係，都會具體而微地濃縮在今世的人際關係中。人在吵架衝突時，常喜歡翻過去的舊帳，其實靈魂也常會做同樣的事，這就是為什麼我們在過去世發生的一些事情，會不知不覺地影響生活在這一世的我們，這就是相互影響的生生世世。如果仔細觀察，會發

現自己有時候可能對某些人情緒反應特別激烈，或是常會對某些人和親友沒來由地發脾氣，這些情緒當中，就可能包含了你們在過去世還沒化解的心結，也是所謂的「與他人之間的業」之業力功課所在。許添盛說（許添盛，2007：72）：

> 所謂的親子及人際互動，並不會因為任何一方的往生而終止，相反的，所有的互動、彼此之間的影響及相互的瞭解都持續在進行著，不同的只是從意識層面轉到了直覺、潛意識、無意識及夢境層面；我們一直以為看不見、摸不著、不存在了，實情並非如此，……彼此的聯繫及相互的影響絕對沒有因為哪一方的往生而減少，反而是一種擴大的瞭解。……因為，愛是超越時空和生死的。

假如我們能夠了悟整個生命背後的真相，努力去化解那些心結，讓靈魂放下那些記恨的事，即使身處不同的時空，彼此之間的連結是超越時空的，那當下便能化解這些過去世的糾葛和各種恩怨情仇，若能將自己心靈提升至此開闊境界，這對改善我們的人際關係有相當大的助益（許添盛，2009a：172-173）。

總之，生命是一段永無止盡的學習，假如你想要提升自己生命層次，應當有所覺醒，當從對方的需要反映出我們需要去接觸自己身上所不足的部份時，應嘗試學習去愛自己，去擁抱所有曾經受壓抑的、隱藏起來的，與尚未探索的心靈（林群華等譯，2008：213-214），用愛來讓自己變得更完整。尤其是，即使人們以讓你痛苦的行為方式與你互動，你仍能保持開放與愛；當你進入更高的知覺層次，你可能會面對一些情況，處理你和別人內在的憤怒和痛苦。當你處理這些能量中，若能學習保持平衡和用心面對，才能加速靈魂進化的過程。

綜合本節由人際關係看自己，真實的世界發生在我們的內心，外面的人際關係只是內心的一面鏡子，每個人如果想認識自己是誰，那麼去看看自己週遭的人，就會明白出現在身邊的人，他們都是被我們的心念

所邀請、所吸引過來的，都是我們生命大戲中的一個配角，是來幫助我們修行的。藉由人際關係的一面鏡子，不僅可認識自己，並反映出我們內心的某些信念、思考模式或壓抑的情緒，為我們指出某些問題，目的是讓我們有機會看清楚並加以調整療癒整合。因此人際關係並不是帶給我們煩惱的，而是帶給我們成長的，是彼此愛的功課還沒有完成，並不是業障，而是靈魂最深的學習。

貳、從婚姻中學習功課

中庸有云：「君子之道，造端乎夫婦。」君子之道就是從一般平凡的夫妻開始，此即人倫的開始。每個人新組成的家庭也是個演出自業的最佳舞臺，可以從中學到為人父母的功課，也可以體驗到與孩子之親密合諧的關係，或與孩子之疏離排斥。許添盛也認為：「家庭是最好的修行道場，特別是親子、手足及夫妻關係（許添盛，2007：159）。」依筆者的見解維持良好婚姻的關係有幾個重點，分別是：1、婚姻中含藏靈性課題；2、釐清成長背景與觀念；3、滿足食色與物質經濟；4、用心溝通與表達感受；5、勿過度期待操控配偶；6、外遇與第三者的迷失；7、離婚之後的自我調適；8、疼惜自己與學習成長；9、婚姻幸福美滿之祕訣等。詳述如下：

一、婚姻中含藏靈性課題

以新時代思想來看，家庭成員之間都有著多重的轉世關係，許多夫妻在過去都曾是親子或手足關係。例如在現代社會，也許彼此的夫妻之愛不再，雙方形同陌路，或產生敵對、仇恨的關係，這是過去曾當過親子或手足累積下來的心靈關係（許添盛，2007：208-210），這些幾乎是與家庭有關的業或自業的功課。從表面上看來，我們似乎是在「自由」地選擇伴侶，而實際上卻是內在無形的靈魂層面在操縱，隨身帶著「業力感召」的影像來尋找理想之配偶，那就是俗語說的「緣分」，或

說一切都是「老天」所註定的。而這所謂的緣分與老天，就是指我們自己的靈魂所安排好的，是早已設定的必修課程，是我們今生此生的業力功課所在。或許我們會認為，如果結婚對象不同，不就沒有婚姻課題了？事實並非如此，因為即使結婚對象不同，卻還是有相同的婚姻課題要修練，都無法跳脫靈魂的安排。故以靈性成長的面向來說，每對夫妻都算是一種「絕配」，是真正的「天作之合」。

由前所述物以類聚的生命法則，得知萬事萬物都有其獨特的振動頻率和能量型態，能夠聚在一起，必然有其同類之因緣。俗話說：「龍交龍、鳳交鳳」、「什麼樣的鍋，就配什麼樣的蓋。」或是「一個巴掌打不響。」因此不要誤以為別人命好，碰到好對象，就像王中和所說，通常一個人會吸引哪種人、碰到什麼樣的伴侶，其實是跟自己的性質、能量狀況有關，能量不相應的絕對無緣（王中和，2001：123），這就是吸引力法則，會讓兩個性質相同的事自然碰在一起。這就是雖然有時候外表與個性看起來似乎大不相同的人，骨子裡卻有相同的功課要做，天底下卻從來不曾有性質不同的人會湊合在一起的事情。例如，常有人嘆曰：「噢，原來我自己就是個很有個性的人！難怪我的先生是如此難纏的人。」（張鴻玉，2009：143-146）如果不能覺悟到所有的問題幾乎都是被自己吸引過來，或是物以類聚的原理，那麼婚姻，真的會是一條不盡人意的漫漫長路。

那這段擇偶的過程又是如何促成的呢？如之前所述榮格的「陰影」，那就是在我們在原生家庭成長的過程中，為了要迎合父母親的好惡和適應這個社會，會不斷地偏離了我們天賦的純真與赤子之心，我們的生命會慢慢的變成了不完整，因此覺得有需要和另一個生命結合起來，讓我們重新感受到人生的完整。例如從小失去父親的關愛，內心就會渴望嫁給一位像父親般呵護妳的先生，於是瘋狂愛上一個與我們父母有相同基因，有相同優缺點的人，一個符合內心深處的影像，也就是我們一直不知不覺地在尋找父母的化身。因此，我們潛意識裡期待從親密關係人的身上，滿足那些在童年時期父母無法滿足我們的需要，很湊巧

的是，我們十之八九會選擇與父母有相似優缺點的伴侶。這就是潛意識心有所屬，認定該人能滿足我們情感的需要，彌補我們孩童時所造成的心理鴻溝潛意識，為了更完整合一，並治癒童年的創傷。又根據大多數談過多次戀愛的人而言，即使他們刻意避免，也還是會一再遇到同樣的問題。例如：許多人非常質疑，為什麼出身酗酒或暴力家庭的人，長大後還會選擇再過飽受酗酒或暴力者入侵的生活？其實是心智受到了過去的制約，心智總是戀戀不捨，每個人都有潛伏的動機喜歡重蹈覆轍，複製熟悉的處境，想重複原生家庭的情感模式，哪怕是這模式是痛苦的，但起碼是熟悉的，這熟悉的情感模式帶給人舒適感。

因此，親密關係，基本上是從「需要」而來，在「要求」背後代表了「需要」，而「傷害」是因為需要沒有得到滿足。所以我們會在這份關係中覺得受傷了，這也就是為什麼愈深、愈親密的關係，相處中所受到的傷害愈深，那是因為要求背後的需求與期待沒有得到滿足。有句話說的很好：「一個人內心若是完全充滿對方的影子，表示他的內心是空虛的。」而內心空虛和心靈貧乏的人，是需要藉著別人遷就你、要求被親切的對待、順從你，自己的感情無法獨立，就是要藉著別人才能使自己變得完整。在《阿米‧宇宙之心》書中有句經典的話（趙德明譯，2005：162）：

> 真正的愛情不是依戀，不是束縛別人，也不作繭自縛；確切地說是讓別人獲得自由，也讓自己自由。真正相愛的人們用不著像連體嬰那樣整天抱在一起。……學會克服依戀也是一種自我提升與進化，因為人的精神是追求自由的，不應該受到任何羈絆。

事實上，身心健康平衡的人根本不需要依賴別人。現代年輕人都希望找尋靈魂伴侶、靈性伴侶，這很難找耶！為什麼難找？難找的原因就是因為自己都不完整，想找一個人來彌補自己的不足，一個鍋找一個蓋，自己認定自己是一半，所以想找另一半配合變完整。因為當兩個不

完整的人在一起時，他們的本能是要對方來彌補自己的缺憾，而沒有餘力去肯定對方（鄭玉英等譯，2003：91）；兩個期待藉著配偶來使自己完整的人，結果會比婚前更不完整。因此，當你的生命不需要靠別人填補的時候，也就真正地獨立自主了。

很多人期待親密關係也害怕親密關係，因為兩性的故事裡面有人生的最苦與最樂。任何人只要進入深層的兩性關係中，如婚姻或一對一的戀愛，那位深深吸引我們的異性，必然會喚醒您心靈最深處童年記憶裡的創傷；你將會經歷到生命中最深層的情緒觸動，有機會碰觸到深埋的自我。而那些創傷需要被撫平的渴求與呼喚，讓我們在千萬人遇見了他（她），而彼此的責任是喚醒對方未成長的內在小孩，所以當你覺得或遇到另一半有很多缺點時，那其實是顯現你自己成長過程中的痛。就因為婚姻中最親密的人會把你成長過程中的「痛」顯現出來，因此，親密關係會讓我們心碎的地方，就是讓我們成長的地方。心碎根源的所在，即是成長時期的舊傷，是我們未被愛滿足的地方，我們只能回過頭來處理舊傷，那將是相互以深沉的愛來互相療傷、自我治療的最佳時刻，當自己的身心產生變化，親密伴侶也就跟著會產生變化。發展良好的親密關係，本來可以讓我們的人格更健全，生命更圓滿，但我們也可以看到，成長過程愈是傷痛連連，愈難面對親密關係，愈是需要良好的親密關係或婚姻來彌補人生的傷痛，但這些人反而以離婚做為親密關係的收場，這或許可以說明眾多的怨偶的由來及節節高昇的離婚率的原因。

總之，親密關係之所以會成為靈魂學習的課題，在長期的關係互動中，在彼此的磨擦與複雜的情緒過程裡，若在認知觀念上有了差距，或者感覺、情緒訴諸於身體語言及行為時有了衝突，而導致內在孩童的創傷重現時，我們才能發現並且看清自己的問題，也才能知道該怎麼樣修正自己的心性，進而得到真正的心靈成長。而對方身上那個會讓你痛的部分就是愛的呼喚，就是告訴你怎麼樣寬恕、諒解、撫平自己內在的傷痕，若能夠在親密關係中看到自己的心碎、圓滿自己的生命，才能穿越這層關係圓滿婚姻課題，以提昇自己的靈性生命。

二、釐清成長背景與觀念

我們知道心智的想法觀念會影響個人一生的抉擇，小至每天早餐要吃什麼，大至配偶的選擇，都因每個人有不同的心理需求而大相逕庭，而心理需求的差異又與父母的教養方式、原生家庭的環境有很大的關連。近來有愈來愈多的心理學家在探討原生家庭對婚姻生活與兩性關係的影響，根據心理學長期的研究發現，同性父母是我們學習和模仿的對象，異性父母的影響是在他們對孩子的期待和期許上。例如：父親對妻子的不滿，會轉成對女兒的期許，母親對父親的不滿，會轉換成對兒子的期許，而這些期許會造成孩子為迎合父母的認同，沒有辦法展現真實的自我。因此，與父母親原生家庭的這份關係，會影響到往後成人時的兩性關係（許宜銘，2000：48-49）。

每個人之所以有不同取向的親密關係要求，和婚姻中發生的許多障礙，大都和個性和成長過程中人格塑造的家庭環境有關係。當我們長大後，其實我們內在的某些感覺是早已經存在的，我們會傾向於再創造出一個像小時候一樣的情緒環境，在人際關係中，我們會傾向於創造出我們與母親，或者父親，或者像他們兩人的關係一樣的模式。因此，如果你的配偶是既愛嘮叨又不體貼，也請看看自己的童年，你是不是有個愛嘮叨又不體貼的父母？你也是那樣的人嗎？想想看，你以前的愛人或老闆，是不是「碰巧」像你的母親或父親。只要一個人在成長過程中沒有獲得足夠的愛與肯定，在日後的人際關係就會不自覺地尋求肯定與支持。有很多的夫妻在碰到爭執的情況時，很難分辨清楚情緒的源頭，甚至沒有感覺、沒有警覺到內在小小的不滿，有很多是來自童年的壓抑，逐漸累積出猛爆性的情緒，使兩人的關係受到波及而逐漸疏離，甚至演變成巨大的衝突導致分離。因此，必須先瞭解和釐清雙方的背景與價值觀，小時後的種種遭遇與情境，會影響我們每個人的個性竟是如此的深。

合二姓之好的婚姻，是每個人各自帶著原生家庭的信念系統與模式來結合，其中必存在許多差異性與互相衝突的觀念。據深入研究，若本

身家族觀念較固定守舊、較沒彈性，那在愛情適應力上的問題就愈多。據王中和舉出十二種難以走入親密關係的類型，分別是：「自私自利、唯利是圖、好奇心太強、有強烈的不安全感、自卑感強烈、害怕給出、過度依戀、悲情主義、愛自由、事業心過強、博愛、自願做犧牲者等（王中和，2001：118-123）。」而婚姻失敗的基本原因就在於批判對方、要求對方改變，這會陷入「如果你不這樣就好了」或「假如你能做到這些就好了」的模式，若妄想要去改變對方，那通常是會踢到鐵板的。每個生命都有自己的特質與想法，切記不要僅以自己的立場去改變配偶的想法，因為這樣的行為，等於是否定對方，漠視對方的人格。要知道在婚姻中，誰也沒有權利去要求對方改變立場，除非他自己願意。婚姻的奧妙就在此，藉由夫妻關係來修行自己的不足，當處理好自己生命內在的問題之後，無緣的伴侶自然會好聚好散，有緣的伴侶就會互相調整行為。

總之，夫妻雙方都各自從自己生長的家庭裡帶來不同的規則，若能瞭解夫妻彼此的成長背景與價值觀，清楚彼此不只是個人婚姻的結合，而是帶著雙方的家族信念系統來締結。因此，在婚姻路上理應尊重彼此的差異性，也不必批判對方的觀念與模式，透過溝通對話，必要時要放掉彼此的固執與堅持，丟棄一些來自原生家庭的制約，協調出適合彼此共組「家庭」的理想規章，若能讓雙方既保有自我價值感，也能滿足被尊重之需求，就能營造出健康的婚姻關係。

三、滿足食色與物質經濟

古人有云：「食色性也。」民以食為天，在家開夥可以全家一起用餐，不僅可享受可口安全衛生的飲食，讓全家身體健康，更能享受家庭的和樂與溫馨，真是一舉數得。在現今的工商社會，每位女性朋友身兼數職，扮演多重角色，筆者認為應打破「男主外女主內」的傳統觀念，建議下廚烹飪是現代男女必須要學習的基本能力，要活在這個世上，就要懂得如何照顧好自己的民生問題，就像學習開車游泳一樣，是一種才藝，非屬女性的專利。

性雖不代表一切，不過它的確重要，在婚姻中的比重很大。而組成家庭的主要功能是生兒育女，傳宗接代，親密關係也是建立在性生活上。性能舒解緊張情緒，提供給夫婦親密的樂趣與滿足，做愛不僅是性的需要，也是使雙方做實質的接觸，給對方快樂的方式，能保持美滿的性生活，無疑會對夫妻的健康有很大好處。但對於性愛，似乎男女有所差異，性的能量是陽剛的、主動的、積極的。男性允許對性有感覺、有覺知，當兩性互相吸引時，男性的性能量、性趨力發動起來時，多數是由男性開始展開追求，所以男人感受到性的需要遠比女性容易而且強烈的多。男人似乎認為性是肉體的事，可以不帶感情的去做，但是在意識的深層，除了少數的豪放女之外，大多數女性需要的是有愛的感覺，或傾向有愛做基礎的性，如果男性只有做性的邀約，是很難達到目的、一親芳澤的（許宜銘，2000：43）。身心是一體互相影響的，女人如果心情不好、孩子的問題，或和先生有爭執，也很難有性行為的意願。正因為如此，夫妻之間的性關係也要彼此協調。無妨將生活情境改變，也會影響性生活，例如避開小孩子去渡假，重溫談戀愛時的浪漫氣氛，也會增加對性的需求。

　　筆者認為，親密關係要以愛為基礎，如果只有「性」而沒有「愛」的關係則是醜陋的，真正的愛是來自兩個靈魂的相遇，而不僅是男人與女人荷爾蒙的相會。換句話說，「做愛」是以「愛」為出發點的一種分享，而不是一種衝動地想要佔有和發洩的行為。所以當一個人缺乏愛的時候，他很容易淪為性遊戲的追逐者，只是生物性地做著愛做的事，卻沒有與靈魂真心地交流，如此只是在消費對方的身體，不尊重自己的感受，只會讓人更沮喪、更看不起自己。

　　現代人因為生活忙碌、壓力大，很多夫妻之間完全沒有性生活，造成所謂的「無性夫妻」，顯示了現代人體內陰陽不平衡之一端。我們整個社會在「性」方面的資訊愈來愈充足，性方面的態度也愈來愈開放，其實內在的「性」能量愈空虛，外在的「性」話題就愈強調。性命，有性就有命，性是活力的代表，當我們有活力，就會對很多事務有熱情，

跟著豐富就進來（王中和，2001：46-47）。大多數夫婦年紀大時，在性生活減低後會以溫暖的情愛來代替，這也是很正常的情形，所謂「少來夫妻老來伴」正是這種情形的寫照。

俗語說：「貧賤夫妻百事哀」，錢雖不是萬能，但沒錢萬萬不能。生而為人不僅要有富足的心靈，也要在物質生活上不虞匱乏，才能享受豐盛的人生。所以夫妻間應該要互相幫助求名求利，為滿足經濟上的需要，要有足夠的金錢來維持家務和養育孩子，購屋置產儲蓄，這都是人生當中很重要的部份。

四、用心溝通與表達感受

每個原生的家庭都代表一個信念系統，由於每一個人都是獨特的個體，夫妻又來自不同規則的家庭，也各自帶著跟自己與父母未解決的衝突來結婚，因此當婚姻中的親密關係越發緊密時，過去的衝突也越發嚴重的困擾著婚姻關係。在一個功能良好的家庭裡，夫妻之間彼此瞭解各自原生家庭的溝通態度及行為模式上的差異，對於這些差異能夠接納而不加批評。他們知道不同並不一定不好，也不代表任何一方具有問題，雙方皆會努力達成更多的協議，功能良好的夫妻能彼此誠實溝通的溝通，並給孩子良好的示範（鄭玉英等譯，2003：76-77），即使是良好的衝突也是一種溝通方式，唯有不健全的家庭，才會否認問題的存在。因此，允許衝突是親密關係及健康家庭的標記，需要來自不同家庭背景的夫妻透過溝通，協商一套適合彼此的方式來。關係良好的夫婦不怕困難和爭論，並且會學會如何做公平的爭吵，公平的爭吵包括：自我肯定而非攻擊對方；把焦點放在現在避免重衝翻舊帳一次只爭論一件事；避免說教儘量說出具體內容；盡量用「我」的感覺而不是批判對方；誠實溝通只是表明己意，而非盲目同意呈現表面的完美和諧；努力找出共同解決的辦法（鄭玉英等譯，2003：78-79）等。

夫妻之間對內在覺知能力的培養是必要的，先有覺知能力再來談表達的技巧，再真實表達自己的感受，不去指責和怨怪對方的錯誤，也不

是以攻訐對方弱點為訴求重點。例如，「我心裡覺得真不舒服」，這是一種感受的表達，而「你真蠢」、「你是個自私自利的人」則是一種批判，人際關係最大的殺手，就是批評。因為人在面臨他人指責時，第一個反應是防衛和反擊，所以，我們要學習把心門打開，說出自己內心的真實感受。例如，先生深夜才回家，做妻子的你可以表明自己獨守家門的恐懼和寂寞，讓他明白你雖然外表堅強，內心其實也有脆弱、受傷的時刻；讓他明白你需要他，表達你的需求，而非指責對方。

夫妻關係是平輩的對等關係，需要彼此尊重，彼此體諒，才能牽手走下去，最重要的問題是彼此的「態度」，「態度」決定一切。每個人都需要被別人讚美、推崇、尊敬，夫妻之間並沒有尊卑之分，彼此是健康的夥伴關係。當我們需要對方幫忙時，太太需要以妻子感性撒嬌的方式要求，千萬不可用媽媽教訓孩子的口氣與態度來說話，否則一場家庭戰爭就會爆發；先生在面對責任時，應該以一家之主的態度來分擔這一切困難與挑戰，不應該以小孩子的態度來逃避或推諉責任。這樣調整彼此的眼光水準與心態，或許夫妻之間會走的更貼心一些，也才能讓婚姻更加的圓滿。總之，放下成見用心溝通，表達內心感受而不給批判，會讓彼此的關係漸入佳境。

五、勿過度期待操控配偶

很多人對婚姻關係的妥協來自於缺乏安全感，深怕失去婚姻便失去一切，所以許多看起來長長久久的好姻緣未必真的很幸福，相反的，可能雙方都過著互相折磨、怨恨的日子。例如，有位太太，她也是每天就是在家裡頭等她先生，一邊喝酒一邊等她先生，她先生十二點不回來，就在門口站到十二點不睡，兩點不回來，她就兩點不睡覺。還控制她先生的金錢與先生所有的人際關係，她先生到哪個地方就要追蹤。若此行徑，那麼先生不跟妳離婚才怪，為什麼呢？因為人天生就是嚮往自由自在的，有誰能夠忍受這種老婆？她一天到晚追蹤，一天到晚控制他金錢，一天到晚懷疑他有外遇。或許這是她從原生家庭所帶來的模式，

你愈怕某種事情發生問題，就是在不斷地灌輸那個能量，在加強那個能量。所以你心裡頭最害怕的那個事情，也就是能量最強的那個東西，會加速實現它。後來真的離婚了，因為她內心的不安全感實在太強了。然而這個婚姻是誰搞壞的？當然是太太自己搞砸的，所以過度的不安全感卻成為婚姻的致命傷。

又據王中和的觀察，也有很多貌似恩愛的夫妻，其實是心靈上陷入了「操縱和控制」的陷阱。要知道能互補的夫妻，才算是配得最好的夫妻（王中和，2001：124-125）。若夫妻一方的強者，希望能完全控制弱者，希望這個弱者能完全配合強者，這叫控制。但夫妻一方的弱者，也很希望以自己的百依百順來控制強者，這就是換個方式告訴這個強者，只有我（弱者）能夠這樣配合你（強者），你在其他地方再也找不到像我這樣的人了。這種「操縱」和「控制」的互動，是一種共生關係，表面上看起來好像也是恩愛夫妻，但是那個扮演百依百順的弱者角色一方，會因為長期「情緒體」的壓力而累積負面能量，會卡在身體中出大問題，久而久之會造成身心失衡的狀況。（王中和，2001：124-125），如此控制至死不渝，此皆是用隱性操縱的方式去控制對方的例子。

人跟人最大的障礙，就是不能信任以及有條件的愛，而信任與無條件的愛之所以難的原因，就是因為此兩者是來自於靈性層次，必須經過修練才可得。因此可得知，婚姻是一種修行與磨練的歷程，而信任是婚姻的基礎，沒有了信任，婚姻就得面對悲慘的命運。但有人會質疑：「單單只是憑著信任伴侶，對方就不會出問題了嗎？」我們應學習真誠無條件的愛，如果關係純粹而不帶條件，如果能順其自然，遇到事情時當作是學習人生課題的機會，那麼你們的關係必然是建立在付出、和諧、分享的基礎上。只要你能放棄改變別人的念頭，你就能感受到愛的力量，實實在在毫不虛幻的愛。我們不必處心積慮，掙扎控制，不必煩惱「如果我不掌控他的行蹤，他一定會出軌」或是「如果我不掌控一切，他不會成為我理想的樣子」。當感覺不是很好時，當然要讓對方知道，但附帶期望的期盼就是一種操控，如果你抓緊你的期望與幻想，就

不是真正的愛；讓對方做他自己，如果他選擇離開，可能是因為他不得不離開（張美惠譯，2006：82），若走到此般地步，這其中必含有業力課題，終得要放下此姻緣，任何事強求不得。

總之，對於夫妻之間這種過度期待與操控的狀況，若不試著去改變相處模式，婚姻是很難持續的。筆者建議應放下身段，為了自己的幸福，也為了下一代能更好，應嘗試彼此溝通，互相坦白內心的感覺，或者夫妻一起去上心靈成長課程，瞭解問題所在，互相提攜鼓勵，一起面對問題，一起商討解決方案、共同度過婚姻的危機，這正是婚姻的意義，也是讓彼此雙方提昇成長所在。

六、外遇與第三者的迷失

其實只要婚姻制度存在一天，「外遇」就是一個很難避免的事實，外遇常是環境的產物。我們雖不同意外遇的行為，但卻可以同理一個人為什麼會發生外遇；外遇看起來雖然是對婚姻的不忠實，但卻有可能是忠於自己的情感。許多發生婚外情的人，他們都能說出足夠的理由，為自己的出軌行為辯護，讓他們深感痛苦的是，當這些致命的吸引力發生時，他們幾無招架之力。他們內心其實飽受煎熬，他們愧對另一半，但也無法輕易放棄這份得來不易的感情。其實，外遇和第三者都是苦命人，他們在不正常的情感事件中夾雜各種心虛、煎熬、期望和恐懼，他們的快樂也不能與家人分享。因此，奉勸世人看待任何事情，要既寬廣又深遠，尤其是婚變的當事人，別只用單純的想法去羨慕外遇與第三者，以免讓自己妒火中燒，迫使自己採取激烈的對付手段，怕影響所及會傷害無辜，屆時恐怕後悔莫及。

筆者對所謂「第三者」的建議是：莫把自己任何的行為歸咎於命運，命運是可以掌握在自己手中的，這是一個成年人該有的智慧。假如一段親密關係是要偷偷摸摸、躲躲藏藏，或者見不得人，那麼真的當事人根本不該涉入，在一開始時就要有能力判斷踩煞車，不用讓自己走到深陷困境，滿身泥濘，狼狽不堪的地步，甚至還影響下一代的婚姻模

式。值得嗎？這麼大的代價。而且親密關係也並非人生的全部，人生還有更重要的事等著我們呢！有鑑於周遭親戚友人的親身經驗，曾目睹過他們走上這一條不歸路，大多數人幾乎都是悔不當初，早知今日何必當初，他（她）們付出慘痛代價的故事，難道不足以成為我們的借鏡嗎？

　　若配偶發生外遇，請別訴諸命運，也請別推卸責任。婚姻關係產生驟變，產生所謂的婚外情，相信這絕不是單方面的問題，若配偶之間不去坦承面對自己該承擔的責任，而一味地把錯誤推給「第三者」，認為是第三者的出現破壞了婚姻。事實上，第三者真有這麼厲害嗎？如果不是配偶之間早就有嫌隙，第三者又怎能輕易的介入？如果夫妻之間的感情密合、默契夠深，第三者再怎麼厲害也是沒用。如果夫妻之間的緣分已盡，就算沒有第三者的出現，他們也會結束，而所謂的第三者只不過是一個導火線而已，因此千萬不要完全責怪所謂的「第三者」。一個真正有覺知能力的人，或許會因為第三者的出現，而警覺到自己的婚姻已出現危機，或許當配偶有了外遇之後，才又重新評估自己的伴侶，因為原本看起來早已不新鮮的人，居然有人要跟自己搶？更讓人難以置信的是，在擦亮眼鏡、仔細端詳過後，竟然發現自己還深愛著另一半，於是就死命地想要奪回自己的所愛。也因此本來岌岌可危的婚姻，會因為第三者彌補了情感上的缺口，讓其中的一方能以更寬容、更忍耐的心態來面對婚姻中的困難，而延長了婚姻的壽命，這種情形也是時有所聞（張鴻玉，2008a：66-67）。

　　一般人在面對外遇的處理方式，大多認為只要找到了配偶出軌的證據，逼得對方啞口無言、俯首稱臣，讓自己處於優勢佔上風，從此婚姻就確保幸福美滿。若此，那就大錯特錯，因為每個人都有自尊心，愈是如此讓另一半羞愧難當，無地自容，就愈是將另一半的心往外推，因為你只是要他人回來就好，而不是要挽回他的心，如果人在家中，心卻在外頭，難道這是你所想要的結果嗎？若是欲放棄此段婚姻，也無須如此激烈手段，或許自己也有責任，凡事總是有原因的，不要因一時的氣憤，就全盤地否認了對方，讓彼此斷絕後路完全無轉圜的餘地。倘若要

另一半回心轉意，真的要用點心思，就像要浪子回頭一樣，畢竟冰凍三尺非一日之寒，有人出軌，總有一些前因後果，夫妻之間都是相對的，自己也須負一些責任，可能要重新的去瞭解他、原諒他，繼續給予更多的溫暖，用愛來包容化解彼此的心結，才可能有破鏡重圓的機會（張鴻玉，2008a：55-58）。

　　基於前述的吸引力法則－你所關注的事情會擴大，陳艾妮提供給我們否定第三者的三種策略，那就是不揭穿、不瞭解、不談判（陳艾妮，2001：192-194）。又強調，外遇不等於離婚，離婚都是鬧出來的，並建議預防重於治療，事後不僅要療傷止痛，還要自我反省，有錯就改，不足處加強，要反躬自省。筆者也認為，大部份的外遇也透露出，婚姻中似乎也有一些未解決的問題，因此，自己也要藉此沉澱反省自己，試問自己：「他的外遇是我造成的嗎？」因為「萬法唯心造」和「物以類聚」的生命原理，在夫妻的親密關係中，一方的思考及行動，往往反映在另一方的思考及行動上。如果這一切都是親密伴侶的過錯，自己也要想想看，這種事情為什麼不是發生在所有人類的身上，而是在自己身上，這其中難道沒有「課程」要我們自己反省學習的嗎？這是婚姻的外遇課題所給我們的省思。

　　總之，現代社會三婚四嫁的現象，已經屢見不鮮了，三角戀愛或外遇也非罕見之事，這些情形如果只以男人好色或女人淫蕩來解釋，非但無法解決問題，還讓問題更加嚴重。因為這樣的說法是一種把過錯推給別人，而認為自己不必對生命負責的人生觀，一旦瞭解來自原生家庭的模式，希望在配偶身上，得到孩提時所欠缺的，每個人都是為了獲得更多愛、更多的肯定，就能看清外遇事件背後的真相了。且看出問題的解決之道必須先從自己做起，開始認真的在自己覺察力上下功夫，著力點放在自己身上，如此你就不會再冀望別人的改變。在經營婚姻的修行路上，著力點永遠放在自己身上，若在對方身上找問題只會讓你分心，失去學習成長的契機，夫妻關係也是一個立體空間，其互動是相對的，當你有所改變時，對方也會自動跟著變化。

七、離婚之後的自我調適

　　離婚絕不是一件快樂的事，難免對家中的每一個人造成創傷。筆者也曾挽救過友人婚姻的經驗，建議打算離婚的人：如果自己有離婚的打算，無妨靜下心來與有能力且值得你信賴的人，討論分析：如果離婚確實可以讓自己的問題減少，日子過得更好，那是可以考慮的；如果離婚反而比以前更痛苦，日子更難挨，要面對離婚後所衍生的問題，那又何苦來哉？事實上，大多數人離婚後的問題更多，尤以孩子的問題更棘手。既然離婚的前後都是有待解決的人生業力功課，何不勇於承擔地面對婚姻課題？以避免更多的後遺症。因此，千萬莫逞強，也勿意氣用事，畢竟要以自己有利的立場與有益自己的好處來考量，輕率決定會讓自己悔不當初。人生真的不要浪費太多生命，讓自己常處於後悔莫及的懊惱中，但若審慎做了決定，就要忠於自己的選擇。我們也聽聽張鴻玉所提供給的一些想法，她說（張鴻玉，2007：179）：「假使沒有痛苦的婚姻，人生會不會太無聊了？」、「或許彼此個性不合，才是讓婚姻真正有趣的地方？」、「要離就趕快離吧！反正思念總在分手後開始，不分開，對方永遠不知道你的好處」、「也許該恭喜大家！你們的孩子即將有一個新爸爸或者新媽媽了。」以上這些都是不錯的逆向思考方式，或許會讓人在那個當下可以清醒一些。

　　要知道婚姻關係不是生命的全部，關係的長短或結束的方式也沒有對錯，世間所有的人際關係都是變化不定的，人們誤以為關係不能持久就代表失敗，其實只要是我們生活的淋漓盡致，時間的久長並沒有更大的意義。人生是用來學習的，重點是我們彼此在婚姻中學習到什麼？婚姻裡最怕的是，你不斷離婚又結婚，沒有從婚姻裡頭觀察你的生命，沒有從第一次的婚姻認清自己、看到自己的成長、看到你內在的痛，和得到教訓，所以這段婚姻對你來講，完全是浪費生命、浪費時間、浪費精力。然後在第二次，甚至第三次的婚姻裡頭，還是亂七八糟，還是一蹋糊塗，永遠沒辦法從中學習、成長。其實離婚幾次倒不是問題，真正能

清楚的從每次進入親密關係的障礙中，看出自己人生的問題才是重點。若在三婚四嫁之後，老問題仍然留著，或是一樣的指責對方，自己不肯為自己的生命負責，這才真正浪費了生命（王中和，2001：125）。這也是筆者常說的：「若沒有改變自己，下一段婚姻不可能會更好！」

我相信對大多數的人來說，失戀與失婚最大的傷害不是來自於配偶愛上了另一個人，痛苦是來自於「被否定」的感覺與「自我的貶損」。例如：「我連那樣的男人（女子）都不如！」或是「畢竟，你還是不要我了！」失婚不只失去了愛，也代表著你被捨棄、你是不值得被愛的、你是個失敗者。此時需要冷靜地檢視自己的想法，看看究竟自己是「真的」被別人否定了？還是「覺得」自己被否定了？因此，就如前述的人際關係原則，配偶也有他自己該面對的內在問題，因此，請失婚的朋友務必要轉念你只是經歷了這個失敗戀情的事實而已，千萬不要判定自己是個失敗者。

其實，夫妻之間確實暗藏有生命藍圖的婚姻課題，夫妻間的恩恩怨怨、是是非非，有時候是無法用常理來判斷，或以平常心來面對與超越。也請相信，發生在我們身上的所有事情全都有它的用意與目的，一切發生都有其正面的意義，究竟這失敗的婚姻是意味著什麼？是要你從中學習什麼課題？還有，這其中當然也參雜一些「業力功課」因素在內，是你此生要經歷的體驗，也請尊重自己的生命課題。此時無妨冷卻下來深思，如果是配偶個人做錯了事，受到傷害的應該是他自己，因為是他犯錯，所以他該受到懲罰，但為什麼遭受痛苦的卻是你（張鴻玉，2007：174-175）？因此，釐清思緒，收拾心情，調整心態，不要將自己的喜怒哀樂交由別人操控，受別人牽制，或把生命的主權交給別人了。婚姻並非生命的全部，每個人應為自己的婚姻負責，要振作起來努力扮演好自己的角色，盡自己該盡的責任義務，也不要因為你婚姻的失敗而傷害自己。失去一段感情並不會毀了我們整個的人生，生命裡有太多的可能性，千萬別小看了自己，否定自己的價值。一次情感的結束，只表示這個人並不適合我們，只要調整好自己的想法，重新出發，未來還有好多的良緣正等著我們！

露易絲也認為，離異者必須瞭解，自己是和配偶分離，而不是和其他家人切斷關係。父母雙方都有責任與子女保持連絡，儘管這樣會對自己的生活有所干擾，但離婚證書並不是用來證明父母可以遺棄子女的文件。還有，單親媽媽也要有積極自信的一面。他們對男人的行徑和處世態度抱怨連連，卻要撫養他們的兒子長大，如果我們想要的是親切、慈愛、有溫柔一面的男人，要不要教養兒子成那個樣子，就取決於我們了。在男人、丈夫身上，你想得到什麼？建議寫下來，就會非常清楚自己想要什麼，然後教導你的兒子成為那樣的人；你的兒媳將會因此而愛你，你和兒子也會永遠保有良好的親密關係。如果你是一個單親爸爸（媽媽），請不要苛刻地批評前妻（前夫），這只會教導你的孩子婚姻是一個戰場，母親對孩子的影響更甚於其他人。無論男人或女人共同朝這目標努力，只需要花費一代的時間（蕭順涵譯，1999：68），千萬不要把這一代的婚姻課題，傳承給下一代，因為下一代永遠是有樣學樣。

以筆者深入探究婚姻課題的心得分享：如果配偶有負於你、愧對於你，切莫以暴制暴、以牙還牙地傷害他人生命，或侵犯別人的權益。若此，還會增加新的業力功課，根據業力法則你給出去的最後還會再回到你身上。即使你在遭受挫敗的婚姻後，也能以平衡的心態看待婚姻的神聖意義，更能將自身所體悟的經驗與他人分享，免得他人重蹈覆轍。這是失婚者在每個當下可以為自己選擇的正確作法，不僅是靈魂有智慧的呈現，也可決定業力償還的完成度。甚至您如果願意加速提升成長，請用更高的意識觀點看待這門業力功課，請用真心感恩那個「無緣的人」，謝謝他成就你的生命課題，因為「感恩」是靈性的頻率，你與他的之間的業力功課就會圓滿落幕，不會牽拖不斷，甚至延宕下世，此即平衡法則，是終止業力輪迴的最強而有效的方式。當然願不願意如此做，就在於自己對生命真相的認知和信服度了。筆者也曾用這樣的思維論點，幫助有緣人走出失婚的陰霾。

總之，離婚或結婚，本身是非常中性的，沒有所謂的結婚就很好，或者離婚就不好，而是你透過了結婚或離婚這件事，讓自己以後將事情

處理得成熟、更圓滿，讓自己的生活更好、更棒，這是靈魂最艱深的學習課題。

八、疼惜自己與學習成長

筆者也走過那些家人感情疏離的歲月，因此給自幼缺乏愛的人一些建議：自我疼惜是一種對自己負責任的態度，若碰到不會疼惜自己的配偶或家人，我們與其等待別人的關愛，不如先疼愛自己；還有當別人對不起我們時，至少自己要對得起自己；當別人無瑕、不願或不能給我們溫暖時，可以收拾對別人的怨憤，反求諸己、反觀自己，給自己深厚的擁抱。這並不是說要對別人封閉自己，而是要更優先地向自己開放（傅湘雯譯，1994：5），事實上，我們若不知道疼惜自己的人，根本沒有辦法去疼惜別人；能夠好好欣賞自己之後，才有能力欣賞別人；想要肯定伴侶，終得先學會肯定自己。因為自己沒有的東西，又怎麼可能分享給別人？因此，「珍愛自己」是拯救婚姻關係的唯一法寶，所以我們必須開始學會往內「疼惜自己」、「接納自己」、「不批判自己」。多少人飢渴地向外求愛，卻不知道自己也可以愛自己，一旦自己被愛滿足了，此時別人有沒有愛我們已經不是那麼重要了。在婚姻關係中也如同人際關係的法則，當我們用愛滿足了自己，把自己滋養成了一個快樂的人，那時候你就會驚訝地發現，身邊突然多出許多自己喜歡的人，因為你對別人沒有期待，與你相處的人相對的就沒有壓力，每個人自然就喜歡接近你（張鴻玉，2007：67-69）。

其實，外遇就是已經結了婚的人渴望再一次戀愛的結果，因為沉溺於兩人世界裡，沒有得到外在的滋潤，於是他們不能夠成長，沒辦法再度散發自己的魅力，而愛情是需要魅力的，如果我們沒有辦法從伴侶身上得到魅力，得到一種能量，就會向其他地方尋找能量。所以愛情到某個程度上，是向別人要能量的一個狀況，當你沒有辦法提供能量給對方，你的伴侶自然會轉向其他人，這時候你再批判對方，說他不道德等等，是無無濟於事沒有用的（王中和，2001：194）。所以說，沈浸在

兩人世界裡頭，千萬別忘記要不斷地再去跟外界接觸，彼此互相再各自成長，否則有人會喪失能量，有人會喪失魅力，最後會怎樣呢？或許就會增加分手的可能性了，所以夫妻彼此必須再繼續成長是非常重要的。

　　儘管夫妻倆過日子要像一雙筷子，一是誰也離不開誰；二是什麼酸甜苦辣都能一起嚐。在婚姻中也是有人生的課題，彼此之間也要懂得放手讓配偶學習成長。譬如，如果你的配偶在經濟上有任何困難，馬上援助他；做生意失敗，幫他調頭寸；一有問題，你就馬上幫他解決。原本以為這是愛而為對方付出，卻沒想到，這樣做其實是搶了對方的考卷來寫，結果自己寫了考卷，累得要命，而對方沒有考卷可寫，無法成長。誠如許添盛所說的，天下沒有「懶」人，只有「攬」人；究竟是身邊的人「懶」，還是自己愛「攬」（許添盛等，2011：165、178）？在婚姻中有哪些事情是自己攬在身上的？每個女人不要把家中大大小小的事都攬在自己身上，自己拚命做而「阻礙先生的成長」。其實「愛與責任不必是等號（許添盛等，2011：285）」，因為愛是一種自發性行為，我有愛，才去做什麼；而不是去做什麼，才表示有愛。因此，讓責任和義務退到生活中的第二線，也應該逐步讓先生、家人學著去做，讓配偶「不得不」試著學習規劃未來，以及克服得過且過的個性，雖然犧牲自己，但這樣的犧牲卻讓自己受傷害，也阻礙別人的成長，真的是兩敗俱傷。

　　還有，對於喪偶的人也要學會疼惜自己，尊重自己的感情生活，許多喪偶的人很怕跨出去建立新戀情，害怕這麼做會傷害死去的伴侶，這真是一大遺憾，而且沒有任何實質根據。據洛伊·馬提納說：靈魂關注的並不是留在人世間的人，因為它知道每個人都有自己的航道，我們會與那些摯愛的人在另外一個世界再度相會。靈魂瞭解我們都會盡可能把日子過好，當留在人世間的人因為他們自己的選擇而感到快樂時，靈魂也會跟著開心。靈魂非常善於無條件地去愛，善於接受人的本性。靈魂並不會執著於先前的伴侶和感情，此時此刻，一切都清楚許多，沒有痛苦、懊悔或嫉妒（繆靜芬譯，2009：38-39）。或許喪偶的人所害怕的，正是自己內心的道德制約與罪惡感吧！

總之，親密關係是人生裡最困難的修行，最嚴苛的功課，其中一直都隱藏著許許多多的考驗。當知道每個關係當中，確實隱含著靈魂需要自己學習的某種功課時，就會願意讓自己冷靜下來，仔細觀察問題內在的涵義，並覺察到自己在這個關係裡所扮演的角色。所以要能看出你的伴侶他不只是伴侶，還是個靈魂伴侶，你們彼此是在做靈魂的功課，你們曾約定要幫助彼此成長，這時你當然就會想辦法盡力去改善它，而絕不會想要一走了之。人生的很多現象，在疑似難明之間，需要大智慧才能大徹大悟。總之，婚姻裡隱含著靈性的功課，每當一段功課做完，意義就隨之消失，而這段關係也就圓滿了（張鴻玉，2007：174、178）。婚姻的價值與意義所在，永遠是我們彼此在婚姻中學習到什麼人生課題。總之，疼惜自己，自己學習成長，也讓配偶成長，這是維繫婚姻穩固最究竟的撇步。

九、婚姻幸福美滿之秘訣

　　我相信每對新人在結婚之初，無不抱著白頭偕老的心態，但進入婚姻關係，卻有太多影響彼此感情的變數。首先，我們必須要覺知到，婚姻關係並不是固定的，它也是無常的一直處在變化中，夫妻之間的關係也會因為每天遇到新的挑戰而產生新的變化。譬如：家裡有人生病了、公婆搬過來一起住了、先生調到外地去上班了、孩子在學校犯規了，朋友打電話來借錢……等等，這些生活上的細節與瑣碎的小事，將會引發原來隱藏在我們潛意識裡最脆弱、恐懼與不安的情緒，也會讓彼此的關係產生許多難以溝通的誤會、緊張與挑戰。當夫妻雙方都處在自己的壓力當中時，彼此都盼望著伴侶能夠再多承擔一些，能多體諒些，能更付出一些，卻不知彼此都已枯竭到沒有多餘的心力可以再為對方多做些什麼。於是，兩個匱乏的人互相期待著對方的給予，長久下來，抱怨愈來愈多，無力感也愈來愈高，雙方的誤會便愈積愈多了。

　　據王中和的見解認為，由其內心傷痕愈多的人，也就是「胎教」、「三歲前的教育」、「成長時期的家庭關係」，這些階段問題愈多的

人，婚姻型態愈是驚悚離奇。那就是：成長過程越是坎坷、越是需要愛、家庭越是支離破碎的人，他們的婚姻、愛情越是糟糕。這絕對是肯定的，為什麼呢？因為這樣的人他的內在是敏感的，焦慮的、多疑的、攻擊自己的，而這些內在的難過與內在的傷痛，就透過另一半缺點表現出來，配偶就是代表一個隱性的你啊（王中和，2001：188）！如果說一個內在不健全的人，要婚姻幸福美滿，那是不可能的啦！例如，婚後只要你老公稍微吸點煙或喝點小酒等，太太就開始大發雷霆，因為先生並不知道平常是你老爸在抽煙喝酒之後是如何折騰妻子的，太太是多麼害怕老公步入父親的後塵。因此老婆心裡頭痛苦害怕，積極的能量愈多，就慢慢在催眠他老公，老公就好像變成了他爸爸那個討厭的樣子，最後事實就在老公身上出現了。所以說配偶的身上有很多的缺點，幾乎都是自己成長過程中的心痛的顯現的問題。

有鑑於「信念創造實相」的原理，婚姻也是我們內在所創造出來的生命實相，切莫將這一切的遭遇和不幸怪罪他人，一個勇於承擔的人，就必須要為自己的創造物負責。究竟婚姻要和諧幸福的秘訣為何？筆者認為關鍵就在於夫妻雙方的性格是否健全、平衡、成熟，足以讓內在經驗建立起兩性之間和諧的關係。也誠如王中和老師所說，有什麼東西能保障婚姻嗎？發現只有一個定律：唯有當兩個人的內在身心靈都相當健全時，才會有美滿的愛情、美滿的婚姻（王中和，2001：188）。也一如前述，相愛也有賴於雙方的自愛，如果每個人懂得珍愛自己、有高度的自我價值感、擁有健康的心態，面對配偶時，就不會因為覺得心靈空虛而想過度的依賴，而能建立一份成熟健康的婚姻了，否則愛有可能就是共依存的陷阱。而真正良好的親密關係的前提，是能夠分開、獨立及保持一些距離，在這個距離之下，彼此相愛與尊重（鄭玉英等譯，2003：91、221、289）。因此，婚姻要幸福、愛情要美滿，一定要從瞭解自己、修行自己的心性做起。

周瑞宏也說，一個全人生命涵蓋身、心、靈三者，夫妻之間的關係也分為三個層次。而肉體關係是執著佔有，以性為愛；而我們從小受

教育，形成一些固定的反應和價值觀，譬如許多的應該與不應該等，此種依存關係就是屬於心智層；而靈性關係就是一種相照關係，照就是照亮，也就是成長關係，彼此是以互相扶持，讓對方成為一個獨立自主、成熟的生命個體為互動的機制。因此，夫妻之間莫以自己的好處來考量，而是要以彼此都好的雙贏角度來著想，也就是夫妻之間的成長必須從肉體關係提昇至靈性層次，我和你在一起是為了協助你，讓你能夠成長、能夠獨立自主（周瑞宏，2006：157）。如此在婚姻關係中，雙方可以成就比原來一個人所能成就的還多，夫妻也從彼此生理層面的需求，提升至生理、心靈的結合，真正成為一生的靈魂伴侶，此即讓婚姻關係昇華的最高境界。

　　我很喜歡聽老人家的談話，那是歷經數十個寒暑一路走過來的體驗，那才是真智慧啊。她說：「少年耶！我跟你們講，婚姻就是這麼一回事，沒什麼大不了的啦！結婚後，新婚滋味的這兩三年，和老了以後兩人相依為命的這幾年，才叫做婚姻，其他好幾十年的時間，通通叫做「過日子」。自己的日子想要怎麼過？自己做主吧！」七十多歲的白髮老太太如是說，旁邊一臉笑意的，是她的老伴。年長者的白髮就是智慧，每個人也可如此灑脫看待婚姻關係，也未嘗不可！

　　總之，在修行路上，婚姻生活絕對可以累積很多的智慧，因為婚姻中有太多太多可以修習的課題，當然結婚比單身更有學習的機會，相信能夠成就圓滿婚姻的人，那他人生的成長也是最多的。即使你所經歷的是一個失敗的婚姻，或是好幾段沒有結果的戀情，但是，在你所遭受的種種痛苦背後都有著正面意義的體悟。常言道，人生任何面向的成功都比不上婚姻的失敗，一個努力趨向自我完整的人，也可以幫助配偶朝向這個目標，良好的婚姻互動模式，進而可以幫助彼此達到自我實現的境界。所以「兩性關係」一直是最快速、最直接，最全方位提供我們覺醒、成長與學習的道路。若有幸在婚姻裡，吾人應好好把握它！

第九章　以生命藍圖為中心的人我關係（二）

　　本章將延續上一章以生命藍圖為中心的人我關係之主題，再繼續深入探討。分別是：3、生兒育女傳承生命；4、中老年心態的調整等二大主題。分述如下：

參、生兒育女傳承生命

　　一如前述，在生命畫布裡，我們與原生家庭的相處模式，也會代代相傳複製給下一代，也就是我們與子女間的一切大抵是原生家庭的縮影呈現。依筆者的理解，以生命藍圖的觀點看親子關係，有以下幾個重點，提供讀者參考，分別有：1、尊重孩子都是老靈魂；2、子女複製父母的一切；3、以孩子為鏡改變自己；4、愛、認同、支持、停止比較；5、允許犯錯與經歷挫折；6、讓孩子做自己的主人；7、父母子女的角色歸位等。詳述如下：

一、尊重孩子都是老靈魂

　　據林顯宗的研究指出：「兒童心理」與「兒童心靈」是兩個完全不同的領域，不同的層面。一般而言「兒童心理」是把兒童以年齡大小化分成胎兒期、嬰兒期、幼兒期、童年期、青少年期，以不同時期不同的認知標準來看待，完全把兒童定義在無知、不懂、模仿、感知、學習、成長等各個不同的標準來認定兒童，是以大人對小孩的認知標準來規劃所有的教育模式，一再的將小孩硬生生的框在「小孩」的生活框框，教育框框裡，而無視於小孩的心靈感受。而「兒童心靈」完全是將兒童與大人同等、同體的觀念來看待，尊重兒童是一個圓滿而獨立的生命個

體，即使是小孩、嬰兒，甚至胎兒也都有跟你我一樣對等的心靈及同樣的靈魂，唯一不同的是他們的肉體年齡比我們小而已，其他都是相同的（林顯宗，2007b：10-14）。林顯宗的觀點就如同新時代賽斯所說的，人的本質是永生的靈魂，從心靈的角度去解兒童，也要打從心裡用心對待他們，像對待「大人」般的心態給予尊種，才是公平的。

　　因此，每當你每次注視一個新生兒或剛學走路的小朋友時，要記得在那小小的身軀裡，住著一位智慧、完整、有輪迴經驗的靈魂，是一個地球上最具心靈能力的靈體。因為他們才剛從「另一邊」離開，他們通常對自己的人生藍圖、指導靈、天使們以及前生，仍然有著相當鮮明的記憶。因此「鼓勵你的孩子和你分享他心裡的事，學習做個最佳和最開放的聽眾。」這句話很明顯的適合每個階段的父母。也要儘量鼓勵孩子向你解釋一些他所說而你聽不懂的話，千萬不要批評所得到的答案或懷疑。許添盛也說（許添盛，2007：171）：

> 新時代賽斯的觀點認為：第一，現代的小孩子一生下來就是個老靈魂，早就歷經了數十至百次的地球輪迴經驗了；第二，大腦絕非一張白紙，等著大人及後天的教育在上頭胡亂塗鴉，反之，心智早已裝滿了一整個宇宙的知識、智慧及才能，雖然大腦皮質上並未印有數學公式，但數學公式的內在知識其實早已蘊含在大腦結構當中；第三，孩子的心智中有著關於此生發展的最終生命藍圖，那是專為這個小孩設計、未來人生的最佳「價值完成」。

　　這一語道出新時代的精髓，現代的小孩子都是「老靈魂」，亦即現在來投胎當小孩子的下一代，都是比父母及老師有著更豐富地球輪迴經驗的老靈魂，他們擁有更多世的地球世俗經驗，個性及智慧也更加成熟，且是心靈上配備好來面對未來世界的挑戰的。在那個小小的人類嬰兒身體裡面的，是一個古老的靈魂，即使是有智能障礙的嬰兒，他的靈魂都可能比父母的靈魂進化許多（繆靜芬譯，2009：98）。所以當父母

及老師用心看入孩子的內心世界，你會看到每張天真可愛臉龐的背後、每個肥短肢體的內在，都是完整成熟的個體，及有著豐富地球輪迴經驗的「老靈魂」。也因此，對於新生幼兒，我們該用一種「歡迎你再度回到人間」、「真高興我們這一世也以親子（或師生）關係再續前緣」的心態相互對待，相信一定可以本著互助合作，彼此一同成長（許添盛，2007：1、154-155、167）。

事實上，小孩並不如大人所以為的那樣簡單，這一群雖外表是孩子模樣，實際上，卻是生命閱歷豐富有內涵的老靈魂，有他自己獨特的思維方式、個性。如果父母及老師的觀念還停留在過去的思考模式，還沿用過去的教育心態的話，那麼父母恐怕會有吃不完的苦頭。也由於大人們自己沒有學習成長，觀念偏狹，缺乏真知灼見，對生存抱著極大的恐懼與焦慮感，才讓我們看不見孩子的不同與優秀。所以大人所要扮演的不是「教育者」，而是「啟發者」的角色。所謂的啟發者，就是：我相信你會、你能、你可以的；我只是負責引導你，找到自己，肯定自己在宇宙中的獨特位置和角色，而最重要的老師就是你自己；或是我相信孩子的潛能是無限的（謝明君執筆，許添盛口述，2011：203-204）。但現代父母碰到老靈魂轉世的孩子真的難為了，最大的難題在於，有沒有足夠的能力擔任引導者的角色，為了扮演好這個角色，父母也要突破舊有的思維框架，用新的觀點來看待下一代。

因此，現代父母真正的工作，認清孩子是老靈魂的轉世，並學會尊重小孩的生命，透過觀察孩子，明白他的特性潛力，來啟發孩子的這份能力。也由於，孩子是那剛離開心靈實相進入物質實相的人類，他的「想像力」是與物質實相一樣的真實。兒童是活在想像力的世界裡，充滿了創造力及活力，我們讓孩子在很小的時候，就能懂得清楚地選擇出自己的核心信念，你相信什麼，什麼就出現在你生命中，如此一來，他就會一直保有心靈偉大的創造力，會積極地活躍在心靈實相與外在物質實相之間。這是一個可以創造的過程，而非去和別人搶奪有限的物質資源（許添盛，2007：195-198、187）。

總之，要因應老靈魂轉世的孩子，父母必須有所覺悟，務必擺脫舊有的思考方式，應對孩子心靈產生革命性的認識，瞭解每個孩子都有偉大的奇特心靈，不但擁有內在的直覺、才能與智慧，還擁有在地球無數輪迴學習到的知識、技能及經驗。而父母們提供給孩子，所有外在的知識及方法之傳授都只是手段，唯有建立在這樣的認知下的教育，孩子才能因著外在的啟發導引，讓孩子開始「向內學習」（許添盛，2007：174），一旦開啟孩子內在早已具足的基因、知識、才能及智慧，才能愈學愈快樂，完成自己的生命藍圖課題。

二、子女複製父母的一切

　　由於我們在生命藍圖的架構下，選擇有相同基因的父母，來學習相同的生命課題，許多父母不自覺地傳承了上一代的一切言行模式，也將這些標準制約傳給下一代，代代相傳，父母親或上幾代的故事其實會不斷重複在我們身上出現，表面上是一種文化與價值的傳承，實際上這個不斷重複的過程稱之為「輪迴」。也因為在教導孩子的過程中，父母並不單只是給予知識和照顧而已，同樣地每對父母都會有自己的情緒困擾、習性與脾氣，如果做父母的帶著自己對這個世界的焦慮和不安來和孩子相處，那麼孩子就可能從父母那兒接收到相同的訊息，進而產生相同的認知與情緒。幾乎所有的父母都是用他們自以為是的家族信念系統與方法在教育孩子，而通常孩子也都認為父母是對的，是權威的，是無能力抗拒的，所以孩子會完整地全盤接收父母一切的好與壞。

　　既然孩子會跟著大人模仿和學習，那麼孩子們的暴力行為和接受當受害者的心態，也都是屬於父母的複製品。又如何知道大人究竟給了孩子什麼呢？要知道在指責中長大的孩子，將來容易怨天尤人；在敵意中長大的孩子，將來容易好勇鬥狠（王中和，2001：136）；若有焦慮的父母，就會有焦慮的小孩；一個經常擔心社會不安全、凡事小心翼翼的父母，就會教養出一個畏懼陌生環境、不敢獨自面對挑戰的孩子；若父母過度干涉孩子的行為，就會讓孩子變成了一個沒有主見、凡事依賴的

人；又如果你的小孩偶而有你看不慣的惡習，那些可能也會是父母的壞習慣。總之，孩子通常也會反映出父母的童年，若父母的童年有很多很辛苦、痛苦、悲慘的事情，有很多不能釋懷的陰影，這也會表現在孩子的身上。

據林顯宗在「唯識的深層溝通」法的深入研究中發現，一個人大部分的傷害來自於自己的童年，幼兒期、嬰兒期及胎兒期等時期，其中最大的傷害者，竟有百分之九十以上來自於自己的父母。父母不當的行為往往影響孩子日後人格的失衡，受影響的程度非常深遠，非常巨大，可以說超過我們的想像。其中更讓人擔憂的是這些受害者長大後，還會不自覺的以同樣方式對自己的下一代做出同樣的傷害，同樣的非理性行為，這解釋了一個會打自己小孩的父母，其小時候必也被父母打過。因此他認為父母真的才是傷害孩子最大的來源，最大的罪魁禍首，當大人口口聲聲說愛孩子，為孩子好的同時，父母的行為、語言、情緒卻是不斷的在傷害孩子、貶低孩子。而我們卻把這些傷害代代相傳下去，不斷的複製下去。並提供父母對待孩子的十二帖心法與三個特別秘方，筆者特別提出與大家分享，他如是說（林顯宗，2007b：110-116）：

秘方一：不要管你的孩子。秘方二：千萬不要管你的孩子。秘方三：千萬千萬不要管你的孩子。……除非父母本身心靈已清除淨化、覺醒明白，可以不理會這三項秘方，否則尚未轉換覺醒激悟的父母們，真的請按秘方指示服用，因為你們怎麼管，怎麼錯，怎麼做就怎麼不對，幾乎所有的問題來源都來自父母本身……。

此一席話不禁引人深思，林顯宗又認為：所謂兒童教育，根本不用教育兒童，是應該好好教育父母才對，這個社會上想開車，要考駕照，要當律師，要考執照，當個公務員，也都要通過高普考，但是唯有當個父母，這個身負百年教育大任的父母卻不用考執照，期待政府能立個法，想要生孩子的準父母們一定通過父母資格的考試，這樣的立法對小

孩才是真正的保護，真正的照顧，相信自然可以降低不必要的社會事件及社會成本，而且自然國家下一代的棟樑都是優秀的，這才是真正符合自然的優生學法則（林顯宗，2007b：80-81）。就因為林顯宗觀察到父母本身的問題、管教的方式、與孩子相處的方式、師長教育的方法，存在著許多偏差錯亂的觀念與作法，已嚴重的傷害下一代了。或許有些人認為這些言論似乎過於偏激武斷，但筆者以身處生命團體多年的深入瞭解，對於家庭會傷人、父母會傷人的說法卻頗有同感。也非常認同天底下沒有教不好、教不會的孩子，只有不會教的父母與師長。

　　總之，父母一切的行為準則會完全傳承給下一代。父母對孩子的教育影響絕對不僅僅是言語上的教育，而父母本身的行為、生活態度、心態、心理狀態、身教才是最重要的教材。父母一定要好好經營自己的婚姻，做大人的必須捫心自問：我是一個快樂、身心平衡的人嗎？我內心是否喜悅、自在？是否能感受到生命的價值和成就？如果不是，又如何教育出好的下一代呢？不快樂的父母，怎麼可能教出身心健康的孩子？若是你辦不到，那孩子當然不願意步上你的後塵（許添盛，2004：26）。所謂「言教不如身教，身教不如心教」孩子並非聽從父母的話去做，而是會照父母的作法、心意去模仿的，這真可謂子女是父母的複製品。

三、以孩子為鏡改變自己

　　家庭是一個系統，家庭成員彼此間的關係與互動，形成家族的整體系統，每個人具有獨特的個性，同時也受家庭的影響，不僅代表個人，同時也是家庭具體而微的縮影。由於子女身上有父母一脈相承的相同基因，會複製父母的個性、思維方式、生活習慣及信念。因此，家中某個成員若有心理疾病或問題，這並不單是個人現象，而是家庭生病的症狀，這就是個人問題也意味著家庭系統的病態。在許多社會學或犯罪學的理論中都提到，問題孩子反映出問題家庭，其實孩子的心靈非常敏感，往往反映出一個家庭的內在，或反映出家庭中能量的衝突。因此，

家中的問題小孩也是指出問題家庭、問題婚姻及親子互動的問題所在。根據王中和深入的鑽究顯示出一項定理，那就是「小孩子的問題基本上都是大人問題的反映、顯現（王中和，2001：135）。」說真格的，要不是孩子出了一些問題狀況，父母又怎麼會用心去找出問題所在？又怎能知道自己才是問題之人？才能從孩子身上得到一些啟發，藉機改變自己呢？

因此，生兒育女的另一個衍伸作用是，孩子的成長逼迫我們自己也跟著成長。自己的幼童時期，有些內在心靈沒有處理好的陰影與問題，會隨著時間推移，可能會漸漸淡忘，但負面能量仍然被卡住儲存在身體裡面。等到自己當了父母會重新得到一個機會和小孩再度成長一次，不僅陪伴孩子長大，而且用一個比較成熟的方法，幫孩子解開心結的過程，也同時去解決父母童年時期沒有處理好的問題。例如：很多人生下來體弱多病的小孩或重度病症的小孩，當父母的也可以想想自己的童年：是不是對自己的成長期有不能接受、不能諒解的一段過去，現在還深埋在心中？我們常以為我們在教育小孩，其實不如反過來看，小孩子顯現了大人的心魔，表演出父母大人最害怕、最心痛的事情來。或許小孩會以病痛的方式，來喚醒父母的心結，無疑的，小孩是我們生命中的另一種導師（王中和，2001：136-137）。正如王中和所說（王中和，2001：186）：

> 我們很少有人會記得三歲前的事，每個人生命的前三年都是送給父母的，所以，你的孩子也把他三歲前的時光送給你。透過他們，我們彌補了自己生命中那段空白、那段不完整。

許添盛也說（周和君執筆，許添盛主講，2004：26）：

> 孩子的存在是要喚醒父母的赤子之心，讓大人們去反省自己的生命是否仍要這樣繼續過下去？在整個教育孩子的過程中，孩子除

了有助於喚醒我們的內在小孩，也讓我們的生命再度充滿純真與
活力。

　　因此，生兒育女是讓父母成長的最偉大過程，因為孩子複製父母的
一切優缺點，孩子問題的顯現，其用意是來幫助父母找到問題所在。透
過孩子重新的回憶起自己的童年，重新的幫自己的心靈再經歷一遍，再
活過一次，重新的給過一次愛，重新學習自己與小孩子的互動生活。所
以，「親子關係」好像是人生的大補丸，一方面催促我們凝聚勇氣向前
行，一方面又給我們機會解決成長過程中忽略而遺忘的心結，這次是由
親子共同面對，兩代之間一起提昇成長。

　　而孩子是如何來引導父母成長呢？要知道，在家庭的健全功能機
制下，孩子扮演一個很重要的心靈成長的推手角色。原來孩子天生就能
體會到家中的氣氛與動能，能洞悉家中是否安全。一旦嗅不到不安的氣
氛，就會引發各式各樣所謂偏差或怪異的行為，孩子的不正常行為最後
終究會引起父母的注意，也迫使父母不得不向外尋求援助，想辦法來解
決孩子的問題。例如：孩子看到父母親終日為婚姻所苦，為了想拯救父
母親的婚姻、幫助他們的感情和好如初，因此潛意識就驅使自己變成一
個有怪異行為的問題孩子，而父母最終卻覺察到，為解決孩子的問題，
迫使父母去行面對自己婚姻的問題，以及處理孩子心中的疑惑，才能讓
孩子以及整個家庭的動能回到正確的軌道上，如此孩子就是扮演心靈成
長的推手角色了（張鴻玉，2008b：102-103）。所以，想要幫助孩子改
變偏差的行為，做父母的就需要先行改變，父母不能認知到自己的行為
的確影響了小孩，又怎能導正孩子行為偏差的問題。

　　那父母又該如何以孩子為鏡，來讓自己學習改變呢？首先要清楚
這樣的婚姻模式或許是來自你上一代原生家庭的模式，至於婚姻上的困
惑，在前一章節可提供參考；其次，要學習如何化解孩子心中的擔憂和
恐懼，以根絕孩子不正常的怪異行為。一旦父母瞭解孩子心中的恐懼，
是來自於害怕父母的離異，讓他們心裡沒有安全感。此時父母更要花時

間親近孩子，用愛與行動來表達關心，並告訴孩子，不需要藉由其他的行為來引發父母的注意力，我瞭解你的害怕，無論父母親是否在一起或分開，我們對你的愛與關心都是一樣的，我們永遠都愛你。但這些努力都需要花上相當長的一段時間，父母的愛心和耐心，真誠的愛，永遠是治療孩子恐懼最好的藥方，方能療癒所有的缺憾與匱乏（張鴻玉，2008b：105-106）。因此，家中一直出現問題的那個孩子，身上往往有強大的能量，能夠把家人的命運維繫在一起；因此令人失望的孩子，有時反而會激發我們靈魂的成長（周和君執筆，許添盛主講，2004：24）。也就是孩子藉著偏差行為來維繫整個家庭的正常氛圍，讓父母親重新檢討彼此的親密關係，一起同心協力解決孩子的問題，也因而讓父母親重新見習到婚姻的課題，所謂「孩子是我們的佛菩薩」，這話說得一點也不錯。

也由於現代社會有較大生活壓力和困境，父母很容易把恐懼投射到孩子身上，擔心他們將來無法面對現實環境的生存競爭。總以「孩子不懂事、不會自動自發、不關心也不在乎自己未來」的不信任心態來看待孩子，往往認為「一代不如一代」—我們做父母的如此地用功努力，在社會上都還奮鬥得如此辛苦，孩子卻一副不求上進、事不關己的樣子，未來前途該怎麼辦啊！基於人際關係的法則，你如何看待孩子，也有可能是父母內心擔憂的投射，所以大人也要跟著孩子成長，父母本身內在若有非常多的自卑跟不快樂，這是父母自己要去面對自己的問題。張鴻玉也呼籲大家：「做父母的如果不能放掉自己對生命的恐懼與焦慮，不去面對自己的功課，卻期待孩子能有奇蹟式的轉變，就真是太離譜了（張鴻玉，2008a：127-128）！」因此，停止投射不信任的負面能量到孩子身上吧！每個生命有自己的生命藍圖，會找到自己的出口，父母親過度的擔憂有時是沒有建設性的、白費力氣，只是徒增親子間的衝突罷了！還有，基於業力功課的選擇，若孩子若是屬於智慧智障的一群天使，這也是他與父母之間的約定，也是親子之間彼此要學習的功課，孩子就是要選擇這個家庭，到別的地方不會更好，縱使表面上看起來比較

好，也不符合靈魂「愛的功課」（許添盛，2007：203）。因此，把你內在的惡習性、壞毛病去除吧！你將會發現，當大人改變自己的言行模式之後，「孩子」竟然也不一樣了。

總之，無論是上一代與下一代的問題，癥結就在我們這一代人的身上，我們身負重任，永遠要從自己身上找答案，從自身解套。因為我們也無從改變別人，要整頓家庭教育，就一定要從大人著手，所有的親子教育，都必須由父母自身開始，唯有父母自身的覺醒與轉變觀念，孩子們才有解救機緣，否則一切的教化機制大都是徒勞無功的。這不僅是救了父母本身，其實是解救了一大群的孩子。因此，藉由親子間的難題、矛盾、衝突及傷痛，以鏡子為鑑，喚起父母更多的瞭解、關心及真愛，只要父母心靈的層次夠深刻、夠敏感，真的可以從孩子身上學到很多東西。

四、愛、認同、支持、停止比較

由於身心一體的觀念，為人父母者對於教養孩子，不僅要照顧好孩子的身體、課業與行為，同時更要「照顧好孩子內心的感受」。一般的父母對孩子的付出常常呈兩極的現象，不是漠不關心，就是關心過度，這都是不值得效仿的。過與不及皆不是中庸之道，所以愛孩子該如何拿捏恰到好處，就在考驗父母親的智慧了。據許添盛的研究指出：有些智慧較高的父母，因為智力高、學歷佳、成就好，在孩子教育上較強調的是行為、課業表現和競爭力，比較不重視孩子內心的真實感受；而那些看似智力較差的父母，反而在情感能量上是較為豐沛的，他們通常更在乎孩子的感受，更能支持及接納孩子的一切，也更信任小孩，給予孩子應有的尊重及自由發展的空間（許添盛，2007：201-202）。因此，筆者也認為，既然孩子都是配備齊全的老靈魂，屬於精神上的糧食，像是「愛」、「時間」、「傾聽」，「認同」與「支持」，「停止比較」這才是孩子所想要的。

也許外人可以給孩子很多的支持與愛心，但孩子內心最在乎的，卻是父母對他的看法。許多父母花了大部分的時間去賺錢，卻對於孩子的教育

缺乏耐心，每當孩子出了些問題，就希望能在最短的時間內導正孩子的行為。想要孩子改變，是需要相當的時間與愛心的，其實小孩最需要的是大人的「愛」和「時間」，建議為人父母者，不要只顧著生孩子，卻沒考慮到養育的層面，如果你尚未準備好在孩子小時候將他們放在第一位，將孩子栽培成一個擁有身體品德均衡的孩子，那麼，懷孕生子之前，請務必要考慮清楚。例如，一位終日忙於工作的父母，則是幾乎把時間給了工作，孩子的教養就交給了褓母，直到孩子在生活習性及健康上陸續出了問題，才驚醒了這位母親，才瞭解除了工作外，生命中還有其他重要的「親子關係」需要學習。正如洛伊‧馬提納所說（繆靜芬譯，2009：103）：

> 如果父母親過於忙碌，讓孩子覺得除非生病，否則得不到足夠的關注，那麼孩子的潛意識就會發展出一套軟體程式，把疾病和正面的感覺連結起來。在孩子心目中，關注等於愛，這就是為什麼有些人會發展出慢性病的原因，這場病是絕佳方法，可以用來獲得潛意識所追求的關注。

又要知道能夠專心於課業上的學子，大多是在家能得到充分的愛及被關心的那一群；至於從小就缺乏家庭溫暖及父母完整的愛的青少年，絕對無法專心於課業上，反而是藉由呼朋引伴尋找溫暖，期待能從朋友身上得到許多的肯定和讚美，而那些話卻是父母未曾出口說過的關心話。據調查統計許多使用安非他命或搖頭丸的小孩大都是來自問題家庭，也許從小父母離異、天天吵架或忙於工作，對孩子疏於關心，而拼命打罵小孩、禁足及嚴加管制，這些都是治標不治本的管教方式，不足為取。

父母對孩子有所期待那是很正常的一件事，很重要的是，必須要讓孩子明白，父母對他的愛遠高於對他的期待與要求，唯有當孩子能感受到父母無條件的愛時，他才願意為這份愛而努力，表現才會突飛猛進；否則沒有在愛的基礎上所獲得的成果，當一個孩子因表現優異而成為家

中炫耀品時，是不紮實穩固的，也很可能成為這個家的祭品。譬如，如果當孩子考上名校的時候，以為孩子很優秀了，反而要平常心，也不用太高興，有時候反而是痛苦的開始，因為還沒準備好接受那個衝擊。很多孩子的問題，不是從心理爆發，而是從病爆發出來，如果沒有做好心理準備，沒有建立自我價值，一樣進入所謂的明星學校的屠宰場；反而是父母濃濃的愛，孩子可以感受到父母對他的愛，遠遠超過一切外在的標準。因此，孩子的內心是安定的，是有信心的，外在的一切反而是次要的，如此，這才是親子關係親情維護最有力的方式。當孩子有了愛的鼓勵，內心充滿自信，即使碰到人生再大的挫敗，也有勇氣能力排除萬難，度過難關，而不會一蹶不振。

因此，學會和孩子進行心靈上的溝通，花時間瞭解孩子內心的感受、傾聽孩子說出內心的感覺，這是一件非常重要而且非做不可的功課。其實我們生命裡真正的傷害，是在小時候被否定、不被認同的感覺，那種感覺使我們無法與自己的悲傷、憤怒、恐懼同在。要知道，接納孩子的想法，絕非代表認同他所說所做是對的，而是表示對他這個人的支持。例如：當一個幼小的孩子在悲傷難過時，他所需要的只是你對她悲傷的瞭解與支援，你可以靜靜陪伴他，並告訴他：「爸媽知道你很難過，你願不願意告訴我們，到底發生了什麼事？」當孩子告訴你事情的原委後，這時父母會有機會去協助孩子，告訴孩子：「我瞭解你現在真的很難過、很生氣。」如此去認同孩子的感覺，肯定這是值得傷心的事，而不是去罵他、否定批判他。就如同許宜銘所說（許宜銘，2000：156）：一旦孩子的悲傷被你承認，被你接納，被你認同，如此，讓孩子一面感受到你對他的支持。這個時候孩子的悲傷情緒受到了支持、接納，也讓孩子有足夠的空間讓孩子去經驗、成長和成熟。當他把這個悲傷的事情說完之後，這個事情可能就會結束了，也不會在心裡留下所謂的陰影了。

事實上，做父母的人很少能坦然接受孩子說出的真心話，父母親都認為自己很偉大，覺得自己為孩子付出了一切，覺得自己是個犧牲者，

因此有權利要求孩子服從他們的意願。事實上父母親唯一的優勢是身為父母，他們把孩子當成完成自己心願的工具，完全不管孩子心裡在想什麼，瞭解孩子真正需要的是什麼。期待每位父母要有雅量，讓孩子自由自在地說出心裡的話而不會心存芥蒂，能試著以不批判的態度傾聽及分享彼此的感受，要抱持著「孩子，你希望爸媽以什麼方式對待你？」或「孩子，爸媽想更瞭解你」的不帶批評的態度來經營親子關係，一旦孩子能夠無拘無束地告訴父母自己心裡想說的話，親子之間的感情自然就會更好，這樣的孩子就會擁有健全人格的基礎，將來父母也就可以少操一份心了。

每個孩子都是世界上最巧妙的生命，每個都不一樣，是無法彼此取代的。因此，為人父母者，應去除「比較式的教育法」，也就是父母和師長要停止以別人的標準來衡量自己的孩子，也沒有誰該被拿來和誰做比較，不能讓孩子有一種「永遠在和別人較量」的心情。例如：孩子的考試成績不盡理想，父母除了關心與探究原因之外，要有正確的觀念，瞭解「孩子不是考試的機器，考試只是孩子練習的過程。」更要將「只要結果，不在乎過程」轉變成「重要的是，是否已盡力跑完全程，而非只在乎名次」。告訴孩子：「只要你盡力就好，不管你表現好不好，你都是一個很棒的孩子。」或是：「孩子，不管你表現得好不好，你都是有價值的，我們也都愛你，且終身以你為榮。」

父母從小就要令孩子明白「自己是宇宙間獨一無二的個體，自身的存在有其獨特不可取代的意義。」孩子的優秀不是比較出來的，而是引導每個孩子都能找到自己與眾不同的獨特性和優點。而要讓孩子自小領悟到，自己存在的獨特性是與生天俱來的，他不會浪費時間和精力和別人比較、競爭及忌妒，而是學會認識自我，傾聽自己內心的聲音，了悟到每個人都有自己專屬的「天才」，然後把自己獨特、不可取代的價值展現出來，貢獻給這個社會。總之，不要用世俗的價值觀，也不要用社會的標準來決定我們對孩子的愛，認同孩子的真實感受，支持孩子的決定，停止與他人做比較。

五、允許犯錯與經歷挫折

在日本靜岡一所學校親職刊物曾經有這麼一段話：「讓孩子受適當的苦與挫折，是父母有勇氣的愛。」為人父母也要允許孩子在犯錯當中學習、允許他們有犯錯的機會。尤其，當孩子在黑暗、挫折中摸索時，父母千萬要有愛心和耐心，要能夠不責怪、不催促、不擔心、不批判。反觀許多為人父母者，總是不斷給予教誨，告訴孩子怎樣才是對的，怎樣是不對的。當然，為了適應未來的社會架構，成為一個有用的人，這些教育都是必要的，但重點是在教育的方式。如何讓孩子自己充分經驗成功或失敗以後，然後由他自己充分體會、領悟後選擇決定，擁有真實的生命經驗、領悟，而不是在孩子生命未曾經驗以前，就用固有的觀念去干涉、操控他。一旦父母剝奪孩子學習犯錯、挫折的機會，孩子往往是「不中用」，在往後的人生路程，是禁不起任何考驗的。筆者走過這些人生歷程，也因為環境的關係，發現父母親允許我們經歷許多的挫敗與磨難，這竟是我們這輩子最大的資產，但以現代的家庭環境是很難有這樣的磨練機會。

因此，為人父母也要讓孩子有歷練成長的機會，如果你把你這輩子奮鬥的成果，無條件的給你孩子，讓他直接得到你的成果，你想，他還需要奮鬥嗎？可能他唯一需要奮鬥的是要如何成為你的孩子。也許我們自己並不覺得在寵壞孩子、溺愛孩子，而且還覺得兒子這樣子還好。那沒有關係，那麼請你回答一個問題，假如我把這個兒子送給你，當妳先生，你覺得如何？你要不要呢？似乎到目前為止，沒有一個媽媽點頭說好，每個媽媽都是拚命搖頭，不停地說著：「我才不要呢！」不然就是一苦笑。因此，要給孩子更多的魚，不如教他如何釣魚，讓孩子在學習釣魚的挫敗過程中成長與學習吧！總之，為人父母者，沒有權限剝奪孩子經歷挫折的權利，因為孩子經歷挫敗的體驗，是他人生當中最珍貴的資產，也將成為他明日成功的墊腳石。

六、讓孩子做自己的主人

有些專家曾以「直昇機父母」來形容一些過度干預的父母親，因為他們就像直昇機一樣，一直盤旋在孩子的上方，凡事都要強力介入、不肯罷休。許多父母常以為孩子是自己一手帶大的，所以自己的話必然有效，往往急著糾正孩子的想法；但孩子並非黏土，有自己的個性、愛好和思考邏輯。據觀察，孩子從小至大的成長過程，會不斷地出現諸多的意外與狀況，這些都一直在挑戰父母內在的標準尺度，筆者深信，伴隨兒女的成長過程，絕對是讓父母突破內在制約的一段學習過程，也基於此，筆者對親子關係有諸多的體會與領悟，願意分享它。

孩子在青少年時期的叛逆，往往讓很多為人父母者有黯然神傷的經驗，這是因為孩子有自己的想法與觀念，對父母親的教養方式不以為然，想要學習做自己的主人，他們不願成為和父母一樣的人，所以理所當然會反抗父母的教育方式，這是孩子獨立人格養成的一個必經階段與學習過程。因此，父母對於孩子的叛逆期，應該要有雅量且樂觀其成，應該開心的是孩子長大了，終於要有自己獨立的思考與判斷了，所以請給他時間空間，他自會調整出適合自己的道路與方向，而不是急著給予嚴厲批判或冠以不孝的罪名，這似乎太言過其實，這樣如同在阻礙孩子的成長。老子《道德經》有云：「生而不有，為而不恃，長而不宰」。孩子是一個獨立的個體，他只屬於他自己，而不是父母的附屬品，要生他就不該佔有他，父母終究要放手讓孩子做自己，「放手，但別走遠」，這是給所有父母的金科玉律，唯有遵循這個原則，才能在尊重個人獨立性的同時，又能在人生路上給予他人適時的助力。

我們從小便學習出賣自己來贏得別人的愛。我們被教導要做好孩子，迎合別人的希望，卻忽略了培養堅強的自我意識。我們被灌輸相互依賴的觀念，總認為別人比自己重要。一個最明顯的徵候是不知道如何說「不」，因為我們總是被教導要配合別人、取悅別人。很多父母都不喜歡孩子說不，事實上每個人都應該學習說不、毫不遲疑地清楚大聲地

說不；還有許多父母堅持用他認為是好的去對待孩子，而這個「對孩子是好的」的背後，可能沒有去接納孩子本能的反應，反而對這個生命造成無心的傷害；或者是在孩子成長過程中，把自己人生未能夠完成的夢想投射在孩子身上，社會上充斥著太多這樣的觀念：「孩子，我要你比我好」、「我要你將來比我強」、「我要你將來比我棒」，這些所有的字眼，都象徵有些父母，他們對自己的人生不滿意，而把期望寄託在下一代身上；或者是「望子成龍」、「望女成鳳」，原是父母共同的心態。所以給孩子最棒的禮物，就是告訴他們：「你將來可以比我更好，可以跟我一樣好，也可以跟我不一樣，只要做你自己、成為你自己就好了。」

孩子的價值不是用尺碼或磅秤來衡量的商品，而是與生俱來且獨一無二的主體，只要給予支持與正確的引導，孩子也會一直保有它。也因為植物總是朝向有陽光的地方伸展，孩子總是朝向讚美的方向成長，因此，期待父母、師長善用「期望」或「預言」的方式來幫助孩子達成自我實現，告訴孩子：「人生猶如萬里馬拉松，勝利不屬於健步如飛的運動家，而是屬於腳步永不停歇的人；或心中有夢想就去追尋它，支持認同孩子的理想目標。」總之，如此在孩子成長過程中，不斷用鼓勵代替批評，用關心取替責備，相信孩子必在愛的氛圍中成長茁壯，發展孩子健全人格的最好方法，就是讓孩子喜歡自己、肯定自己、做自己。

七、父母子女的角色歸位

根據研究顯示，在父母感情和諧、彼此互相尊重並且能夠溝通的環境下長大的孩子，將來在社會上的表現比較正面，對國家的貢獻也比較正向。健全的家庭系統和不健全的家庭系統最大的不同，在於家庭成員有沒有表現個人風格的自由，因此，在功能性健全的家庭裡，會鼓勵個人展現特色、責任和獨立，引導孩子自由發展和自重。尤其，有一個很奇妙的現象，那就是家人的群集性和個體性是可以共存的；但反觀，不健全的家庭卻不鼓勵表現個人風格，每個人都必須遵循父母的思想和行為，尤其，問題的父母會促進家人緊密的關係，讓全家人都捆綁在一

起，以至於個人的界限變得模糊。例如，你可能無法自問：「我今晚太累了，還要去探視父母嗎？」反而你必須自問：「如果我不去探望，父母會怎麼想？會不會認為我不孝？」心裡會不安地興起這些疑問，這就是你所做的每個決定變得與其他家人息息相關，而你的情緒、行為和決定不再是個人的，你不再只是你自己，你是家庭系統的附屬品，因為你無法獨立為自己做決定。

又家庭系統中的角色扮演，有些父母假如彼此沒有在心態上獨立起來，家中必須有人來扮演跟父親、母親平等的角色來維持婚姻關係，就會揠苗助長，迫使孩子長大，經常將注意力放在自己的問題上，使子女變成需要照顧父母的「小大人」，因而剝奪孩子享受童年的權利。一旦父母將責任轉嫁到子女身上，家庭角色就會變得模糊、扭曲或顛倒。孩子被迫成為自己的父母，甚至成為雙親的父母，孩子毫無可以參照學習、敬重的角色模範。此種陷入令人不安的角色倒錯中，讓孩子力不從心，兒童不可能發揮成人的功能，因為他們不是成人，但孩子不瞭解自己為什麼失敗，還以為是能力不足，進而產生罪惡感。

因此，一位有高度自尊及自我接納的父母，會懂得如何去照顧自己的需求，而不必利用子女來獲得力量、滿足和安全感。例如，父母親個性太不成熟，時時需要兒子對他感恩的話，孩子根本無暇照顧自己的感覺，也不能盡心的自我追尋，而需要去照顧「信心不足」的父母親。最常見的有許多父母常說：「我吃了這麼多苦都是為了你們！」所傳遞的訊息好像是孩子必須為父母親這輩子的快樂負責一樣，對任何兒童來說，有些小大人做家事和照顧弟妹的責任已經夠重了，除此之外還得讓父母親快樂起來，其實孩子無能力扛起父母一生的幸福與快樂，父母他們自己也必須為自己的人生負責。所以，當家庭有良好的婚姻作為核心及基礎時，家中的孩子才會得到保障，因為夫妻的關係愈穩固，孩子也往往愈被准許做他們自己。

在健康的家庭關係中，父母的角色主要是提供時間、關注和指引、做孩子的示範。他們示範：如何扮演男人和女人的角色、先生或太太、

父親或母親、培養親密關係。孩子藉由模仿周遭的事物來學習，因此父母的相處方式，自然成為他對兩性關係與自己角色認知和判斷的依據，夫妻如何扮演自己的角色，都會成為孩子學習的對象。親子教育的精神在於，我們用自己所是的那個大人，呈現出來給孩子看，這就是教育，身為父母親，我們不必成為「超人」，也不必扮演「完美的雙親」，我們能為孩子做的最好的一件事，就是學會愛自己。因為孩子們永遠是有樣學樣的，與其口頭上拼命要孩子有自信，還不如能夠活出自己的父母，才是對孩子最棒的示範。總之，父母親與子女如何保持適當界限而不做逾越角色的事，每個人回到自己的位置上，各自扮演好自己的角色，自由的去發展所有的可能性。

綜合上述，每個為人父母者，必須破除舊有的觀念與思維，學習運用身心靈整合的觀點，來引導這群老靈魂轉世的孩子，啟發他們內在豐富的內在經驗，創造他們生命最大的可能性；也由於代代相傳的信念系統，子女複製父母的一切，經由養兒育女，以孩子為鏡學習改變成長，若希望孩子們進步，做父母的也不能留在原地踏步。在孩子成長的過程中，把家庭營造為一個能量相互流動，充滿愛、支持與認同的避風港；也允許孩子犯錯與充分體驗失敗與挫折，每個孩子皆有獨一無二的特質，當然也不用與他人作比較；讓父母與子女在家庭中各歸其位，並扮演好自己的角色，做自己生命的主人，實現各自的人生目標。總之，親子關係真正的核心是美滿、是快樂，是要讓孩子能夠在一種覺得幸福、美滿的感受中成長，好讓每個孩子內在的潛能與生命藍圖，都能盡情的發揮與實現。

肆、中老年心態的調整

人的一生大都會經歷了幼、少、壯、老年等生理上的生長衰退變化時期，本著生命是一條學習的道路，對於每個階段當然也有不同的人生課題要去面對，當然老年人也不例外，理當活到老、學到老。以生命成

長的觀點來看，「老」是大多數人會遇到的人生階段，老並不可怕，可怕的是除了年齡的增長外，心靈卻有沒有成長。中、老年人在忙碌一生之後，如何懂得放下一切外在的假相，並修養心性，回歸日常，快樂平靜享受生活，以樹立良好的典範傳承下一代，筆者認為這是邁入中老年的責任也是義務。

一旦人生步入中老年的階段，相信有諸多生命的智慧，早已了然於心，已經領悟了生命中有那些變與不變的生命法則，以及認識人生當中有那些可以掌握與不可掌握的事件；也能判斷生活中有那些該做與不該做的事。就像孔子所說的：「五十知天命，六十而不惑，七十而不逾矩」的生命智慧一樣，如此才是有增長的人生。依筆者之見，有以下的自我救濟調適之道，才能趨吉避凶，漸入佳境，安享晚年生活。擬分為：1、觀念開放人生自在；2、保持整潔注意言行；3、拿掉應該與不應該；4、孩子肯定比你忙碌；5、少干涉掌控兒孫事；6、放掉對金錢的執著；7、持續學習享受生活等七要點，提供給大家參考。

一、觀念開放人生自在

新時代思想認為：人類的身體是宇宙智慧的結晶，它會隨著年齡的增加、智慧的長進而表現出很好的功能。每個細胞也都知道它過去曾經扮演的角色，其本身的存在是超越時間的，人的精神體根本不會老，不會隨著年齡而呈現細胞的退化，人類的肉體雖然有極限，不管在人生的任何週期，能量隨時都可以得到新的補充（許添盛，2008：31-39），而且不會因耗用活力而愈用愈少。相反的，宇宙是豐富的，隨時會有新的能量進來，甚至在邁入老年的能量比年輕人還高，因為沒有年輕時候的害怕，年輕時有很多的負擔，年紀大一點更能肆無忌憚的去揮灑青春，人的青春也會因為你去使用反而增加。

人類衰老之所以會發生，是因為老化的觀念如此的根深蒂固，因此每個人要學會把衰老的觀念拿掉，也不必擔心太老不能去做你想要做的事。青春無關年齡，那是內心的境界，重點是：你現在用幾歲的心境

在生活？如果你的心境老，身體馬上變老，尤其，當人愈老愈覺得自己沒用的時候，身體就很容易生病。如果想要保持年輕，很簡單，我們必須要去瞭解現代這一代年輕人、現在這個時代，就要把自己以前的東西丟掉，否則就沒辦法年輕。當然你的樣子是老的，但你的心態卻是輕盈的，久而久之，你的心態會影響外表。如果我們依然抱持老舊信念，並且繼續用老方法處理我們的健康，並不可能越老越有活力。

　　基於身心靈的全人觀，對於步入中老年在生理和情緒上，必須要有些正確的認知，我們也要相信讓老人家血管硬化的主要原因，不全是膽固醇所造成，有時是僵化的觀念、形成僵化的行為、僵化的生活，最後變成血管的僵化。又更年期並不是病，它是一種正常、自然的人生過程，瀕臨更年期，如果體內有太多毒素，心智上有著長期自我印象惡劣的負面情緒，整個過程就會更不舒服，所以更年期的協調與否，也將取決於我們持之以恆的養身保健，以及長久以來照顧好自己內在的情緒與想法。因此，生而為人我們要為自己身心的和諧與平衡努力，這是一輩子的工作。

　　筆者建議，在步入中老年時，心中要有所覺察，有些觀念的改變與改掉一些習性與毛病，也是為了培養健康平衡的心態及保有年輕的心境。所謂的老人，並非是一種身分、更非是一種特權與資格，若能彎得下腰才是成熟，放得下身段才是高手；千萬不要倚老賣老，處處顯現權威，而是要懂得禮讓謙退，顯現長者的風範；也請別口是心非，這是老年人一個很不好的習性，時下的年輕人無法理解，他們認為老年人口是心非，如同耍花招耍賴般，在道德上係屬惡意。倒不如直截了當說出自己的想法、心聲還來得可愛些；也千萬不要有攻擊性的心態，老年人不但生性保守，而且也具破壞性、攻擊性，要謹記不可嘴不饒人、惡語傷人，態度惡劣地譴責對方；也不要以為自己完全正確，最好能退一步思考到「或許是我不對」，才是一個有柔軟心謙卑的長者。總之，觀念開通，修心養性，心態柔軟，人生會更逍遙自在。

二、保持整潔注意言行

　　人老了可以懶點無妨，但千萬別懶在穿衣戴帽、洗刷衛生上，若要保持簡單樸素的傳統美德也無妨，但切記衣服穿著務必要整齊乾淨。別因為自己的拉遢影響了家庭的成員，要知道你的衛生、你的穿戴不是你自己的事，那是關係到家庭的教育和家人的顏面，莫以為自己不在乎就行了，但是有太多的子女會在乎的。因此，保持自身的整齊清潔，讓旁人看起來舒服喜歡接近您，這是年長者對年輕一代的尊重與愛護。

　　又對於兒孫輩，「想從前」不是人人都愛聽的話，如今不是憶苦思甜的年代，沒人願意享受你的光榮歷史和坎坷經歷。時代畢竟不同了，當年吃過的野菜，現在變成高檔佳餚；過去的墾荒造田，現在成了破壞生態了。因此，對於兒孫輩的教導、說教則是絕對的禁忌，除非兒孫輩有「受教」的意願；在人群關係當中，也要學會不用「以上對下」的態度說話；不以身分地位相稱；避免企圖掌控現場全域；他人沒要求時，不要擅自展現特長，要知道能力只有和需求相符合時，才能得到良好的評價；不提與不過問對方及自家人，只要別人不說，就不要多問，即使是誇讚自己的兒孫，別人也未必有興趣聽；也不管過去是多麼地呼風喚雨，一旦退休，大家都一樣；不將過去的豐功偉業掛在嘴邊，無論過去的事蹟多光榮，都要接受現在的狀態；要學習傾聽，別人沒有問，就把自己過去的經歷說出來的人不會受歡迎，而老是吹噓自己過去的經歷，則會令人討厭。此外，透露認識某人的過去和經歷也會招致反感，當事人都沒說話了，自己身為旁人卻滔滔不絕說個不停，同樣是犯了禁忌（楊明綺等譯，2010：201-205）。因此，保持衣著整齊清潔，言行也要恰到好處，「想從前」的話題要適可而止，做個人人皆喜歡接近的可親長者。

三、拿掉應該與不應該

　　人活到一個年齡，常會看不慣年輕一代的行為舉止，常會在心中生悶氣，認為他們應該要如何，而不應該如何，有時還真會讓人氣憤填

膺，抑鬱而終。說真的，到了這個年齡，大體上已是嘗盡人間味，看遍世間事了，為了自己的健康，假如我們無法改變別人，唯有修行自己，轉換念頭，讓自己心情獲得舒暢，因此，心裡千萬可別有那麼多的禮教與制約，也請拿掉「應該」與「不應該」。

譬如：出外搭公車時，不要認為別人的「給予」是理所當然，是應該的，上了年紀的人千萬別錯以為自己有接受的權利。年輕人憑力氣搶先佔優，那是生物上的本能；假如沒人禮讓座位，該慶幸自己還年輕，還不到「老」資格；若是有人讓座，那一定得記得說聲「謝謝」，那可是有幸碰到了大好人。若一味要求應該被親切的對待，只會讓自己衰老得更快。又如「養兒防老」的觀念也要破除了，指望子女應該成龍成鳳地回報，是既功利又討人厭的父母；子女沒有理所當然應該要供養你，如果子女買來東西孝敬，也一定說聲謝謝、也要爭著付錢；孩子若對我們的關懷要心存感謝；孩子的不夠關心也不需沮喪、抱怨；自願付出時別想著回報，不要總把為別人做的那些事掛在嘴上。記住：「付出」是送給別人的東西，千萬不要想著應該有所回饋，那會讓所有人都不愉快。還有，有些事不一定就能將心比心，例如「敬老顧幼」，通常人們永遠是把「顧幼」放在第一位，因為「朝陽」總比「夕陽」讓人充滿生機。

依筆者的經驗分享：請為人父母者也不用為兒女做得太多，以免自己心生埋怨；有些該做的要做，便得到安心；有些事不必多做，可做可不做的，乾脆就別做了。總得留點機會讓孩子學習成長吧！總之，為了自己晚年心靈的平靜，就拿掉那些應該與不應該吧！這些傳統的道德制約，我們已被上一代束縛一輩子了，該是在我們身上解除的時候了，如果能夠如此，也將不會再要求下一代了，這樣會讓生命更寬廣開闊、人生更自由自在！

四、孩子肯定比你忙碌

人至中老年，終得破除「一個人」的刻板印象。譬如說，一個人，等於孤單，就等於可憐；或是到老一定要有老來伴。因此當你到老仍是

一個人時，必然是可憐又孤單的老人，也被認定是悲慘而失敗的人生。這種「一個人很寂寞」、「老了沒人照顧」等種種負面訊息，早已是過時的說法了，那是因為帶著一副負面信念的眼鏡在看待老年人。因此，獨自一個人的晚年生活並不可怕，這是邁入中老年的人遲早必須面對的處境，可是我們卻一直在恐懼與抗拒。上野千鶴子說得透徹，她說（楊明綺譯，2009：14-18）：

> 生命旅程越長，越有可能只剩自己獨自走下去。結婚也好、不結婚也罷，無論是誰，……人生到頭來，終究是一個人。

其實，人在步入老年，已經累積有豐富的智慧與經驗，只要順應自己的需求與心意來安排生活，做好心理上軟體的生活智慧，和實質上的硬體準備，譬如金錢、房子、健康等，就可因應生活了。如果你是獨居的情況，確實做好資產管理，確實依照自己的意思寫下一份遺囑，隨時要做好緊急狀況的預防措施，要確保有幾個自覺身體不對勁時，能夠馬上聯絡到的對象。「一個人」和「寂寞」並不相等，「老年」也不代表絕對的「弱勢」，一個人的老後並不可怕，也不悲涼，同樣也能過得樂觀自在、充實有餘。

我們都知道為人父母者含辛茹苦，當然都希望孩子有朝一日能展翅高飛，但孩子長大按照父母的期待在打拚事業之後，勢必就得遠離父母，忙到連抽空探望的時間都沒有，因此當孩子展翅高飛之時，也是走出父母的世界、遠離父母的時刻，最終只剩下白髮兩老的老來伴長相隨，這是不同時代所反映出來的普遍人性危機。父母用心養育子女，而子女長大後對父母親的孝心卻有如此差別，這很難用道理講明白的。不是嗎？環視目前社會兩代之間的現實人生，幾乎都是面臨如此的困境，如此也讓很多人為人子女的，內心產生很深的自責與愧疚感，即使在父母親死後還無法釋懷，甚至抱憾終身。

筆者也曾深陷在這些無法跨越的糾葛情結，不禁引人深思，也試著提出一些分析與看法，提供給大家參考：一個身心健康平衡的長者，

難道要子孫承歡膝下才有幸福晚年可言？那我們的生命豈不掌握在別人手中了？如果要父母遷就孩子，搬進兒子家，勢必得離開熟悉的居住環境，一切都得按照這裡的規矩來生活，活到一把年紀了，不僅失去熟悉的生活環境與朋友；還要勉強自己適應陌生環境，遵守兒媳家的規矩；甚至還可能需要他人照護，像是他人眼中的「麻煩製造者」，試問又有何幸福可言？坦白說，為人父母者也未必願意啊！父母何嘗不是以自己的立場在作考量？將來下一代同樣也會面臨這樣的處境，同樣的難題也會代代相傳下去，現在就可以看到未來了，若要下一代與我們一樣陷入自責愧疚的困境，兩代人卻修行相同的人生課題，我們又情何以堪？

　　思索到此總算理出一些頭緒了，也為解開生命的困境，筆者認為：那麼就從我們這一代開始突破禮教制約、轉換念頭吧！也建議：對於這一切情景儘管看在眼裡就好，切莫對孩子有任何的責備與批判，父母親終究要明瞭「樹長大會分枝」的道理，孩子就像那分枝，各自要往外生枝，各自去尋找自己的天空，他們有了自己的家，有了自己的生活方式，各自有自己的兒女與事業，一定是忙碌的，每個人都是最愛自己的家，都是愛惜自己的生活的，儘管兒女不願意疏忽父母，但為了要顧好小家庭，也不得不如此呀！此刻，父母親要用同理心去體諒蠟燭多頭燒的子女們，他們當然也會操心年老的父母，但是自己的家庭經濟擔子正重，事業、家庭，子女的責任多，煩惱操心事也多，是很難兩邊同時顧全的。因此，此刻請抱持著寬容的態度，來看年輕一代的未來，謹記年輕一代確實比我們忙碌；也請珍惜你所擁有的一切，只要兒女盡了心力就該知足了，也請放下一切的不盡如意，知道兒女有了自己的家，又能夠安定沒病痛，沒失業的，兒孫也都正常成長，也沒有帶給老一輩任何的壓力或負擔，知道他們好就好了，就該滿足了！「養兒防老」的傳統觀念已不適合這個年代了，真的也該放下破除了。

　　至於生活上的寂寞感，任憑誰也救不了你，也許兒女、旁人願意對你伸出援手，那也是偶而為之，因此別老想著依靠子女，消除寂寞根本還是得靠自己。不管結婚也好，不結婚也罷，無論有多少兒女，最後都

是一個人，人生到頭來終究要獨自面對。為了不讓自己勉強活在格格不入的團體生活中，平常就得學習認真面對孤獨，重視生命。不要忘了，還有屬於自己「你的心靈避風港，就是一個即使獨處也不會感覺寂寞的地方（楊明綺譯，2009：128）」。孤獨是重要伴侶，與其一味逃避它，不如試著學習面對，孫輩忽視老人的存在，那是很正常的，也不要過於感傷，也不要為這種事計較，或拿自己去做比較。記住：抱怨多了會「兩敗俱傷」，如果孩子真來看你，可千萬不要找理由強留著，要要知道孩子「花時間」與「花錢」同樣重要，是用金子買光陰，能抽出一分鐘來看你就是好事，就該珍惜滿足，如果不給孩子一個「花時間」的彈性心態，以後回來看你的次數只會變得越來越少。

很多老人家帶著哀怨的眼神，訴說著他們對子女的期待，希望兒女能經常回來探望，因為年事已高，行動不便，如果沒有人主動來探望，要他們出門也是舉步維艱。其實，到了年紀愈來愈大，你可能一個人生活、你的朋友大部分都已離開人世、你的財產變少了、你的頭銜沒有了、兒女忙碌事業家庭，甚至你可能臥病在床，這時候的你還能保有快樂的感覺，你還能肯定地認為自己是幸福的，那才是真正進入了恩寵的境界。也就是說，只有當你體會到內在的圓滿俱足時，你才能真正不再依賴別人；一個不再依賴別人的人，是自由的、是獨立的，是心中有愛的人。到時候，如果有任何人願意陪伴在他身邊，他都會很感激地接受，而如果他是單獨一個人，那也沒關係，也會很享受單獨一人的寧靜世界。這就是不依賴人的好處，你愈不依賴，就愈沒有期望，沒有期望，就不可能有失望，於是，你享有獨自一人的自由、快樂與寧靜。當你不能再嬉戲走動時，依然可以給新朋老友打個電話，去交流喜歡的美好話題。

活到老學到老，因此老年人要練好的是人生之車的方向盤，即使獨守長夜，也要勇敢地往前走。從這一刻起，我們需要的不是年華將老的自怨自艾，而是積極面對生命的自在與期待，隨心所欲，享受單身熟齡生活。因此，無須害怕獨自面對死亡，但必須做好能讓別人及早發現並方便處理

的準備。停止哀怨、放棄等待吧！想要怎麼生活，全由自己決定，命運就掌握在自己的手中，您能記住，又能做到，您就是幸福快樂的老人。

五、少干涉掌控兒孫事

我們知道擁有金錢與權位的人，對外在環境會有較大的掌控力，但這不等於真正的力量，這只是對他人擁有暫時的影響力而已。人們害怕失去的一切，像身體、工作、金錢、美貌等，這都是外在力量的象徵。基於身心靈一體的運作觀念，當人生面對生命的無力感時，會讓自己增加自己的能量、力量，在心理學上、潛意識上，讓自己血壓上升（血壓是一種能量），目的是為了奪回對生活的掌控權，讓自己人生有力量的潛意識方法。

同樣地，中風是指揮不動自己的人生，手腳癱瘓不止是身體上的結果，一樣也是心理上的結果，掌控不了自己的人生，並沒有順其自然，並沒有放下，還想繼續掌控，更想去掌控時連掌控自己手腳的能力時，連這個也失去了，身體是最後的一關，無力感已經到擴散到身體的層面了。因此，人會得到高血壓、中風，大都是接近中、老年時，一般而言，雖然有部分原因是身體的因素，但也有些是人格特質的因素，例如性子急、容易發脾氣、追求完美的人、掌控慾強的人，希望週遭的人、事、物，依照他的意思，或者已老邁年高，卻仍努力掙扎想保持著自己全盛時期的生活方式，但是仍然可能嗎？想去掌控執著時失落感愈大。

因此人到老年時要懂得放下，少管閒事，特別是家中的「閒事」，孫輩的教育是子女的事，不是我們的責任；對於兒孫的事，耳朵可以聽，眼睛可以看，但嘴巴就是不要說。原則是：說了無效的事就別說，做不了主的事情就不做；與子女相處，也千萬不要喋喋不休，既要識大體，也不能越位和錯位；子女徵求你的意見就當成是敬重，大致上表個態，聽不聽就別計較；若沒有徵詢我們當父母的想法，也不用太在意，倒也讓我們耳根圖個清閒自在，有何不好？還有，請孩子幫忙時，只要等待結果，絕不從中干涉；也不要干涉年輕人的工作、交際情形；別讓

親友交際成為年輕一代的負擔；不要有掌控大局的想法，也不要掌控兒孫，讓他們做他自己。

　　有許多做媽媽的永遠放不下自己的責任，兒子早已長大，而且也結婚了，此時就該放手讓兒子去過自己的生活了。雖然說關心自己的兒子是天經地義的事，但小家庭也有自己的生活方式，過度關心的結果，只會增加媳婦的壓力，好像沒有媽媽的指導，小家庭就過不下去似的。其實說來說去，還不是自己的恐懼在作祟吧！說真的，到底我們只是媽媽而不是人家的枕邊人啊！心情空虛的媽媽們，應該多發些時間在自己身上，盡情去擴展自己喜歡的生活，為自己的人生揮灑出更多的色彩，才對啊！有時與小家庭互動，也只是參與而非干預。至於為媳人者，婆婆就是會囉唆的，可能永遠改不了這個毛病，所以當自己不想聽話的時候，就用「左耳進，右耳出」的方式讓自己舒服些（張鴻玉，2008a：120-121）。

　　總之，每個人都有自己的習慣和活法，事情本來就沒有絕對的對與錯，也不要總想著改變別人，當然兒女也有他們需要改進的地方，除非兒媳自己願意改變，否則改變別人很難。少干涉操控兒孫輩，若改變不了別人就試著變變自己，其實，我們自己也很難改變，與其這樣，不如學習與子女如何和平共處吧！

六、放掉對金錢的執著

　　人一旦步入中老年，不僅怕孤單，也怕錢不夠用，這是一般人的心態。因此，年輕時就要做好個人理財與退休準備，才能成為快樂的老年族。以新時代的觀點，金錢本身是中性的，是我們用錢的方式為金錢的性質下了定義。每個生命理當了悟，根據業力法則，若對金錢過度的依戀與執著，沒學會平衡之道，將會阻礙靈性的成長；身而為人，一旦富人視錢如命，拒絕與窮人分享財富，我們就沒辦法進化。要了悟任何人死後都不可能帶走自己的財產，真正會帶到另一個世界的是靈魂的包袱，是此生未完成的業力功課。有人縱然家財萬貫，但步入老年時卻未

必可以開心快樂，請別忘記，雖然物質上的金錢固然重要，也別忘記心靈上的安定感，才是生命獲得安頓的泉源。

一般老年人的用錢心態通常是：能省就省，唯一捨得花的錢，就是醫療保健費；想盡千方百計讓自己活得久一點，可是活的時候又不好好花錢享受人生，等到老了，沒身體也沒力氣去做年輕時想做的了。所以，千萬不要有「金錢就是萬能」的膚淺想法，要覺悟花些錢真的可以換取快樂，有的人捨不得花錢，又怕累，一個人安安靜靜又覺得無聊，真是滿腹的牢騷，我認為這是老年人任性又自私的表現。因此，請不要期待毫不花費金錢、體力、心思，卻能獲得快樂的方式，那是不可能的。其實我們所說的享受並不是物質上的大魚大肉、花天酒地，而是心裡認為值得去做想做的事，也願意花錢去經歷、體驗世界的美好；否則每天活得一模一樣，無聊地像白開水，雖然無害，但實在無趣，活多久也沒差。結果一旦生命結束，反而死得風光講究，死一趟花的錢，反而是他活一生都花不到的數字。更麻煩的是身後留下龐大財產，不但沒有造福子孫，反而財產愈大，留下的禍端愈大，遺產導變成遺禍。

雖然年輕時汲汲營營求取錢財，努力存錢，年老時也大可不必捨不得花用，該用不用，該花不花，處處小氣將就，此時錢財就只是銀行的數字而已，是存著看的，況且存在銀行的錢不一定是你的，只有從自己手上用掉的才是你的錢。因此，活著的時候，要善待自己，只要是有意義有必要的花費，該用的時候要用，就要捨得花錢，做自己能力範圍內的消費，過自己能力範圍內的生活，把錢花在喜愛的事物上，也未嘗不可？因此，不要再執著金錢了，無論是自己、配偶，或是在適當時機與子女兒孫分享，或是有需要幫助的人。又對於沒有子嗣繼承遺產的單身者而言，最佳的方法就是將自己的儲蓄金變成活錢，起碼在世時能充分享受到，或者在能力範圍之內，幫助社會上有需要的人的。

總之，活在當下享受自己想過的日子，請別把積蓄留著年老時看醫生，但也要好好計劃，也別在百年之前把積蓄用光。我們要放下對金錢的執著，要活得富有、活得快樂、活的精彩，不要死時隆重。

七、持續學習享受生活

　　許添盛曾說，以身心靈的觀點來看糖尿病，其生理現象當然是血糖過高，胰島素分泌不足所致，但還有個因素是血糖無法被細胞吸收，以致沒辦法產生作用。但為何細胞不吃血糖呢？原因是，生活中沒有熱情，所以細胞不快樂，不吃血糖。因此，基於身心一體的健康觀，真正治療糖尿病的關鍵，絕對不全在於吃降血糖的藥，那只是治標的工作而已，最後終得回到身心靈多管齊下的方法。首先，要有規律正確的飲食與持續性的運動等；其次是，在生活中要有個能夠投入或具挑戰性的嗜好與興趣；最後是，在生命中要找一個有意義能帶給你熱情的志業。如此，激發出生命內在的熱情，引發出生命的能量，再配合藥物，這才是正確的療法。如果硬要說糖尿病是一種遺傳，那只能說是遺傳上一代不快樂的生活，傳承到生命缺乏熱情的模式吧！因此，任何的病狀都必須考慮人的思想、情緒、心靈等面向，因為「最好的換心手術救不回一個沒有心要活的人」。

　　一旦瞭解身體健康的最大前提是心靈的因素，而可以讓人長命百歲的共通點，就在於精神上「積極」的生活態度。據研究大部分的長壽者，都有著樂觀進取的思考模式、或反應迅速，還有適應力強等特性，同時在面對問題時有試著親自解決的強烈意志力。由此可見，抗老與健康的重要心態是，能自己獨立過生活的意志力，以及對健康的強烈期許與努力。又據觀察大多數的成長團體，有些年邁者為了維持「心靈健康」，熱心參予一些成長課程或活動的，其中多數為女性，也因此女性較不易邁入老年期。因為，女性心態開放，不會足不出戶將自己關在家裡，而外出從事活動時，也會注意自己的儀容裝扮，梳妝打扮的心情也可以喚回年輕時的感動，使自己感染年輕的氣息，這也是獨身男性有提早死亡傾向的原因。因此，老年的生活要有意義，多采多姿，除了身體養生保健之外，應停止故步自封的八股觀念，補充精神食糧，效法終身學習的精神，若能學習新事物就能保持心的年輕、清明、銳利，讓生命充滿活力。

長壽的單身者，對於權勢和地位都已看淡，也就沒有拘泥於世俗人情的必要，應培養單獨遊樂、休閒的習慣；廣交朋友、儲蓄友誼才是中老年人應當儘早做的事情。最好還是選擇在和自己的工作毫無利害關係的領域拓展人際關係，既不會有利害關係，相處起來也坦率自然。許多年長者退休之後除了含飴弄孫、四處旅行、找老朋友聚聚外，但還是有許多閒暇時間不知如何打發。建議：不妨積極走出戶外，參加社團或義工活動，就能認識來自各行各業、與自己的生活方式完全不同的人，結交同齡層或較年輕的朋友，廣交不同世代的朋友還會帶來不文化交流，共同分享輕鬆時光，是充實老年生活的原動力。若能參加社會團體或從事志工服務，建立良好人際關係與社交生活，既能交朋友又能回饋社會，才是正常活力的抗老秘訣。只要不讓身體過度勞累，學習電腦、工藝、園藝、圍棋……，或聽演講、閱讀書籍的享受心靈饗宴，就是無論如何絕不要讓大腦閒置下來，因為不思考的心智是魔鬼的停靠站，而那魔鬼的名字就是「老人癡呆症」。

　　在飲食方面也要有一些正確觀念，在本文第三章已有詳述，對於老年人筆者另有些建議：對自己健康有益的食物，也喜歡吃，記得要常吃、多吃，但也不要過量；對於不想吃、不愛吃的食物，因為對健康有益，偶而也要吃一點，以均衡營養；而對自己健康無益的食品，但喜歡吃，就該少量、偶而吃吃。當自己為健康而吃的時候，想吃什麼，就吃什麼，及時行樂最重要。其餘的，只要體力允許，想去的地方就立刻去吧！莫等走不動時後悔、遺憾。只要有機會，保握與老同學、老同事、老朋友聚聚的機會，但聚不在吃，怕的是時間不多。

　　總之，大部分的人把人生看得太嚴肅、太過認真了，因此變得僵硬、不靈活，溺死在自己的責任裡，所以要熱愛人生，務必學習放下，學習享受生命的過程。中老年應是對發現自己能否幸福，須負責任的年紀，莫忘心中無恨、腦中無憂、生活簡單、多些付出、少些期望。若能開心快樂地生活，也不造成子孫物質與精神上的負擔，才是真正名符其實的「家有一老如有一寶」。

綜合以生命藍圖為中心的人我關係，既然萬事萬物都受到吸引力法則，那麼與我們生命有關的人，都是被自己的想法、態度或情感所吸引來的。因此，沒有任何外在的人、事、物有能力控制我們，因為自己是內在心靈的唯一創造者。但當我們的配偶、孩子，或周遭的人做了讓我們惱怒的事時，通常會氣急敗壞地責備他們。或是很多人在生命發生困境時，不知道要在自己身上下功夫，反而努力想要去改變外緣，以為他人有問題，例如父母想要努力改變孩子，先生努力想要改變太太，太太想要努力改變先生。

　　我們並不瞭解，這些人只是我們生命大戲中的一個角色，他們反映出我們內心的某些信念、思考模式或壓抑的情緒問題，為我們指出某些問題，讓我們有機會釋放它們，改變自己。其實人際關係的問題與根源都應該要回到自己身上，要知道不好的事情來相應，必定要檢討出自身所存在的負面能量，只要檢討出生活上的問題的原因，改變自己的能量狀態，生命的問題隨之迎刃而解，一旦自己改變了，便會牽動週遭的人際互動。所以，出現在我們生命中的任何一個人，都是探索我們內在的一面鏡子，他們經常會揭露我們不想檢視或處理的問題，而我們也的確能從中學習與成長。因此，不妨照照鏡子吧！在你的伴侶、家人、朋友、與工作上往來的人的身上，照見自己，認識自己，修持自己的心念習性。

　　而真正健康的人我關係的前提是，彼此之間能夠分開、獨立及保持一些距離，在這個距離之下，彼此相愛與尊重。就像是許多人終其一生都為別人而活著，他們從不曾做過自己真正想做的事，從小就學會討好父親、母親、配偶、愛人或老闆，無法做自己真正想做的事，也有些人窮其一生都是為了要改變他人而存活。無論是期待回應的造成別人負擔，或操控他人的喪失主權，這都是彼此在糾纏生命。在人際關係中，只要有任何一個人真正地願意放了，另外一個人也就沒有著力點，慢慢就抓不住了，彼此的生命約定就因此解除。因此，如果要對自己的生命負責，要獲得真正的自由，就要化被動為主動，停止操控別人、改變他

人的想法和做法，把焦距拉回到自己身上。無妨聽從周瑞宏的建議，開辦一場「放生法會」（周瑞宏，2006：124），這並不是在哪個廟裡辦，而是由自己主辦的。你知道在你生命中，有多少的生命被你抓在手裡嗎？你只要願意放開，讓他們的生命自己作主，自己也就同時得到自主權。所以在生活中，當你覺得生命已被綑綁沒自由時，隨時就準備對周遭的人放生吧！放開別人，生命才會自由。

　　總之，認識了生命藍圖的原理與法則，我們有了新的領悟，人群中與人相遇即為圓滿，就如王中和所說，很多人闖進你的生活，只是為了給你上一課，當你學會了生命課題，然後他們就轉身離開了。因此每一個出現在你生命中的人，或許和你累生累世有很深的姻緣，說不定曾是你累世生命中最親密的人，只是相約來此履行未完成的約定，他們都是支持你生命的貴人，因此請你善待出現在週遭的每一個人。總之，如果每個生命能夠如此的洞悉「多次元的人際關係」，將會更能圓融處理自己的此生的人際關係，完成此世的業力功課。

第十章　以生命藍圖為中心的人生觀

　　由生命藍圖的理念中得知，我們人生中最重要的是往內省思生命、實踐與生俱來生命藍圖所賦予神聖的任務，此攸關我們經營生命的大業。然而，我們漂泊在外的心卻搖晃不定，焦點全置身於外，忙著執取、爭奪、操作、算計、干涉別人的事，而忘卻讓我們安身立命的「生命的學問」，熟重孰輕？這就是生命的智慧。

　　儘管科學再怎麼進步，物質如何富足，但如果眼前生活中出現煩惱與問題，讓自己每天內心有所牽掛，無法安心過活，這才是生命的大問題。因此，以全人的生命來說，內心活得踏實自在，讓心靈有所安頓，這是生命中最務實的部分。每個人務必要建立以生命藍圖為中心的人生觀，讓生命在真實與虛幻之間取得連結，讓生活在物質與心靈之間獲得平衡，讓每個生命可以安定自在。依筆者之見這些人生觀包括：1、全然接受生命畫布；2、積極創造人生藍圖；3、終身學習快樂成長；4、業、因果、輪迴之詮釋；5、「愛」與「平衡」圓滿生命等五點。分述如下：

壹、全然接受生命畫布

　　每個人一出生就被限制在專屬於自己的一塊修行範圍，此是無法改變的既定事實，我們也要藉助生命畫布中的父母及手足，來實現自己的生命藍圖，若能坦然接受畫布中的人事物，將會是生命中最大的成長。茲分下列幾點說明之：

一、每個人生而不平等

　　依本書第六章中的生命藍圖的內容所述，其中提及「生命畫布」，

意指每個生命在生前為自己今生所設定的修行場域，內容包括自己原生家庭的父母親、兄弟姐妹、出生時的環境，與童年經濟生活等。也因為每個生命的每一次轉世，身上都載有著前世未完成的業力功課、各自擁有自己獨特的前世經驗和情感紀錄、也混合著來自父母雙方家庭的遺傳基因與胎教等因素在內，並帶著為自己量身訂製的生命藍圖，以及屬於自己的業力功課來到人間。每個生命都選擇以自己的方式來體驗三次元的物質世界，並有自發性的喜悅，和與生俱來的意志力要完成這輩子的生命課題。由此可見，每個生命皆是獨一無二，出生時也非一張白紙，每個生命真可謂是「生而不平等」。

生命畫布是今生此世的修行場域，此是無法改變的既定事實，當我們領悟生命藍圖的原理與運作原則，理應尊重生命畫布的選擇與安排。每個生命要心靈有所依歸，安心踏實地行走於人世間，務必要信任自己生命的源頭，接受生命畫布中的一切人事物，無論是完美與醜陋、良善與邪惡，都視為我們生命的一部分，繼而檢視畫布裡的原生家庭的信念系統，與父母的行為模式，如此正向、理性的人生觀，將有助於改造自己，完成這輩子的人生課題。

二、我們修行父母身上的缺點

也由生命畫布的原理中，理解每個來地球的生命，為了計畫最好的業力功課，是如何地選擇有相同印記的原生家庭，以獲得一套性格表徵，作為提供這一生的經歷和實驗的基礎。所以最主要的印記來自於我們的父母親，因為這是第一個學到信念、價值觀、認識人際關係的地方，也是在這裡首次得到了探究世界的方法。因此，所有的家庭經驗、父母的言行舉止、父母親之間的關係、家人相處的方式、家庭的氣氛等等，都會形成孩子心理上的深層結構，進而影響其日後的行為、人格與自我價值，家庭可說是人格塑造的工廠。這些從家庭所習得的習慣和價值觀，可能成為終身受用的美德，也可能成為人生進步的障礙。

要知道，我們和原生家庭的未了情，無法藉著離家的形式斬斷。我們以為離開了家，事實上卻把家庭的信念與行為模式牢牢扛在肩頭；也以為父母去逝自己就自由了，但心理上的臍帶不僅能跨越洲界，也能跨越地府，生生世世也無法擺脫。有很多的成年人在父母死後多年，依舊恪遵父母的要求、死守從父母而來的負面訊息，父母的影響力反而可能在死後增強。尤其，當我們在生活中面臨壓力情境時，仍然會無意識地選擇了最熟悉的解決模式，因為對自己原生家庭的態度、行為以及情感的規則深知且熟悉，怎麼樣都覺得生活在熟悉的行為規則中最舒服、最對勁。就像是一些出身酗酒或暴力家庭的人，長大後還是會選擇再過飽受酗酒或暴力者入侵的生活。因此，我們可以發現許多有心理或行為問題的人，其家庭背景必有病態存在，這也是為什麼心理治療會回溯到童年的原因。

一個人在家庭生活中學到的生活態度和行為，往往會深植於心中，影響其一生，甚至在成為父母後又傳給下一代，父母親或上幾代的故事其實會不斷重複在我們身上出現，這個不斷重複的過程稱之為「輪迴」。由此可見，每個人的生命被祖父母、外祖父母、父母、被整個家族限制住了，也就是家族的模式與限制性，表現在我們的身上。因此，從家族來看一個人的命運，可以非常清楚看到，上一代有哪些問題，下一代也無法避免，甚至許多所謂的「遺傳」性疾病，很可能是由於一家人具有相同的生活習慣和用藥習慣的結果（吳清忠，2005：100）。就如同露易絲‧賀（Louise L‧Hay）在《創造生命奇蹟》書中，說了一段發人深省的經典話語，她說（黃春華譯，1991：13、50）：

> 我們每一個人，都是在特別的時空下，決定出生來到這個星球的。我們選擇來到這裡，學習一項特別的課題，使我們走向靈性和進化的道路。……我們正在一段永恆無止盡的生命旅程上。為了心靈的進化，我們來到這個星球，學習特別的課題，我們選擇了自己的性別、膚色和國家，然後尋找一對完美的父母，成為我

們的「鏡子」。……我們一生所要學習的課題，正是我們的父母
所擁有的「缺點」。

　　也由於父母親傳承給我們的印記與基因，可做為這輩子圓滿業力功
課的基礎，也就是當初我們之所以選擇他們做為父母，是因為他們如此
的完美，可以讓我們學習超越自己，引導我們今生所要努力的方向。因
此不論如何看待從父母雙方遺傳的身體、心智、情緒和生理的品質，要
感謝和責怪都是自己；也不論當下心境覺得如何，都要記得，之所以如
此選擇一定有靈魂重要的理由與目的（法藍西斯張譯，2002：134）。

　　我們雖無法擺脫原生家庭和父母的模式，但卻可以重新開始，在
心理上獨立、脫離父母，我們才有希望和他們建立新的關係。要達到這
一步，則必須解除印記的指令、父母對我們強制性的觀點、擺脫那些僵
化的規則及僵化的角色，改變自己的想法與觀念，才能夠真正地成為自
己。所以，破解原生家庭咒語的意義就是：瓦解自己對於家庭的病態依
賴和妄想，把精力放在自己生活的問題上。有一個更重要的理由值得我
們如此去做，那就是「不收回的東西，就會世代繼續傳下去。」

三、兄弟姊妹是業力功課所在

　　還有，家庭成員間的組合，是圓滿「與他人之間的業」的最佳場
域。就如同賽斯所說：「在轉世的結構中，有些人因為彼此之間仍有尚
未完成的功課，於是需要透過一個家庭結構，在愛的包容之下尊重彼
此的差異（許添盛，2004：26）。」事實上，我們與生命畫布中的每
個人物都脫離不了關係，其中更是蘊含諸多生命的課題。靈魂事先選擇
了這樣的肉體、父母、家庭的安排，這樣的組合關係可能由過去不喜歡
彼此的個人所組成，以密切的關係相聚，再為了一個共同目的而一同努
力，學習瞭解彼此，而在一個不同的情形下把問題解決（王季慶譯，
1995a：242）。就如佛法的人生八苦中的「怨憎會」，就是說彼此厭
惡憎恨的人，礙於血緣無法割捨，卻要苦苦廝守在一起，那是人生一苦

啊，因為唯有透過此種方式，才能無所遁形，不可避免的，完成彼此間的業力功課。

在知道了我們生命畫布設計的原理後，進而理解何以來自同一個家庭的孩子，身上流著相同血緣的人，對父母行為的反應怎麼會有不同？生命際遇竟會是如此的大不相同？就因為每個靈魂都曾經來到人間許許多多次，每次都有各自的藍圖規劃和業力功課要學習，因此兄弟姐妹之間，當然會有不同的權利與義務，所以不用去比較與批判。對於原生家庭與家人之間的際遇，千萬別困在童年未化解的事情裡，理當尊重彼此的生命藍圖，允許家人可以作不同的抉擇，同理他們在面對生命課題時內心的煎熬與掙扎，或許我們會認為這根本沒什麼，但是對他們而言這是一道高難度，無法穿越的人生課題啊。如果能用這樣寬容的角度來對待家庭中的成員，相信家庭中的吵鬧衝突，以及所受到的不公平待遇，通常都能解決與放下。桑妮雅‧喬凱特在《22個今生靈魂課題》書中也呼籲世人，她說（林群華譯，2010：85）：

> 記住：親人是你靈魂學校的一部份，是你選擇了他們。把家人看作是你靈魂課程的一部份吧！這會讓你有客觀的判斷力，使你心懷慈悲，希望也有助於你放下你對他們的怒氣與怨懟。愛這些人，要知道他們和你一樣，也在這間學校裡跌跌撞撞。你們只要還在這裡，就是學生，你們一起學習，也從彼此身上學習。

綜觀人生百態，也曾看到很多家庭的兄弟姐妹，其中有不乏感情交惡的，介於親情與業力之間，猶如命運的鎖鏈，綿綿情仇頗是折磨。親人難度，親人的貴人也許不是自家人，假如我們把「改變家人」看成是自己的「使命」，那會是成為我們痛苦的原因。依筆者之見，能成為一家人，未必表示彼此間的感情一定要勝過外人，若無法與家人感情水乳交融，切莫自責，但至少要做到彼此的尊重。

四、省思生命畫布的課題

　　而那些在生活中沒有學習去成長的人，他們會一而再、再而三地墮入這個代代相傳的輪迴裡面，不斷重複著同樣的經驗、同樣的傷害和感覺，每個人或多或少都是家庭價值觀的呈現。要知道生命的問題不能只用說和想就能解決，而要靠真正的經驗。王中和在《打造生命藍圖》書中建議我們，請想想你的父母親、祖父母和外祖父母，在這三對配偶六個人之中，自己的個性最像誰？你又沿用了這三個家庭中的哪些行為模式？想想看這三個家庭的胎教，以及孕育下一代的期望又是如何？我們在什麼環境下成長？哪些我們與父母親的互動模式，也滲透至生活其他層面而影響深遠？父母親或上幾代的故事其實會不斷重複在我們身上出現，透過系統性的思考，會對自己的人生有更大的領悟（王中和，2001：108），一旦你愈來愈敏銳，生活中會有無數的事件讓你去感受、修行，這些就是真正的人生課題。

　　又許宜銘在其所著《重塑心靈》一書中，將父母對我們心靈或人格成長影響至為深刻的心靈現象分成禁止令、驅迫令、負面人格特質、心理遊戲等四大部分來討論。用長大的眼睛去剖析父母親對我們的影響，藉由自我回溯，分析與父母的互動過程，自我剖析做得愈徹底、愈詳細，就會愈清楚地看見長久影響自己生命的品質，以及所形成的原因。尤其，我們所要的經驗不只是那些成長後已被修正和掩飾過的經驗，而是要進入自己內在的人格，重新進入童年的原始經驗，去體驗那些害怕、悲傷和憤怒，走過這些歷程，才能使這些經驗真正得到超越和治癒。因此，回顧舊傷口是重新找回完滿的必要歷程，這個自我重塑的過程將是我們一輩子要努力、要挑戰的功課，這也就是「轉識成智」的過程（許宜銘，1999：24-31），是要靠自己在生活中的每一天不斷去做工夫，直到生命結束為止。

　　露易絲也說：我們一起在這裡，為超越早年的限制而努力，不管這些限制是什麼，不論父母對我們說過什麼，我們需要重新認識自己的價值和神聖（黃春華譯，1991：52）。因此她主張：過去一切皆已發生，我

們已無法改變它，但是我們可以改變過去的想法。我們可以將焦點從父母對你做了些什麼，轉移到你能為自己做些什麼，學習一些特殊的技巧和策略，改變生活模式，進而自我實現，以減少父母對你生命的控制。

在屬於自己的這塊生命生畫布中的人事物，一定含藏著你的靈性課題，筆者試著提出一些看法，提供給大家參考。請仔細思索下列問題：

1、我為什麼選擇生長在這個地方－台灣？

2、我為什麼選擇這樣的性別？

3、我為什麼有這樣的體型與外表？

4、我為什麼選擇我的家庭與父母？

5、我為什麼選擇生長在這樣的家庭環境？

6、我為什麼選擇現在的排行位置？

7、我為什麼選擇這群兄弟姐妹？

若能試著根據生命畫布中的設計原理與原則，沉澱心境，相信不假外求，往內自省，就可以發現自己出生在這塊生命場域，自己所要學習的功課是什麼了。

五、放下怨懟，感恩生命畫布中的貴人

每個生命必須接受先你而來的家人，以深度的敬意，向生命的來源和源頭鞠躬。我們並無意對父母的愛心作任何的指控與批判，為的是要確實瞭解我們生命裡究竟受了什麼樣的影響，唯有覺察觀照，進而在自己身上作功夫，生命才會開始蛻變。如果想深入認識自己，或對父母有更多的瞭解，以幫助自己釐清生命的源頭，放下心中的怨懟。不妨和父母談談他們的童年歲月；若耐心傾聽，你就會發現，他們的恐懼和僵化的模式是怎麼來的。事實上，許多不妥當的做法也只是家庭當中本能的代代相傳而已，傷人的父母往往也曾經是受傷的孩子。若依代代相承的個性與模式而言，自己彷彿就是自己的父母，如果能接受父母缺憾的同時，也就是在接納自己的不足，如此才能與自己的心靈和平相處。在看清整個家庭信念系統的來龍去脈之後，會使我們對曾度過辛苦童年的父

母，更加的諒解與親近（鄭玉英譯，2003：3），這樣的感同身受足以化解兩代之間的糾葛情結，化解心中的怨恨及釋放那束縛已久的能量。

　　假如我們要透過瞭解父母、分析自己與他們的互動過程，在心態上務必要擺脫傳統的「天下無不是的父母」或「父母這樣做都是為了我好」的孝道制約；還有「在瞭解父母的難處時，也不要忘了自己的痛苦」。因為這是攸關自己的生命大事，務必要將著力點放在自己身上，而不是把焦點落在父母身上；要以「悲智雙運」的理性去看待自己與雙親，我們皆是各自獨立的生命個體，有各自生命的課題要去面對，生命對生命彼此應無所罣礙。一旦我們能夠真正地作自己，方能以獨立的成人心態更加真實地孝敬父母、愛我們的家人。如前所述「想像力是生命將發生之事的預覽」，筆者有個不錯的冥想練習，不妨將父母親與自己三人的縮小版放進你的心中，觀想並享受那種親人相依偎的親情溫馨，對於自己與父母之間的情感有連結的作用，不妨試試。

　　一旦自己明白在此修行場域的課題，領悟生命中的親人相遇就是為了圓滿，並將畫布中的父母親與兄弟姐妹視為生命中的貴人，學習放下所有的不平與怨懟，瞭解彼此只是在履行生前的約定，他們都盡力在配合你的演出，大家只是努力在扮演好自己的角色，他們是無辜的，為的只是成就彼此的生命藍圖罷了。若能對生命畫布的立意有著通透的體悟，你生命的層次就是在提昇了，你的人生際遇就開始在轉變了。

　　總之，每個人生命畫布中的成員父母、兄弟姊妹，都是比生最重要的人際關係，而之後的配偶、子女與周遭的人際關係，也只是生命畫布人物的延伸。唯有心甘情願、全然接受生命畫布的安排，若能處理好這塊生命畫布中的基本課題，才能有多餘的能量創造生命更大的價值。

貳、積極創造人生藍圖

　　每個生命在生前選擇一塊固定的修行場域，也規劃了這輩子要修行的人生課題，在實際的人生中，要清楚自己的人生藍圖中含藏哪些業力

功課，也要清醒地明瞭，以確定此生的修行方向。茲就下列幾個重點敘述之：

一、人生藍圖不會超出我們的負荷

我們生前選擇屬於個人的印記與信念系統，也選擇屬於自己的一塊生命畫布，與自己所設計的人生藍圖，於此場域展開自己的生命之旅。一如前述，人生藍圖有七大選擇線，包括家庭、愛情、健康、財務、事業、社交生活、靈性等面向，這是我們今生要努力和克服的主要或次要的生命主題。

我們的生命會選擇很多的課題，在每一個人的一生裡，會讓我們不斷的體驗那個課題，如果同一個課題沒有體驗完，沒有通過這個考驗，沒有獲得平衡圓滿，我們勢必會為了同樣的課題不斷、不斷的輪迴（林顯宗，2007a：28-29）。生命是個無止盡的學習過程，如果今生沒有做到，將來還要帶著這個特性到下一世中，負擔就更沉重了。所以，我們在今生此世所碰到的挫折與困難，也是每次轉世中所未解決的問題，只因我們的靈魂還沒學會，未圓滿這門功課；也就是任何一個在此生沒被面對解決的問題，必得在另一生再去面對處理。因此賽斯說，此生的困難常被解釋為過去轉世生活中所未解決的壓力（王季慶譯，1994b：9）。

生活在這個世界上的人類，各自帶著他們自己的問題和挑戰來輪迴，其目的就是為了學習、體驗、克服各種負面的生命經驗，這就是為什麼我們不太會為自己選擇容易的生命課題，反而經常選擇具衝突性的主題，或難度較高的角色來挑戰自己的原因。以致於洛伊‧馬提納說（繆靜芬譯，2009：63）：

> 挑戰讓人迅速進化，轉世之前，有一段長的準備期。就我們所瞭解，我們一到達另外一個世界，就開始研究自己的前一世。我們希望透過研究自己前世停滯的過程和模式，盡可能讓自己做好準備。我們想要得到可以協助我們突破停滯的特質，換言之，當我們在人

世間出生時，內在已經具備了這些特質，而我們要做的就是找到啟
動內在能力的方法，然後牢記、發掘、把它弄清楚。你必須知道的
是，你擁有實踐此生藍圖所需的技巧和才能。

　　每個生命與生俱來就具有不凡的動機，就具有動力要完成自己所
設計規劃的人生目標。沒有一個考驗是會超過我們的知識及能力的範
圍，也不會超過所能忍受與負荷的程度。也就是宇宙絕不會給你們一個
無法解決的難題，因為這將對靈魂是毫無幫助的（王秀珍譯，1997：
144）。因此，請信任生命的源頭與心靈的潛能，將人生中所遭遇的困
境，視為自己曾為生命所許下的承諾，這一切都在藍圖的規劃掌握之
中，不會給我們超過我們所能負荷的課題。

二、從人生藍圖中尋找生命課題

　　依筆者的探究，邀請你去覺察生命中，有哪些人生難題是一再地重
覆出現？或生命裡常陷入哪一個面向的困頓？不妨從下列問題作進一步
深入探討：

1、我從小至今，我的家庭生活幸福嗎？

2、我為什麼會選擇現在的配偶，過如此模式的婚姻生活？如果目
　　前沒有婚姻，那又是要學習什麼？

3、我身體的健康狀況，常反映出什麼樣的內在訊息？

4、我為什麼在財務上常處於匱乏的狀態？

5、我為什麼賣命地衝刺事業，但一直無法得到突破與進展，無法
　　享有豐碩的成果？

6、在人際關係中，什麼樣的人讓我產生極大的厭惡感？為什麼我
　　與某些個性的人很難協調與溝通？

7、在內心深處，我是否常處於不安、恐懼、害怕的狀態，長期以
　　來內心無法安定下來？

以上這些都是你完整的自己，經由身、心、靈整體的運作，呈現

在家庭、愛情、健康、財務、事業、社交生活、靈性等七個面向。我們來這世上都是要來學習生命的課題，但沒有人能告訴你生命的課題是什麼，這就要靠自己去發掘了。

譬如說：如果愛情是你的人生課題，那麼你可能會結很多次婚，也可能終身不婚；如果你人生課題是財務，你可能一文不名，也可能擁有數不完的錢（張美惠譯，2006：24）；你也許很窮，也許挨餓，也許住在一間破屋子裡，但你會活得很踏實、很快樂，走到人間盡頭時，你會感激你的一生，因為你完成了投生人間的使命（李永平譯，2009：354）。這些都是靈魂會設計出生命經驗的陷入兩極端的業力，最後終究要獲得平衡、客觀中立，以圓滿業力收場。因此，只要能夠時刻反省整理自己的人生，勇敢誠實地深入去發掘真相，愈清晰地自我剖析，幾乎所有對人生的迷惑，大多數身體上、精神上、心靈上，或情緒上問題的理由，都可以在自己身上找到，也都能在這一輩子找到。

又如何知道自己的學習課題在哪裡？每個人究竟要學習些什麼？人生所有外在事件都是自己內在心情的顯化，我們需要藉由外來事件的提醒，否則難以看清生命的問題所在。據陳建志的說法：如果你為某人、某事或某種概念而不能釋懷，煩惱不已，甚至懷恨，那麼這個情感或思想的區域，便是你今生的功課所在。……如果你夠敏感，你會察覺到那像是思想上的漩渦。……執迷與煩惱，終究是自己選擇來經驗的，當自己愈明白在一個情況要學習的功課是什麼，就會愈快離開那個生命膠著的狀況（陳建志，1997：21）。張鴻玉也說：生活裡所有的點點滴滴，特別是讓我們感覺到「不愉快、不舒服」的事件，其實就是靈魂強迫我們必須去面對、學習的人生課題（張鴻玉，2009：112）。無怪乎伊莉莎白‧庫柏勒‧羅斯說：「把人生功課做好，痛苦自然會消除（李永平譯，2009：3-6）。」

三、心態決定人生藍圖的完成度

雖然我們的人生是依據藍圖的雛型而設定，但生命並非是一條狹窄的道路，也非一成不變或沿路只有少數的選擇而已。事實上，它的橫

向發展還是有很多的空間，並充滿很多的可能性與變化。這些變化就在於：我們每個當下面對人生路上的障礙和挑戰，我們所採取面對困難的態度，和如何應變方式，以決定人生藍圖的完成幅度。因此，儘管在人間發生的每一件事情，都已經在內心的心靈拍攝好了，意即每件事情的發生，都是在另一個地方先預演好了數套劇本，但這些戲碼並非完全命定，演員可以依照劇本演戲，也可以臨時脫稿演出。所以，人的命運並非固定不變的人生藍圖，人只要能轉變心念，其實隨時都可以改變自己的命運（許添盛，2009a：211）。新時代賽斯說（王季慶譯，1995a：79）：

> 在每齣戲裡，對個人與全體而言，都準備了不同的問題，進步與否是以這些問題是以哪種方式被解決或沒被解決來估量。

筆者認為，每個生命都是獨一無二的個體，來到世間演出一齣人間大戲，身上都擔負著唯一的、不平凡的「人生藍圖」。而一個有覺察力、負責任的人，會了悟自己生命裡的每一個人生課題，都是經過自己生前自由意志的選擇，如此將不再怨天尤人，不再將責任推給環境和別人，就會為自己的思想、情緒、人際關係、生命的每一個結果負起責任，這樣一個直下承擔的人，也不會讓身邊的人感到壓力，如此不但自己自由了，身邊的人也自由了，與這樣的人在一起是輕鬆的。尤其，面對人生狀況，凡事要盡力，當盡力之後，才有權利說順其自然與放下。因此，每個人必須尊重自己對生命的選擇與信守承諾，並負責任地去完成與生俱來的神聖使命，積極創造人生藍圖最大的可能性。

總之，生而為人既然已經無法改變「生命主題」的選項，但仍可以努力將要學習的課題發揮到極致，並學習克服負面的影響，只要信心與毅力，任何夢想都能成真。縱然人生的過程中難免有所欠缺與遺憾，但每個生命藍圖都是按照自己的理想所設計的，絕對是靈魂最完美的規劃。所以不論人生的際遇是順或逆境、是貧或富，都是人生戲碼和功課

的一部份，是內在設計的戲劇情節，也是這齣戲的精華高潮所在，目的是要我們靠著毅力與智慧去突破圓滿，完成靈魂所賦予的使命。

參、終身學習快樂成長

生命既是一條永無止盡的學習歷程，那麼學習與成長自然是人生的首要之務了，但其中含藏的深層意義，究竟為何？依筆者的理解即是：學習是指內心的學習與意識的轉換，以及成長是指靈性的提昇與進化等，茲說明如下：

一、內心的學習與意識的轉換

大部分人對於學習的定義仍屬狹窄的表面的外在學習，無法明白應如何從自己內心去學習。要知道人最主要的學習，其實是來自於內心的學習，與意識[1]的轉換；而外在的學習只是知識與技術的學習，也只是扮演次要、呼應的角色。而終身學習之所以重要，就在於我們這一世所有的努力，其知識、能力、人格、愛，都會累積到下一輩子的靈魂資料庫存當中，以致我們生命以往努力所累積的成果經驗，絕不會白費，生命也絕對沒有白走一遭這回事，凡走過必留下痕跡，所有輪迴轉世的生命內在經驗，將內化為智慧與能力，而會在另一個轉世的舞臺中再度發揮出來（許添盛，2008：124-125）。

因此，若以我們心靈成長和創造力而言，終身學習的深層意涵，不僅是精神體的學習，也是學習如何擴張、轉換意識的焦點，亦即人要學習轉換思想的角度，不執著在同一想法上，重新擁有一雙眼睛看世界，因此可以說人只要學習就會轉變，轉變就會成長了。新時代賽斯也說（王季慶譯，1995a：229-230）：

---

[1] 何謂「意識」？是指一種覺知的狀態，是以一種微細形態的覺知為基礎的能力，是一種「意識到自己的意識」的生命狀態。

在你所有轉世的存在中，你一直在擴展你的意識、你的意念、你的感知、你的價值觀。你掙脫了自設的限制，而在你學會脫離狹窄的觀念與教條時，你的精神上便有了成長。可是，學習的速度完全看你自己：對善惡的狹窄、教條性或死板的觀念會妨礙你。如果你不選擇在精神上與心靈上有彈性的話，可能跟隨你幾世之久，會妨礙靈性的成長。

因此，為了靈性的成長，要學習用新的觀點看任何事情，破除自我的執著與分別心，掙脫舊有狹窄的教條與束縛，不要掉入二元對立的泥濘裡，才能促進成長與進化。

要知道這個世界經常在變，唯一不變的，就是經常在變。因此生而為人千萬不要怕改變，也不要排斥不同的或新的東西，活著就是要不間斷的學習。有空有容而能學，要契合時代的轉速，必須懂得適時丟掉一些舊的東西，才有容納新事物的空間，以符合時代的需求。我們的思想也一樣，很多舊觀念根本已不適用於現在了，觀念必須有所因應改變；人在心態上要懂得隨時可以放下，讓自己重新歸零，要隨著時代改變，思想也隨時要跟這個時代連結在一起。哈福‧艾克在《有錢人想的和你不一樣》書中，認為有錢人之所以為有錢人，就在於有錢人的想法，因為有錢人會持續學習成長；而窮人認為他們已經知道一切，不須要再學習了，這就是有錢人與窮人在想法觀念上的差異性。因此告訴我們：如果你已經知道了「你的」方式，所以你現在需要學習知道新的方式；然而新的思考和新的行動，它們會帶來新的結果，這就是為什麼，持續學習和成長是如此重要的事了（陳佳伶譯，2005：236-237）。伊莉莎白‧庫柏勒說（李永平譯，2009：351-354）：

通過了人生的考試，完成了我們在人間的學業，我們就可以畢業。……上帝賜給人類的最大禮物，就是讓我們擁有自由選擇的

權利。人生並沒有意外。人生中發生的一切事情，都有積極的理
由和目的。……人生的唯一目標是成長。

歐林也說（王季慶譯，2002：209、191）：

> 你由你創造的每一件事情中，學習和成長。……在靈魂的層次，
> 成長永遠是件喜悅的事，而靈魂關切的永遠是你在繼續成長。不
> 論你是由痛苦或喜悅而成長，成長本身才是最終目的。

　　也就是說，除非靈魂能學習到生命經驗，否則人生所遭受的痛苦與
受苦是不具價值的，這是生命的一個自然平衡的學習過程，受苦並不是
生命的目的，靈魂成長才是最終的目的，如果人生只有受苦而沒有讓靈
性成長，那就失去生命的意義了。

二、靈性的提昇與進化

　　以靈性的觀點而言，生命的「成長」係指靈性的提昇與精神體
的進化。我們的內在心靈是沒有世俗所謂的好壞、善惡，也沒有人世
間追求外在物質的好、最好、更好的價值觀，那是物質世界的東西。
生命靈性層面的課題在於，個人平衡人格的養成與生命價值的完成。
當我們突破舊想法，學習新的思維，接受新觀念，也就是不斷地擴展
自己的世界觀，才有能力解決舊有的問題。陳國鎮也說（陳國鎮，
2003：12）：

> 每個生命都是來到「人世間」學習的生靈，藉著一段「生命學
> 程」的歷練，以求得「靈性」的增長。

　　而所謂的「靈性」，係指放下、原諒、平靜、慈悲、無條件的愛與
奉獻等良好特質，而在日常生活中的體貼與同理心，也是靈性的表現。

一如本文第六章的「宇宙與人類精神體皆是多次元的存在」其中所述，這些良好的人格特質是沒有辦法刻意做到的，惟有靠自己不斷地努力經歷，學習成長與自我修鍊而得的。因此，外在的一切都是生命的假相，自我的成長提昇並不須和別人做比較，也不用在乎外在的得失，也不武斷的和別人比高下，生命最重要的事，而是在於自己內在真實的生命經驗，是否自己的靈性有隨著年紀的增長而提昇。

　　誠如伊麗莎白‧庫伯勒‧羅斯在幾經死神叩門後再獲重生，她寫下《用心去活：生命的十五堂必修課》一書，提醒大家這一世投胎的目的是為了學習，並體驗真誠、恐懼、愧疚、憤怒、寬恕、屈服、時間、耐心、愛、關係、失去、遊戲、權力、快樂等重要的生命課題。國內外多位靈修老師也不斷提醒，人生的目的並非追求名利，而在於不斷提升自己、追求靈性的成長，不論是家庭、學校或工作場所，都提供了我們學習的空間及管道，不論在那裡，都有複雜的人際關係、人性課題與魔考等著我們去學習、面對。因此，人類要虛心的學習受教，要多去學習與思考，把天地萬物當作老師，建立自己的價值取向，再努力把心得印證於生活之中。歐林說（羅孝英譯，2007：219）：

　　　　你做的事看起來不重要或者卑微都無妨，並非工作的種類，而是你
　　　　做事的態度和你思考的方式，決定你的進化。

　　人生要學習的課題太多了，一輩子是不夠的。學的愈多，完成的也就愈多，生命也就愈豐富（張美惠譯，2006：16）。根據靈修老師們的建議，人生至少有三個部分要去學習及面對，就是認真做好每一個角色扮演；知道缺點並趕快改進，以免一世又一世重修同一個課題；還有勇於面對挑戰並克服生活中的困境等。此外，理查‧巴哈在其《討厭的彌賽亞》一書中也指出「你的任務是檢查一下自己在這個地球上的使命有否完成：假如你還活著，你的使命還沒有結束（張燕譯，2010：328-329）。」因此，時常提醒自己，在這一生中還有些什麼事物，是我所

誤解的、不願耐心探尋真相的？你，我，我們會一來再來，學習該學習的功課，全學到了才能畢業。

　　總之，到目前為止我們經驗過的每一件事，都是我們生來要學習的。每一個人活著都是在經營自己的人生，都是一樁樁的生命事業，每一生都是為了完成一段生命的學習而來，每一份人生經驗，都是一種生命內在經驗的學習歷程，是為了精神體的靈性提昇，都是靈魂的成長記錄與珍貴資產。因此，珍惜一生的時光，省悟每一段人生經歷的意義，人生就是一條永無止盡的學習之路。

肆、業、因果、輪迴之詮釋

　　有鑑於筆者多年來的教學與實務之觀察，看到人們在生活中遭逢巨變，顯現出諸多無奈與盲然，大多數人會認為人生是無法改變的宿命，終究選擇消極的鴕鳥心態，不是自怨自艾就是怨天尤人，幾乎無能力為自己的生命解套。筆者認為世人有些想法觀念必須加以釐清與改變，並建立正確的人生觀。以下擬以建設性、務實的觀點來詮釋所謂的業、因果、輪迴與等三個主題，冀望對世人有所幫助。敘述如下：

一、業與業力法則

　　依新時代的觀點，「業」並不是以欠債還債的形式存在，也沒有牽涉到報應和懲罰的說法，也不是教人出於恐懼地約束言行，而是三次元世界的所要學習的「功課」與「學分」，業是基於自由意志的選擇，是生前為自己所設定愛的功課，也代表著學習和成長的契機。而自由的選擇是上天賜給人類的最大禮物，當我們投生在人間時，我們都會收到這份大禮，也就是我做我認為對的事，而不是別人期望我做的事，這就是自由意志（李永平譯，2009：284）。

　　而業力法則就是平衡法則，也就是以中立、客觀的角度來看，只有如此才能讓你學習到一件事情的兩面。例如，如果在某一生中你恨女

人，很可能在另一生中你會是個女人，而面對了你在那一生中所有反對女人的態度，並體會到作女人的經驗，最終讓你學會用客觀的角度來看待女人。又如果你有一個重複的負面心理模式，而不斷遭受同樣的挫折或磨難，那麼這也是你的「業」，這個業可能肇始於前世或今生早期。但其目的並非要你受苦來「償還」，而是要促使你學習面對自己不足之處，發展出解決這困苦的智慧。總之，無論我們這輩子經過任何事件的兩極端，或何種負面感情的歷練，一旦你脫困而出這個負面模式，直到能夠自我接受、內心處於安定、平衡狀態，不讓負面能量滯陷在某個區塊為止，你的業力功課就償還圓滿了。因此，此法則也要落實在日常生活中身體力行，就是當碰到每一個發生時，就要藉事修心，磨練自己的心性，平衡內在的經驗。

對於圓滿業力的心態與方式，人們或許會質疑：「難道以牙還牙，以眼還眼是唯一的償業方式嗎？」答案當然不盡是，也不必要是。如果我們與別人之間有未完成的業力功課，每個生命隨時都可依自己的自由意志來選擇。筆者認為，要善用你的自由意志，即使別人有負於你，你也不能以暴制暴、以牙還牙，或一命償一命的方式，或許如此會讓人一吐怨氣，但結果是徒增業力，更會讓業力永不停歇地輪迴。因此，我們應以不傷害自己與他人為原則，以不延宕彼此的業力功課為前提，每個生命可以為自己選擇，創造積極建設性的方式來平衡業力法則。譬如：你也可以在一場災難中，為了救人而喪生，結局雖一樣，兩人之間的業因此得以償還，彼此之間的業力功課就此劃下圓滿的句點。又以夫妻間施暴者與受虐者的例子來說明，無論是施暴者與受虐者都要對自己的藍圖負責，以施暴者的立場來說，如果某人將做為一個施暴者寫入他們的人生藍圖，這就是他們此生要克服的負面特質，自己終得學習如何運用智慧，盡力去完成人生課題。若以受虐者的角度而言，當你接受他們的虐待時，實際上就是在延誤他們生命藍圖的進展，這會讓這一世「行惡」的人有了「因果的藉口」，也就是在「阻礙別人成長」，同時又造了一個新業了。在《個人覺醒的力量》書中有說（羅孝英譯，2007：200）：

常常我們能為別人做的最有愛心的事，就是當他們在學習功課時，耐心等候。如果你介入，扮演解救者的角色，你可能拿走他們的功課，以及剝奪他們自行脫困時所獲得的成長，如此他們反而需要再一次創造那個困境。持有智慧可能並不容易，通常跳進一個情況去解救別人，比袖手旁觀來得更容易些。

因此，受虐者為了自己和施暴者的成長，如果你真的想幫助他們，就讓他們開始學習克服人生功課，要勇敢地對施暴者說「不」，並且離開那個環境；尤其，也有責任要為小孩提供一個安全的地方依藍圖發展。若停留在一個暴虐的環境表示你放棄了自己（法藍西斯 張譯，2002：127-128）。總之，償業的態度絕對不能以「溺愛」、「姑息」、「逆來順受」，或是「傷人傷己」的方式，此即阻礙雙方的成長，延宕靈魂成長的進度表。所以，以生命長程的角度來看，為完成生命藍圖，我們應該尊敬與遵循生命的法則，以一種更負責任的態度來使用我們的自由意志。

以上就是對於業的創造性詮釋，業不是命運也非宿命，業是一種愛的功課與學分，我們要用歡喜心來做業力功課，因為完成了作業，生命才會增長智慧，身心才會輕鬆自在，法喜充滿。而償業是一種自由意志的選擇，也可以改變信念，來轉動命運，如此以積極正面的心態，創造雙贏的局面，不僅實現自己也成就別人的業力功課，這才是正確的人生觀。

二、因果與輪迴

又依據佛法的觀點認為，人的一思、一言、一行皆是作業。內在思想謂之「意業」，表之為語言謂之「語業」，發之為行動謂之「身業」。以致，因果不只是來自於我們頭腦內的想法及所說的話，也來至我們的行為，此即佛教所說的意、語、身業。身心一體，不只行動，就連起心動念都會自動列入「因果法則」裡。釋慧空法師說：「改變自己的想法，就改

變自己的因果（林雯莉，2010：9）。」假若因果的改變，是來自於自己想法的改變；既然改變因果，也就是啟動了業力功課。也因為當下是威力之點，筆者深信，當下念頭一旦轉為建設性的善念，就能啟動善的業種，讓壞的業種無所現行，那麼此刻就是在改變因果了，也就是在扭轉我們的命運了。至於未來，算命師的預測常常是不準確的，為什麼？因為你可以在每個當下改變自己的命運啊。就因為此緣故，每個當下的想法與觀念，會牽引我們的業力功課，會修正我們因果，那麼此刻修行自己每一個念頭、每一個想法，變成是生命最迫切、最刻不容緩的事了。

其次談到「因果輪迴」，我們是活在一個有因果輪迴的世界裡。所謂的因果法則：有因就有果，因果循環是宇宙間永恆不變的法則。因果輪迴理論是希望你能夠學會相信自己，為自己的所作所為負責，而不是教你推卸責任要別人為你自己的所作所為負責。在《世上最偉大的奇蹟》書中有所說（若水譯，1989：178）：

　　因與果，手段與目的，播種與收成，是不可分的一體，成果常隱於所種之因，目的預顯於方法之內，收穫有賴於播下的種子。

我們並無法得知現在的作為，究竟是在「造因」或是在「償果」，事實上根據相對法則，因果是互為表裡，也不用刻意去分析，浪費在因果的陷阱裡。因因果果難下定論，理應培養積極正確的人生觀，不要把每一件事都推給因果，就是把當下每一刻的思維與行動，皆視為「因」。從自己的身上往內探索，好好的重新認識自己，在瞭解自己在過去世的缺點、優點，反省這一生的所做所為後，重新思考自己的定位，仔細想想，下一步棋該怎麼走。積極樂觀地活在當下，盡力扮演好生活中的每一個角色，期許自己在每一次的人生裡，從做中學習，讓自己變得更有智慧，免得經歷一次又一次的苦，也就是生時積極學習完成此生的任務，死時安詳帶著一顆平衡的心離開世界。如此總比急於探求因果更務實、也更重要。

地球是一個最好學習的道場，來地球學習的過程中，因為地球的質量真的太重，這些業重的人自己來到地球之後，又不斷的再造新業，因為這樣不斷、不斷的再輪迴（林顯宗，2009：191-193）。據陳建志所述，地球就是一個大教室，而你正像是循序漸進的學生，一生又一生地來到這裡。在喜怒哀樂、愛與恨的起伏輪轉裡經歷和學習，以便超越你在出生前自設的限制。……你這一生中所發展出的愛、包容、勇氣等品質，都會在來生裡跟著你。而相對地，如果你這輩子沒有學好特定的功課，那麼下一生你就會再來，繼續這沒修完的「學分」。所以就精神成長來看，美滿而無困苦的一生，可能並不如一個充滿問題與挑戰的一生，因為在其中，人的能力反而容易激發，得到充分的學習（陳建志，1997：20-22）。因此，對於輪迴的觀念也要擺脫舊思維，要有所突破與創新，那就是每個靈魂根據生命藍圖的需要而轉生到地球，選擇適合自身修行的時代降生人世間，這種輪迴轉世相當於接受義務教育（金羽譯，2008：153-154）。

總之，我們應建立正確的人生觀，明白世俗的金錢身分地位都只是學習的工具，並非我們這一生追求的目標。業力因果輪迴只有一個目的，就是不斷修正缺點、不斷學習，以求得靈性的圓滿與成長。在業與因果輪迴中，不管是「因果業障」或是「未圓滿愛的功課」，不管是「償業」還是「佈施」，都是一種自由意志與智慧的選擇，既不得逃避，唯有面對它，工夫的高下就只在於「態度」，而態度是日積月累的工夫。有心圓滿人生課題的人，自然能縮短償業的時間，苦日子也就能提早結束，也就是俗語常說的歡喜做甘願受，心態一改變，你的人生道路就會更順暢易行了。

伍、「愛」與「平衡」圓滿生命

縱然宇宙物換星移，無條件的真愛卻是超越時空的永恆存在，不僅能療癒人類的身心靈，更是生命獲得平衡與圓滿的要件。闡述如下：

一、無條件的愛是生命的源頭

從前述生命藍圖的內容，瞭解我們整個生命的過程，都是愛的顯現，是回歸愛的懷抱，而生命中所有的痛苦，也都是愛的呼喚，對於麻木的人，上帝藉著痛苦，來幫助喚醒人們的心靈，才能覺知到生命失去了愛或與愛隔絕（王中和，1998：220）。其實，人和人、生命和生命之間，唯一相通的就是靈性，當每個人能夠完完全全沒有要求，不求結果，沒有目的，而且無條件的付出，這是靈魂層無條件的軌道，就是屬於靈性層的頻率。神愛世人，佛度眾生，都是靈性的頻率，母愛之所以可貴，就是這樣的靈性頻率。許添盛說（許添盛，2007：147）：

> 有些轉世的關係並非出於「愛」，相反的，也許在過去世是如此的彼此傷害或深深憎恨，因此，想在此世成為最親密的親子、手足或夫妻關係，在「愛」中化解累世的誤解與傷害。

陳建志說（陳建志，1997：17）：

> 在許多的生命問題之中，愛與恨的糾纏往往是埋藏在底下的根本原因。直到你以放鬆和諒解來融化恨意，回到充滿愛與和平的本然狀態，才算是學會了輪迴的功課。

伊莉莎白‧庫柏勒說（李永平譯，2009：2、198、353-354）：

> 只有一樣東西能真正治癒人類的身心病痛，那就是無私的愛。人生的唯一目的是愛。人類來自同一根源，回到同一根源。人生唯一的目標是成長，人生最重要的一課，是學習如何愛別人和被愛，毫無條件地。人生最難學的一課是無私的愛。只要有愛，人生的一切都變得可以忍受。世間唯一永恆的東西是「愛」。

所謂無私的愛，就是無條件的愛，就是一種真愛。無條件的愛就像太陽光照射萬物，沒有預設目的，就只是一個存在，它就是給予愛，是毫無保留的給、沒有條件的「同意」，並不會根據善行來分配陽光。在所謂無條件的真愛中沒有犧牲與負擔、沒有控制與操縱，也沒有應該與不該的字眼。真正的愛是沒有條件的，「無論你是什麼樣子，父母都是愛你的。」他所愛的就是你本身，亦即「愛他們如他所是，而不是愛他們如你所想」，這才是「無條件的愛」。對一個真正愛你的人而言，世界上沒有任何一樣東西的價值超過你的存在，在真愛中只有敬重及真正的接納。

　　而有條件的愛又是如何產生的呢？在家庭中最主要的原動力就是「愛」，其中一個來源是子女在非常年幼的時候，幼小孩子愛父母是無條件的，也是最自然的，年幼的孩子並不會在乎父母的青春、金錢或成就，只是無條件地愛父母。同樣地，父母給子女的愛，最初也是無條件的愛，但後來由於內心深處受到整個社會價值觀的影響，以致於非常著急在孩子很小的時候，就努力以社會規範來教導他們。若愛中有參雜目的或條件時，也就是希望付出愛以後，會得到某種效應與期待，如此愛中有參雜就會產生煩惱，就不再是無條件的愛了。真正的愛是能夠表達充分的愛與自由的抉擇，只有自由沒有愛會空虛，只有愛沒有自由會很累；真正的愛，是必須讓對方感到既自由又快樂，是有點黏又不會太黏，是既親密又獨立的；不自由的愛是債務、是剝削、是透支、是負累，會累的愛不是真愛。

　　因此，所有有目的、有條件的心念和行為，都要付出代價，有來有往，這就是天地宇宙間不變的能量定律（周瑞宏，2006：122）。也因此，所有的「犧牲[2]」、「負擔」、「應該」都會在生命中的某一天、

---

[2] 所謂的「犧牲」，不是被教育所催眠而去做這件事，是必須擁有豐富自我的人，超越自我之後才會達到的屬於人類極為高貴的情操之一。一個人在達到某種程度的成熟後，很自然地進入這個領域；而不是被教導或因為其職務是軍人就得去衝鋒陷陣、犧牲，這是沒有自我的犧牲，是我們所反對的犧牲。

某一時刻、某一層面要求代價與補償。孔子曾提到：「獨善其身，而後推己及人，然後兼善天下。」意即：要先照顧好自己的存在，然後才能去照顧別人，並不鼓勵我們犧牲自己。而那些不是真正愛你，想要利用、操縱你的人，想要讓你符合他們期望的人，他們是為了自己而不是為了你。若是為了自己所愛而去愛，這樣的愛才不會給對方帶來負擔，彼此之間也不會因對方的愛而感到壓力與負擔（許宜銘，2006：135-136）。人們之所以無法付出無條件的愛，最大的阻礙是害怕得不到回報，殊不知最大的回報就在付出愛的過程中。

而能夠化解二元對立，使對立面結合的基本工具就是愛，愛的原則就是自我開放，讓所有「外在」的都得以進入。愛會致力於結合：它尋求融合，而不是分裂，愛是結合對立的關鍵，因為能把你變成我，把我變成你（易之新譯，2002：96）。就如同新時代賽斯所說：對於「對錯」的死板觀念，只有一個辦法避免這個問題，就是對善的本質有所瞭解，也只有真正的慈悲和愛，才足以消滅對惡的錯誤而歪曲的觀念（王季慶譯，1995a：233）。人生最重要的一課，是學習毫無條件地愛別人和被愛。世間唯一永恆的東西是「愛」（李永平譯，2009：351-354）。

二、愛讓業力獲得平衡

我們是活在一個有因有果的物質世界，而所有的因果都表示「經驗的平衡」（法藍西斯張譯，2002：114）。物質層面是設計出來讓你不斷遊走於正、反、中立三角而從中玩學習遊戲。而你的精神體設計了一連串的事件，而你係透過三位元元組的方式從中學習。在每一世中，你呈螺旋狀往前推進，不斷地經歷三位組關係，一個接著一個。你從正方慢慢移往反方，或是反其道而行，直到最後發現中道為止。這場宇宙的生命遊戲，是靈魂藉由扮演盡可能多的角色來體驗人生，人生中所經歷的哀愁、痛苦、快樂，無非是要體驗自己的感受、行為，與反應，唯有當你對任何情境的反應，內心的狀態皆保持中庸態度時，那個生命經

驗才算真正圓滿完成（黃春華譯，2007b：6）。此乃你當初設計此一捉迷藏的宇宙遊戲，失衡狀況是有意創造的，為的是要藉由平衡而重新找回愛，因此，也可以說所有的生命是在企圖尋求療癒的過程。在宇宙賦予不平衡與療癒的本質之下，我們要怎麼成為一個更有效益的玩家？答案是，無條件的接納是所有療癒的根本，它會加速學習的過程與減少痛苦的經驗。無條件的接納絕非放棄或無望，而是瞭解到發生的每一件事終究是好的，是在引領我們至中道，達到內在的平衡（陳麗昭譯，1999b：141-142）。

　　總之，當體驗到無條件接納自己和他人時，已達到全然溝通、全然關係的境界，也已平衡業力功課，這就是「愛」，而遊戲即告結束，這是物質層面遊戲的終極目標。愛的力量無遠弗屆，能夠超越時空，沒有任何事物可以阻止愛的力量，愛讓生命更完整。業的法則和透過愛學習的法則是相同的，「愛」最後讓業力獲得「平衡」，也因此結束了「業」以及整個物質層面的遊戲。「愛」與「平衡」是圓滿每個「業力功課」的方式，是每場生命遊戲的名稱，也是圓滿生命的唯一途徑。

　　綜合本章，經由生命藍圖為中心的人生觀之探討，冀望能看見生命實相，一窺命運的堂奧，期待吾人能養成正確的人生信念，因此能心甘情願接受生命畫布的安排，勇於開創自己的人生藍圖，也因為了悟業因果輪迴的創造性詮釋，終究體驗到愛與平衡能圓滿生命課題，認清生命本是一條永無止盡的心靈成長之路。總之，能讓我們以平常心隨順生老病死的自然軌道，且在每個當下能坦然接受、承擔命運的起伏變動、讓生命之流川流不息，不再擔心害怕命運的陷阱，讓自己充滿自信的踏實地走在人間道路上，其背後所依循的生命哲理，卻是寓意深遠的生命藍圖的人生觀。筆者期盼運用生命藍圖的人生理念，能幫助自己的生命，也能幫助更多人走出人生的困境、獲得重生。

第四篇

生死篇：活在當下的生命覺醒

對我們現代人來說，無論經濟如何發展，政治社會如何穩定，或文化創造如何充足，都不足以幫助我們解決個別實存主體的生死問題。尤其，現代人的生活品質愈有改善，愈是害怕死亡的來臨，對死亡的恐懼感自然愈是強烈。因此，生命必須有所覺醒，惟有徹底了悟死亡的意義，破除對生死的執著與困惑，生命才會安定自在。

傅偉勳在《死亡的尊嚴與生命的尊嚴》一書中提到：作為現代人，我們須有簡易的生死信念與多元開放的思想文化胸襟，除了承認我們自己的特定生死信念（包括宗教信仰、哲學理解等）之外，還有其他種種生死信念的存在或可能性，只要不違背和平共存的大原則下，應予尊重對方的信念或立場，表示我們在精神上、文化上的寬容態度（傅偉勳，1993：230）。從人類的肉體來看，死亡確實是一件很令人悲傷的事情。可是從靈魂的角度來看的話，死亡只不過是通往那個靈界的旅程而已（簡瑞宏譯，2006：147-153），只是回到他原來的世界。此生的生活，就像到國外留學一樣，當留學生涯結束以後，就要回到本國，而這

個回國的過程就是死亡。

　　筆者認為新時代思想對生死的觀念，有顛覆性的原創性詮釋，對現代人生死智慧具有啟迪的作用。它的說法無疑地提供另一種看待生死的視角，希望能引起讀者共鳴；同時也冀能藉由生死真相的了悟，對生命有所覺醒，並能坦然面對死亡大事，解答我們對生死課題的疑惑。本篇生死篇：活在當下的生命覺醒，擬分兩章闡述，分別是：第十一章新時代思想的生死觀；第十二章新時代思想生死觀的實踐。

第十一章　新時代思想的生死觀

　　一般人在面對死亡時，會有極度的恐懼與不安，之所以會這樣的執著，筆者探究其深層的原因，是由於不了解對靈界、死後世界的真相，以致不願意以開放的心態去談論或碰觸到這個領域，更會有「不想死」的念頭，這也是一種執著。誠如克里希那穆提所說：「你害怕的其實是一種抽象的東西，這種東西你並不清楚。不了解死亡的完整，不了解死亡其中的意義，我們就一直害怕。我們害怕的是死亡這個念頭，不是死亡的事實。因為我們並不了解事實（廖世德譯，1995a：18）。」倘若，每人若能明確地知道自己從何處來、又將往何處去的話，以及對死後世界詳細的闡述，那麼就能指引人們安然地導航自己的生命，生命就能有所安頓了。為瞭解新時代思想的生死觀念，何以突破傳統的制約，自成一格廣為現代人所接受推崇的原因，擬先說明新時代思想的起源與沿革，再談論新時代思想生死觀的內涵逐一加以闡述。

壹、何謂新時代思想？

　　自從耶穌誕生至西元二千年的這兩千年間，被稱為「雙魚座時代」，其特徵是黑暗、暴力與不平等的時代，是以男性能量強勢主導的。而從二〇〇一年開始之後的兩千年則是「水瓶座時代」，女性能量將會增強，其特徵是充滿了通透的知性、愛與光，在精神上是被解放的時代，是人們開始知道「自己究竟是誰」的時代。因此二十一世紀是「水瓶座時代」，也就是「寶瓶時代」（簡毓棻譯，2012：59-60）。新時代運動（New Age Movement）（也稱寶瓶時代運動）約起源於1960年代的美國，是一群西方的知識份子，對於過去重視科技與物質

文明，而忽略心靈與精神文明的一種反動，並在歐美各地不約而同地萌芽的一種心靈啟蒙運動。他們對東方的宗教系統感興趣，並與西方的知識系統作一整合，使得古老的智慧與科學的新發現不謀而合。也可說是從科學、玄學、哲學和宗教的融合觀點，重新來檢視生命現象的運動，其以「光」和「愛」為核心思想（王中和，2001：5），希望人類藉此而獲得更完整的自我認識，對大自然和宇宙也有更深入的洞見。因此，「新時代運動」也可以稱為「潛能開發運動」或「愛與治療的運動」（譚智華譯，1992：210）。它是一個跨越宗教、靈性、心理、健康、環保的綜合性運動，形成一股龐大而富有潛力的新思潮，這個運動目前不止風行於美國，幾乎稱得上是個全球性的運動。

據王中和所述，新時代運動的內涵，廣泛地從佛、道、密、瑜珈、哲學、心理學、超心理學、生死學、神話學、精神醫學、心理學、精神治療、中醫針灸、草藥、氣功、星際資訊、光能靈療、心靈潛能、水晶礦石、古文明或神秘學類、星象研究、創造與生涯、養生保健、傳統心靈哲學、兩性關係等種種探討人類身、心、靈的一串學說連貫起來。其影響所及，包括食衣住行育樂等無所不包，並且演化成各種「形而上」的社會運動（王中和，2001：5）。就如新時代活動中心哲學教師懷特（Ralph White）所說：「新時代運動賦予個人的肉體、心智、靈魂全新的視野，甚至包括身體所需營養的新知、生態環境的認識、企業經營的新觀念等（尹萍譯，1990：291）。」總之，它是一個跨越宗教、靈性、心理、健康、環保的綜合性運動，它形成一股龐大而富有潛力的新思潮，這個運動目前不止在美國風行，幾乎稱得上是個全球性的運動。

新時代運動的派別和人物非常多，有一個相當廣的頻譜（王季慶，1997b：160-161）。在頻譜左端的人，是堅持靈性上純正的人，強調「超脫」。他們只要個人去體驗內在世界最高的善，排斥任何與現實世界有關的事，避免主流思想和社會的「污染」。以克里西那穆提（J．Krishnamurti）為此左派之代表。據傅偉勳教授在1996.1.6.高雄市立文化中心「新時代運動」研討會中說：「我一輩子讀了日文、英文、

德文數萬本書，所得出的結論也不過就是克里西那穆提一本小書所說的，我送大家的最好禮物是，建議你們去讀克里西那穆提」（周育賢，1999：191）。至於在頻譜右端的人，他們不單只重視內在靈性本身，更是利用內在靈性來體驗「外在世界最好的東西」。他們談的是自我肯定，以潛能的開發及信念的力量，努力獲取財富和成功，不僅是肯定俗世，且活在主流社會的價值體系中。目前坊間有形形色色的工作坊和研習會，係運用此套觀點來施行個人潛能及企管方面的訓練，是歸屬於頻譜右端的類型。

此外，在頻譜左右端之間的中間派看法，則為大多數新時代人所贊同。他們首先重視的是開發內在的靈性，能和宇宙達到一種和諧感與一體感，並從中達到祥和的心靈、健康的身體，甚至舒適的生活。他們認為外在的革命必須以內在的淨化為基礎，亦即外在的富有可以反映出內在心靈的豐盈和自我的價值觀。並將人生看作是一場自我選擇和自我負責的冒險，在儘量發展個人獨特性的同時，也利益了社會，因此注重「雙贏」，並且化競爭為合作。像賽斯（Seth）、歐林（Orin）、伊曼紐（Emmanuel）等，都屬於這中間地帶頻譜的代表人物。

新時代運動的思想在1980年代末期進入台灣，經過數十年的發展已成為台灣一個新興的靈性運動（陳家倫，2002：摘要）。新時代活動中心哲學教師懷特（Ralph White）說：「新時代運動賦予個人的肉體、心智、靈魂全新的視野，甚至包括身體所需營養的新知、生態環境的認識、企業經營的新觀念等（尹萍譯，1990：291）。」又據翻譯大量國外新時代思想有關書籍，被奉為國內新時代之母的王季慶，認為新時代思想並非宗教，因為它缺乏統一的教義，更沒有教條、戒律或階級組織（王季慶，1997b：26）。但它所關心的主題遍及於宇宙、自然、人間、生死、關係等所有宗教關切的問題，不崇拜權威，不附從組織，避免僵化的形式，是極富有「宗教情懷」的思想。新時代思想的理想，是每個人能做其所愛，而愛其所做，盡我們身為人類一份子的義務。每個

人必須先從內心的改革開始，將新時代精神發揮出來，亦即以自我轉化開始，經過職業轉化、社會轉化、世界轉化，直到人類集體的轉化。這就是《寶瓶同謀》一書裡所謂的「範型的改變（transformation）（廖世德譯，1993：95）」。而《2000年大趨勢》講的是社會的變革，而《寶瓶同謀》講的是我們自己，我們的意識、心靈的變革（尹萍譯，1990：8）。

陳建志說：狹義的新時代，強調由個人的神祕體驗如開悟、通靈等出發，推崇幾位導師與其經典的特定思想。但廣義的新時代真正指的是一個無分領域的心靈時代，它不是一個標籤，而是一種觀察；不是一個派別，而是一種現象。只要是自心靈出發，而有創新、正面的理念，如宗教體制鬆綁、社會上意識躍昇的良性變革、科學界跳脫物質取向而轉向內在的探索，都可以說具有新時代的精神。新時代是一個拆解各種門戶、名相、教條、組織與權威崇拜，由著重形式轉為依恃自心的運動（陳建志，1997：204-207）。

總之，新時代思想的主張者認為：「舊時代」的人只集中心力於具體的物質層面，沒有覺悟到每個人意識的力量，忽略了我們內在靈魂的能量，能透過信念、思想和情感，創造出具體的物質和事件（王季慶，1997b：13-14）。從千禧年之後，已進入每個人精神和肉體交會的時代，這是生命劇烈轉變的時刻，有許多人的生涯會突然轉變，人們開始重視和尋求內在價值，這是一個所有人都想追求自我實現的時代（周和君執筆，許添盛主講，2004：114）。因此，新時代歐林說（王季慶譯，2002：13-15）：

> 你們正在世上播植新的思想形式，……這些概念是些信念，相信宇宙是友善的，是富足的，而你們可以生活在一種喜悅和愛的境界中，……你們必須發展如平和、清明、愛和喜悅這類的靈魂品質，……把和平帶到地球，……把自己推進更高的意識中。

也就是說「舊時代」其所造成的制約：要苦修、要犧牲才能上天堂、要努力通過業的考驗之唯物雙魚座，即將由象徵平等、光明、喜悅和愛的寶瓶座所取代。如今因為覺醒的人們已經開始逐漸增多，時序已進入探索心靈與心靈覺醒的「新時代」。

貳、新時代思想生死觀的內涵

上述新時代思想雖有不同的派別與代表人物，但提到新時代思想對生死的論點與內涵，皆是植基於「宇宙和人類精神體皆有其多次元的存在」與「人的精神體是依據業力輪迴法則來進化」，這兩個共通的核心信念上。讀者可自行參閱心靈篇的第六章，其中已有詳細的說明。茲進一步闡述新時代思想對生死的看法，內容包括：1、生死的意義與作用；2、生與死是意識的轉換；3、生與死是自由意志的選擇；4。死亡不是永恆休息所在；5、從死亡獲得最大的益處等五個要點。分述如下：

一、生死的意義與作用

據本書心靈篇所述，新時代思想認為：人類生命是不斷藉由生死輪迴，持續地旅行在生與死之間，且在身體與心靈都會留有紀錄。雖然肉體生命有時盡，但精神體生命卻永恆長存，肉體的死亡對靈魂而言，只是一種體驗過程。因此，生命一直是處在變動的狀況，而死亡只是這變為過程的一部分，生與死並沒有一個可以分離的，或特定的點，就像出生一樣，死亡也是生命的一部分，同樣地死亡階段也是生命週期的一部分。誠如伊莉莎白·庫柏勒—羅斯（Elisabeth Kubler-Ross）所言：「傳統定義中的死亡，事實上並不存在……生命是永恆的、連綿不絕的（李永平譯，2009：235）。」由此可見，所謂的死亡，就只是單指肉體生命的結束，卻不代表精神生命的終了。在《解讀地球生命密碼》一書中，有這樣的說法（翁靜育譯，1999：295）：

當一個人從一個次元移向另一個次元－地球層面的你們稱之為死。

而早在西元一世紀，Tyana的Apollonius 就記載了對人的生與死的深刻論述（張燕譯，2010：32），如是說：

世間萬物只有形體的消失，而沒有死亡。誕生意味著從精神變為物質，死亡則意味著從由物質回到精神。

在《奇蹟探索》一書中也說（羅若蘋譯，1997：272）：

出生不是一個開始，而是一種繼續；死亡不是結束，也是一種繼續。肉體只是生命的一種形式。

新時代的觀點認為，死亡在生物學上是必要的，這不僅是對個人而言，並且也是要確保人類生生不息的活力。因為靈魂會長大得超過了身體，而靈魂所充溢的、不斷更新的能量不能再被轉譯到肉體裡去了，此時身體已經不敷所用了。所以為了在精神上與心靈上的存活，肉體必須死亡（王季慶譯，1994a：12）。生命藉由生死輪迴的機制，人類只有在自己三次元空間的生活系統中，才有肉體生命的開始與結束，身體是活在許多的死亡與重生中間。因此，生與死只不過是靈魂在肉體中表達的不同架構而已。

生命既是永恆無盡的學習，生與死各有其重要的任務與使命，當然也有其意義與作用。當擁有肉體生存在這一世裡，才有機會去研究與充分體驗人生，實現精神體所設計的偉大計畫與藍圖，提昇靈性智慧以達到進化的任務。也因為有死亡的週期，靈魂才得以充電、反省、檢討、計畫、更新，向下一個更有意義的一生前進。尤其肉體死亡這段期間，對靈魂的成長與發展的機會是非常豐富的。因此，死亡乃是肉體生命的假日，是人生的一個新的轉捩點；死亡不是生命的結束，而是靈性的復

活；死亡只是生命重回到原點；更積極地說人活著就是為了等待死亡。以肉體的角度來看，因為有死亡的存在，有限的生命顯得更加珍貴。無怪乎新時代賽斯說：我們每個人曾經活過，也將會再活，不管我們在那裡，我們都是一個旅行者（王季慶譯，1991b：364），旅行在一個充滿永恆的、變化無窮的「生與死」之間。

總之，新時代思想認為生死是一種自然變化的現象，而且肉體的生死對永生的靈魂而言，只是一個體驗的過程而已。死亡，只是跟我們靈魂的俗世伴侶（即肉體）說再見而已，代表我們的存在轉換形式，不再以肉身狀態呈現（許添盛，2008：182）。人類也必須透過生死輪迴的體驗，精神體才能獲得成長提昇。

二、生與死是意識的轉換

新時代思想認為，人類雖居住在形體中，但它內在的存有意識是不受肉身的羈絆，是不依靠肉體的組織而長存的。即使在意識與肉體分開的情形下，靈魂意識仍繼續維持著，沒有被摧毀，依舊能自行單獨作用，依然能看、能感覺、能學習（王季慶譯，1994b：307）。正如許多摩門教長老有過瀕死經驗或收集許多教徒的體驗，他們以此對死後的世界做出許多結論，認為肉體死亡時，精神上還保有視覺、感覺、味覺、聽覺和嗅覺五種意識（羅若蘋譯，1996：97-98）。此時靈魂能夠快速移動，經過「空間」不必費「時間」，時空都是幻覺，的確會有阻礙存在，但都是精神或心靈上的阻礙（王季慶譯，1995a：182），而且能以言語之外的方式溝通，甚至是一種思想直接交換的方式（長安譯，1991：135）。如同新時代伊曼紐所說（王季慶著，1995b：172）：

> 即使當你死了時，你仍是活的。在死時你並沒停止存在。那只是個幻象。你活著走過死亡的門，而意識並無改變……，在那兒，生長過程仍在持續。

在《阿米：宇宙之心》一書中曾言（趙德明譯，2005：173）：

死亡並不存在，死亡的只是肉體，但精神是永存的。人們懂得如
何讓靈魂脫離肉體，並且保持意識的清醒。因此，靈魂就能從舊
肉體轉移到新肉體上，而不會喪失意識和記憶。對於進入文明發
達世界的人們來說，永生是個真實和得到許諾的事實。

陳建志也說（陳建志，1997：31）：

當肉體死亡，其實你並未真正死去，你所知的意識、或感知自己
與宇宙的能力不會滅絕，只是進入另一種形式的存在。

所以，人世間並無所謂真正死亡這件事，只是當我們的肉體在物
質界，因損壞或自然退化而不堪使用時，意識就會自然脫離肉體，也是
意識暫離三次元物質實相的過程而已。因此新時代賽斯說（王季慶譯，
1994a：154）：

死亡並非一個結束，而是意識的一個轉換。

儘管我們的意識看起來好像是連續的，它閃爍生滅，時明時暗，像
是一隻螢火蟲，如呼吸的節奏般在生滅，永遠不會完全熄滅的。就因為
時間是那麼的短暫，活著時的意識得以快速地越過它們，但當發生較長
的脈動節奏時，肉體的感知無法跨越這間隙，這就是感知為死亡的時候
了。因此，死亡只不過是插入了較長一段不被覺知的脈動，覺知不到意
識，而在另一個實相裡作較長的停留。又說：「當你的肉體在這個物質
世界裡幻滅後，你就會在另外一個次元裡活了過來，其實你從未死過，
意識永遠長存，你的靈魂始終存在。」

總之，新時代思想認為每個人都要有隨時接受新肉體和心靈存在的

真相，對於存活的概念勢必要延伸到此生經驗之外。瞭解肉體組織的死亡，只是人類系統中所知生命過程的一部分，是「變為」（becoming）過程的一部分，生與死就只是一種不同意識的轉換與探險，意識不斷地在多次元領域中經歷與創造，並沒有所謂的意識滅絕的事情（王季慶譯，2005：479）。既然瞭解死亡只是另一種意識的轉換，我們就應該拋開對死亡的恐懼，帶著喜樂的心，來迎接另一段生命旅程（許添盛，2008：182）。

三、生與死是自由意志的選擇

　　新時代思想認為，每個生命都有一套自己內在依循的知識法則，人類理當明白，我們曾經以許多的不同肉體和身份在塵世生活過，也歷經過許多不同的年代，是完全按照靈魂成長的不同目標與需求而精心策劃的，這一切都是出於內在自由意志的選擇（黃漢耀譯，2004：43）。因此，生與死並不是在偶然或意外的狀況下發生的，例如，一如前述「出生」是孩子與父母雙方的約定，經過靈魂刻意的安排，是經由自由意志的藍圖設計；而「死亡」也和出生一樣，也是事先設計的，沒有一個人未準備死而在任何的狀況下死去的，也就是，沒有一個流彈會去殺死一個還沒準備好要死的人。所有的死亡都經過了當事人靈魂上的同意，沒有靈魂的許可，一個人的肉體是無法離開這個世界的，這也包含了死於意外事件的人。因此，決定自己死亡的時間與方式，這是和個人的氣質、偏好、風格，特性有關，而且死亡的重要性也會隨著個人的需求而有所不同。總之，所有這些選擇都涉及個人的自由意志，決定死亡對自己所代表的意義、決定自己死亡的方式與時間。因此，死亡確實是最具創造性的行為，它提供了好多種選擇機會。洛伊‧馬提納曾說（繆靜芬譯，2009：69）：

　　　　對靈魂而言，死亡並不是基於恐懼所做的抉擇，死亡只是回家，因
　　為我們的本質是不死的。對某些大膽的靈魂來說，盡可能體驗許多

不同的死法相當有意思，所有這些經驗最後證明對未來的專長或任務是有價值的。靈魂可以選擇以非洲人的身體死於飢荒，或死於口渴、窒息、溺水、或葬身火窟，或遭射殺，或被折磨致死等等。最後，每種死亡的經驗都有更崇高的目的，全部歸結於我們所做的抉擇。在世時，我們能夠改變這些抉擇。

僅管死亡是一種生命自然變化的現象，但新時代思維卻不鼓勵人們用「自殺」方式結束生命。因為自殺對生命的計畫與靈魂的長遠學習而言，是一種負面的教訓，不應該以人為刻意結束生命來擾亂生命自然運作的秩序，自殺雖然能逃離眼前的難題，但也只是延滯到來生而已，這會延宕到業力功課的完成。即使像「自殺」這種拒絕生存下去的錯誤行為，在死後的自我檢討期，並不會特別受到懲罰，反而是需要更多的愛與關心，他們會被教導該如何更加愛惜生命，就是需要重新學習，直到學會不用自殺的方式來解決問題為止。尤其，新時代有個振聾啟瞶的說法：很多人雖然沒有用自殺這種激烈的手段來逃避人生的難題，卻用消極的人生態度來敷衍，這何嘗不是另一種變相的自殺呢？此話對於世人無疑是當頭棒喝，吾人當深思反省，引以為惕。

新時代思想進一步認為：我們到底活多少世？有沒有限制？很簡單，為了發展我們的才能，和準備自己進入實相的其他次元中，如果覺得需要活幾世就活多少世。當有肉體生命時，若認為此生的生命課題，已達成目標了，這一生不能再多學到什麼了，知道應是終點了，該是可以選擇離開的時候了，接下來便是死亡。一旦當靈魂重獲能量時，就可以決定再回到肉身的時間、形式。究竟要不要轉世，將取決於有沒有未完成的德性修養的功課，如果覺得沒什麼可學的，就可以不回來，有些則是必須回來，因為還有得學（譚智華譯，1992：59、46-47）。又什麼時候決定了轉世之間的時間長短？並非命定，亦是由個人自由意識所決定。如果覺得累那就休息。如果對紅塵有太多牽掛；或太沒耐心；或還沒學夠，那麼可能很快的回來。或者如果你願意，便花些時間來消化

你所學到的知識並且計畫來生，就像一個作者籌畫下一部書一樣。生命如此週而復始，無始無終，循環不已，這一切總是涉及到精神體自由意志的選擇，根本沒有「天生命定」這回事。

為什麼某些人格輪迴的速度比其他人格快呢？這只能經由業力輪迴的法則來尋求答案，由於本我在於宇宙中的目的是等待重生，是進行所謂的淨化及訓練，好為下一次的輪迴作準備。之所以要有這段時間間隔的原因，在於讓自我意識得以進一步淨化本身，並接受神性心靈和宇宙的啟發和開示。換言之，在一生中道德淪喪或受到引誘，或犯下太多邪惡罪孽的人，就必須耗費較長的時間在宇宙中等待輪迴，因為他們需要較長時間的淨化和準備（劉燦松譯，2006：135、138）。

總之，新時代思想主張：生與死是自由意志所決定的，出生時有靈魂的目的與使命要完成，同樣的也有各種形形色色的死亡理由，即使是「英年早逝」或「自我」表現得多不甘願，其實這背後都是懷著極大的喜悅與自發性，是靈魂從更大的角度所做智慧的選擇。因此人世間的周遭親朋好友，對於他們選擇不同的死亡方式，自有其重要的寓意，不需要覺得惋惜或遺憾，我們理當給予支持和尊重他們的抉擇，並寄予最誠摯的祝福即可。

四、死亡不是永恆休息所在

新時代思想認為，生命精神體本身就是不斷地面對學習和接受挑戰，死亡既然只是一種意識的轉換，當然死亡就不會有一個永恆休息的地方。如前所述，生命不論在哪一個次元裡，無論有無肉體，都持續在創造生命的實相，亦即當我們進入精神體靈魂層次，生命不曾停止學習，仍會繼續成長提昇，會依據個別不同的需求而經歷不同的學習階段，這會因人而異。以新時代賽斯的說法：在死後「自我檢討」時期，是研習和理解的時候，心電感應會無扭曲地運作，無法躲避自己的感覺，此時要真實地去審查自己已離開的那一生的情感或動機，並且要負責地去自我檢討。尤其發人深省的是忠告是：當離開這個三次元時，如果仍然未領悟是你創造自己

的人生經驗，那你就得回來再一次的學習操縱，直到學會如何明智地處理自己的意識為止（王季慶譯，1994b：172）。

　　依據新時代思想的說法，認為在靈界沒有煉獄，沒有冥府，沒有懲罰，沒有審判日，只有愛、慈悲與療癒。當靈魂在進入靈界時，就已經擺脫人世間大部分的痛苦，不過靈魂可能會變弱，需要重生。有好幾種方式能讓靈魂的能量等級回復正常，如此靈魂才能從人生的創傷中復元。有時候，靈魂所在身體的影響劇烈到靈魂沒有辦法擺脫負面能量，這類靈魂會被隔開，接受較長期的特殊治療與學習。例如，因創傷而死亡的人需要特殊治療，才能將肉體和情緒所受到的衝擊從靈魂體移開。要幫助嚴重受損的靈魂重生，最主要必須清除靈魂的部分記憶，否則靈魂可能會被強而有力的記憶嚇到，因而拒絕轉世；而有經驗的靈魂復原速度較快，往往很快就想向前邁進。至於在另一個世界學習，雖然跟人世間的學校很像，但最大的不同在於：所有學生都積極主動，而且樂在其中。……所有老師都極有耐心、極其慈悲（繆靜芬譯，2009：39-44、61-62）。

　　當肉體生命結束後，會決定何時回去，以及為了什麼原因再回去。如果很累那就可作短暫的休息；如果對紅塵有太多的牽掛、或太沒耐心，那有可能回來得很快（王季慶譯，1994b：172）。倘若決定再去轉世的話，就得根據上一世的整體表現及弱點，為自己下一次的肉體生活做計畫（王季慶譯，1995a：167-168），再度展開學習之旅，此時精神體忙於檢討、改進、反省、計劃，並為下一階段作準備。此時的反省是以靈性的尺度為基準，觀察在自己的人生中究竟有何過錯，假如有些靈魂選擇不再回去，而繼續另一個發展的階段，於是他們就保持靈魂的形式，這些全都涉及成長和學習（譚智華譯，1992：116）。就如布萊恩·魏斯（Brian L。Weiss）所說（譚智華譯，1992：87）：

　　　　人生是無盡的，我們不曾真的死去；也從未真的出生，我們只是度
　　　　過不同的階段，沒有終點。人有許多階段，時間不是我們所看到的
　　　　時間，而是一節節待學習的課程。

總之，新時代思想認為，靈魂是處在一個變為的過程，並沒有一個死後的固定實相，無論在生前或死後，不論有無肉身，靈魂還是時刻保持學習與變化的狀態，都持續不斷在創造實相，永不歇息。因此，死亡當然不是永恆休息的所在。

五、從死亡獲得最大的益處

為什麼能從死亡能獲得最大的益處？死亡乃是每一生中第七個主要通過儀式[1]（陳麗昭譯，1999a：36），它代表了一生之中所有經歷與功課的完成與整合。因此，你的死亡有可能是你一生之中最具影響力的事件，當你死時，你也許有機會成就了許多人甚多的業力功課。譬如：你的死亡往往為你的親人、朋友，還有那些受你調教的人製造出強烈的情緒經驗；你的死亡可能因為留下的遺產而造成親人間極大的爭執；你的死亡可能引起你的朋友、親人、熟人極力檢討他們自己的生命意義；或可能引發他們升起從此改變人生的洞見；或促使他們立下嶄新的決心、發揮出其本有的潛能；或促使他們改變人生目標。每個人往往會安排死亡方式能夠方便促成最大部份的業，單單一個死亡行為即有可能使人清償一個極大的業債，同時亦使得許多人易於完成他們的業。因此我們選擇死亡是基於何種時機最有益於償還業債，以及衝擊到越多人數之考量。想想歷史上約翰‧甘迺迪、蘇格拉底等人之死所造成強烈的衝擊（陳麗昭譯，1999a：112-114）。

綜上，藉由對新時代思想對生死議題的探索，包括對生死的意義與作用、生與死是意識的轉換、生與死是自由意志的選擇、死亡不是永恆休息所在，以及從死亡獲得最大的益處等議題之深入探討，終能一窺新時代思想界定生死內涵的殊勝之處。鈕則誠教授曾說：「生死學有

---

[1] 所謂「七個主要通過儀式」，係指1、出生；2、兩歲之際發展出自主的經驗；3、青年期；4、35歲左右精神體苦以彰顯出來；5、退休或六十開外年紀此時你感覺人生職務已大半完成；6、體會到死亡已迫在眉睫；7、死亡本身。

三問：我從那裡來？我往那裡去？活在當下，如何安身立命、自我實現？」並主張將前者交給宗教，而探討生死學應把重心擺在後者（鈕則誠等，2005：3）。然而，筆者卻認為，探討生死學應把重心擺在前二者。因為我明瞭：我之所以能自在踏實地立足人世、行走於人間，是因為我瞭解我是來自何處，知道來此娑婆世界是有神聖的使命要去履行；我之所以會不怕死，是因為我明白我離開凡塵之後會往何處去。筆者認為，對於我從那裡來？我往那裡去？若對生死無充分的瞭解與認識，是很難破除對死亡的恐懼的，而這不就是生死學教育的目的所在嗎？因此，對生死議題，需要有人對死後的世界做明確的闡述，人生才會有相當通達圓熟的處事態度，指引人們人生的航向；也由於參悟了生死的問題，生命也才能安身立命與自我實現。

　　新時代思想認為，身體是我們的靈魂來到人間的一個載具，生命在業力法則的驅使下，通過一段成長過程至老死。身體意識也能覺知到，為了肉體形式的持續，死亡也是必要的手段，而死亡將保證它還有另一次的存在。死亡雖是一個肉體生命的終極點，更是導向一個新的誕生與新的經驗。生命只有通過死亡才得到更新（張燕譯，2010：302）。因此，生命是永恆的，我們從未真正地出生，也沒有所謂的死亡。世人若不明白生死的奧祕，便無從瞭解人世間的本質，誠如鈕則誠所言：「孔子說的『未知生，焉知死』，在死亡教育中應改成『未知死，焉知生』（鈕則誠等，2005：111）」的道理一樣。更殊勝地說，死亡它本身並不負面，反之，卻是一種不同的正面存在的開始（王季慶譯，2005：211）。它和生一樣，是健康的、是積極的、是具有特殊意義的、是具有神聖使命的，這就是新時代思想對生死的最佳詮釋。

第十二章　新時代思想生死觀的實踐

　　透過前一章對新時代思想生死議題的認識與探討，理解我們打從一出生開始，就向死亡的大道邁進，每生存一天就與死亡更為接近。生而為人，幾乎無法避開死亡的陰影。既然無所逃於宇宙之間，與其每日被死亡牽引，還不如學習如何坦然面對死亡，好好經營享受有限的生命。我們面對「有生必有死」的絕對事實，究竟該如何以健康的心態，去正視死亡，去超克死亡，以安頓身心？筆者認為可將新時代生死觀的善知識，應身體力行運用在生活中加以修練。喚醒自己的意識，瞭解生命的實相，領悟生死的無常；並藉由落實日常生活的內省實踐，讓每個當下心境無所罣礙。如此，方能減輕對死亡的焦慮與不安，坦然面對生死大關，達到安身立命的願景。筆者提出對生死觀的實踐途徑有三個面向：1、培養生死智慧，建立人生信念；2、勤於回顧人生，同理他人處境；3、體驗生死無常，及時把握當下。茲敘述如下：

壹、培養生死智慧，建立人生信念

　　幾乎所有地球上的宗教都知道靈魂超越死亡而繼續存在。如果對死亡產生過大的恐懼，都足以傷害我們的心靈，尤其當恐懼是根植於內心深處時，我們根本無處可逃。我們越是害怕某事，越是該學習瞭解和面對它，我們學得越多，知道得越多，就越會有信心面對和擊敗它。顯然，善終也是必須要經過長久的身心修練才可能得到。筆者深信，躲避不是辦法，知識才是力量，不論是什麼讓你感到害怕，請用知識武裝自己，我們可以用瞭解、知識和立意良好的行動，積極面對並驅散恐懼，然後昂首面對你的恐懼，與其死後才臨死抱佛腳，不如在生前隨時做好

死亡的準備。以筆者之見，把生死看淡，有意義的度過每一分、每一秒是最務實的抗死方法。

《莊子·大宗師》有云：「夫大塊載我以形，勞我以生，佚我以老，息我以死。故善吾生者，乃所以善吾死也。」意思就是，造物主用形體來承載我，用人生的旅程來勞累我，用老年來讓我休閒，用死亡來讓我安息。所以說，生而為人若能好好善盡我的生，也就能好好善盡我的死了。亦即生與死都是源於自然，我們怎麼看待生，就該怎麼看待死。達賴喇嘛說得好：「要死得安祥，在活的時候就要活得安祥！」因此，「人生觀」即是「人死觀」（鈕則誠等，2005：238）。又傅偉勳在《死亡的尊嚴與生命的尊嚴》書中提到：我們……得立即根據此生死道理，設法早日培養具有日常實踐意義的生死智慧，藉以建立實存的本然性態度，不必等到罹患絕症或已到臨終階段才慌慌張張，臨時想抱佛腳而不得安身立命。傅偉勳又提及生死智慧的平時培養，辦法很多，譬如多看有關生死問題探索的哲學、宗教、文學等方面的書籍（傅偉勳，1993：236）。我們需要閱讀的書，直接與生命的安頓有關係，稱之為「生命的學問」。好的閱讀吸收知識，就能安頓我們的心，才有機會走上生命覺醒的道路。因此，從閱讀有關生死議題書籍作為入門途徑，以建立正確的「生死信念」應是無庸置疑的。

在《穿透生死迷思》書中，作者甘尼斯·林（Kenneth Ring），是康乃狄克大學的心理學家，從事死亡經驗的研究已二十餘年，蒐集了成千上萬有過瀕死經驗者的體驗，因為長期做研究，釐清許多疑點，澄清人類目前所能掌握的證據，揭開死亡的謎題。此研究報告，不但轉述了各種年齡和階層人士許多發人深省的瀕死經驗，並將瀕死經驗所蘊含的頓悟精髓提煉出來，吾人幾乎可輕易地由書中得到，那些經歷者幾乎付出性命換取而來的知識。我們來這世上都有很多課題要學習，在臨終的人身上尤其看得更清楚。這些課題是人生的終極真理，是生命的奧秘（張美惠譯，2006：15）。陸達誠神父也說過，談生死若不談瀕死經驗，那麼談生死只是紙上談兵而已。因為他認為生死學是要人免除對生死

的恐懼，若能從經歷瀕死經驗者身上，增加對生死真相的瞭解，明白死亡並不可怕，透過他們的現身說法，讓人降低對死亡的恐懼。筆者也認為，我們並不需要經歷瀕死的危機才能從中受教，如果將這些瀕死經驗者的教訓和啟示，成為我們的人生信念，積極地融入我們的人生中「學以致用」，加以吸收消化，並與自己的意識融為一體，就能夠發生作用，據研究我們都有可能成為這種原型（李傳龍等譯，2001：7）。

根據甘尼斯·林在書中揭露出有很多的瀕死經驗者，在經歷瀕死經驗以後，形成某些具有特色的信念、態度和價值觀，會促使他們改頭換面，他們開始過不一樣的人生。他提出許多綜合性，且具有建設性的看法見解認為：瀕死經驗者非常尊重生命，包容和公平對待世間所有的生靈，開發了高度的生態平衡意識。……相信心靈至上，深信心靈的永恆存在，似乎開發了通常不會顯露的人類潛能，使它提升到較高的意識層次。……相信輪迴之說，相信人死後會以某種型態存活，這種信念已深植心中，帶給他們如湧泉般的慰藉。……瞭解到我們所面臨的挑戰，只不過是我們在這地球上所要學的課程。……又體悟到我們的人生負有神聖的使命，把每一天都當作生命的最後一刻而活，讓分秒的時光都活著充實而有意義。……基於直接體驗，因此對死亡的恐懼已徹底消除（李傳龍等譯，2001：4-5，43-44）。以上這些都是瀕死經驗者以生命換取的寶貴體悟，頗含深度意涵，值得我們深入去瞭解與探討。

儘管現代科學征服了物質自然力，卻對內在本質的力量一無所知（廖世德譯，2008：179）。雖然瀕死經驗無法以嚴格的科學實驗研究，取得令人完全信服的答案，事實上，人世間有許多不可思議的事，非現代科學可得解釋[1]。如果說瀕死經驗是一種迷性，試想，那執著於有限科學知識所做出的解釋不也是一種迷信嗎？還有，我們身體的「能

---

[1] 有報導稱外科醫師在刺激右腦的「角腦」時，會使接受實驗者產生靈魂離體的經驗（中國時報2002/9/20）。據「周大觀基金會」的推估「國內近十二萬民眾曾有瀕死經驗」；又說「根據一九九四年美國蓋洛普的民調：美國二億人口中有一千三百萬人」有過這種經驗（中國時報2002/7/18）。難道這些人都因角腦受到刺激而有了這種經驗嗎？國內孫安迪醫師自稱有三次離體的經驗（中國時報2000/10/28）。參閱輔仁大學陸達誠神父〈瀕死資訊的省思〉一文。

量」層就是所謂的「氣」，而身體的經絡就是能量的輸送系統，目前測量儀器已經證實了經絡的存在，甚至傳統的正規醫界也已經觀察到經絡的存在（繆靜芬譯，2009：224）。難道我們一定要科學證實了「氣」和「脈」的存在，才相信針炙的醫療功效嗎（黃漢耀譯，2005b：151）？《靈魂實驗》的書中係透過標準的科學解讀，虛靈與現世間的互動，竟是如此驚異不斷，高潮迭起。此書也為我們內心原本相信的東西，提供了科學的理由（傅士哲譯，2003：內頁）。因此，瀕死經驗是屬於人類精神文明的神聖體驗，不容許以科學的客觀認知的標準來侵犯它的神聖性。就如同林顯宗所言（林顯宗，2009：39）：

> 宗教是未被證實的科學，而科學則是已被證實的宗教。

又據鄭志明的說法（劉易齋等，2008：57-60）：

> 精神體的神聖體驗，雖然可以採用哲學的語言來加以言說，卻無法用科學的方式加以檢驗，它是一種訴諸於直覺的超驗體會與精神體現，屬於精神性的文化。……以科學的可實驗性來檢驗宗教的神聖體驗，是文明範疇的誤用，……雙方應回歸本位，各自認清自己的本質與範疇。

目前的醫學、科學對這種無形無相的心靈形態，無法被觀測的影響方式總還存有許多的不信任，甚至無法認同，其實這樣的心態才是真正的不科學。基於上述的多種理由，筆者認為，這本書對瀕死經驗的完整陳述，足以提供現代人有關接近生命終點的訊息。

從以上瀕臨經驗者的親身體驗，其中已明確地揭示了有關生命本質，這些所敘述的真情實相，正與新時代思想的核心概念不謀而合。也可以說，如果我們對新時代思想的核心信念有所認識，並對生命的本質與真相有所體悟，自有一套優遊人間的心靈法則，不僅能夠安頓生命，

也可降低對死亡的迷失與恐懼。比如說，一旦認知真正的生命並不受限於肉體，便能很容易從對死亡的恐懼與哀傷中解脫出來（陳建志，1997：31）；如果肯接受人類的本質是永生的靈魂，以及自己生命擁有多次元存在的信念，當肉體生命結束，我們的精神生命會以某種形式繼續存在著（張燕譯，2010：292），若此我們就能夠喚醒沉睡的意識，重新審視與理解生命的真正意義不在物質層面的追逐，而是在精神價值的提昇，因而打開生命的開闊視野，也改變了我們的人生觀與價值觀。

進言，如果相信生命會不斷地輪迴轉世，就會明瞭肉體的生命是短暫珍貴的，任何物質性的東西都帶不走，唯有你的良好的人格特質會伴隨著你的本體留到下一世。因此而領悟，生命就是如此，來的時候就這樣一個人來了，走的時候，東西太多了，因而放不下，因此學習該放下這些包袱罣礙。就會珍惜自己每個生命經驗，無論成功與失敗都是生命的重要資產，因此活著時會督促自己該積極學習，好好用心經營自己的人生。如果能預先知道將來要去的地方，那麼就不會害怕死亡，對死亡的恐懼也就可以消除了。就像鈕則誠所說，臨終前他可能會如是說：「我先走一步了，你們隨後來啊！（鈕則誠，2007a：38）」面對生死大關當然也可以是如此的自在灑脫，所以死亡變得一點也不可怕了。

還有一些謬誤的觀念與想法亟須破除，那就是人死後靈魂心態的釐清與瞭解：對於親人的往生，要知道靈魂所關注的不是留在人世間的人，因為他知道每個人都有自己的航道，我們會與那些摯愛的人在另一個世界再度相會。此如世人常說的：「生命的誕生，是彼岸的傷心告別；生命的離去，是彼岸的歡喜迎接。」但有些人在親人臨終時，無法陪侍在側，自責不已，愧疚一輩子，這其實是不需要也不必要。雖然人人都得面對死亡的到來，其實死亡算是一種孤獨的行為，沒有人可以分擔、替代，是一項只能自己完成的功課，就算沒有人陪侍在身邊，也能獨自完成，是一種必須獨自經歷、承受的過程，是別人無法分擔的經驗。在眾人的陪伴下面對死亡，不見得幸福，當然也不會介意當時有誰陪侍在身旁。又，如果摯愛的人去世後，你很快的放下悲傷，有些人會

認為你不在乎或不愛那個人，因為在他們眼裡，你哀慟的時間不夠長。
洛伊‧馬提納說（繆靜芬譯，2009：37-38、256-257）：

> 一旦死後超越了肉體，我們會拋掉大部分的負面思緒。不過「靈魂」卻會帶著大部分與自己有關且尚未解決的衝突，……當靈來到靈界時，它已經釋放掉所有的情緒和感受，……這些是與人世間連繫的情緒，而情緒在人世間作用的目的是引導我們回歸自己的本質。……靈魂不用花太久時間就可以找到平靜，會重新找回自己的特性，與過去分離。……有時候，靈魂需要協助才能放下痛苦和懊悔。……發生的事就發生了，唯一會讓靈魂痛苦和懊悔的事情是已經鑄下的「業的抉擇」。……對那個去世的人其實什麼都不要，他只要你為他高興，因為他回家了，不再需要活在這個艱苦的世界裡。他在人世間的工作已經完成了，……他很開心，也希望你知道這點。……對那個去世的人來說，這樣的哀痛只會造成障礙，擾亂他跟你之間的連繫。當有人去世後，你靜心冥想，然後你會體驗到喜悅和愛，並覺得很好。知道對方一切安好讓你很開心，也會讓他帶著美好的感覺，繼續他的旅程。

　　因此，我們深信往生的親人，會希望我們會盡可能地把日子過好，當人世間的親人因為他們自己的選擇而感到快樂時，往生的親人也會同裡我們的處境，也會跟著開心。靈魂並不會執著於先前的伴侶和感情，此時此刻，一切都清楚許多，沒有痛苦、怨恨或嫉妒。許多喪偶的人很怕跨出去建立新戀情，害怕這麼做會傷害死去的伴侶，這真是一大遺憾，而且沒有任何實質根據。靈魂非常善於無條件地去愛，善於接受人的本性（繆靜芬譯，2009：38-39）。

　　總之，我們希望吸收這些瀕臨經驗者的體悟，透過這些知識與經驗，讓我們生命智慧獲得啟發，喚醒沉睡的意識，並轉化為自己的信念，藉以改變自己，掙脫一些舊有的心理習性。當有了新的反省，找出

新的生活態度，將會以更敏銳的眼光和感恩的心，來重新觀看和體會這世俗世界，生命也會有所蛻變與成長。

貳、勤於回顧人生，同理他人處境

根據羅素·紐埃（Russell Noyes）和洛伊·克雷提（Roy Kletti）這兩位專門研究因為意外而產生瀕死經驗的學者觀察，那些幾乎滅頂又死裡逃生的人，在他們的陳述當中，會出現人生回顧的經驗（李傳龍等譯，2001：196）。所謂「人生回顧」，就是當經驗瀕死的那一剎那，人的一生自從有記憶起直到當下所發生的一切，會快速地在眼前掠過的現象，並且每一事件並非按時序出現，而是同時性顯示出來。據研究這種將整個人生都以某種形式記錄下來，然後在遇到瀕死經驗時播放給他們觀賞，讓人重新活一次的體驗，此種體驗栩栩如生、威力驚人，凡是有過這些際遇的人，對此後的生命往往能發揮強大的轉化力量。其原因究竟為何？據筆者深入瞭解與分析後發現，人生回顧有二個功用，一是人生回顧中扮演雙重角色；其次是人類同理心之激發。

談及人生回顧的兩個功能，其一是，據瀕死經驗者在人生回顧中的體驗，許多人表示當時他們是身臨其境、親身感受，重新體驗每一件事，彷彿人生真的重來一遍；同時也能感受到身邊所有角色在戲中的各種情緒、痛苦和折磨。也就是說，我人在戲中，重新體驗某些往事的感受，同時也在觀眾席上觀看這場戲，也同時經歷眾席的感受。自己既是演員，也是觀眾；是自己的人生參與者，同時也是觀察者。對於人生回顧的這種雙重角色，顯然可以分為「情感的參與」和「超然的觀察」兩種，當事人在經驗的過程中可以用不同但互補的方式來從中瞭解學習（李傳龍等譯，2001：208）。

其二是，從研究人生回顧而得來的大部分教訓，之所以能發揮教化功能，乃是由於它觸發了人類的一種基本能力－同理心，這才是關鍵所在。意即在人生回顧時，當事人心電感應的能力似乎足以理解別人的想

法和情緒，因而可以完完全全站在對方的角度去體會他，這就是將心比心，設身處地地為對方著想的同理心。人生回顧這種體驗並非只是一個單純被動的目擊者而已，而是提供經歷者更多具有啟發性的東西，毫無疑問地人生回顧是在教導我們如何生活。

有個很重要的是認知是，人生回顧並不是一種審判過程，不是在受罰，也不會產生自我譴責或愧疚感。而是一種奇妙的人生經驗，只是如實地觀看自己的人生，自己正在學習，好從中汲取教訓而已。對於這種將心比心的同理心，易地而處的心態，與非批判式人生回顧的背景，筆者認為此乃新時代思想的精髓所在。因為在現實人生中，每個人都有自己的立場與想法，事實上任何想法沒有絕對的好與壞，或對與錯，任何的決定都是自己當下最好的抉擇，也只是生命的一個學習過程。這種對任何的一言一行絲毫不帶批評或判斷，不加任何偏見，只有簡單、純潔和絕對的客觀公正，這正是所謂的「如實觀照」（黃春華譯，2007a：76-177）。人世間的是是非非、曲曲折折的價值觀很難下定論，唯有透過這種捨棄兩端，超越二元對立的思維，才能讓當事人暫時跳開壓力與罪惡感的情境，將意識的焦點轉向建設性的自我反省與力圖改變上，才能突破人生的困境。

我們每個人天生的條件都不相同，這就是過去世修行所累積的能力，若能愈早開始走上自我覺察的身心靈成長的道路，對生命的成長幫助愈大，將來所受的苦也愈少。因為這是我們在地球上必修的功課，如果沒修完這些學分，就一直離不開輪迴的束縛（許添盛，2009a：177）。誠如洛伊‧馬提納所說（繆靜芬譯，2009：113）：

> 靈魂的任務之一是與同一批演員或不同演員重新創造新情境，帶我們回到尚未解決的衝突，讓我們有機會在當下解決衝突，然後向前大躍進，跨到下一個意識的層次。

筆者對於「同理心」這個議題，有個新的發現與領悟。在本書心靈篇生命藍圖中，有提及「業」分自業和「與他人之間的業」，對於輪迴

轉世的人際關係也有其內在的依循邏輯：那就是你此生今世若不能體會到別人被你欺的感受，下一世就要選擇對方的角色，易地而處地扮演被他人欺負的角色，以體驗自己曾經加諸在他人身上的一切，如此才能獲得生命內在經驗的平衡，這也就是業力的平衡法則。筆者所發現的事實是：此生未圓滿的業力，會不會再成為你下一世的功課，這個關鍵點就在於你今生是否具有「同理心」，亦即今生能夠學會同理他人的立場與處境，來生也就不用再成為演練的習題了。因此，將同理心運用在日常生活中的每一個發生，就能杜絕新的業力，也能快速圓滿「與他人之間的業力功課」，縮短生命在地球上的學習時間，加速提昇人類生命的進化。今生就已知道的答案，何苦再等待來生呢？

那又該如何將人生回顧運用在日常生活中呢？就是每天反省回顧一天當中所發生的事，你若想到一種情景，其中有一些事件或遭遇令你感到不安的話，請在靜心仔細地推敲之後，反問自己：「從人生回顧的角度，我會怎麼做或如何反應？我有將心比心，同理別人的處境嗎？」也請不要自我批判，只要看著它在你眼前展現，當重新體會所有的想法和態度之後，從腦海中把原來的實際情景忘掉，然後用最明智的想法再加以修正，並在腦中播放這個情景的修正版（李傳龍等譯，2001：249-250）。生命是無法經由別人的經驗告訴我們答案的，而是必須靠自己親身實證的修行。我們若能在生活中一碰到有問題的情景時，就用同樣的方法操作練習。如此經常地練習反省自身，必能增長人生智慧，圓融人際關係。筆者認為藉由「同理心」的運用與修練，在活著時只要能同理別人的立場，心中就自然了無牽掛，每個當下身心是自在的，如此身心內外平衡協調，也就是在圓滿業力功課了，當肉體生命走到終點時，也就能沒有遺憾地面對死亡。筆者再度強調，這是面對生死大關最直接、最究竟的修行方法。

總之，人生回顧提供機會，讓活著的我們重新公正地審視自己的過去，並看清、瞭解真相，督促我們去反省自己的人生，以及對他人的每一個行為、每一個動機、每一句話和每一個想法負責。筆者認為，我們

如果充分利用這種與人生回顧產生關聯的互動模式，引導如何以積極的態度重新去瞭解自己的人生，將會是很有力量且具發展潛力的重要心理頓悟，是生死教育的終極手段。

參、體驗生死無常，及時把握當下

新時代思想認為，世上的一切存在均無時無刻不在變化，世間法也無時不在生住異滅中，人也得歷經生老病死的變化。誠如佛陀所說的：「諸行無常」，是說一切世間法無時不在生住異滅中，人有生老病死的變化與經歷。什麼叫「無常」？常就是有一定的規則可循，而「無常」，若用物理學的方式來證明，就是量子力學中的「測不準定理」[2]。人生無常，就是指人生會遇到很多我們預測不到的事情及際遇，而生死也是無常的。

事實上，一切生命都必須以轉變為前提才得以存在，這是宇宙間運行不悖的法則；世間的一切，皆存在於持續的「變為」之中，所以「無常」才是這個世間的真相。想想看，如果人世間與生死大事，皆固定沒有變化，全處在「恆常」的狀態下，將是件多麼無聊與可怕的事？如果孩子永遠是小孩，窮人永遠都貧窮，活的人永遠活著，若此生命就停頓了。就因為生命本無常，也因著無常，才有可能讓生重病的人，有機會痊癒；失敗的事業，才可能會有轉機；才知道窮人也有變成富人的可能，貧賤的也有變成富貴的機會；現在的冷門往往是未來的熱門，而現在的熱門往往是未來的冷門，這不也是一種生命的契機嗎？幸好事事都是無常的，以至於讓所有事情有了改變的可能性；也因為所有事情正是因為都處在「變為」的狀態，才會讓萬事萬物充滿了無限的潛能與發展

2　摘自熊琬教授於佛陀教育基金會講授《楞嚴經》之上課筆記。就是當觀察一個粒子的時候，是透過眼睛去感知這粒子的活動，必須以光的反射來感知，當光的粒子撞擊這個粒子上面的時候，光已經改變這個物質的運動。因此我們看到的物質的粒子永遠都是已經移動過的情況，不是原來的樣子。意即顯示宇宙的任何粒子，都處在恆動的現象，不可能完全準確的測量出宇宙現在的狀態。

的可能性。雖然「無常」聽起來令人害怕，但無常讓生命充滿了機會，「無常」也是宇宙中最大的祝福。林雯莉說了一句發人深省的話，她說（林雯莉，2010：封面）：

> 其實人最怕改變，但世間事根本就是變化多端，一旦學會與逆境共舞，卻成為生命的一種轉機。

我們常感慨「人生無常」，對於無常的來臨，通常只感覺到害怕，由於我們對無常有錯誤的認知，才會一提到「無常」，就好像有不好的事情要發生一樣。其實，幸運之神也常降臨在我們身上，只不過，我們並不會用「無常」來形容讓我們感到快樂的事件。有人會說：「如果我的情況是由『不好』轉變為『好』。那當然高興；但如果我原來擁有許多，後來卻因為無常而有所損失，當然會害怕。」這一語道破我們內心的恐懼與執著。人世間的煩惱，全來自我們的執著心。人生之所以痛苦就在於，執著於要把「流變」轉為「不變」，把「無常」轉為「有常」。就像是對於我們喜歡的人，因為害怕失去，就會愛之欲其生，但過了一陣子，又發現自己不再喜歡這個對象了，就會開始設法逃避，就是惡之欲其死了。事實上，我們的心思變化比無常更無常啊（張鴻玉，2009：96-97）！

總之，無常是人生的真理，當了悟「人生無常，萬物皆有時盡」的真理，會使頭腦保持清晰明澈，人生的優先順序、輕重緩急也就了然於心。也正因為生死無常，無法抓住那個「常」，才更需要去把握當下（陳國鎮，2007b：121）。就如同鈕則承所說：「活在當下」並非「否認死亡」，而是真正的「正視死亡」，亦即在面對生命「有限性」之際，不斷改善其品質及創造其內涵（鈕則誠等，2005：294）。

以新時代思想的說法，認為所謂的時間只是一種幻相（假相）。對全我的生命本體而言，時間並不是封閉的型態，它是開放的，這些所謂的過去、現在與未來的時間，基本上是同時存在的，都是同時存在於廣

闊的「當下」。有關「當下是威力之點」的理論，在本文的第四章已有詳盡的論述。當下之所以珍貴，是因為它是可以帶你擺脫心智侷限，進入永恆無形的「本體」場域的唯一時刻。事實上，過去已經過去，不會再回來；未來還沒有來臨，根本不可能去掌握它。目前所能擁有的，不就是當下這一刻嗎？生命就是當下，你目前的生命沒有一刻不在當下。

　　要如何知道自己有沒有活在當下（梁永安譯，2008：77-94）？通常我們將時間分為時鐘時間與心理時間，在日常生活中理當學會如何使用「時鐘時間」來訂定目標，朝它努力，就是在使用「時鐘時間」。而「心理時間」，是指認同於過去，並持續強迫將這樣的認知投射到未來，譬如無法忘記過去的錯誤，為此而造成內疚、自怨自艾，認為是自己的錯，將錯誤變成了自我感受的一部份；或是多數不肯原諒自己或別人的人，都背負了沉重的「心理時間」，假如內心感受專注於已逝的過去或未發生的將來，如此就是沒有活在當下了。一個沒有處在當下的人，是活在過去的情緒中，可以說做什麼事情都容易犯錯。因此，正確的態度是，一旦事情處理完畢，你的心理狀態便應該馬上回到當下，這樣才不會創造出「心理時間」。就如洛伊‧馬提納所說（繆靜芬譯，2009：355-356）：

　　　　在當下那一刻，一切是靜止的，這使得內在神性可以流經我們，並讓所有事物都以流暢、自然的狀態流動。……因為沒有詮釋，我們可以只是體驗，……當你用中立，而不是詮釋的態度去體驗生命中的所有過程時，你體驗到的就不一樣了。處在當下是釋放過去。……在「處在當下」裡，你放鬆，處於一個自然的狀態，你什麼也不必做，只要存在就行了！

　　想知道自己是否受到「心理時間」箝制，有個簡單的方法。你可以問問自己：我現在做這些事情，此刻我的內心感到喜悅或覺得輕鬆自在嗎？如果沒有，那就表示你的當下時刻已經被時間操控，感覺生命是

種負擔或挑戰（梁永安譯，2008：91-92）。當身體的每個細胞，沒有想法，沒有批判，無思無念[3]（張慶祥，2007：160），都會因為活在當下而歡欣鼓舞，每一瞬間皆不停留在過去的心理時間，身體的每個細胞在每一瞬間都感受到本體的喜悅與滿足，那就真的是擺脫了時間的桎梏了，那就是所謂的「活在當下」了。而一個真正有覺察能力的人，總是專注於當下，卻又能同時對時間有所覺知，也就是善於利用「時鐘時間」卻不受制於「心理時間」（梁永安譯，2008：78）。

雖然肉體是在這裡，但是太多人的心靈其實並沒有處在當下，可能為了一個月前的衝突事件在煩惱，可能為了兩年前某個事情而擔心，心靈可能卡在小時候某個時間點，或者卡在前世某一個因緣中。我們若能擺脫心理時間的桎梏，在追求人生某些目標時，將不再患得患失，不再受到恐懼、憤怒、不滿足，或想成為這些心理的驅策者。當自己的自我意識來自於「本體」，當你不再有「想成為誰」的心理需求，那麼你的快樂或自我感都將不再需要依賴外在的結果，也因此無有恐懼。張鴻玉也如是說（張鴻玉，2007：198）：

> 「愛」只存在於當下，凡是恐懼都與時間有關，只有跳脫了心理時間，你才可能回到當下，而只要回到了當下，恐懼就會消失得無影無蹤。能存在於當下的，就只有愛。

建議大家，先專注地處理眼前的事而不求結果，因為不論你的心智如何徘迴不定，你的身體一直在此時此地（法藍西斯・張譯，2003：81）。當你在匆忙驚慌時，不妨停下腳步暫歇，深呼吸一口，讓心智回到此時此地，常常提醒自己，讓自己心情時刻歸零重新出發的動作。或，我們也可以透過呼吸觀，透過呼吸數息的過程覺照自己，能不能在一呼一吸之間讓自己念念分明而處在當下，這是有必要好好來練習的方

---

[3] 「無念」指的只是沒有與心頭起伏相攀緣、相分別對待的妄知妄見。

法，練習讓自己如何念念分明，透過一呼一吸之間清除內心所有的念頭與雜念。因此透過呼吸鼻子除了聞以外，也在呼吸的過程中提醒我們能不能真正處在當下。也不妨落實於日常生活中，試試看是否可以更專注於做這件事，不要急著想得到結果，全然地專注在此時此刻正在做的任何事情上。所以別把心思放在結果，只管全神貫注於做好手邊的事即可，如此一來，結果自會完美呈現。這也是一種強而有力的靈修方法，現存最古老、最優美的靈性指南《薄伽梵歌》，稱這種不執著於結果的靈修方法為「業力瑜伽」，形容它是一條通往「神聖的道路」（梁永安譯，2008：93）。

此外，新時代的思想認為，每一生影響每個另一生，你具有與生俱來的能力，可以覺察你所有的存在，而在一生裡獲得的知識，會自動地轉到另一生去，不論那一生是現在、過去或未來。因此，每個人的內在本體永遠有一些，不會完全在肉身裡被具體化的人格經驗與能力，因此永遠有一些我們沒使用到的創造力可供使用。如果這種效益能夠實現，必須領悟到生命的本質，瞭解人的本質是永生的靈魂，當我們對靈魂的存在有所知覺時，才會有一個無限的知識與經驗的庫存可攻汲取。那唯一的大前提是：每個人要身心專注地活在當下，我們即可汲取內在的經驗與能力加以利用，也就是前生的才能在此生也可供我們使用，我們收穫自己的回報。人一旦開始往內探索內在，開發潛在的能力，個人的命運和生命也會隨之改變，包括過去、現在、未來三世都會完全改變。如果能夠與內在本我接觸，而過去所沒有的才能，現在也都能夠逐漸擁有，這是由於內在潛能被開發之故。也因為如此，新時代賽斯強調「當下」就是所謂的「威力之點」（王季慶譯，1991b：567）。筆者深信每個人都有很偉大的潛能，只是浪費太多的能量在「心理時間」的想像的仗上，若身心無法一致的活在當下，內在潛力就無法完全的發揮出來。

對我們內在的心靈實相而言，既然所有的一切發生都是同時性，那麼當下的信念當然可改變「過去世」的信念，同樣地可以重組你的「未來世」；當下一念就可為自己決定「業」的完結程度；當下就在為來生

佈置舞臺；當下之所思，總會變成造就「下一生」的料子；在下一生裡，將以當下的那些態度來做事（王季慶譯，1995a：231-234）。每個當下一念，就在牽動你的生命藍圖及業力功課，所以命運並不是固定的。如果不能在眼前的這一刻中生活，也不確知何時才能好好生活，也許一輩子都不能真正好好活著。這些都是「當下」所顯現的威力之處，人們自當警醒惕厲。總之，專注活在當下是生活中所有成功的關鍵，最理想的時間就是現在，唯一能掌握的是你現在的想法，最重要的不是未來，而是用心地活在當下。

　　綜合本章，新時代思想的生死觀的實踐，我們從瀕死經驗經歷者的經驗中獲得啟示，其中揭示有關生命本質和應該如何經營人生的一些真情實相，而我們正可由他們身上獲得啟示。因此，閱讀生死觀的書籍，建立有益人生的生死信念；在日常生活中，要學會沉澱心靈，以不評判的心態，去同理別人的處境，在尊重自己的同時，也接受別人跟我們的不同；感受生命的無常與多變，更應該要保握住每個當下，讓自己的身心同時處在這個當下，認真而真誠的面對每一件事，每一個人，愉悅地過好每一天，才是最重要的。誠如克里希那穆提所說：如果我們能夠好好的活每一天，把每一天好好完成，把今天當作嶄新的、新鮮的一天來過，我們就不會再害怕死亡（廖世德譯，1995a：36）。既然過去、未來的時間都存在每一個廣闊的當下，只要積極地把握每個當下，就能克服我們未來對死亡的恐懼，從容不迫地面對死亡。

結語

　　相信許多人在追求自我成長的人生路上，會接觸很多不同的修行法門，就如佛說的八萬四千法門。而且法門雖有高低之別，但縱使是低的法門，高人也會運用得很好；相反的，如果能力不足的人面對高的法門，也無法使用它。此乃因為每個人的資質、根器及成長的背景不一，故應從諸多法門中尋求最適合自己需要者，能適合自己的就是最好的選擇。也因為從來沒有任何一套修行法門可以包山包海，可以解決所有人生不同面向的問題，所以，每個人在不同的人生階段，必須透過各種不同的課程，習得不同的知識或技巧，來幫助我們成長。

　　就筆者而言，在成長路上的各種因緣下，接觸了新時代思想及身心靈相關的資訊。由於這些善知識深得我心，並將其運用在日常生活中，經行之多年，確證其殊勝之處。不僅讓我擺脫過去負面的行為模式，生命也因而獲得安頓成長。內心遂許下諾言，發願將這多年來所習得的知識與體悟的心得，將之整理成「身心靈整合的全人生命」一書，終於一償多年的宿願，這算是對我個人生命作了圓滿的交代。

　　本書的基本立論是認為一個全人的生命，是由身體、心智和心靈等要素共同組成的一個完整的有機系統，且全人生命是由肉體和精神體所組成，肉體雖會死亡，但精神體（即靈魂）卻是永生的。分而言之，此全人生命的四個面向總結如下：

　　一、身體方面：身體與生俱有免疫與自癒的能力，也有自然的排毒機制，只要不去干擾身體的運作系統，身體就能自然保持健康，杜絕疾病的產生。至於養生保健的具體方法主要包括：順應生理時鐘、正確的飲食方式與良好的生活習慣等。

　　二、心智方面：一個人的信念系統一直深深地影響著人生的際遇，

也由於負面信念是阻礙心靈實相與物質世界的通道，要改變生命的實相、扭轉人生命運，就必須先改變根深蒂固的負面信念，這就是「信念創造實相」的真諦。至於在心智修練的具體實踐上，應隨時檢視、反省和改變負面的信念，並強化正面的信念，積極發揮個人天賦的創造力。

三、心靈方面：每個人都生前都為自己量身訂做屬於自己的生命藍圖，此藍圖係由限制性的生命畫布和可變性的人生藍圖所組成，作為今生此世所要努力的方向與目標。每個生命為圓滿此人生課題，必須信任自己生命內在所設計的生命藍圖，並以該生命藍圖為人生觀，提升個人的修持及圓滿人我的關係。

四、生死方面：生死是一個人生命的自然現象，肉體的死亡只是生命意識的轉換，並不影響精神體的永恆存在。人們若能理解生死的智慧，並聚焦在當下的生命，就能免除對死亡的恐懼，以安身立命。

總而言之，全人生命的身心靈各個要素，既是各自獨立，卻又無法切割，生命雖然藉由肉體來修行，但卻是以「靈」為生命的主體。譬如我們出現在身體層面的問題，有些必須在性靈的層面求解。因此，「靈」是一種賦予自己生命意義的能力，也是一種整合生命的能力，能夠把人的分裂狀況統合起來，讓自己成為完整的「一個人」，這就是全人生命的意涵。也因為人是靈性的動物，生命是有靈性的課題。也因為物質世界是無法滿足人類內心對精神文明的追求，因此，全人生命真正的健康與快樂，不只是身體的健康和物質的滿足，而在於身心靈的合一。譬如，當我們獲得成功後，一定要檢視身體是否健康？內心是否平靜？是否充滿愛心？家庭是否和諧、健康？生命的意義是什麼？總之，過著靈性而富裕的生活，才是全人生命所追求的目標。

進一步言，生命真正的意義是指每個人如實的存在、表達自己、做自己、活出自我，達到自我設定生命價值的完成。當自己生命的價值完成時，也就是幫助了整個群體的價值完成。生命並沒有所謂完美的狀態存在，而是持續的處於「變為」的狀態，意即生命是處在一個「更成為你自己」的狀態。當自己在每一世輪迴結束時，在生命的石碑上刻畫

新的信念，以及養成平衡人格的新元素，將這些成長的經驗與智慧的結晶，烙印在生命永恆的記憶裡，是一種喜悅，是一種希望，更是一種成長。總之，存在就是喜悅，而活在生命的喜悅中，在生命中看到希望，這就是全人的生命。

最後，人類除了維護自身身心靈的健康平衡之外，也要和外在的物質世界取得和諧，也就是和大自然環境生態、地球資源，維持和諧平衡的關係。人類都居住在這個地球上，若無健康的環境，我們也不可能獲得健康。如果真的愛地球，我們利用地球的事物時就會很節儉珍惜，就如克里希那穆提所說：「傷害自然，就是傷害自己。毀滅自然，就是毀滅自己。殺人就是殺自己（廖世德譯，1995b：10、封底）。」句句箴言喚醒良知，人類當引以為惕。尤其，人既然只是諸多物種的一支，而非其他多樣生命的主宰者，人有萬物之靈的美譽，就更應該懂得尊重地球上「生物多樣性」的原則，並學會善盡保護其他動物生命的責任。是故人類不得宰製其他物種，應與其他物種、大自然和平共處，取得平衡，這就是全人的生命。

參考文獻

《六祖大師法寶壇經》（曹溪本），2002，台南市：和裕出版社。

七田真，2000，《〇歲天才教育：七田式右腦教育》，臺北市：國際村。

山本珠美，2007，《基礎整體療法》，臺北縣：楓書坊文化。

尹萍譯，奈思比、奧伯汀（John Naisbitt and Patricia Aburdene）合著，1990，《2000年大趨勢》（Megatrends 2000）臺北：天下文化。

王中和，1998，《人生無定數：你也可以改寫自己的生命藍圖》，臺北市：未知館文化。

王中和，2001，《打造生命藍圖》，臺北：遠流。

王正一，2009，《102個可能》，臺北市：原水文化。

王秀珍譯，李‧卡羅（Lee Carrol）著，1997，《不要以人類的方式思考》，臺北縣新店市：世茂。

王季慶譯，珍‧羅伯茲（Jane Roberts）著，1991a，《個人實相的本質（上）》，臺北：方智。

王季慶譯，珍‧羅伯茲（Jane Roberts）著，1991b《個人實相的本質（下）》，臺北：方智。

王季慶譯，珍‧羅伯茲（Jane Roberts）著，1994a，《個人與群體事件的本質》，臺北：方智。

王季慶譯，珍‧羅伯茲（Jane Roberts）著，1994b，《靈界的訊息》，臺北：方智。

王季慶譯，珍‧羅伯茲（Jane Roberts）著，1995a，《靈魂永生》，臺北：方智。

王季慶著，Pat Rodegast原著，《宇宙逍遙遊》，1995b，臺北：
　　方智。

王季慶譯，珍‧羅伯茲（Jane Roberts）著，1997a，《心靈的本
　　質》，臺北：方智。

王季慶，《心內革命─邁入愛與光的新時代》，1997b，臺北：方智。

王季慶，《賽斯讓你成為命運的創造者》，1999，臺北：方智。

王季慶譯，珊娜雅‧羅曼（Sanaya Roman）著，2002，《喜悅之
　　道》，臺北：生命潛能。

王季慶譯，珍‧羅伯茲（Jane Roberts）著，2005，《健康之
　　道》，臺北：遠流。

王季慶、許添盛、梁裡安譯，羅倫斯‧李山（Lawrence LeShan）
　　著，2010，《人生的轉機：癌症的身心自療法》，臺北縣新店
　　市：賽斯文化。

王明珠，2007，〈新時代賽斯生命觀及其實踐〉，玄奘大學宗教學
　　系碩士論文。

王明珠，2010，〈探討「生命藍圖說」人生觀及其在生命教育上之
　　運用〉，《空大社會科學學報》，17期，12月發行。

王映月譯，Carolyn Reuben著，2000，《體內環保─排毒聖經》，
　　臺北市：生智。

丘羽先、謝明憲譯，愛思特（Esther Hicks），傑瑞（Jerry
　　Hicks）著，2008，《情緒的驚人力量》，臺北市：天下遠見。

皮海蒂譯，安德列莫瑞茲著，2009，《癌症不是病》，臺北：原水
　　文化。

石井宏子‧松原英多合著，2005，《遠紅外線三溫暖的秘密》，臺
　　北縣新店市：安立。

光岡知足，2007，《老化的原因在於腸》，臺北縣：正義出版社。

曲黎敏，2009a，《黃帝內經養生智慧》，臺北縣：源樺。

曲黎敏，2009b，《黃帝內經─從頭到腳說健康》，臺北縣：源樺。

曲黎敏，2009c，《黃帝內經—談養生》，臺北縣：源樺。

何定一，2012，《真原醫—21世紀最完整的預防醫學》，台北市：天下雜誌。

何啟元，1994，《生死的奧秘》，臺北市：開今文化。

吳世楠，2011，《人體三通：享受不生病生活》，新北市新店區：源樺。

吳永志，2008，《不一樣的自然養生法》，臺北市：原水文化。

吳書榆譯，瑪莉安娜‧威廉森（Marianne Williamson）著，2011，《心靈減重班：永久控制體重的21堂心靈課程》，臺北市：三采文化。

吳茵茵譯，麥可‧羅區格西（Geshe Michael Roach）等著，2009，《當和尚遇到鑽石2：善用業力法則，創造富足人生》，臺北市：橡樹林文化出版。

吳清忠，2005，《人體使用手冊》，臺北市：達觀。

吳清忠，2008，《人體復原工程》，台中市：晨星。

呂大吉主編，2003，《宗教學通論》，臺北市：恩楷。

呂理州譯，1999，村上和雄著，《人生的暗號》，臺北：商智文化。

呂嘉心編，2001，《健康的大敵—宿便》，臺北縣：安立出版社。

李加晶博士‧李力昂博士譯，詹森博士著，2006，《排毒克內魔‧完全排毒自救指南》。

李永平譯，瑪洛‧摩根（Marlo Morgan）著，1994，《曠野的聲音》，臺北：智庫。

李永平譯，伊莉莎白‧庫柏勒—羅斯（Elisabeth Kubler-Ross，M‧D‧）著，2009，《天使走過人間—生死的回憶錄》，臺北市：天下遠見。

李杏邨，1991，《一元多重心物觀》，臺北：慧炬。

李杏邨，1994，《一元多重世界觀》，臺北：慧炬。

李傳龍‧李亞寧譯，Kenneth Ring & Evelyn Elsaesser Valarino

著，2001，《穿透生死迷思》，臺北市：遠流。

周育賢，1999，〈意識覺醒相關概念對成人教育的啟示－從弗雷勒思想出發的探討〉，國立中正大學成人及繼續教育研究所碩士論文。

周和君執筆，許添盛主講，2004，《身心靈健康的10堂必修課》，臺北市：遠流。

周思芸譯，Adam J. Jackson著，2005，《人生的四大秘密》，臺北縣：布波。

周瑞宏，2006，《識透生命真相－從生命本質徹底解套》，臺北：和氣大愛文化。

宗教法人幸福的科學譯，大川隆法著，1999，《太陽之法－探索靈魂、體悟愛與真理》，臺北：商智文化。

易之新譯，托瓦爾特‧德特雷福仁（Thorwald Dethlefsen）＆呂迪格‧達爾可（Rudiger Dahlke）著，2002，《疾病的希望》，臺北市：心靈工坊。

林承箕，2007，《體內大掃毒》，臺北市：文經社。

林雯莉，2010，《3＋3＝33?：探索真愛的奇蹟》，臺北市；三朵夏。

林群華、黃翎展譯，Svagito R‧iebermeister（史瓦吉多）著，2008，《家族系統排列治療精華－愛的根源回溯找回個人生命力量》，臺北：生命潛能。

林群華譯，桑妮雅‧喬凱特（Sonia Choquette）著，2010，《22個今生靈魂課題》，臺北市：生命潛能。

林裕恭譯，遠紅外線研究會編著，2003，《遠紅外線健康法》，臺北縣新店市：世茂。

林說俐譯，麥可J‧羅西爾（Michael J‧Losier）著，2007，《吸引力法則：心想事成的黃金三步驟》，臺北市：方智。

林顯宗，2002，《與靈溝通》，台中市：瑞成。

林顯宗，2006，《水悅星》，台中市：瑞成。

林顯宗，2007a，《心靈基因改造》，台中市：瑞成。

林顯宗，2007b，《傾聽小靈魂的心聲》，台中市：瑞成。

林顯宗，2008，《從來沒死過－從唯識看生死》，台中市：瑞成。

林顯宗，2009，《我是外星人》，台中市：瑞成。

法藍西斯・張譯，蘇非亞・布朗（Sylvia Browne）、琳賽・哈理遜（Lindsay Harrison）合著，2002，《靈魂之旅》，臺北縣：人本自然文化。

法藍西斯・張譯，丹・米爾曼（Dan millman）著，2003，《心靈法則》，臺北縣新店市：人本自然文化。

邱紫穎譯，黛博拉・米契爾（Deborah Mitchell）著，2000，《免疫力起飛：你必須知道的身心自然療法》，臺北市：原水文化。

金羽譯，大川隆法著，2008，《永遠之法》，臺北：幸福科學。

長安譯，Raymond A・Moody， JR・，M・D・原著，1991，《來生》臺北市：方智。

阿部智浩，2001，《搶救健康－神奇的整腸・洗腸療法》，臺北縣：安立出版社。

姜淑惠，1999a，《這樣生活最健康》，臺北市：圓神。

姜淑惠，1999b《這樣吃最健康》，臺北市：圓神。

姜淑惠，2001，《這樣養育孩子最健康》，臺北市：圓神。

若水譯，OG Mandino原著，1989，《世上最偉大的奇蹟》，臺北市：方智。

孫安迪，2010，〈腸道免疫與養生保健〉，《空大學訊》，第430期，民國2010.4。1～2010.4.15。

徐佳，2004，《遠離體內毒素的自然療法》，臺北縣新店市：動靜國際。

徐德志・黃若婷，2008，《你不可不知的中醫常識》，臺北縣：有名堂文化館。

翁靜育譯，芭芭拉・馬西尼克（Barbara Marciniak）著，1999，

《解讀地球生命密碼》，臺北縣新店市：世茂出版社。

高淑珍譯，大森隆史著，2009，《「排除毒素」來有效抑制過敏症狀》，臺北市：亞洲時文社。

健康資訊研究社監修，2008，《好的腸相是健康的關鍵》，臺北縣：正義出版。

張欣綺譯，米井嘉一著，2010，《這樣生活，讓你不變老：延遲老化就從避免糖化開始》，臺北市：樂果文化。

張美惠譯，裡歐納‧萊思高（Leonard Laskow）著，1993，《愛的治療法》，臺北市：月旦出版。

張美惠譯，伊莉莎白‧庫柏勒‧羅斯（Elisabeth Kiibler-Ross）著，2006，《用心去活—生命的十五堂必修課》，臺北：張老師文化。

張家林，2009，《性格決定命運》，中國長春市：吉林大學出版社。

張國蓉、塗世玲譯，約翰‧羅彬斯著，2001，《新世紀飲食》，臺北市：琉璃光出版。

張慶祥，2007，《撥雲見日—修行原理》，臺北縣新店市：財團法人臺北縣觀靜禪協會。

張燕譯，海倫‧聶爾玲（Helen Nearing）著，2010，《美好人生的摯愛與告別》，臺北縣：正中書局。

張靜芬譯，原久子著，1997，《我的信念決定我的一生－不可思議的「實現願望」冥想法》，臺北：水瓶世紀。

張鴻玉，2007，《愛他，就讓他做自己》，臺北市：賽斯文化。

張鴻玉，2008a《愛自己的7堂必修課》，臺北縣新店市：賽斯文化。

張鴻玉，2008b，《其實你不懂我的心》，臺北縣新店市：賽斯文化。

張鴻玉，2009，《你的珠寶盒夠大嗎？》，臺北市：賽斯文化。

張鴻玉，2010，《活出無限可能的自己》，臺北市：商周出版。

張鴻玉，2011，《中年的叛逆》，臺北市：商周出版。

張謨瑞，2009，《老中醫養生真言》，臺北市：元氣齋。

梁永安譯，艾克哈特‧托勒Eckhart Tolle著，2008，《當下的力量—找回每時每刻的自己》，臺北：橡實文化。

淺野伍朗，2009，《認識我們的身體—人體學習大百科》，臺北縣：三悅文化。

許妍飛譯，凱西‧佛斯頓（Kathy Freston）著，2010，《一點小改變，簡單醫百病》，臺北市：柿子文化。

許宜銘，1999，《重塑心靈》，臺北市：生命潛能文化。

許宜銘，2000，《靈慾情色愛：現代男女深層情愛探索》，臺北市：生命潛能文化。

許宜銘，2006，《擁舞生命潛能》，臺北市：生命潛能文化。

許姿妙，2009，《病是教養出來的》，臺北縣：姿霓文化。

許添盛，2004，《身心靈健康的10堂必修課》，臺北市：遠流。

許添盛，2005，《我不只是我：邁向內在的朝聖之旅》，臺北：方智。

許添盛，2007，《孩子都是老靈魂：新時代親子身心靈教育》，新北市：賽斯文化。

許添盛，2008，《心能源—信念的神奇創造力》，新北市：賽斯文化。

許添盛，2009a，《癌症不是絕症》，臺北縣新店市：賽斯文化。

許添盛，2009b，《許你一個耶穌—從賽斯觀點看聖經故事》，新北市：賽斯文化。

許添盛‧張雅真，2011，《生命中最想唱的那首歌：癌症身心靈團療現場》，新北市：賽斯文化。

許瑞雲，2009，《哈佛醫生養生法》，臺北市：平安文化。

許博翔合著，2007，《消化道關鍵報告》，臺北市：原水文化。

許達夫，2006，《感謝老天，我得了癌症！：許達夫醫師與癌症共存之道》，臺北市：天下遠見。

陳文君譯，大衛‧龐德（David Pond）著，2001，《氣輪‧能量‧愛‧相隨：學習氣輪的第一本入門書》，臺北市：自然風文化。

陳玉華譯，大森隆史著，2008，《經皮毒完全排毒法－毒物正從皮

膚侵入》，臺北縣：世茂。

陳立川，2009，《人體空間排毒—從皮膚到內臟依序清除你的毒
　　素》，臺北市：如何。

陳立川，2010a，《跟著博士養生就對了》，臺北市：平安文化。

陳立川，2010b，《解毒高手：毒理博士教你百毒不侵的生活》，臺
　　北市：平安文化。

陳光棻譯，2009，山田豐文著，《其實，你一直吃錯油》，臺北：
　　天下文化。

陳艾妮，2001，《婚變急診室（老婆出招）》，臺北市：幸福工程
　　工作站。

陳佳伶譯，哈福・艾克（T・Harv Eker）著，2005，《有錢人想的
　　和你不一樣》，臺北市：大塊文化。

陳俊旭，2007，《吃錯了，當然會生病！》，臺北市：新自然主義。

陳俊旭，2008a，《ph7.2解開你的體質密碼》，臺北市：三采文化。

陳俊旭，2008b，《吃對了永遠都健康》，臺北縣永和市：蘋果屋。

陳俊旭，2009，《怎麼吃，也毒不了我！》臺北市：東佑文化。

陳俊旭，2010，《過敏，原來可以根治！》，臺北市：新自然主義。

陳奕蒼，2008，《糖尿病，高血壓的科學大突破》，臺北縣新店
　　市：正義。

陳建志，1997，《演好你的前世今生》，臺北：方智。

陳家倫，2002，〈新時代運動在台灣發展的社會學分析〉，台灣大
　　學社會研究所博士論文。

陳師蘭譯，霍華・李曼與葛林・墨塞合著，2005，《紅色牧人的綠
　　色旅程》，臺北市：柿子文化。

陳國鎮，2003，《又是人間走一回》，臺北市：圓覺文教。

陳國鎮，2007a，《生命訊息說（上）》，臺北市：圓覺文教。

陳國鎮，2007b，《生命訊息說（下）》，臺北市：圓覺文教。

陳麗昭譯，荷西・史帝文斯（Jose Stevens）著，1999a，《心靈成

長－地球生命課程》，臺北縣新店市：世茂。

陳麗昭譯，荷西‧史帝文斯（Jose Stevens）著，1999b，《心靈修鍊－地球修道院》，臺北縣新店市：世茂。

傅士哲譯，蓋瑞‧史瓦茲（Gary E。 Schwartz）著，2003，《靈魂實驗》，臺北市：大塊文化。

傅佩榮，1995，《理性的莊嚴》，臺北市：洪建全基金會版。

傅佩榮，2003，《哲學與人生》，臺北市：天下遠見。

傅偉勳，1993，《死亡的尊嚴與生命的尊嚴》，臺北縣：正中書局。

傅湘雯譯，約翰‧佈雷蕭（John Bradshaw）著，1994，《回歸內在：與你的內在小孩對話》，臺北市：月旦。

曾怡菱譯，Dr。Michael Newton著，2003，《靈魂的旅程》，臺北縣：十方書。

鈕則誠，2007a，《觀自在－自我生命教育》，臺北縣深坑鄉：揚智文化。

鈕則誠，2007b，《殯葬與生死》，臺北縣蘆洲市：國立空中大學。

鈕則誠、趙可式、胡文鬱編著，2005，《生死學》，臺北縣：空大。

項慧齡譯，麥可‧羅區格西（Geshe Michael Roach）著，2001，《當和尚遇到鑽石》，臺北市：橡樹林文化出版。

黃文玲譯，岡本裕著，2010，《90％的病自己會好》，臺北市：大是文化。

黃秀慧譯，戴美妮‧露絲‧金瑪（Daphne Rose Kingma）著，2001，《創造真愛》，臺北市：方智。

黃法華，2000，《先天經絡理療基礎篇》，臺北縣：生命重建文化。

黃法華，2001，《先天經絡理療心靈篇》，臺北縣：易昇健康諮詢中心。

黃春華譯，露易絲‧賀（Louise L。 Hay）著，1991，《創造生命的奇蹟》，臺北：生命潛能。

黃春華譯，潔娜‧黛安（Janet Dian）著，2007a，《和內在的自己

玩遊戲》，臺北：生命潛能。

黃春華譯，潔娜·黛安（Janet Dian）著，2007b，《和內在的自己
　　做朋友》，臺北：生命潛能。

黃愛淑譯，艾力克·波爾（Eric Pearl）著，2009，《再連結療癒
　　法》，臺北市：潛能文化。

黃漢耀譯，蘇菲亞·布朗／琳賽·哈裡遜合著，2004，《細胞記
　　憶》，臺北縣新店市：人本自然。

黃漢耀譯，黛比·福特（Debbie Ford）著，2005a，《黑暗，也是
　　一種力量》，臺北縣：人本自然文化。

黃漢耀譯，蘇非亞·布朗（Sylvia Browne）、琳賽·哈理遜
　　（Lindsay Harrison）合著，2005b，《來自靈界的答案》，臺
　　北縣：人本自然文化。

新谷弘實，2007，《遠離疾病的生活》，臺北縣：正義出版社。

楊月蓀譯，李丹（Daniel Reid）著，2005，《養生之道》，臺北
　　市：相映文化。

楊明綺譯，上野千鶴子著，2009，《一個人的老後》，臺北市：時
　　報文化。

楊明綺、王俞惠譯，上野千鶴子著，2010，《一個人的老後男人
　　版》，臺北市：時報文化。

楊淑智譯，蘇珊·佛渥德博士＆克雷格·巴克著，2005，《父母會
　　傷人》，臺北市：張老師文化。

聖嚴法師，1994，《正信的佛教》，臺北市：東初。

鄒瑋倫，2009，《中醫師給你的不生病養生書》，臺北縣：養肺文化。

廖世德譯，Marilyn Ferguson原著，1993，《寶瓶同謀》，臺北縣
　　新店市：方智。

廖世德譯，J·Krishnamurti著，1995a，《生與死》，臺北市：
　　方智。

廖世德譯，克里希那穆提（J·Krishnamurti）著，1995b，《自然

　　與生態》，臺北市：方智。

廖世德譯，麥科・葛洛蘇（Michael Grosso）著，2008，《靈魂不死：
　　西方科學家眼中的生死實相》，臺北縣新店市：人本自然文化。

廖閱鵬，1998，《靈魂煉金之旅》，臺北：方智。

廖梅珠譯，橫田貴史著，1994，《致命的酸性腐敗便：使大腦・心
　　臟停止的異常腸內便的真面目》，臺北市：青春。

趙德明譯，安立奎・巴里奧斯（Enrique Barrios）著，2005，《阿
　　米：宇宙之心》，臺北市：大塊文化。

劉易齋，2005，《生命管理學概要－生命教育的思想與實踐》，臺
　　北：普林斯頓國際有限公司。

劉易齋，2006，《生命學概論－生命教育上游理論與思想簡綱》，
　　臺北：普林斯頓國際有限公司。

劉易齋、鄭志明、孫長祥、孫安迪、楊荊生編著，2008，《生命教
　　育》，臺北縣：空大。

劉姿君譯，石原結實著，2009，《體內淨化大作戰》，臺北市：麥
　　田出版。

劉滌昭譯，新谷弘實著，2007a，《不生病的生活：全美首席胃腸科
　　醫師的健康祕訣》，臺北市：如何。

劉滌昭譯，新谷弘實著，2007b，《不生病的生活：實踐篇》，臺北
　　市：如何。

劉燦松譯，H．Spencer Lewis著，2006，《靈魂的殿堂－前世、今
　　生與來世》，臺北市：擎松。

蔡英傑，2010，《腸命百歲—腸道權威最新長齡保健大典》，臺北
　　市：時報出版。

蔡樹濤主編，2011，《膽囊炎、膽結石》，新北市：元麓書社。

鄭玉英、趙家玉譯，約翰・佈雷蕭（John Bradshaw）著，2003，
　　《家庭會傷人》，臺北市：張老師文化。

養沛編輯部策劃，2010，《最完美的運動！健走》，臺北縣：養沛

文化館。

蕭順涵譯，露易絲‧賀（Louise L‧Hay）著，1999，《女性智慧宣言》，臺北：生命潛能。

戴比‧沙皮爾（Debbie Shapiro）著，2001，《身體密碼》，臺北縣汐止市：采竹文化。

繆靜芬譯，洛伊‧馬提納（Roy Martina M‧D‧）著，2009，《學會平衡情緒的方法2－身心靈全方位療癒》，臺北市：方智。

薛絢譯，希爾曼（James Hillman）著，1998，《靈魂符碼—橡實原理詮釋人的命運》，臺北：天下文化。

謝文華，2007，《排毒新生活》，臺北市：新潮社。

謝明君執筆，許添盛口述，2011，《親子資優班：從心開始的53個身心靈教養計畫》，新北市：賽斯文化。

謝明憲譯，朗達‧拜恩（Rhonda Byrne）著，2007，《The Secret 秘密》，臺北市：方智。

韓柏檉、張幼香合著，2012，《排毒舒食盛宴》，臺北市：天下雜誌。

簡毓棻譯，山川紘矢著，2012，《天使教我的30堂課：前世探索告訴你此生所為何來》，新北市：世茂。

簡瑞宏譯，大川隆法著，2006，《永恆的生命世界－死亡並非永遠的別離》，臺北：時報文化。

羅孝英譯，珊娜雅‧羅曼（Sanaya Roman）著，2007，《個人覺醒的力量》，臺北市：生命潛能。

羅若蘋譯，丹尼‧白克雷‧保羅‧派瑞（Dannion Brinkley）著，1996，《死亡‧奇蹟‧預言》臺北：方智。

羅若蘋譯，Marrianne Williamson著，1997，《發現真愛》臺北：方智。

譚智華譯，布萊恩‧魏斯（Brian L‧Weiss）著，1992，《前世今生—生命輪迴的前世療法》，臺北市：張老師文化。

健康Life5　PE0034

新銳文創
INDEPENDENT & UNIQUE　身心靈整合的全人生命

作　　者	王明珠
責任編輯	林千惠
圖文排版	彭君如
封面設計	王嵩賀

出版策劃	新銳文創
發 行 人	宋政坤
法律顧問	毛國樑　律師
製作發行	秀威資訊科技股份有限公司
	114 台北市內湖區瑞光路76巷65號1樓
	電話：+886-2-2796-3638　傳真：+886-2-2796-1377
	服務信箱：service@showwe.com.tw
	http://www.showwe.com.tw
郵政劃撥	19563868　戶名：秀威資訊科技股份有限公司
展售門市	國家書店【松江門市】
	104 台北市中山區松江路209號1樓
	電話：+886-2-2518-0207　傳真：+886-2-2518-0778
網路訂購	秀威網路書店：http://www.bodbooks.com.tw
	國家網路書店：http://www.govbooks.com.tw

出版日期	2012年12月　初版
定　　價	490元

國家圖書館出版品預行編目

身心靈整合的全人生命 / 王明珠著. -- 初版. -- 臺北市：
新銳文創, 2012.12
　　面；　公分
　ISBN　978-986-5915-27-8（平裝）
　1.生命教育　2.全人教育

528.59　　　　　　　　　　　　101020363

讀 者 回 函 卡

感謝您購買本書，為提升服務品質，請填妥以下資料，將讀者回函卡直接寄回或傳真本公司，收到您的寶貴意見後，我們會收藏記錄及檢討，謝謝！
如您需要了解本公司最新出版書目、購書優惠或企劃活動，歡迎您上網查詢或下載相關資料：http:// www.showwe.com.tw

您購買的書名：_____

出生日期：_____年_____月_____日

學歷：□高中 (含) 以下　　□大專　　□研究所 (含) 以上

職業：□製造業　□金融業　□資訊業　□軍警　□傳播業　□自由業
　　　□服務業　□公務員　□教職　　□學生　□家管　□其它_____

購書地點：□網路書店　□實體書店　□書展　□郵購　□贈閱　□其他

您從何得知本書的消息？

　　□網路書店　□實體書店　□網路搜尋　□電子報　□書訊　□雜誌
　　□傳播媒體　□親友推薦　□網站推薦　□部落格　□其他_____

您對本書的評價：(請填代號　1.非常滿意　2.滿意　3.尚可　4.再改進)

　　封面設計____　版面編排____　內容____　文／譯筆____　價格____

讀完書後您覺得：

　　□很有收穫　□有收穫　□收穫不多　□沒收穫

對我們的建議：_____

_____

_____

_____

11466
台北市內湖區瑞光路 76 巷 65 號 1 樓

秀威資訊科技股份有限公司 收

BOD 數位出版事業部

....

（請沿線對折寄回，謝謝！）

姓　　名：＿＿＿＿＿＿＿＿＿　年齡：＿＿＿＿　性別：□女　□男

郵遞區號：□□□□□

地　　址：＿＿＿＿＿＿＿＿＿＿＿＿＿＿＿＿＿＿＿＿＿

聯絡電話：(日) ＿＿＿＿＿＿＿＿＿　(夜) ＿＿＿＿＿＿＿＿＿

E-mail：＿＿＿＿＿＿＿＿＿＿＿＿＿＿＿＿＿＿＿＿